MODERN INTERNATIONAL
POLITICAL ECONOMICS

西方国际政治经济学

（第三版）

樊勇明 等◎著

上海人民出版社

第三版序言

国际政治经济学是当代国际关系理论的重要组成部分。20世纪六七十年代国际政治经济学刚刚开始在西方学术界崭露头角的时候，虽然东西方军事对峙的冷战占主导地位，但是经济外交、相互依存、综合国力等命题开始进入国际关系研究者的视野。不久，苏联的解体和冷战的结束，以及"一超多强"国际格局的形成，把国际政治经济学推上了国际问题研究的中心舞台，国际公共产品、国际制度、软实力、南北关系、全球化等名词不仅频频出现在研究者的论文中，而且以铺天盖地之势出现在一般的新闻媒体之中。国际政治经济学随之被广泛地介绍到中国来。2008年全球性金融危机的发生和发展，更是为国际政治经济学提供了前所未有的发展空间。全球治理格局变革、新兴经济体崛起、国际金融体系改革、多边贸易体系重组等成为国际关系变化发展中众所瞩目的焦点。这些迫切需要新的理论指引和新的研究方法。对此做出积极的回应，是国际关系理论界义不容辞的使命。正因于此，本人和同仁们共同推出《西方国际政治经济学》的第三版。

中国国际关系理论界对国际政治经济学的研究已经进入了前所未有的繁荣期。自20世纪90年代，罗伯特·吉尔平(Robert Gilpin)的《国际关系政治经济学》被译介进入中国以来，中国的国际政治经济学研究和教学先后走过了从翻译引进、介绍推广、跟进研究的历程，现在可以说已经进入自主创新的阶段。仅就高校的教学而言，已经建立了从本科、硕士到博士的完整系统的教学培养体系。特别是改革开放以来的中国外交实践，为学者开展国际政治经济学研究注入了强劲的动力，提供了丰富的案例，扩展了自主创新的巨大空间。我们坚信，随着中国国力的进一步强盛，中国外交在国际社会中的进一步活跃，国际政治经济学的教学和研究将进一步大发展。

《西方国际政治经济学》第三版主要从理论的新发展、资料的新补充，以及研究方法的新介绍三个方面对第二版做了全面的修订和补充，以期较为全面地反映国际政治经济学发展的新趋势、新观点、新发展。

本书的内容虽然有了较大的更新和改变，但是仍然维持了原有的“4＋6”共10章的格局。所谓4＋6是指：第一章到第四章的前四章以国际政治经济学的基本理论的研究和介绍为主，第五章到第十章以国际政治经济学理论的运用和创新为主。

在前四章，本书详细介绍了国际政治经济学的新现实主义霸权稳定论、新自由主义相互依存论、新马克思主义依附论，以及斯特兰奇的结构权力论的主要内容，分析梳理了这四种主要理论观点的历史背景和理论渊源，客观地评述了这四种主要理论的得失成败。为了真实地反映这些理论问世的背景，尽可能地使用当时的各种资料和数据。

在后六章，运用上述四种主要理论，介绍全球金融体制、全球贸易体制、全球化与反全球化、南北关系与新兴经济体、跨国公司、区域合作等当代国际关系重要领域中的新变化、新发展和新趋势的来龙去脉，分析影响其变化发展的内外因素和内在动力，预测其中长期发展趋势和发展方向，同时，对在这些主要领域和重大问题研究中涌现的最新理论成果进行系统总结。同样，尽可能地使用了所能收集到的最新资料和数据。

如前所述，虽然内容有较大变动，考虑到本书的稳定性和连续性，各章的标题因此未动。特别要指出的是，在后六章的标题中均把主要领域和重大问题的研究和全球化联系起来，这一方面是考虑到与前两版的连续性；另一方面也反映了作者对全球化的基本看法。近年来，全球化确实遭遇挫折，面临挑战，其发展的方向、发展的速度、发展的内涵都发生了重大的变化，反全球化的呼声不断上升。但是，全球化仍然在发展，仍然影响着国际社会的方方面面。有必要站在新的高度、以新的视角、用新的方法，全面深入地研究新形势下的全球化。

本书虽然大量吸收了国内学者的研究成果，但还是冠以“西方国际政治经济学”的字样。这主要是考虑到本书的主要观点、基本资料和其他材料大都来自于西方的相关著作、相关数据库和相关报道，对国际政治经济学的代表性人物介绍也只限于西方学界。

本书无论对于初学者，还是研究者都会有一定的帮助，既可以作为高校系统的国际政治、国际关系专业本科教学的教材，也可作为政治学、经济学、法学和社会学硕士或者博士课程的教材或者参考书目。

本书第三版修订工作由樊勇明主持，负责统稿和定稿，参与本次修订的人员和各章分工如下：

第一章　相互依存论与新自由主义　　张建新
第二章　霸权稳定论与新现实主义　　贺　平
第三章　依附论与新马克思主义　　张建新
第四章　结构性权力论与其他　　樊勇明
第五章　全球化与民族国家　　张建新
第六章　全球化与国际贸易体系　　贺　平
第七章　全球化与国际金融体系　　黄　河
第八章　全球化与区域经济合作　　贺　平
第九章　全球化与跨国公司　　黄　河
第十章　全球化与发展中国家　　黄　河

此外，在读的博士生江天骄为本书的目录编排付出了很多的时间和精力，在此一并表示感谢。

借此机会，向参与此次修订的各位表示真诚的谢意；向复旦大学国际关系与公共事务学院的各位学术前辈、各位同仁的长期支持和帮助表示衷心的感谢；向国内其他院校和科研机构的各位学术前辈、各位同仁给予本人及本书其他作者的各种形式支持和帮助表示衷心的感谢。

祝愿中国的国际政治经济学研究和教学不断发展，硕果纷呈，新人辈出，长江后浪推前浪。

最后，向上海人民出版社一贯的支持和帮助表示真诚的感谢。本书第一版是在上海人民出版社出版的，当时相关人员的敬业精神和专业水平的态度给我留下深刻印象，因此本书的第二版和第三版也就顺理成章地由上海人民出版社承担。再次对上海人民出版社及其相关人员表示衷心的感谢。

樊勇明

2017年春夏

目　录

第一章　相互依存论和新自由主义

相互依存理论是国际政治经济学中理论建构上最为精致完美，政治与经济结合得最好的理论。这一理论最早由经济学家从繁杂的国际经济现象中捕捉提炼出来，而后由国际政治学者加以完善发展。前者以著名的经济学家理查德·库珀(Richard Cooper)及其经济相互依存论为代表，后者以著名的国际政治学家罗伯特·基欧汉(Robert O.Keohane)和约瑟夫·奈(Joseph S.Nye)及其复合相互依存论为代表。

之所以把库珀关于相互依存的理论研究称为经济相互依存理论，是因为库珀的研究主要集中于国与国之间经济上的相互依存关系。与之相比，基欧汉和奈立足于从国际政治权力的角度研究国与国之间经济上的相互依存关系。从经济相互依存论到复合相互依存论，不只是理论层次的递进和深化，更多的是来自后者对前者的改造。这表明，国际政治经济学中的新自由主义已经走出了“经济相互依存＝国际和平”的理论误区，成功地架起了经济相互依存与国际政治权力之间的理论桥梁。

在关于相互依存理论的研究中，出现过两大变化。一是研究内容的扩大。从早期的对经济上单一的相互依存的研究发展到现今的包括政治、军事、经济乃至文化上的多元的相互依存研究。二是研究对象的扩大。从早期只研究发达国家之间的相互依存发展到既研究发达国家之间的相互依存，也研究发展中国家与发达国家之间的相互依存关系。

需要指出的是，有许多学术文献并不使用相互依存的表述，而使用相互依赖，其实这二种表述均来源于英文中的“inter dependence”，只不过译法不同而已，并无实质差异。

第一节　经济相互依存论

经济相互依存论是由经济学家库珀为主创立的关于国际经济相互依存关系的理论。库珀是从第二次世界大战后至 60 年代初之间的 20 年中，世界经济中各国之间相互联系飞速扩大、相互影响急剧增加的事实中发现这一现象的。如表 1-1 所示，把 1960 年同 1913 年相比，国际贸易扩大了近 10 倍，国际间资本流动增加了近 2 倍，国际通讯量增加了 2.7 倍，留学生增加了约 14 倍。这一系列的数据表明，被第二次世界大战打断了的国际经济联系重新恢复生机，并超过了 19 世纪末到 20 世纪初资本主义发展的鼎盛时期。以平均每 10 年增长率计，战

表 1-1　有关相互依存的长期经济指标

		实际增加数			10 年间平均增加率(%)		
		1913 年(A)	1960 年(B)	B/A	1890/1993 年—1912/1913 年	第二次世界大战期间	第二次世界大战之后
贸易(亿美元)		19.3	204.1	10.6	63.5	−55.1	74.7
资本移动(亿美元)		1.1	3.2	2.9	83.8	−168.2	83.3
通信(百万美元)		1 516.0	5 556.0	3.7	143.0	−1.5	85.6
通信增长	邮件	1 374.0	5 238.0	3.8	143.5	−0.6	89.2
	电报	120.0	89.0	0.7	98.2	−45.2	18.7
	电话	22.0	229.0	10.4		62.9	91.0
留学生(千人)		25.0	375.0	15.0		28.9	101.9
人口(10 亿人)		1.6	3.6	2.3	7.0	9.5	20.9
国家数(个)		44.0	124.0	2.8	6.3	4.3	43.6

资料来源：Peter J. Katzenstein, “International Interdependence: Some Long-Term Trends and Recent Change,” International Organization, Vol.29, No.4(Fall 1975), pp.1021—1034。

后至 60 年代初的 20 年中，国际贸易增长率为 74.7％，国际间资本流动增长率为 83.3％，通信增长率为 85.6％，呈现出以邮件为主发展到以电话为主的趋势，电话的增长率达 91.1％。留学生增长速度最快，为 101.9％。与此同时，人口每 10 年增长 20.9％。战后初期的民族解放运动，使国家数目的增加出现了涨幅 43.6％的奇观。

库珀所观察到的经济相互依赖现象，主要是发达国家战后第一波恢复性经济增长的结果。当时，被战争所打断的跨大西洋贸易出现了高速增长。贸易、资本、技术和人员的跨国流动超过了历史上任何时期，但直到 20 世纪 90 年代，经济相互依赖的发展仍主要发生在北方国家之间。1980 年，跨国公司的对外直接投资的 68％以第一世界为对象。美国、英国和日本分别吸收了大约 830 亿美元、630 亿美元和 30 亿美元的外国直接投资，1995 年三国吸收的外国直接投资大幅增长，分别达到 5 650 亿美元、1 340 亿美元和 180 亿美元。[1]真正进入第三世界的对外直接投资，其占比非常之小，并且主要集中在能源和矿产资源部门。

与此同时，不少经济学家也认为："贸易一体化对许多发展中国家和地区的增长带来了不利影响。"[2]20 世纪 40 年代，以巴西、墨西哥为代表的拉美国家已经率先转向进口替代工业化发展战略，即发展中国家暂时停止从国外的工业品进口，对国内能够生产同类工业品的生产商或国有企业给予补贴，通过强制性的进口替代，暂时隔断本国经济与外部经济的相互依赖关系，其目的是在封闭条件下加强民族工业的竞争力，迅速实现工业化。从 50 年代起，战后初期取得独立的亚非国家，如印度、埃及和土耳其等国，在经济民族主义思潮的影响下，也相继走上了进口替代工业化的发展道路。60 年代，在蓬勃发展的非殖民化运动中，前殖民地国家的主要任务是争取国家独立和民族解放，国家建构的政治使命使得它们不得不暂时地切断同发达国家的经济联系。

20 世纪 70 年代末，形势发生了逆转。为了消除经济滞胀，发达国家实行解除管制政策，资本获得了更大的自由，在跨国公司对外直接投资的推动下，经济全球化迅速发展。同时，发展中国家不再单纯奉行进口替代战略，许多国家积极推行出口导向和对外开放战略，加快融入世界经济体系。南北两大政策潮流的融汇，使经济相互依赖从跨大西洋扩展至全球范围。

对外直接投资是衡量经济相互依赖的一项重要指标。自 20 世纪 80 年代起，发展中国家不断提供各种税收减免措施和激励政策，成功地吸引了跨国公司的对外直接投资。全球兴起的出口加工区，真实地反映了东道国政府实施外向型发展战略、与世界经济体系接轨的强烈愿望，这与 60 年代发展中国家普遍实行进口替代战略以及在依附论影响下的"脱钩"政策形成了鲜明的对照。据统计，到20世纪90年代早期，发展中经济体大约有173个出口加工区，雇用了将近400万工人。其中，拉丁美洲和加勒比海地区有85个出口加工区，大约雇用110万工人；亚洲(包括中东)和太平洋地区有57个，雇用270万工人；非洲有31个出口加工区，雇用230 650名工人。出口加工区数目最多的国家是墨西哥(23个)，其次是多米尼加共和国(18个)、马来西亚(10个)；三地加起来的就业人口为709 900名工人。当时的中国有7个加工出口区，雇用人数总共有220万，是发展中国家最大的加工出口区雇用人数。[3]这些出口加工区的组装产品百分之百用于出口。

约翰·邓宁(John Dunning)用两项指标(即外国直接投资和贸易分别在GDP中的占比)，分别对1980年和1993年不同国家和地区对全球经济的参与进行测量，结果显示大多数发达国家和一部分发展中国家都显著提高了对全球经济的参与。[4]从1967年到1993年，全球对外直接投资总额增长19倍，从1 123亿美元增长到21 340亿美元，发达国家是对外直接投资的主要来源，但发展中国家的对外直接投资也呈快速增长趋势，虽然发展中国家对外直接投资总额相对较小，但其增速快于发达国家(参见表1-2)。

表1-2　主要国家和地区的对外直接投资(1967—1993年)

单位：10亿美元；%

国家/地区	1967年		1973年		1980年		1993年	
	价值	GDP占比	价值	GDP占比	价值	GDP占比	价值	GDP占比
发达国家	109.3	4.8	205.0	5.1	503.6	6.2	2 016.6	10.7
美国	56.6	7.1	101.3	7.7	220.2	8.2	559.7	8.9
英国	15.8	14.5	27.5	9.1	79.2	15.2	253.2	26.9
日本	1.5	0.9	10.3	2.5	19.6	3.4	259.8	6.2
德国	3.0	1.6	11.9	3.4	43.1	5.3	185.0	9.7
瑞士	2.5	10.0	7.1	16.2	22.4	37.9	89.1	38.4
荷兰	11.0	33.1	15.8	25.8	42.4	24.7	134.7	43.5
加拿大	3.7	5.3	7.8	6.1	21.8	8.2	86.3	15.8
法国	6.0	7.0	8.8	3.8	20.8	3.2	160.5	12.8
意大利	2.1	2.8	3.2	2.4	7.0	1.8	73.8	7.4
瑞典	1.7	5.7	3.0	6.1	7.2	5.8	44.6	24.0
其他	5.4	0.8	20.0	1.7	15.4	1.9	169.9	8.8
发展中国家	3.0	0.6	6.1	0.6	13.3	0.7	117.4	2.7
总额	112.3	4.0	211.1	4.2	516.9	4.9	2 134.0	9.0

资料来源：John Dunning：Alliance Capitalism and Global Business，Routledge，1997，p.42。

进入新世纪以后，世界各国对全球经济的广泛参与进一步推动了对外直接投资的增长。2007 年，国际直接投资流量达到 1.979 万亿美元的空前峰值，其中跨国并购占对外直接投资的 70%。值得注意的是，2007 年全球证券投资 11 130 亿美元，为 2001 年的 10.62 倍，年均增长高达 48.26%。2008 年全球金融危机发生时，虽然对外直接投资下降了 14%，但国际证券投资流量仍为 12 442 亿美元，反而比 2007 年增长了 11.8%。[5]

更重要的是，从全球范围来说，世界经济中相互依赖关系总体上朝着更加全面和均衡的方向发展。20 世纪 60 年代发展中国家开始出现跨国公司，20 世纪 80 年代中期，第三世界拥有超过 10 000 家跨国公司，它们的子公司超过 90 000 家。[6]但它们的规模大都小于发达国家的跨国公司，而且长期扎根于印度、韩国、委内瑞拉和尼日利亚等发展中国家，很少有第三世界跨国公司投资于发达国家。

因此，直到 20 世纪 80—90 年代，处于初始国际化阶段的发展中国家，其发展战略的关键在于吸引西方跨国公司的对外直接投资，在这个过程中，发展中国家以跨国公司“东道国”的身份进入国际经济体系。人们常常用“你中有我，我中有你”来形容相互依赖的发展关系，但是从发展中国家的角度来看，在 21 世纪到来之前，经济相互依赖仅仅表现为“我中有你”，即发达国家的跨国公司在全球配置资源，通过对外直接投资的方式进入发展中国家，成为其经济活动的组成部分，以获得最大的回报。反过来，发展中国家作为外资的接受国，仅仅贡献原材料或廉价劳动力，其跨国企业尚不具备进入发达国家实行大规模跨国化经营的能力，因而“你中有我”的格局一时还难以形成。

进入新世纪以后，随着经济的快速增长，新兴经济体群体性崛起，成为国际关系的一个重要特征。新兴经济体的跨国公司也成为世界经济的一支重要力量，作为后起者，它们具有加速国际化的演化特点，例如，中国的海尔公司从出口贸易转向对外直接投资仅仅用时 6 年，与同样作为家电领导者的日本松下公司相比，节约了近三分之一的时间。新兴经济体的跨国公司作为发展中国家快速国际化的先锋，同样以对外直接投资和并购为主要方式向发达国家进军。据波士顿咨询公司分析报告显示，1985—2005 年期间，100 家新兴经济体的跨国公司中，有 57%的企业并购活动是在发达国家进行的。同时其跨国化经营活动也不断向先进产业和更高附加值的活动领域拓展。[7]新兴经济体跨国公司的崛起，使世界经济的相互依赖进一步扩大，不仅有发达国家相互交叉投资，还有发达国家与发展中国家之间以及发展中国家之间的相互交叉投资，真正形成了“你中有我，我中有你”全球性相互依赖关系。

跨国移民的持续增长也反映了相互依赖的进一步发展。据美国社会学家麦西(Massey)统计，从1846年到1924年期间，共计有4 800万移民离开欧洲，约为欧洲1900年总人口的12%。来自欧洲的移民选择到美国、加拿大、澳大利亚和新西兰等国家定居，主要是因为这些国家正在经历高速的工业化过程，工作机会相对欧洲要多得多，并且资源和生存条件也更好。20世纪60年代以后，欧洲对外移民占国际移民的比例逐渐缩小，来自发展中国家的国际移民迅速增加，由于存在着很大的收入差距，跨国移民主要涌向高收入国家。随着经济全球化的深化发展，以2000年为分水岭，国际移民又发生了显著的变化，发展中国家之间出现了国际移民的现象，扭转了过去单向迁移到高收入国家的趋势。根据联合国经济及社会理事会发布的国际移民统计报告，全球移民人数近20年来迅速增长，1990年为1.54亿，2000年达到1.75亿，2013年达到2.32亿。近年来，亚洲成为增长最快的国际移民来源地，总共增加了2 000万。目前，居住在发达国家的移民总数为1.36亿，居住在发展中国家的移民总数也高达9 600万。[8]

1980年，国际发展问题独立委员会(又称勃兰特委员会)向联合国秘书长瓦尔德海姆提交了一份题为《北方—南方：争取生存的纲领》的研究报告。在报告中，勃兰特委员会反复强调南北双方的相互依赖关系，指出由于战后政治和经济形势的发展，发达国家和发展中国家已经处于“相互联连而又矛盾的统一体”中，“没有北方，南方就不能获得充分的发展；反过来，除非南方能取得更大的进步，否则北方也不可能繁荣或改善其景况。”[9] 1982年12月，勃兰特委员会在渥太华召开会议，发表了题为《共同的危机：南北合作争取经济回升》的备忘录。这份备忘录以大量事实和数据阐述了南北之间已经形成的紧密相互依存关系。该备忘录指出，发展中国家固然依赖发达国家，但发达国家反过来也同样依赖发展中国家。北方国家和南方国家现在都坐在同一艘船上，如果南方国家下沉，北方国家也将失去浮力。[10]

1. 库珀对相互依存的界定

库珀的《相互依存经济学：大西洋国家的经济政策》(The Economics of Interdependence: Economic Policy in the Atlantic Community)(以下称《相互依存经济学》)是一本最早从理论上分析相互依存关系的著作。库珀是美国著名的自由派经济学家，曾经出任负责国际经济事务的副国务卿。他从20世纪60年代各国之间人、钱、物和信息交流量迅速扩大的经济现象中捕捉到了相互依存这一国际潮流变化的信息。

库珀在书中给相互依存关系下的定义是："一国经济发展与国际经济发展之间的敏感反应关系。"他强调，研究一国经济发展与其他国家经济之间的敏感反应关系是正确了解和把握国与国关系的关键。他提出：国际经济中相互依存的中心问题是"像其他形式的国际交往一样，国与国之间的经济交往既增加了各国因地制宜而采取行动的自由，同时又限制了这种自由"。之所以说增加了各国行动的自由，是因为国际经济交流能更好地实现有限资源的充分利用。之所以说是限制了自由，是因为国际经济交流又直接或间接对国家自主行使主权带来难以预料的后果，从而把国家和国家主权置于一个有限的范围之中。因此，库珀认为，在日益扩大的国际交流面前，西方国家面临的新问题是："如何在享受由不受限制的广泛的国际经济合作带来的多种好处的同时，又能让国家追求合理的经济目标。"[11]为了解决这个两难选择，库珀建议采取多层次多渠道的合作，建立国与国之间的相互信任来适应国际关系发展带来的新变化。

上述库珀对相互依存关系的分析及政策主张是以古典经济学中的比较优势理论为立足点的。其基本理论倾向是贸易的互惠互利与各国经济相互依存的扩大使世界各国形成了共同的利益纽带。因此，库珀一再强调相互依存关系具有缓和国际形势的作用，使各国有可能共享和平条件下的既得利益。有人认为，库珀关于相互依存的研究或多或少地带有印证孟德斯鸠的名言"和平是贸易的天然结果"的色彩。因此，他的《相互依存经济学》被人们视为古典式的相互依存分析。

2. 经济相互依存论的主要内容

经济相互依存论的主要内容可归纳为"三化"，即经济问题政治化、国际行为主体多元化、全球政治经济一体化。

Ⅰ. 经济问题政治化

库珀是从下述两个方面对经济问题政治化作理论上阐述的。

第一，经济上相互依存关系的发展使国家主权不可侵犯原则大打折扣。库珀认为：战后二十多年来发达国家之间在经济贸易往来、资本流动和技术交流上已经密切地联系在一起，到了"你中有我、我中有你"的境地。他指出，各国已经到了不考虑其他国家的经济状况、不考虑国际收支就无法决定本国经济政策的地步。他指出，经济上的相互依存有三种表现：其一，经济结构上的相互依存，即采取高度开放的经济体制各国之间，一国发生的经济事件必然对其他国家产生影响；其二，经济目标上的相互依存，即各国经济政策目标受到共同制约；其三，经济手段的相互依存，即各国的经济目标的确立和经济政策的制定为他国所左右。

从传统观念来看，独立自主地决定内外政治经济政策是国家及国家主权不可侵犯原则的具体表现。然而，二战后日益加强的经济上的紧密结合使各个国家付出国家独立性丧失、政策自主性下降的代价。经济上相互依存的加深导致国家主权不可侵犯性下降是库珀在《相互依存经济学》一书中所反复强调的论点。

第二，传统的"低级政治"和"高级政治"之间的藩篱被打破。库珀以 20 世纪 60 年代美日欧经济贸易摩擦表面化、国际货币体制的动荡和欧洲联合趋势的加强为例，提出国际经济问题已经无法在其自身领域中得到解决，已经到了成为国家元首、政府首脑必须亲自出面交涉的重大外交难题的程度。传统的现实主义所主张的安全保障是"高级政治"、经济问题是"低级政治"的格局已经一去不复返。

库珀作为一个经济学家，从经济现象入手捕捉到了国际关系的新变化。他认为，经济上相互依存关系的加深有助于国际形势的缓和。他的这一主张在当时的国际政治学界得到了强烈的回应。首先把库珀上述理论观点直接用于国际政治分析的是美国知名国际政治学家、前哥伦比亚大学教授爱德华·莫斯(Edward L.Morse)。其代表作是 1976 年出版的《现代化与国际关系的变革》。在该书中，莫斯从美苏战略对峙的角度把相互依存关系从单一的经济上的相互影响和相互作用推进到了政治战略上的相互影响和相互作用。莫斯认为，经济上的相互依存主要是经济政策上的相互依存。发达国家之间在经济上的日益密切使得各国在设定和追求其主要经济目标时不能不考虑到其他国家的因素。这种相互依存关系的加深使得提高国民的经济福利成为各国最主要的政治目标。这样，国家间的政治、外交和军事斗争的性质就由"零和游戏"转变为"双赢游戏"。在相互依存时代，美苏两个大国在制定各自战略目标时，不考虑本国的经济福利是不可能的。使用武力来解决美苏双边冲突或各自阵营内部的纠纷必然使它们各自的经济福利受到损失，谁使用武力越多，受到的损害也就越大。[12]

这一观点在当时并未引起学术界的广泛注意。但是冷战的结束似乎印证了莫斯的先见之明。大量事实表明，苏联垮台的原因不在于军备的多寡优劣，而是被经济所拖垮。

除了爱德华·莫斯认为经济上相互依存关系的加深有助于国际形势的缓和以外，奥兰·扬（Oran R.Young）、埃恩斯特·哈斯（Ernst B.Haas）等当时知名的国际政治学家纷纷从政治学的角度写文章予以赞同。用莫斯的话来说，"把商业政策从安全保障政策中硬性分离的""双轨制"研究方法已经脱离国际关系现实了。[13]

Ⅱ. 国际行为主体多元化

所谓国际行为主体是指有意愿且有能力参与国际活动和国际游戏规则制定，并承担和实施相应义务和责任的行为体。长期以来，民族国家是唯一的国际行为主体。[14]但是 20 世纪中叶以后，这种情况发生了重大变化。国际关系领域中陆续出现了一些非国家行为体，主要有跨国公司和国际组织。因篇稿所限，此处主要介绍跨国公司对国际政治的影响，至于国际组织对国际政治的影响将在第二节详细评介。

在国际行为主体多元化研究方面具有代表性的理论成果是雷蒙德·弗农（Raymond Vernon）通过对跨国公司的观察而取得的。其代表作是《陷入困境的主权：美国企业的多国扩张》（*Sovereignty at Bay：The Multinational Spread of U.S.Enterprises*）。

弗农是一位非常优秀的经济学家，他在研究跨国公司时提出的产品生命周期模型后来被人演绎为解释东亚经济发展的雁行模式。他对跨国公司的研究的另一个理论成果是注意到了跨国公司作为"超国家的行为主体"与国际关系之间的关系。弗农是通过对跨国公司与其母国和东道国或所在国之间关系的分析注意到这一点的。[15]

跨国公司产生于 19 世纪六七十年代，第二次世界大战后得到迅猛发展。20 世纪 60 年代，美国的跨国公司已经开始形成生产和销售的全球网络。跨国公司及其国际网络的出现把国际贸易和国际生产结合了起来，许多原来属于国与国之间的贸易变成了跨国公司下属各分公司在世界各地之间相互提供零部件、原材料和最终产品的"企业内贸易"。跨国公司的经营成了无国界的经济活动。

20 世纪 70 年代初，美国的跨国公司在国内的生产总值已经超过了美国对外贸易总值。美国跨国公司的子公司在国外生产了几乎等于美国出口总额 4 倍的产品。同时，跨国公司掌握着最先进的工业技术，拥有巨大的经济实力。不少跨国公司富可敌国。1969 年仅美国的跨国公司就生产了大约总值为 1 400 亿美元的商品，超过了除美国和前苏联以外任何一个国家的国民生产总值。[16] 70 年代以后，跨国公司的发展更为迅猛。据日本学者统计，美国花旗银行的资产总额接近美国国内生产总额的一半。1987 年有 5 家日本银行的资产超过了日本的国内生产总值。1992 年，世界前 10 位的经济实体中，有 8 家是日本的银行。(见表 1-3)

表 1-3　主要国家的 GDP 和跨国企业的比较(1970—1992 年)

单位:10 亿美元

名次	1970 年		1980 年		1987 年		1992 年	
	国家、企业名称	经济规模	国家、企业名称	经济规模	国家、企业名称	经济规模	国家、企业名称	经济规模
1	美　国	977	美　国	2 554	美　国	4 436	美　国	5 881
2	前苏联	490	花旗银行	1 149	第一劝业银行	2 883	第一劝业银行	4 934
3	日　本	195	美洲银行	1 116	住友银行	2 702	富士银行	4 934
4	联邦德国	185	日　本	1 045	富士银行	2 631	住友银行	4 909
5	法　国	148	巴黎国民银行	1 074	三菱银行	2 543	三和银行	4 850
6	英　国	121		1 059	三和银行	2 381	樱花银行	4 708
7	意大利	93	埃克森银行	1 031	日　本	2 379	三菱银行	4 608
8	中　国	90	里昂信贷	981	日本兴业银行	2 225	日本农林中央金库	3 791
9	加拿大	78	通用集团	901		2 149	日本兴业银行	3 700
10	印　度	49	巴克莱银行	886	花旗银行	2 036	日　本	3 699

注:国家的经济规模为 GDP，银行的经济规模为总资产额，企业的经济规模为销售额。

资料来源:根据[日]浦野起央:《国际关系理论史》，劲草书房 1997 年版，第 331 页的资料制作。

进一步比较可以看到，20 世纪 90 年代，世界顶尖跨国公司的销售额超过了

部分国家的国内生产总值。（见表 1-4）

表 1-4　1997 年顶尖跨国公司的销售额与部分国家 GDP 的比较

单位：10 亿美元

排序	跨国公司	销售额	国　家	GDP	排序	跨国公司	销售额	国　家	GDP
1	通用汽车	164	泰　国	154	6	住　友	119	希　腊	123
2	福特汽车	147	挪　威	153	7	埃克森	117	马来西亚	98
3	三　井	145	沙特阿拉伯	140	8	丰　田	109	以色列	98
4	三　菱	140	波　兰	136	9	沃尔玛	105	哥伦比亚	96
5	壳　牌	128	南　非	129					

资料来源：[美]威廉·内斯特编著：《国际关系：21 世纪的政治与经济》，姚远，汪恒译，北京大学出版社 2005 年版，第 491 页。

联合国贸发会议（UNCTAD）发布的《2002 年世界投资报告》显示，2001 年全球大约有 6.5 万家跨国公司，拥有约 85 万家国外分支机构，平均每家跨国公司拥有的国外分支机构数量已从 20 世纪 90 年代初的 4 个上升到 90 年代末的约 13 个，共有雇员 5 400 万人。全球外国直接投资存量将近 7 万亿美元，跨国公司创造的增加值约为 3.5 万亿美元，总销售额约 19 万亿美元，是同期全球出口额的两倍多。跨国公司子公司的销售额占全球 GDP 总值的 10%，出口额占世界货物贸易出口总额的三分之一。

跨国公司以强大经济实力为背景，在世界政治中扮演着十分活跃的角色。概而言之，有以下三点：[17]

（1）干涉别国内政。跨国公司拥有压倒性的经济实力，许多跨国公司的财富超过了投资东道国的国民生产总值，因此它们有足够的力量去讨价还价，去腐蚀那些贫穷弱小的东道国政府，以迫使其提供最有利的进入或运营条件。在对东道国政府极端不满的情况下，它们甚至有能力直接颠覆东道国的政府。如 1954 年美国联合果品公司参与了推翻危地马拉阿本兹政府的活动，1953 年英国石油公司卷入伊朗摩萨德政府的倒台过程，70 年代美国国际电话电报公司直接策划参与推翻智利阿连德政府的活动等。此外，在两次海湾战争与数次海湾危机的阴云背后，也不时闪现着跨国石油公司的身影。

（2）被母国用作对发展中国家政府施加影响的手段。弗农通过对美国的跨国公司同美国政府关系的研究发现：跨国公司与美国政府利益互补；跨国公司是美国主导全球经济发展的工具和传播美国自由思想的渠道；跨国公司是美国政府的外交政策工具。罗伯特·吉尔平认为，随着跨国公司的发展，公司、母国和东道国之间的关系出现了一系列复杂的格局，这种格局增加了国内和国外投资的日益政治化。跨国公司通过支持某些政党或其候选人，或支持政变等形式，来左右东道国的政治进程。

(3) 影响国家间政治议事日程的设定。20 世纪 90 年代，日美展开保险谈判。当时，日美两国政府间的谈判由于在市场份额上争执不下而濒临破裂，两国的大型财产保险公司为了自己的利润和市场各自组成代表团进行交涉，从而形成政府间谈判与企业间谈判并行的局面。而且，从总体上来说，后者影响和控制着前者的进展。苏姗·斯特兰奇指出，国家的传统权力已经由于大公司控制生产结构而受到侵蚀，“大企业——不管是私营的还是国营的——正在窃取国家的管理……当各国的生产结构不再牢牢地处于各国政府的主要控制之下时。”

Ⅲ. 全球政治经济一体化

在库珀和弗农等人研究成果的影响下，不少国际政治学家也加入了他们的行列，从各个不同角度对相互依存关系做了研究。全球政治经济一体化是其中引人注目的一个论点。许多人认为经济上的相互依存将会导致全球政治经济一体化，形成一个无国界的共同体。

一般认为，全球政治经济一体化论主要有两个组成部分：一是超国家关系论(Transnational Approach)；二是全球共同体论(Global Community)。

超国家关系论由美国著名国际关系学者爱德华·莫斯、罗伯特·基欧汉和约瑟夫·奈等人提出的。超国家关系论是以各国间相互依存关系加深为立足点，对国内政治国际化、国际政治国内化情况下非国家行为主体所进行的超越国界的各种活动及其后果进行的研究。超国家论的主要观点是：在国家间经济相互依存日益加深，国内外社会相互沟通的情况下，非国家行为主体(Non-state Actor)已经结成了横跨国境、深入一切领域的网络。国家已经不再是国际关系中唯一的行为主体，而是降格为诸多行为主体中的尊长者。

超国家关系论者认为，非国家行为主体已经登上国际社会的舞台，并扮演重要角色。由于通讯和交通技术的迅速发展，世界正在变小。围绕着稀缺资源的国际配置，各国之间的相互依存关系不断加深，各国人民的生活圈日益相互重合。因此，超越国境的非政府层次的接触、交流迅速扩大，国家之间的敏感性和脆弱性也在增大。在此情况下，国家已经无法独自制定和推行外交政策。外交政策的公开性和国民对政府外交的制约(合作)成为国际关系中的重大问题。政府间组织和非政府间组织之间在既合作又冲突的过程中形成新的分工。简言之,国际空间的扩大和非政府组织的参与是超国家关系发展的基本动力。

图 1-1 是超国家关系论者提出的非国家行为主体在国际关系中的地位与作用的示意图。从图 1-1 中可见,政府间的交流和活动十分有限,而个人、团体及各种各样的非政府间的交流则十分活跃,渠道众多,非政府间国际组织与政府间国际组织正在形成齐驾并列的趋势。

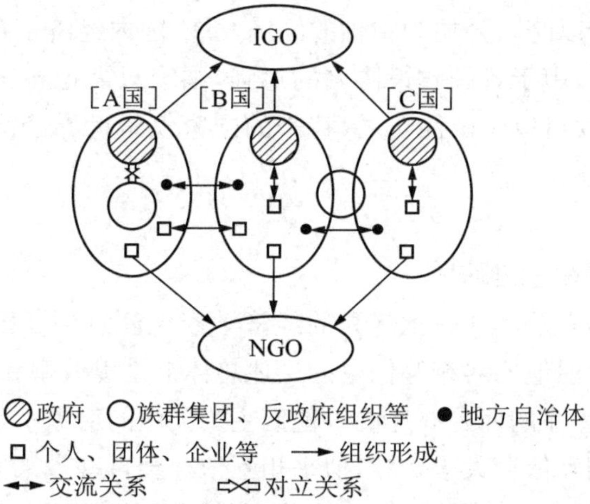

注:IGO 为政府间国际组织(例如联合国、国际货币基金、经合组织、欧盟、石油输出国组织);NGO 为非政府间国际组织(例如跨国公司、国际奥委会)。

图 1-1 非国家行为主体国际交流示意图

资料来源:[日]浦野起央:《国际关系理论史》,劲草书房 1997 年版,第 329 页。

全球共同体论是从政治外交角度对超国家关系论的发展和深化。全球共同体论者认为:既然经济上的相互依存已经把世界连成了一体,因此应该在国际关系研究中实现研究范式的转变,要求人们抛弃"民族国家主义",转而树立"全球中心"的研究范式。美国著名的国际政治学家莫德尔斯基(George Modelski)在 1972 年就提出"当世纪末临近时刻,全球化正迫使人们重新思考政治共同体的性质"。全球化对民族国家这一"正统观念提出了挑战"。[18]加拿大的国际政治学家考克斯(Robert W.Cox)、史蒂芬·基尔(Stephen Gill)等人一起创立了"全球政治经济学"(Global Political Economy),提出要建立"全球市民社会"。考克斯等人还在20世纪80年代中期提出了"国家国际化"理论。他们认为:以直接投资为原动力的生产国际化的扩展使世界各国已经形成了与世界经济一体化相适应的共同意识形态,开放的国际经济体系有了共同的目标和共同的理念,因此出现了国家国际化现象。他们强调生产的国际化过程,也即是"一个在全球范围内各国为解决世界经济中的各种问题形成共识,采取共同行动的过程。在这一过程中,民族国家逐渐成为与生产国际化相适应的更加复杂的政治结构的一个组成部分。""现阶段的国家所起的作用,只是为了保护国内的就业和福利而起的对外部破坏力量的缓冲器而已。国家最优先的政策目标只应该是国内福利的最大化。今后,随着以跨国公司为主轴的经济发展,国内经济正在逐步被统一进国际经济之中。同时由于各国政策协调的加强,国家只需把各国达成共识的政策转变为国内政策就可以了。简言之,将来的国家仅是世界经济和国内经济之间的传送带。"[19]

3. 经济相互依存论的缺陷

虽然库珀、弗农及其他一批优秀的经济学家也注意到了国际经济领域中相互依存的消极面,但他们对相互依存的论述总体上是以效率和竞争为出发点,认为国际社会不是无序的而是有序的。他们主要关注的对象不是战争和冲突而是贸易和投资,对相互依存大唱赞歌,似乎相互依存会自动带来世界和平。

就库珀而言,他一方面认识到相互依存的进展使各国政府处于既要维护因交流合作而带来的利益,同时又不能不执行独立经济政策的两难困境;另一方面,他又十分强调各国之间开展以不损坏相互依存所带来利益为目的的国际合作。他的总体理论倾向是认为贸易是使世界各国走到一起来的和平力量。

弗农也同样,他一方面抨击随着美国跨国公司向全世界的扩展,美国的法律和道德观念也不断强加给其他国家的做法,另一方面却着重论证跨国公司的经济活动将使全球资源得到合理配置。

针对库珀的理论观点,美国知名国际政治学者罗伯特·帕特奈姆(Robert D.Putnam)指出:"初期的理论家们把经济上的相互依存看成是导致政治联合的巨大力量。在他们看来国际贸易和投资带来了相互得益和相互制约浪潮,并最终把全球引向没有国境的世界。但是,他们是过低地估计了各国政策决定的持续性和正统性,无论是社会精英还是掌权者都不会放弃国家主权。"[20]对于弗农关于跨国公司的研究,吉尔平在《美国的权力与跨国公司》(*U.S. Power and the Multinational Corporation*)一书中批评道:“他们(国家或政府)绝对不会把经济大权全部委托给跨国公司。”再者,跨国公司的经济活动确实是无国界的,但跨国公司的所有权是有国籍的。跨国公司的经济活动是在主权国家设立的框架之中进行的,没有主权国家的存在也就没有跨国公司的发展。[21]历史的发展也印证了这些精辟的分析和批判。20世纪60年代后期,相互依存给各国带来巨大利益的同时,也给各国之间的摩擦和纠纷增添了新的火种。当时美日欧之间的贸易摩擦就是典型例子。从根本上说,贸易摩擦就是国家主权对经济相互依存的限制和反抗。

20世纪90年代中后期发生的亚洲金融危机,也验证了“相互依存带来和平”以及“国家国际化”等论断的误判。亚洲金融危机的主要原因——国内经济结构失衡和外国金融资本乘人之危——都是由国际资本跨国流动引发的不良后果。跨国公司是按照利润最大化原则组织全球性生产的,其目的也不是为发展中国家发展民族工业提供资金、技术等援助,因而跨国公司不会考虑资本投入对所在国产业结构变动的影响。泰国、印度尼西亚等国的遭遇证明了跨国公司的投资虽然可以在这些国家造就一批“工业飞地”,但对这些国家产业结构的升级和改善毫无裨益。而以索罗斯的对冲基金为主的国际游资,更是直接导致了泰国金融业一夜之间迅速崩溃。

简言之,库珀等经济学家以其敏锐和理性看到了世界潮流的变化,确定了人类社会长远发展的目标,但却偏离了国际社会的现实。究其原因,在于他们的思想和眼界仍然被潜伏于头脑深处的经济学中根深蒂固的经济自由主义所束缚。经济自由主义所崇尚的自由放任、自由经营、自由贸易和市场竞争原则把他们的相互依存理论思路导上了“无国界的地球村”之路。怎样使相互依存理论突破经济自由主义的禁锢,使之成为更准确地解释和指导现状的理论的任务,就历史地落到国际政治家的肩头。

第二节　复合相互依存论

复合相互依存论是以美国国际政治学者罗伯特·基欧汉(Robert Keohane)和约瑟夫·奈(Joseph Nye)为主创立的。

罗伯特·基欧汉(1941—　),1966年获哈佛大学政治学博士学位,曾先后执教于斯沃莫尔学院(Swarthmore College)、斯坦福大学(Stanford University)、柏兰德斯大学(Brandies University)和哈佛大学(Harvard University),1996年起任杜克大学(Duke University)政治学教授至今。他同时还是《国际组织》(*International Organization*)杂志的编辑。基欧汉曾经两度当选美国国际关系学会主席,1999年当选为美国政治学会主席。1977年他与约瑟夫·奈合作写成了著名的《权力与相互依赖:转变中的世界政治》(*Power and Interdependence: World Politics in Transition*),他的另一本专著是在国际关系理论学界享有极高评价的《霸权之后:世界政治经济中的合作与纷争》(*After Hegemony: Cooperation and Discord in the World Political Economy*)(1984年)。

约瑟夫·奈(1937—　),1964年获哈佛大学政治学博士学位,曾先后担任哈佛大学国际事务中心主任(Director of the Center for International Affairs)、文理学院副院长(Associate Dean of Arts and Science)、肯尼迪政治学院院长(Dean of John F.Kennedy School of Government),以及《外交政策》(*Foreign Affairs*)和《国际安全》杂志(*International Security*)编辑董事会成员,并于1977年至1979年任卡特政府负责科技、能源的助理国务卿(Assistant Secretary of State for Science, Technology and Energy),1993年至1994年任克林顿政府全国情报委员会主席(U.S. National Intelligence Council),1994年至1996年担任负责国际安全事务的助理国防部部长(Assistant Secretary of Defense for International Security Affairs)。约瑟夫·奈的著作有:《国际地域主义》(1968年)、《跨国关系与世界政治》(与基欧汉合著,1971年)、《权力与相互依赖:转变中的世界政治》(与基欧汉合著,1977年)、《能源与安全》(与戴维·迪斯合编,1981年)、《生活在核时代》(与斯坦利·霍夫曼等人合著,1983年)、《美国的对苏政策》(1984年)、《理解国际冲突:理论与历史》(1993年)等。

在基欧汉和奈的众多著述中,对相互依存理论作出巨大贡献的是《权力与相互依赖》一书。他们表示:“我们的任务是建立从政治角度分析相互依赖的一个清晰的理论框架。”[22]对于这本书的理论贡献,美国国际政治学界的代表人物之一斯坦利·霍夫曼赞扬说,基欧汉和奈在这本书中所作的“权利与相互依存的结合,复合相互依存的提出”,是两项国际关系研究中的新发展。[23]

基欧汉和奈在这本书中提出的复合相互依存理论是对经济相互依存的政治分析,其核心是探讨国际关系中经济上的相互依存性与政治权利上的相互竞争性之间的关系。基欧汉和奈的基本观点是民族国家不仅应该,而且是尽可能对国与国之间的经济相互依存关系进行引导和管理，国际政治上的差异是国际政治权力的基础，国际政治权力来源于国际经济相互依存的深化。他们在研究中对国际政治上的相互依存做了分类，提出了敏感性和脆弱性两大概念，并从两大概念出发，对民族国家相互依存中的经济差异转化为政治权力的过程、途径和方式作了完整而清晰的理论分析，从而使相互依存理论脱离了经济自由主义的束缚，获得了强大的生命力。

1. 基欧汉和奈的复合相互依存理论

Ⅰ. 相互依存因付出代价不同而分为三大类型

基欧汉和奈认同库珀对国际关系中的相互依存的基本定义，也认为相互依存就是相互影响、相互制约和相互付出代价。他们在书中写道："依赖是指受到外部力量支配或相互影响的一种状态。相互依赖是彼此相互依赖。在国际政治中，相互依赖是指国家之间或不同国家中的行为主体之间相互影响的情形。"[24] 他们同库珀一样认为国际关系中的相互依存源于跨越国界的货币、商品、人员和信息的交流。但是，仅仅是相互交流并不等同于相互依存。只有当相互交流发展到了彼此付出代价的结果的程度，才能形成相互依存关系。

问题是彼此付出代价的差异。因所处的环境和各自实力的不同，彼此为对方付出的代价是不一样的。因此，代价差异问题是进一步研究相互依存的一把钥匙。基欧汉和奈经过研究认为，依照彼此付出的代价，相互依存大体上有三种类型。

一是均等依存。例如冷战时期美苏两个超级大国之间的核对抗或核裁军。它们之间的核对抗来自于美苏两国各自的成本收益仔细计算而形成的，相互为了避免对方毁灭性的核打击而形成了一方面两国不遗余力地研制新型核武器，开展核军备竞赛；另一方面又不遗余力地开展核裁军谈判，力图限制对方的核优势，形成双方大体的核均势。

二是绝对依存。再以核军备为例，在美苏核对峙的局面下，除中国和英法个别国家以外，绝大多数国家在核军备上根本无法同美苏相匹敌，只能选择依附其中之一。例如，两方阵营中的日本就完全仰仗于美国的核保护军，不少东欧国家则屈从苏联以取得核保护。

三是相对依存，或叫不对称相互依存。仍以核军备为例，在两方阵营中，法国在军事上一向特立独行，拥有自己的独立核武装，在核裁军谈判中一向反对美国的立场。法国虽然多次声称要退出北大西洋公约组织，但在东西方对峙中又总体上是西方盟国的一员。简而言之，一方面法国在总体上还离不开美国的核军备，另一方面又能在核力量上同美国叫板。这种现象在国际经济中更是比比皆是。可以说在国际关系中，均等的相互依存和绝对的相互依附是较少的，绝大多数的是不对称性的相互依存。

Ⅱ. 敏感性和脆弱性决定着相互依存关系的内涵

那么，根据什么来划分相互依存关系的类型呢。基欧汉和奈在此提出了敏感性和脆弱性两大概念。

基欧汉和奈认为，是对称的相互依存关系还是不对称的相互依存关系，以及不对称的程度如何，均取决于一个行为主体对另一方的敏感性和脆弱性的大小。

“敏感性指的是在某种政策框架内所作反应的程度，即一国发生的变化导致另一国发生变化速度的快慢和付出代价的大小。”[25]例如，在 1973 年的石油危机中，美国和日本都受到阿拉伯国家大幅度提高油价的威胁。美国因其进口石油在其石油总需求中只占一小部分，因此国内对中东石油涨价反应平淡。然而日本则不同，中东石油在其石油总需求中占 70％以上，因此油价上涨立即带动物价飞涨，加油站处处排长队，所有的超级市场都出现抢购狂潮。

脆弱性是“每个国家试图改变政策以减少外部条件所强迫付出的代价”，“做出这种政策变化代价的大小和承受这种代价的政治意志就是衡量脆弱性的标准。”[26]仍以上述石油危机为例，日本因其资源条件限制，无法在经济上做出调整以减轻外来冲击，不得不在外交上让步，宣布不再奉行亲以色列政策，并派出特使去中东向阿拉伯国家示好。但日本这一行动引起美国的强烈不满，日美关系随之出现裂痕。

简而言之，敏感性是指一方对另一方变化所受影响的大小及受影响的速度快慢，脆弱性则是一方对另一方的应变能力的强弱及付出代价的大小。

Ⅲ. 敏感性和脆弱性确立了国家在相互依存中的获利程度

库珀等人在分析经济相互依存时，已经注意到了相互依存中的不平等现象。因此，他们把注意力放在国际合作上，担心缺乏必要的国际协调而使各国不得不去降低相互依存的水平，主张适应更多的国际合作来使各个国家都从相互依存中获利。

基欧汉和奈在复合相互依存的理论建构中则把着眼点放到了民族国家，十分注意有关国家从相互依存的国际体系中获利的大小多寡。他们提出，相互依存并非像人们所想象的那样消除分歧，带来互利，形成共同利益，而恰恰相反，相互依存并不排除竞争，也可能出现冲突，有时付出的代价甚至超过从中获得的利益。

基欧汉和奈一方面认同库珀关于有关国家都从相互依存关系中获利，并会形成共同利益的观点；另一方面又十分关注不同国家从相互依存关系中的获利能力和获利程度。他们认为不同国家从同一相互依存格局中，获利程度是不一样的。有的国家能从中源源不断地获得巨大利益，有的国家从中获利则十分有限。只有当有关民族国家从相互依存关系的获利超过了所付出的代价，相互依存关系才会得以继续。反之，相互依存关系就难以维持下去。只有当有关国家从相互依存关系中获得的利益越来越大，相互依存关系才会深化和发展，反之，只能是萎缩和停滞。

那么，获利能力和获利程度又取决什么呢？答案仍然在敏感性和脆弱性之中。从根本上讲，敏感性和脆弱性实质上是衡量相互依存中包含着的代价和利益的尺度。就上文所举的石油危机例子而言，日美两国在同样遇到阿拉伯国家石油武器的冲击时付出的代价完全不同。日本在石油价格上十分敏感，十分脆弱。阿拉伯国家一宣布石油提价，日本全国马上出现抢购风潮，整个社会动荡不安，最后不得不以转变追随美国的亲美政策为代价保住了石油的供应。美国因其国内的大量石油储备和丰富的石油资源，不仅稳住国内阵脚，而且主导了中东的战局，并对战后的中东和平进程发挥了无与伦比的影响和作用。在日美同盟中，日本获利是相对的。就石油而言，依赖美国的军事保护，在风平浪静时，日本的石油供应不足为虑，一旦有事就不得不面对因石油供应不保而引发经济崩溃、社会混乱的危机。因此，日本不得不以转变亲以色列的外交政策来换取石油供应。日本为此付出的代价是十分沉痛的。为了修补日美同盟为此而发生的裂痕，日本不得不承诺进一步增加驻日美军费用承担比例，并在对美外交的其他方面做出让步和屈服，以保持日美同盟的稳定，继续得到美国的军事保护。

显然，敏感性和脆弱性都是衡量相互依存所包含着的代价的尺度，但两者之间是有着差异的。差异之一是看政策是否发生变化。简而言之，政策框架是否发生变化是区别敏感性和脆弱性的标志。敏感性一般是直观的，是以政策不发生变化为前提的。脆弱性则是以改变政策为特征。脆弱性的大小取决于“各行为主体获得可供替代选择的能力及所付出的代价”。这里所说的能力和代价包含了一国的政治意识、政府能力和自然资源禀赋等因素。

脆弱性比敏感性更具有政治和战略含义。20 世纪 70 年代初美苏谷物贸易是一个很好的例子。美国经济对苏联大量购买美国小麦十分敏感，小麦价格明显上扬。苏联也一样敏感，如买不到美国小麦，国内食品和饲料供求关系就会受到影响。但是，两者间的脆弱性不一样。美国可以轻易改变政策，通过或增加政府谷物储存，或减少政府谷物储存来调节国内小麦价格等办法来达到不卖或少卖小麦给苏联的目的。相对之下，苏联除了宰杀牲畜和减少肉类消费之外很难改变购买美国小麦的政策。结果，一桩小麦贸易竟成为美苏间讨价还价的政治工具。

从上述例证可见，政府在制定战略时，必然考虑在相互依存格局中可能出现的脆弱性及其大小程度，从而采取合理的行动，把代价约束在可以承受的范围之内。进一步说，对敏感性的分析可以用来解释相互依存的格局在什么地方出了问题和毛病，而对脆弱性的分析则是制定连贯而明确的外交政策的基础。

Ⅳ. 经济相互依存转化为国际政治权力的途径

通过上述对敏感性和脆弱性的分析，基欧汉和奈的复合相互依存理论为国际政治权力概念增添了新的内涵。传统的政治权力是建立在军事优势上面。相互依存的发展，使经济差异也成为政治权力的来源。所谓的经济差异，就是用敏感性和脆弱性这两个尺度所衡量出来的各国在同一相互依存格局中各自获利的能力和获利的多寡。在同一相互依存格局中，付出代价较少，决策自主权限制较少而收益却相对较大的国家就有可能把自己的意志强加给那些付出代价较大，决策自主权限制较多而收益却相对较小的国家，前者既可以迫使后者去做其不愿做的事，又可以同后者进行抬价还价，以从相互依存格局中得到更多的好处。这种强人所难的能力和讨价还价的优势就是国际政治权力的具体表现。

简而言之，不对称的相互依存关系中孕育着的敏感性和脆弱性的差异决定了不同国家在同一相互依存格局中的获利能力和获利程度，从而使一些国家获得了强迫另一些国家做它所不愿做的事情的能力。这是复合相互依赖理论对国际政治权力的来源和行使权力的行为方式的新诠释。与以往只凭军事主力来衡量国际政治权力的大小相比，复合相互依存理论显然是更为丰富，更切实反映国际社会的现实。

在基欧汉和奈看来，不对称相互依存中的经济差异转化为国际政治权力的渠道和方式大体上有以下四个：

第一，联系战略。在复合相互依存条件下，多个领域相融。政府所关心的与对外政策有关的问题日益庞大和多种多样，并非所有问题都要服从安全保障。正如基辛格1975年所言："一个前所未有的、崭新的议事日程已经出现在我们面前。能源、资源、环境、人口、空间和海洋利用问题已与传统上构成外交议事日程的军事安全、意识形态及领土争夺等问题处于同等重要地位。"

同时，武力作用下降。由于使用军事力量需要付出高昂代价，其结果难以预料，一国政府再也不能随意对其他国家任意行使武力。强国越来越难以运用支配地位控制其他问题的最终结果。但是，这并不妨碍强国运用其优势来影响和控制相关问题的结果。不过，也应该看到把各种议题相互联系的战略使弱国也获得了解决个别问题的权力。弱国可以把其在某一问题上的强势同其切身相关的问题联系起来，从强国获得让步或附带补偿。联合国海洋法的制定就是印度洋小国马尔代夫发起的，它利用其独特的海洋区域优势为发展中国家谋取了合法的海洋权益。

第二，议题的设置。由于相互依存的加深，在各种各样的国际问题上并不存在明确的等级区分，经济事务属于低级政治，安全问题属于高级政治的传统划分已经过时。因此，根据对相互依存关系中敏感性和脆弱性的分析，在一些经济问题被政治化的同时，许多国内问题成了国际问题。国家间外交议题的确定也更加微妙和多样化。如在20世纪80年代，美国的劳联产联以日本出口增加就是美国就业机会减少为由拼命把日美贸易争端政治化，提出日本必须向美国交纳国民生产总值2%安全税的要求，使之成为日美外交当局头痛的重要议题。又如2002年世界贸易组织第四次部长会议在美国西雅图召开时，再次受到美国劳联产联的干扰而流产。会议原定讨论如何进一步推动贸易自由化，但美国的劳联产联以进口增加使美国工人失业为由封锁全场，致使会议无法如期进行。诸如此类的扩大或缩小议题将有可能使一些行为主体既得利益最大化，而另外一些行为主体则失去或缩小了利益。

第三，跨国及跨政府关系。如前所述，在相互依存的国际社会里，国际关系中的行为主体不只有国家，非政府组织和跨国公司对国际政治的参与已成为对外关系的一个正常部分，各国的国内政策对国外的冲击愈演愈烈，从而使各国的对外政策更富有敏感性。很多国家的政策都是受到很大外部压力的产物。相互依存愈发展，政治上讨价还价的结果就愈受超国家关系的影响。比如，跨国公司既是一个独立的行为主体，又可以成为母国或所在国操纵的工具。跨国关系和跨政府关系的发展为政治家提供了更广泛的选择。他们对政治和政策的操纵因此可以超越党派政治的约束和国境线的限制。近年来对恐怖活动和贩毒的全球性打击就是一例。以欧盟为代表的欧洲一体化的进程和欧元的问世更是一个生动的例子。更明确地说，在相互依存深化的情况下，国家利益的概念趋于模糊，在跨国和跨政府的国际交流网络中，行为主体对外部变化的敏感性和脆弱性将直接影响其行为。

第四，国际组织。在基欧汉和奈看来，国际组织今后在全球范围内的各种政治经济讨价还价过程中潜在作用将大大增加。其理由有三：

其一，国际组织特别有助于议题的确定。以联合国为例，1972 年在斯德哥尔摩召开的环境会议加强了各国政府和民间的环境保护意识；1975 年 9 月召开的联合国关于建立国际经济新秩序的特别会议，使南北问题成为全球经济发展的焦点；1991 年在美国的推动下联合国做出对伊拉克入侵科威特进行军事干涉的决定，从而爆发了海湾战争，美国以此大大加强了在全球范围的政治军事优势。

其二，国际组织往往是多国联盟的催化剂和弱国拟订联系战略的场所。石油输出国组织的成立就是例证。

其三，国际组织把各国首脑汇集在一起，从而有助于世界政治中的潜在联盟活动起来。1975 年开始的西方七国首脑会议证实了这一点。

为了更清楚地说明相互依存所隐含着的权力资源是如何转化为国际政治中现实权力的，基欧汉和奈列出了表格。经济相互依存对国际政治的影响，从表 1-5 中清晰可见。

在基欧汉和奈提出复合相互依存论之后，许多学者受此启发从不同角度对相互依存理论作了深层次的挖掘补充。日本学者山本吉宣、鸭武彦进一步论述说，相互依存是不同国家或不同社会之间交流的增加而引起的各国(社会)之间的相互关联或联动。他们同时强调，从现实来看，各国之间的相互依存关系多数是非对称的。即使发达国家之间相互依存基本上是对称性的，但这仅仅是少数。占国际社会大多数的发展中国家与发达国家之间的关系则明显是非对称性的。据此，他们提出相互依存关系的两面性，即一方面由对称性相互依存关系派生出了国家间政治经济的协调和合作，另一方面又因非对称性相互依存关系造就了国家之间在政治经济上的竞争与合作。另一位日本学者山影进则提出了适度交流说。他借用刺猬受到外来威胁时才竖起针刺的原理提出，只要当事国保持适度的不至于引起对方感到威胁的交流，那么相互依存关系中的对立因素就会大大减少。[27]

表 1-5 权力政治与复合相互依赖的政治过程比较

	权力政治条件下	复合相互依赖条件下
行为者的目标	军事安全是首要目标。	国家目标将因问题领域而异。跨政府政治使目标难以确定。跨国行为者将追求自己的目标。
国家政策工具	军事力量将是最有效的,尽管经济及其他手段也可使用。	专门适用于问题领域的权力资源将是最有用的。操纵相互依存、国际组织和跨国行为者将是主要手段。
议题形成	力量对比格局和潜在安全威胁的转变将决定高级政治的议题,并强烈影响其他议题。	议题将受下列情况影响:问题领域中权力资源分配状况变化、跨国行为者重要性的变化、来自其他问题领域的联系以及敏感性相互依赖增加导致的政治化。
问题的联系	联系将缩小各问题领域结果之间的差异,加强国际等级制度。	由于武力失效,强国将更难以实行联系做法。弱国通过国际组织所实行的联系做法将瓦解而不是加强等级制。
国际组织的作用	其作用是小的,受国家权力和军事力量重要性的限制。	国际组织将确定议题,促使联盟建立并提供弱国政治活动的场所。为某一问题组织论坛和争取支持票的能力,将是一种重要的政治资源。

资料来源:Robert O. Keohane and Joseph S. Nye, *Power and Interdependence: World Politics in Transition*, Boston, MA: Little, Brown and Company, 1977, p.37.

2. 复合相互依存论对传统国际关系理论的突破

Ⅰ. 复合相互依存论对经济自由主义进行了批判

经济自由主义认为,经济上的相互依存会带来世界和平,并将使全球进入一个无国界时代。基欧汉和奈对这种论断进行了批判,认为这是一种缺乏充分分析的盲目乐观。他们指出,经济自由主义的这一看法缺乏下述三个必要的前提条件:第一,只存在各国都必须依赖的一种国际经济制度,或者人类生存的生态环境已经处于极端危险之中;第二,各国都易受到这种危险所引起的灾难性的严重破坏;第三,只存在一种解决问题的方法,而且也不用去寻找其他解决办法,争辩由谁来承受解决问题的代价。

Ⅱ. 对现实主义权力政治的批判

基欧汉和奈还从下述四个方面论述了现实主义理论中关于权力、均势、安全以及合作等的观念已经过时。第一,如越战失败所表明的,一旦军事力量已经在某些问题上不起作用，传统的实力概念就失去了准确性；第二，军事对峙的缓和，表明不同的问题需要不同类型的力量来对付；第三，经济贸易上相互影响和相互关联的增强，绿色和平组织的兴起以及欧洲联合势头的加强使国内外政策的联系变得更加密切，传统的国家利益所具有的指导原则变得含糊不清；第四，现实主义强调国家对相对收益的关注优于对共同收益的关注，因此认为国际合作非常困难，是"你之所得即我之所失"的零和博弈。相互依存论则认为，国家在关注相对收益的同时也关注共同收益，特别是在经济领域，因此国际合作不仅是可能的，而且是"一荣俱荣一损俱损"的双赢博弈。

表 1-6　权力政治理论和相互依存论的比较

	权力政治	相互依存论
研究对象	"高级政治" 安全保障、均势、势力范围	"低级政治" 资源、能源、粮食、人口、环境
行为主体	国家为唯一行为主体	除国家以外，跨国企业、非政府组织也是行为主体
国家关系特征	国家间只有相互冲突的国家利益	国家间是相互依存关系，存在共同利益，可以开展国际合作
基本原则	冲突、零和游戏 你得到的，就是我失去的	合作、双赢游戏 双方都可得利，问题是相对得利的多少
管理模式	单极或双边领导	多边参与
权力评价	权力源于军事力量，是强制他人的手段	权力源于不对称相互依存，是对合作的报偿
武力的作用	大	小
组织方法	等级制(二极或多极)	平等主义、共同参与
对国际社会发展前景的展望	基本不变	会有根本变化

资料来源：[美]约翰·斯帕尼尔：《国家运用的策略：分析国际政治》，1981 年版，第 550—551、558—563 页；转引自倪世雄、金应忠主编：《当代美国国际关系理论流派文选》，(上海)学林出版社 1987 年版，第 187 页。

表 1-6 把复合相互依存理论与传统的权力政治学理论进行了初步比较，从中可见，复合相互依存论的问世使国际关系的研究对象、研究方法和基本逻辑均

发生了相应变化。

Ⅲ.强调强国和弱国各具优势

在传统的战略理论中,超强国家可以运用军事支配力使其在某些处于弱势的问题上占据上风。但是在复合相互依存情况下,多渠道相互影响、相互关联的作用明显加强,其经济目标具有政治含义,政治目标背后是经济需求。因此,强国已难以运用其军事支配力来控制在某些弱势问题上所产生的结果。然而小国却可以利用自身某些经济科技优势,通过国家间组织和非政府组织,扭转自己在政治外交领域中的弱势。总之,传统的联系战略及其效应已然降低,军事支配力正与其他领域的权力分配相分离。

Ⅳ.主张国际行为主体多元化

在传统的国际关系理论看来,国家是国际社会唯一的行为主体。上文提到弗农通过对跨国公司的研究否定了这个观点,提出跨国公司也是重要的国际行为主体,从而为国际社会行为主体多元化及其相关理论奠定了物质基础。在弗农对跨国公司与国际政治相互关系研究的影响下,不仅是联合国和其他政府间国际机构,而且诸如绿色和平组织等非政府间国际组织在国际政治中的作用也为世人所瞩目,成为国际政治经济学者的重要研究对象。

国际行为主体多元化是对在国际关系研究中占统治地位的威斯特伐利亚体系的重大挑战。所谓威斯特伐利亚体系,是三十年战争后以《威斯特伐利亚和约》为基础建立的国际体系,其核心是主权国家一律平等的基本原则。但在相互依存时代,推动国际秩序形成的不只是主权国家,还有各类国际组织和非政府间国际组织。正是这些非国家行为体,推动和加深着各国之间政治经济上的相互依存关系的发展。

第三节　相互依存理论与国际制度

理论是政策的基础,政策是理论的延伸。每当一种新的理论开始兴起,也就意味着为决策者提供了又一种政策选择的可能。

1. 国际制度的定义

从根本上来说,相互依存理论,无论是经济相互依存论,还是复合相互依存论都主张推动国际合作，消除战争，促进世界和平。但是如前所述，经济相互依存论者充满自由主义色彩，对未来的“地球村”和“国际国家”充满憧憬。这显然与国际社会的现实有着相当距离。相比而言，复合相互依存论者主张通过国际制度的建设来推进国际合作则有一定的现实性和可能性。

以基欧汉和奈为代表的复合相互依存论者在承认相互依存影响世界政治和国家行为的同时又十分强调政府行为也影响相互依存，并认为国家和政府可以而且应该通过制定或采取某些程序、规则和组织制度来调节、控制和管理相互依存关系。这种关于国家与经济相互依存的论述，是复合相互依存论者所主张的国际合作政策和建立与发展国际制度构想的理论基础。

结构冲突论的代表人物克莱斯纳（Stephen D. Krasner）将国际制度定义为，在国际关系的议题领域中所形成的“一系列隐含的或明确的原则、规范、规则以及决策程序”。[28]新自由制度主义的代表人物基欧汉则认为，制度是“规定行为角色，解释行为和形成期望的持续而相关的一系列规则（正式和非正式的）”。[29]

根据他们的分析，国际制度（international institution）大体上表现为三种形式：(1)正式的政府间组织。“这些组织是有目的的实体，能够监督活动并对它做出反应，由国家精心设计并建立，是官僚组织，有着明确的规则和具体的对个人和团体的规则分派。”如经合组织（OECD）、国际货币基金组织（IMF）、世界贸易组织（WTO）等。(2)国际机制（international regime）。“机制是有着明确规则的、政府同意的制度，为国际关系中的一些具体问题而设。”国际机制是各国共同承认的一些规则和约束性制度，国家间的组织活动和财务投入都是按照国际机制进行的。如不扩散核武器条约（NPT）、禁止使用对人地雷公约（Mine Ban Treaty）等。(3)协定和惯例（convention）。在哲学和社会理论里，协定和惯例是非正式的制度，有暗含的形成行为体期望的规则和理解，协调它们的行为。如联合国海洋法公约（United Nations Convention on the Law of the Sea）。协定和惯例有利于形成观念上的认知共同体。如战后美国与加拿大的关系、美国和日本的关系等。[30]

上述各种国际制度，有的是成文的，也有的是不成文的；有的是正式的协议，也有的是非正式的默契。但是，无论哪一种形式都有一个共同点，即意在避免无政府状态、降低冲突的潜能、实现有控制的发展。例如，世界贸易组织是目前世界上协调、管理和促进全球贸易的最重要的国际机构，其成员间的贸易总量占世界总贸易的90%以上。世界贸易组织下设的贸易政策评估机制和贸易争端解决机制已成为世界各国和各地区经济体处理贸易问题的最重要的载体。世界贸易组织在经济进一步全球化的过程中无疑将会发挥越来越大的作用。而北美自由贸易协定虽然并不像欧盟那样涉及政治和安全内涵,但在经济领域的地区合作已经取得了举世瞩目的成就,并因而成为世界各个地区建立自由贸易区效仿的榜样。

基欧汉和奈等人认为,考虑到各种非对称相互依存关系的敏感性和脆弱性,国际制度的建立、修改和演变与国际关系的总体结构模式正在逐步分离。不同的问题往往具有不同的政治结构,国际制度很可能独立于全球经济政治力量总分布状况。他们打比方说,在相互依存不断深化的情况下,国际政治由一个水位均等的大湖泊变成为被许多堤坝和闸门分割的河流。堤、坝和闸把不同水平间的河段既相互隔开又相互连接。建立国际制度的设计师们既要考虑到整条大河的整体能力,又要根据不同河段的水平和能力分别进行精心设计。事实上确实如此,现在已成各国共识的国际海洋公约是由地中海小国马耳他在20世纪60年代最先提出来的。俄罗斯虽然能够同美国在全球性重大热点问题上分享霸权,但它在国际货币和贸易领域中的声音微弱到几乎可以忽略不计。新加坡是弹丸小国,既无资源,又缺少军事实力,但是在东盟和亚太合作中却占有极其重要的地位。

美国国际制度论者奥兰·扬对国际制度作了三个层次的分析:(1)国际制度由权利和规则、决策的程序和手续、使人遵守制度的机制三要素构成。(2)国际制度能否有效取决于制度的形式是否合理、组织是否明确以及政策手段的强弱。(3)国际制度是动态地发展的,不是一成不变的。[31]

奥兰·扬还认为,国际制度创立以后有关国家就可以开展制度内的交涉,以调整各方利益冲突。他提出,尽管在制度的创立和维持之中存在着主导权(领导权)之争问题,但从本质上看,任何国际制度都是一个对等的、自由支配的国际机制。[32]

2. 国际制度和博弈论

国际制度论的其他代表人物如厄恩斯特·哈斯、约翰·鲁杰(John G.Ruggie),则用博弈论(Game Theory)大大地丰富了国际制度论。

他们认为,国际制度远比国内政治制度松散,并不能完全有效实施。即使已经成功运转的国际制度，参与该制度的各国作为主体在遵守规则和程序上也是不尽一致的，有的只是各取所需。但是，大多数国际制度并没有失效，也没有消失，其原因是各行为主体在博弈中的理性选择使然。理性选择（Rationalistic Choice）亦称理性预期理论和理性理论，原是科学行为主义理论之一。随着国际政治经济学对其他社会科学的借鉴和吸收，理性选择已经成为国际政治经济学的主要分析工具之一。这里所说的理性与黑格尔、康德所讲的哲学上的理性不是一回事。国际政治中所讲的理性是指"行为体如何看待短期目标和长期目标的关系"，即行为体能在多大程度上牺牲眼前利益来换取长远利益，"理性还指行为体能够预先估计其他行为体的行为"。[33]通俗而言，所谓理性选择是立足于对利弊得失的客观分析，对后果作出多种可能的估计，以及采取相应的政策。对理性预期的分析，自然地把人引进博弈理论之中。

从本质上来讲，无论是国际政治格局还是国际政治变化过程都表现出近似博弈的环境和特点。对此，著名国际政治学家多伊奇（Karl Deutsch）作了理论阐述。他认为，国际政治的多变性和国家利益的唯一性迫使各种行为主体必须使用讨价还价、相互妥协、得失计算、风险分散等途径和办法来争取双赢或非零和。[34]正如经济学中所阐述的千万个为个人利益而采取行动的结果是形成了市场经济的有序竞争一样。在国际政治领域里也是同样，各行为主体为追求维护自身的利益而开展的博弈行动导致了在没有"世界政府"那样共同权威的情况下，建立了一定的规则和程序。

为建立国际制度而进行的理性选择的过程就是博弈的过程，是博弈论在国际制度中实际运用的一个环节。事实上，博弈体现在国际制度的制定、修改和维持的方方面面。国际关系中的博弈至少要具备以下七个基本因素：第一，博弈（冲突、合作和制度的修改）必须有两个以上力图获胜的参与者（想获得最优的结果）。第二，参与者可获得的收益，因为不同的参与者有不同的价值体系，所以他们期望获得的收益也有所不同：要么希望战胜对方，建立霸权或统治地位，即零和博弈；要么达成各方均能接受的妥协方案，即双赢博弈。第三，博弈的基本规则，即所有参与者都要遵守一定的规则，只有这样不仅使博弈顺利进行，而且可以排除个别行为体捞取额外好处，避免自己碰到麻烦。第四，决定每个参与者获得的相关信息的数量、质量以及便捷程度的条件。"囚徒困境"理论中的结果之一是因为两人被分别隔离无法互通信息，结果采取了自认为比较有利的方案而将案情和盘托出，最终均被判处重刑。但是，在国际政治现实中，一定要做到掌握全面而充分的信息之后才开始选择是不现实的。第五,参与者为达到目的而采取的策略。第六,博弈的总体环境,参与者可能对总体环境有充分的认识,也可能没有充分的认识。第七,竞争行为的互动。在这种互动过程中,参与者每一次选择都会使其他参与者改变他们的选择。因此,国际关系中的博弈是一个动态分析和不断修正的过程。

博弈进行的条件在某种程度上也是国际制度形成和发展的条件。国际制度也不是一成不变的,是随环境、条件而发展变化的。因此,国际行为体要不断进行选择和判断,不断修正和改进自己的信息条件和基本目标,以使自己从国际制度中得到利益的最大化。[35]

第四节 相互依存与全球治理

全球治理是相互依存理论中的重要组成部分。目前,在国际关系理论界,关于全球治理的观点、思想和相关理论成果十分丰富,但是同时围绕全球治理,各种观点存在着严重分歧和争论,全球治理还没有形成一个统一的理论体系。

日本国际关系学者星野昭吉对已有的全球治理理论进行了分析和整理。他认为,可以把全球治理分为具有代表性的五种理论:第一,以罗西瑙为代表的全球治理的理论原型;第二,奥兰·扬为代表的新自由主义国际机制论所涉及的全球治理理论;第三,以国际知名政治家、外交官组成的“全球治理委员会”为代表的规范性全球治理理论;第四,以斯蒂芬·克莱斯纳为代表的现实主义全球治理理论观点;第五,以源于哈贝马斯市民社会的全球市民社会理论。[36]

星野昭吉的理论分类自然有其依据,但也并非完全符合该理论发展与演变的实际。例如,与其说克莱斯纳发展了一种现实主义的全球治理理论,不如说他是反全球治理理论的代表人物之一。同时,人们发现,在罗西瑙的全球治理理论中已经高度融合了全球市民社会理论的主要观点。

因此,总体来看,全球治理理论实际上可以分为三种,即全球治理委员会的全球治理理论、罗西瑙的全球治理理论以及全球治理在实践中发生的关于全球治理模式的各种争论。下面分别予以介绍。

1. 全球治理委员会的全球治理理论

全球治理起源于各国为共同解决日益具有普遍性的全球性问题而产生的政治需要。20 世纪 70 年代，发展中国家要求建立国际经济新秩序。当时，世界经济正面临严重的危机。发达国家面临滞胀、衰退和严重失业的挑战，发展中国家陷入贸易条件恶化和沉重的债务危机之中。为了转嫁危机，发达国家实行自私自利的贸易保护主义，加重了南方国家的经济困难。南方国家提出建立国际经济新秩序的纲领，南北双方为此展开了长达五年的谈判，以美国为首的西方国家一方面全盘拒绝了发展中国家建立国际经济新秩序的要求，另一方面出于反苏反共的战略目的，表示愿意向南方国家提供更多的发展援助，但附加了政治条件，即所谓"善治"(good governance)，企图借此对发展中国家的政治制度进行改造。当时，由世界银行、各种商业银行和双边捐赠者所资助的发展项目，都把"善治"作为附加的政治条件。世界银行要求发展中国家改变传统的政府统治模式，没有"善治"就拒绝提供发展援助。所谓"善治"，就是实现政治民主化(如选举、人权和负责任政府)和经济自由化(私有化和市场化)。与"善治"相反的几种情形则被定义为"恶政"(bad governance)，如权力私有化、不尊重人权、腐败成风、没有选举的政府或不负责任的政府等。发展中国家对名为"善治"实为附加政治条件的做法十分反感，他们宣布，附加政治条件的国际发展援助不会受到欢迎。这使本来就紧张的南北关系进一步走向对立。

当时，发达国家的某些开明人士认为，在世界陷入严重经济危机的不利情况下，南北双方都面临求生存的重大问题，应该彼此加强合作。为此，他们呼吁发达国家增加对发展中国家的援助，推动南北合作共同应对世界经济的挑战。这些观点得到了联合国的支持。在联合国的推动下，根据国际名人的倡议建立了国际发展问题委员会、裁军与安全独立委员会、世界环境与发展委员会。德国前总理及社会党国际主席维利·勃兰特(Willy Brandt)、瑞典前首相奥洛夫·帕尔梅(Olof Palme)和挪威前首相布鲁特兰德(G.H.Brundtland)分别担任各委员会的主席，负责对南北合作、国际安全和环境等重大问题进行研究，并向联合国提交报告。1980 年，国际发展问题委员会发表了题为《南方与北方：为了生存的计划》(*North-South: A Programme for Survival*)的研究报告。1982 年，裁军与安全独立委员会发表了题为《21 世纪共同的安全保障》(*Common Security in the 21st Century*)的研究报告。1987 年，世界环境与发展委员会发表了题为《我们共同的未来》(*Our Common Future*)的研究报告。这些报告不仅把南北对立的问题摆上了桌面，而且提出南方和北方国家共同"求生存"的重大问题。在相互依赖的背景下，只有南北双方协调政策，寻求全球性的解决方案，才能从根本上应对共同的挑战。

1990 年 1 月，勃兰特邀请国际发展问题委员会、裁军与安全问题独立委员会、世界环境与发展委员会等组织成员到德国开会，专门讨论维持世界和平与发展的重大问题，并由时任瑞典首相卡尔松等三人共同起草报告，这份题为《关于全球安全与治理的斯德哥尔摩倡议》的报告，提出了"全球治理"的概念，并在第 28 项建议中明确要求建立一个独立的国际性全球治理委员会（Committee on governance），从此开启了全球治理的进程。

1992 年，由 28 位国际名人组成的全球治理委员会正式成立，由卡尔松和兰法尔任主席。1995 年 6 月，在联合国成立五十周年之际，全球治理委员会发表了题为《我们的全球之家》（Our Global Neighborhood）的研究报告，阐述了全球治理的概念、价值观以及各领域的全球治理问题。报告提出，全球治理是指通达社会和私人的组织形式对一系列共同问题采取管理措施的多种方式的总合。也就是说，在国家不能解决的各种问题上，采取国家主体与非国家主体共同建立管理机制和规范的方式进行治理。全球治理的价值就是人类的核心价值，即确立全球公民道德，包括对生命、自由、正义和公平的尊重。在具体问题上，报告强调通过"实践性、市民性、规范性"的全球治理，解决困惑人类的全球贫困与环境问题。所谓市民性，是指通过民主的方式吸引全球众多行为者的参与。总体上来说，《我们的全球之家》反映了全球治理委员会对全球治理的看法和思路，但是，它缺乏学术理论性，对一些概念没有进行理论上的阐释和准确定义，特别是对全球危机产生的根源和解决全球问题的根本途径缺乏深刻的理论认识，而且对全球治理的前景也缺乏科学的预测。[37]

2. 罗西瑙的全球治理理论

詹姆斯·罗西瑙（James N.Rosenau）是全球治理理论的开创者之一。罗西瑙是美国乔治·华盛顿大学的国际事务和政治学教授，著名的国际政治理论家。他长期活跃于国际关系学术界，笔耕不辍，硕果累枝，先后发表了 140 多篇论文，出版了 30 多部著作。他在冷战后国际体系的变化与转型方面，提出了许多新概念和新观点，虽然这些研究没有受到主流国际关系理论界的重视，但是它们为全球治理理论打下了基础。在《没有政府的治理》（1992）、《21 世纪的治理》（1995）

和《沿着内政外交的边缘:探求骚动世界中的治理》(1997)等著作和论文中,罗西瑙全面阐述了全球治理理论。罗西瑙在全球治理理论上的巨大建树,为他赢得了"全球治理大师"的称号。

Ⅰ.两枝世界理论

20世纪80年代中期,戈尔巴乔夫的改革和"新思维",日益动摇着以"冷战"为特征的国际体系。尽管人们还不清楚体系变化的方向,但已经感知到数量众多的国际非政府组织和公民社会团体对国际关系的常态化参与,正在塑造一种"全球新生活"。在这种情况下,罗西瑙着手研究行为体及其互动模式的变化,如跨国行为体数量的增加,新型跨国力量的崛起,知识和技术革命如何使非国家行为体在全球体系中发挥作用等。这些研究为全球治理理论奠定了基础。

罗西瑙认为,飞速发展的信息、通讯、市场、金融、网络和商业活动正在构成一个难以辨别权力模式的世界。[38]因此,全球体系日益分化为"两枝世界":一是以国家为中心的世界,国家是主要的行为体。二是多中心的世界,其成员的地位则相对平等。[39]以国家为中心的世界是威斯特伐利亚体系的一个基本特征,代表着传统国际体系的延续。在多中心世界中,国际政治以多种行为体为中心,反映了国际体系的新特点。"两枝世界"的形成标志着国际体系已经进入一个"瀑布式相互依存"的时代。瀑布式相互依存描述了在不同系统中扮演各种角色的个人和团体的情况,这个概念为"分析权威关系、社会政治聚合的动力以及系统的适应机制提供了一个基础。"[40]它所产生的作用就是"在多种层次上,权力在国家和无数子系统之间被随意地分配。"[41]

瀑布式相互依存说明全球性动荡是21世纪初国际体系的一个基本特点,这是因为瀑布式相互依存是国际体系中行为体互动的一种功能,它不仅导致合作,也带来导致系统瓦解的冲突。罗西瑙认为,21世纪初期的全球性动荡源于同时存在的两种力量的相互冲突,即一体化和分散化。例如,在欧洲发行欧元,制定共同防务和安全政策的同时,前南斯拉夫却走向解体。全球化和区域化的相互促进过程为"分散一体化"提供了动力。在这个过程中,全球治理引起权威领域(sphere of authority)的转移,"世界各地都在发生社会经济体系和政治体系的转移,这是一个普遍的趋势"。[42]权威领域是指一些可以行使权力的行为体,即使没有国家机器的强制性权力,它们也能在各自相应的领域内可以得到公众的支持和服从。权威领域的转移有多种可能的途径,既可能从国家(政府)向市民社会和跨国力量的转移,也可能发生在跨国集团和市民社会之间。总之,在日益全球化的世界政治中,拥有资源和权力的各种跨国力量正在参与全球治理的进程。罗西瑙认为,任何社会系统都应该能够承担起那些政府没有能够管起来的职能。[43]

Ⅱ.全球治理的概念

治理是相对于政府统治而言的。统治是一种自上而下的垂直性权威关系,统治的主体通常指主权国家的政府。政府统治意味着由正式权利和警察力量支持的活动,以保证其适时制定的政策能够得到执行。治理则意味着政府统治模式的变革。所谓治理是指:政府不再是唯一的决策者,不仅市场行为体(跨国公司)日益嵌入到政策的制定过程,成为政府之外的第二种治理主体,而且数量众多的社会行为体,如市民社会、非政府组织和草根组织,也空前地介入到国家的政治和经济生活之中,深刻地影响着政府的政策目标和政策议程。简而言之,治理是"各种各样的个人、团体——公共的或私人的——处理其共同事务的总和。这是一个持续的过程,通过这一过程,各种相互冲突和不同的利益可望得到调和,并采取合作行动。这个过程包括授予公认的团体或权力机关强制执行的权力,以及达成得到人民或团体同意或者认为符合他们的利益的协议。"[44]显而易见,这个概念的含义仍然设定在国内治理的层次上。因此,治理,本质上是指在国内政策制定中,公司企业、市民社会、非政府组织和草根大众等各种行为体的利益协调和参与过程。

在国际关系中,治理的含义依然含糊不清。正如学者指出的,我们使用"治理"一词是因为我们不知道正在发生什么。全球治理类似于"后冷战"的概念,说明一个时代结束了,但我们却缺乏精确的手段去预测新时代的真正动力。[45]罗西瑙最初也没有使用全球治理这个概念,而是创造了"后国际政治"这一术语来概念冷战前后国际体系发生的深刻变化。在《没有政府的全球治理》一书中,他把全球治理定义为"没有主权权威的对于跨越国境的种种关系的统治,也就是将政府在国内的统治行为国际化"。据此,俞可平认为,全球治理就是建立国际规则和制度。"全球治理是各国政府、国际组织、各国公民为最大限度地增加共同利益而进行的民主协商与合作,其核心内容应当是健全和发展一整套维护全人类安全、和平、发展、福利、平等和人权的新国际政治经济秩序,包括处理国际政治经济问题的全球规则和制度。"[46]

Ⅲ.没有政府的治理

"没有政府的治理"是罗西瑙全球治理理论的核心思想。众所周知,国内政治处于政府的控制之下，政府是国家治理的主体，国家的治理有明确的目标和政策，可以有序推进。国际政治的逻辑是无政府状态，并不存在一个世界政府，主权国家的自由裁量权远远超过国际法和国际制度的约束。那么，无政府状态下的国际政治是否可以被治理？罗西瑙认为，秩序作为国际体系的特征与世界政府的存在与否无关，正如有政府不一定就有治理一样，没有政府也可以进行治理。[47]

首先，没有政府的全球治理以共同目标为基础。

在缺乏正式权威或强制权力的情况下，共同目标构成了治理的出发点，也决定了治理的基本特征。治理“必然取决于主体间的共识或共同目标。”[48]前世界贸易组织总干事拉米指出，全球治理是为帮助人类社会以可持续的方式（即公平和正义的方式）实现共同目标的机制。以全球气候变化谈判为例，国际社会通过协调达成了把气温变化控制在2摄氏度范围之内的目标，在巴黎气候大会上，各国都承诺按自主贡献模式实施温室气体减排方案。自主贡献模式说明，治理不必依靠强制力量使别人服从。

其次，没有政府的全球治理以协调一致为基本形式。

全球治理论认为，由于国际社会的无政府状态，建立一个世界政府或世界联邦是不可能的。在气候变化、环境污染、自然灾害、传染性病毒、粮食危机、跨国犯罪、恐怖主义、能源安全等事关人类生存的重大问题上，对立和冲突十分严重，因此只有靠各个国家、各种集团和组织之间的协调来解决这些问题。通过个人与个人之间的利益调整、组织和集团之间的利益调整以及国家间的利益调整、国际社会的利益调整，最终能形成人类的共同利益。全球市民社会既没有统治和支配，也不是完全的自治，而是一种协商一致、没有政府的治理，“治理是只有被多数人接受（或者至少被它所影响的那些最有权势的人接受）才会生效的规则体系。……没有政府的治理是可能的，即我们可以设想这样一种规章机制：尽管它们未被赋予正式的权力，但在其活动领域内也能够有效的发挥功能。”[49]

第三，国际规则和制度是全球治理的主要途径。

罗西瑙认为，“全球治理是人类活动从家庭到国际体系等各个层次的规则体系。”[50]全球治理论的基本思想是要进一步扩大和健全国际规则和制度，以构筑起一个调整国家间利益的框架体系。这就要求主体间在利益上进行协调，通过合作制定共同的目标，并形成相应的治理机制，然后依靠这些国际机制来发挥治理功能，调整各方利益。全球治理论主张通过诸如七国集团等调节制度的不断发展，出现一个由数个国际制度组成的、包括各种国际组织在内的、多层次的全球管理结构框架。无政府状态下的国际社会并非杂乱无章，大多数情况下，行为体愿意依据规则和制度而行事，即使是国家行为体，其外交政策及其行为也受到国际体系的约束，非国家行为体也具有高度的组织化和结构化特征，从某种程度上来说，所有主体间的互动关系都遵循国际规则与制度，只是遵守的程度和方式在行为体间存在差异。这说明，没有政府的全球治理不仅是可能的，而且反映了国际政治的发展趋势。奥兰·扬认为，全球治理的价值在于，即使没有采取行动的权威性正式制度，有时也可以促进经济、政治和环境向好的方向发展。[51]

第四，克服集团行动困境，增加国际公共产品的供给。

全球治理把国际机制理论推向了微观层次，明确了如何治理、谁来治理以及治理什么等具体问题。在全球治理的各种力量中，罗西瑙更强调个人、非政府组织和跨国集团的作用。同时，他认为，国内社会和国际社会是一个整体，全球治理是通过国际合作供给公共产品以解决全球性问题的有效途径。奥兰·扬认为，罗西瑙的所谓"没有政府的治理"指的是在相互依赖的情况下，依靠社会制度或者治理系统的作用来解决社会关系中普遍存在的集体行动困境，而不是依靠组织或物质性的实体来实现。[52]

托马斯·韦斯(Thomas G.Weiss)认为："国家层次上的治理模式与全球层次的治理模式之间的逻辑联系在于，以提供公共产品解决集体行动困境。在现代国内政治体系和现代全球体系中，国家都是一个关键的结构，集体行动存在于这个结构之中并起作用。由于互动的多重性，国家的权威、合法性、政策制定能力及执行效果都在这一结构中得到加强或削弱。"[53]随着全球化的迅速发展和相互依赖的加深，跨国力量迅速崛起，在许多政策领域提出倡议或展开行动，不少国际规则和制度的形成都受到跨国力量的推动，国家和非国家行为体在全球治理的框架下合作，共同提供公共产品，其中包括：信息及其交换；形成并发布影响国家行为和国内规则的基本原则和共识性知识，这些知识能够影响国际和地区秩序；良好的管理、安抚、调停以及对纠纷的强制性解决；规制的形成和执行；法规、规章的采用；物质及项目资源的分配；技术援助和开发项目的提供；债务减免、人道主义、突发事件和灾难救援行动；和平和秩序的维持。[54]

第五，全球治理是多种行为体协调、参与和互动的过程。全球治理的兴起有着非常复杂的政治、经济和社会背景，总体而言它是20世纪80年代以来全球政治、经济和社会变革的产物。这一变革的总体特征是，持续的全球化进程导致国际关系行为体的多元化，应对全球公共问题的挑战，需要动员各种政治和社会力量，包括国家（政府）、政府间国际组织、跨国公司、非政府组织和全球市民社会。尽管像天主教、通用公司、国际红十字会等行为体对威斯特伐利亚体系来说并不是什么新事物，但非国家行为体的扩散及其日益增长的重要性和权力已成为当代世界事务的一个鲜明特征。[55]

总之，罗西瑙的全球治理理论，本质上是在国家中心主义统治模式不足以应对全球性挑战的情况下，国家出现了“权力危机”。国家仍然是中心但它们的权威正在削弱，作为它们的创造物，政府间国际组织也不像从前那样能够控制局面。次团体的出现意味着个人对大型实体的忠诚已经转向了小型实体，“从前那些默默无闻的团体和它们的联合体开始有了政治意识和自我意识。”[56]结果使民族国家的权威不断遭到削弱。由于国家不再是唯一的国际关系行为体，它的部分功能缺乏就要靠非国家行为体的补充或代替，导致非国家行为体的数量持续地增加，每天都有数以千计的行为体在国际舞台上活动，全球治理的主体日益多元化，大体上可分为三类：政府、政府间组织；私人部门，包括私人企业、企业联合会；非政府组织和各种非政府组织联合体。[57]因此，全球治理需要“自下而上”地动员各种社会力量，形成一场自下而上的革命。

3. 多边主义全球治理理论

虽然全球治理委员会在其研究报告中提出，全球治理并没有一种确定的组织形态模式或制度模式，而是由全球、国家、区域不同层面上的众多的全球行为者通过协商合作而形成的一种合作关系。但是，全球治理的主体或主导性力量的确经历了一个范式演变的过程，治理从单一主体逐步走向多元主体，并且由于治理主体的不同，形成了自上而下、自下而上以及上下复合交叉等各种治理范式，各种治理范式既相互配合又存在着紧张关系。星野昭吉认为，全球治理是由国家中心治理与超国家中心治理组成的一种复合结构。两者之间所构成的并不是力量对等关系，而是一种非对称的力量关系。国家中心治理在全球治理中居于主导地位，而超国家中心治理处于一种边缘、从属的地位。尽管在全球化影响下，国家中心治理的主导地位受到来自超国家中心治理的挑战，但总体而言，国家中心治理依然保持着相对的优势地位。[58]

Ⅰ. 传统的多边主义治理

毫无疑问，国家仍然是国际关系中的主要行为体，国家理应成为全球治理的掌舵者。国家有权在广泛的领域里制定各项政策,战争与和平等重大国际关系问题仍然主要是由国家间关系来决定的。无论是在传统安全还是非传统安全领域,国家无可质疑地居于主导地位。尽管全球市民社会及各种非国家行为体都在全球治理中发挥作用,但它们之间所达成的协议或共识都不具有强制的约束力,只有主权国家之间通过谈判、讨价还价找到共同利益、形成共识、达成相关的协议和条约,制定普遍的行动规则和规范,才能保证全球治理的各项方案得到根本的落实或推行。

全球治理的最早实践是以国家为中心的,具体表现为19世纪以来所形成的多边主义和多边制度。因此,国家中心的治理又称为多边主义治理。多边主义是指按照某种原则来协调三个或者更多国家之间的关系。多边制度是在多边主义原则的基础上,通过国家之间的合作,所形成的正式或非正式的国际制度。多边制度既包括以国际组织为载体的正式的国际制度,也包括多边国际论坛和大国俱乐部等非正式的国际对话或决策机制。

多边主义兴起于19世纪初。1815年创立的欧洲协调机制可以说是多边治理的最早实践。当时英、俄、法、普、奥五大国以正统主义为基本原则,通过多边磋商,共同维护欧洲的安全与秩序。但是,欧洲协调没有超越大国协商的框架,存在着制度性不足的缺陷。第二次世界大战后,多边制度的发展成为国际体系的一个显著特征。国家之间建立了大量的多边制度,其中制度化程度最高的就是政府间国际组织。1909年,全世界只有37个政府间国际组织,到2005年,全世界的政府间组织增加到5 900多个。[59]联合国、国际货币基金组织、世界银行和关贸总协定是战后多边国际制度的典型代表。联合国是一种集体安全制度,一直在全球安全治理中发挥着稳定器的作用。国际货币基金组织和世界银行为全球金融治理提供了主导性制度框架。尽管关贸总协定的制度化相对不足,但它对于战后重建自由的国际贸易体系起到了关键的作用,1995年世界贸易组织(WTO)取代关贸总协定之后,作为一个正式的国际组织,WTO在全球贸易治理中的地位无可替代。现在,虽然非国家行为体在多边制度的发展中也开始扮演越来越重要的角色,但在各种各样的多边制度中,联合国和布雷顿体系仍然占据着国际制度的中心位置,迄今为止,还没有任何非国家行为体主导的多边制度能够超越于联合国体系或布雷顿森林体系之上而发挥作用。

大国俱乐部是多边主义体制下全球治理的主导形式。虽然联合国、国际货币基金组织和世界银行在全球治理的相关功能领域发挥着作用,但全球性的经济政策和安全政策实际上是由西方国家组成的大国俱乐部掌控的。在安全领域，联合国作为一种集体安全制度，肩负着维护国际体系安全的重任，但冷战兴起后，联合国在美国安全战略中的地位迅速下降，美国直接掌控的北大西洋公约组织全面取代了联合国的地位。1975年，为了应对石油输出国组织（OPEC）大幅度提高石油价格而引发的全球经济金融危机（世称石油危机），美国、法国、英国、德国、日本、意大利和加拿大七个发达工业化国家建立了七国集团（G7）。七国集团每年召开一次首脑会议，在广泛的领域里制定全球政策，不仅包括能源危机、粮食危机、核不扩散、安全政策、贸易政策和财政金融政策，而且包括敏感的政治问题。例如，1998年七国集团就发动科索沃战争及战争费用分摊等问题达成了一致。虽然七国集团不是正式的国际组织，却是大国俱乐部治理模式的典型代表，而大国俱乐部又是国家中心主义治理的主导形式，其地位和作用是不可低估的。

传统的多边主义又被称为“旧多边主义”。旧多边主义以国家为中心，在全球治理中发挥了重要的作用。但是，旧多边主义具有自上而下、霸权或强权主导等维持现状属性，并且在合法性、民主和责任等方面都有其缺陷。就合法性而言，战后建立的国际制度的程序合法性取决于西方大国的支持，如果一些西方大国出于自身利益的考虑而拒绝支持，则国际制度的合法性遭到削弱。例如，美国为了其自身利益，先后退出了国际刑事法庭、《京都议定书》和《巴黎协定》《反导条约》和《生物武器议定书》等。尤其是国际制度没有给各种跨国社会力量提供参与决策的空间，而面对复杂的全球性挑战，国家中心治理要么应对失效，要么应对失措，因而受到全球市民社会及其他国际社会力量的反对和质疑。就民主而论，战后建立的全球性国际制度本质上具有等级化的特点，缺乏民主化和透明化的制度设计。联合国的大国否决机制一直遭到国际社会的诟病，而作为全球霸主的美国，在其中扮演着特殊的角色。国际货币基金组织对于维护国际金融体系的稳定发挥着重要作用，但其以投票权为基础的决策体系是不平等的，美国凭借其在国际货币基金组织中的最大投票权，事实上控制着该组织的决策权。美国还是世界银行的最大股东，长期垄断该机构的行长位置。在关贸总协定与WTO中，美国、欧盟、日本和加拿大“四巨头”主导着国际贸易规则的制定。在乌拉圭回合谈判中，著名的“绿屋”就是少数国家秘密磋商的场所，而“绿屋”之类的现象在旧多边主义的国际制度中可谓比比皆是。从责任来说，国际制度是为增进全球公共利益而设计的，在实践中，国际制度作为政府间合作的产物，往往代表着主权国家的自身利益,特别是西方大国的自身利益。大国试图通过委托—代理机制,以国际制度的形式固化其利益,这就使国际制度有时候会偏离全球公共利益的轨道,弱小国家和边缘群体的利益在国际制度中根本得不到表达。

Ⅱ.新多边主义的全球治理理论

随着全球化挑战的不断加强,多边主义的国际制度因为不能适应新形势的发展,已经陷入严重的危机之中,国际社会要求对国家中心的全球治理进行变革。全球治理的新多边主义理论就是在这一背景下提出来的。

(1) 新多边主义的全球治理观。

新多边主义的概念由加拿大国际政治经济学家罗伯特·考克斯(Robert Cox)提出。考克斯认为,在美国霸权衰落的情况下,未来国际秩序将走向一种新多边主义。“这种国际秩序是一种社会更平等、国家与社会群体间权力高度分散、重视生态层面、相互承认不同文明并且以协调和和平的方式解决彼此争端的后霸权秩序。”[60]他分析了全球治理的现状,认为全球治理受到三种主体的推动,即自上而下的全球化者(top down globalizers)、自下而上的全球化者(bottom up globalizers)以及本地化者(localizers)。全球治理的模式也有三种,即霸权主导的多边主义、扩散的多边主义和新多边主义。考克斯认为,在霸权主导的多边国际制度中,弱小国家和边缘群体的利益得不到表达,导致贫富分化、南北对立日益严重,全球治理面临更加严重的挑战,霸权主导的多边主义已经难以为继。全球治理也不能继续依靠对旧多边主义国际制度的修修补补。现在,随着大众动员日益成熟,全球市民社会自底层蓬勃兴起,在此基础上发展起来的新多边主义“将在全球层面重构公民社会和政治权威,‘自下而上’地建立全球治理体系”。[61]

考克斯作为批判理论的代表人物之一,他提出的新多边主义解除了全球治理国家中心的樊篱。他认为因为国家已无力管理全球化时代的政治、经济和社会,治理的主体应从国家转向全球市民社会和非政府国际组织等非国家行为体。新多边主义认为,由于全球市民社会的发展,全球治理的途径将会以非政府组织为主体的新多边主义取代以传统政府为主体的多边主义。换言之,以政府为核心的统治转变为以多元行动者为核心的治理。[62]

新多边主义认为,全球治理是包容的,所有行为体都在全球治理中发挥作用,没有地位高低和权力大小之分,并且任何层次的全球治理都不应具有排他性。换言之,国家和非国家行为体都可以平等地进入传统安全和非传统安全领域,在某些情况下,次国家实体甚至可以不通过国家层面而直接与区域或全球层次建立联系。其结果是四类有国家特性的行为体(全球制度、区域组织、国家和次国家实体)和非国家行为体(如非政府组织和跨国倡议网络)组成了一个复杂的关系网。新多边主义强调社会力量是决定未来全球治理的根本因素,这种多中心互动的网络结构使全球治理更加开放透明。[63]

考克斯的新多边主义与罗西瑙的"没有政府的治理"似乎有异曲同工之妙,但考克斯的不同之处在于,他在全球治理中充分运用了批判理论的思维,把全球治理的变革与霸权和反霸结合起来,从而突破了罗西瑙全球治理论的价值中立性。

(2) G20与新多边主义治理。

曾任加拿大总理的保罗·艾德加·菲利普·马丁(Paul Edgar Philippe Martin),是推动新多边主义付诸实践的一位政治家。他在《加拿大国际政策报告》的前言中明确提出,加拿大将致力于新多边主义以满足人民的真正迫切需要。为此,加拿大呼吁成立一个论坛,为大约二十个主要的发达国家和发展中国家的领导人提供会晤场所,以便讨论如何解决世界面临的一系列紧迫问题。为了推动新多边主义的进程,加拿大提出了两项原则:一是承认任何成功的全球治理都融合了权力和规则,为此必须继续寻求使已有和新的超级大国参与全球治理的机制。二是创建由群体承担责任,大小国家都可获利的国际框架。[64]

2008年爆发的全球金融危机,作为一个影响极为深远的重要事件,推动着全球治理体系加速变革。这场危机沉重地打击了资本主义经济统治的中心地区,同时波及到世界上大多数国家,包括新兴经济体在内。人们普遍认为,华盛顿共识和华尔街不负责任的金融政策应该对全球金融危机负责,并进而形成了对现行多边国际制度的不满,因为多数人相信,过去主导全球治理的布雷顿森林体系、世界贸易组织、经合组织和七国集团存在着严重的缺陷。在这种情况下,新多边主义成为变革全球治理的一个重要理论基础。在学术领域,联合国和国际货币基金组织的改革、二十国集团(G20)的建立及其角色等也成为新多边主义研究的重要议程。

G20原来是一个包括20个主要经济体的财政部长和中央银行行长的国际会议机制,1999年七国集团宣布建立G20,目的是为了避免亚洲金融风暴的悲剧重演。但是当时由于七国集团囊括了重大国际经济事务的决策权,G20作为一个非正式的国际协调机制并没有发挥什么作用,一度淡出人们的视线。2008

年爆发的全球金融危机，其影响的深度和广度都远远超过亚洲金融风暴，全球经济如临深渊，七国集团无力挽狂澜于既倒。况且，欧美以外的各国政府对美国霸权操纵的国际金融体系早已不满，要求改革国际金融体系的治理结构。2008 年 11 月，G20 在华盛顿召开了第一次峰会，就各国应对金融危机、稳定世界经济达成重要共识，通过了 147 项金融领域的行动计划。2009 年，在伦敦峰会上，G20 提出了1.1万亿美元的全球经济复苏和增长计划。从全球治理来看，2009 年匹兹堡峰会确立了 G20 作为世界经济合作主要论坛的地位，同时确定了世界银行和国际货币基金组织两大国际金融机构量化改革目标。匹兹堡声明被新兴大国和发展中国家普遍视为全球治理转型的一个标志，同时也是新多边主义正式登台的一个信号。

与传统多边主义的七国集团或八国集团相比，G20 具有以下几个特点：

第一，代表性。G20 构成兼顾了发达国家和发展中国家以及其他类型国家的平衡，人口占全球的 2/3，国土面积占全球的 60%，国内生产总值占全球的 90%，贸易额占全球的 80%。“在全球性危机形势下，G20 显示出比 G7 更大的优势，作为发达经济体和发展中经济体的共同代表，它更能适应 21 世纪初世界舞台上各国力量对比的变化。”[65]

第二，平等性。G20 采用协商一致的原则运作，新兴市场国家同发达国家在相对平等的地位上就国际经济金融事务交换看法。迄今为止，G20 已经召开了十多次首脑峰会，历次峰会都紧扣世界经济发展的现实需要，针对重大突出问题寻找切实可行的解决方案。

第三，实效性。G20 峰会通过一系列重要决定，为应对金融危机、促进世界经济复苏、推动国际金融货币体系改革发挥了重要作用。[66]

G20 的最初职能聚焦于与金融危机直接相关的政策领域，包括拯救美国经济，约束美国滥发美元；改革国际货币基金组织，确定最后国际贷款人；统一监管标准，规范国际金融机构活动。华盛顿峰会围绕这五大领域提出了行动计划，即提高金融市场透明度和完善问责制、加强监管、促进金融市场完整性、强化国际合作以及改革国际金融机构。

第四，非正式性。G20 具有非正式性质，作为一个非正式的论坛，旨在促进工业化国家和新兴发展中国家就国际经济、货币政策和国际金融体系展开建设性的对话，共同应对全球金融危机，重建国际金融秩序。由于没有正式授权，G20 达成的正式目标、不同成员对于实现这一目标所做的贡献以及成员内部责任共担之间并不存在必然的联系。

但是，G20 的发展前景值得期待，它在未来必将朝关正式的多边国际制度的方向发展。“G20 需要常设秘书处，这样才能使多元合作机制为 G20 提供更多、更全面、更合理的政策建议，以促进全球治理机制更加扎实地发展。”[67]

在 G20 的主导下，全球金融治理取得了重大的进展，突出体现在国际金融机构的改革问题上。在美国操纵下，盛行“丛林法则”国际货币体系早就饱受诟病，亟待进行大刀阔斧地改革。新兴大国要求改革国际金融体系，以反映它们的经济实力与在全球经济中的地位和作用相适应，提升发展中国家的话语权和影响力。但是，长期坐享其利的美国却只同意对国际货币基金组织进行修修补补。

2010 年，欧洲主权债务危机爆发，世界经济雪上加霜。G20 多伦多峰会围绕应对欧洲主权债务危机发挥了积极作用，并强调年底首尔峰会之前完成国际货币基金组织份额改革。2010 年，国际货币基金组织（IMF）份额和治理改革方案正式通过。根据该方案，IMF 的份额将增加一倍，约 6%的份额将向有活力的新兴市场和代表性不足的发展中国家转移。但是，该方案却在美国国会受阻。搁置多年之后，2015 年才获得美国国会通过。2016 年 1 月 27 日，IMF 宣布 2010 年份额和治理改革方案正式生效，中国的份额占比将从 3.996%升至 6.394%，仅次于美国和日本，正式成为 IMF 第三大股东，印度、俄罗斯和巴西也都进入了世界前十位。随着 IMF 份额和治理改革方案尘埃落定，发展中国家在 IMF 中的发言权有所提高，但美国仍然控制着最大的投票权，美国在国际金融体系中的霸主地位没有丝毫动摇。

制定全球治理的规则，就是维护全球社会公共秩序，增进人类的普遍利益。联合国及其各附属机构是国际社会最主要的多边外交平台，具有最广泛的代表性，在全球治理中具有无可替代的作用。然而，联合国机构臃肿，效率低下，其结构和功能都显得相对滞后，由于历史原因，联合国内部的一些运行机制已不适应全球化的深入和发展新型国际关系的需要，因此需要通过改革适应全球治理的新形势。由于联合国安理会常任理事国拥有否决权，因此近年来有一股力量要求对安理会进行扩容。安理会的现有结构是战后初期形成的，随着欧洲和日本的复兴以及近年来新兴经济体的群体性崛起，安理会似乎日益暴露出结构不合理的缺陷。但是，这种结构性缺陷主要体现在发展中国家的代表性不足，因此以经济实力来决定安理会新常任理事国席位及成员资格的做法并不恰当。况且，安理会的治理结构反映了国际社会对战后国际秩序的深远考虑，而维护战后国际秩序则是大多数国家的共识。在这种情况下，究竟谁有资格成为安理会常任理事国，一时难以定论。因此，国际社会应理性、务实地推动联合国的改革，重点应放在增强联合国大会的权力和能力上，包括维护国际体系的和平与稳定、促进共同发展和可持续发展的能力等。通过联合国制度的改革，使联合国的决策机制更加开放、民主和透明，为非国家行为体、全球市民社会和跨国力量参与全球治理提供合法的渠道。增加联合国的资源，使其有能力促进边缘国家和弱势群体的利益。2005 年，联合国已经将“保护的责任”写入相关的文件之中，保护的责任有三种涵义：(1)主权由作为控制的主权向承担责任的主权转变。(2)保护一国平民的责任由国家让渡给国际社会。(3)赋予国际社会即联合国更大的权力去决定国际干预。[68]这意味着联合国制度需要破除现实条件下各国捍卫其绝对主权的道德基础，主权与保护的责任之间的紧张关系，将成为联合国履行保护边缘国家和弱势群体的责任的一个重要障碍。

4. 主流国际关系理论与全球治理

克莱斯纳(Stephen Krasner)认为，全球治理不是什么新的国际政治学理论，国际规制和制度基本上都是在国际利益或者权力的基础上形成的，全球治理也是在国家之间共同同意的基础上才出现的。结构现实主义始终强调，只有国家才是最重要的、合法的国际政治行为体，国家的自私本性、自助行为和追求相对收益的政策，使国家彼此为敌。因此，结构现实主义着重分析和回答国际体系和国家谁决定谁之类的哲学问题。从根本上说，对于全球市民社会、国际非政府组织等新兴跨国集团和社会力量在国际体系中的作用，现实主义不仅没有给予有力的解释，而且还表示怀疑。

建构主义沿着批判理论的路径，强调全球治理的观念层次或主体间层次，认为世界秩序和社会秩序都是在社会行为体的观念中被建构而成的，因而全球治理应关注主体间的互动如何形成了观念、规范和认同。安东尼·麦克格鲁认为，全球治理基于观念、规范和认同而形成，各种组织和集团都在其中扮演重要角色，政府间国际组织代表着主权国家的一种互动模式，它所制定的规范和规则体系反映了世界各国的共有价值观念，应成为全球治理的核心，而跨国公司、非政府组织以及其他跨国社会网络也为全球治理提供了动力。

新自由制度主义的全球治理强调相互依存、国际制度和全球结构，认识到国际关系行为体的多元化，但仍然以国家和跨国公司为重点，他们着重研究国际机制在管理无政府状态、促进国际合作中的作用。奥兰·扬认为,全球治理的一整套理论不过是国际机制论的翻版,因为所谓"全球治理"实际上只是各种国际机制的总和,包括政府间机制和非政府组织参与制定的机制。戴维·雷克认为,全球治理取决于机会和治理成本。如果国际社会需要为等级制的治理结构支付更高成本,那么相对来说合作收益就较高,这种情况下没有政府的治理就是可能的。

总体而言,全球治理理论的兴起是对传统国际关系理论的挑战。按照传统国际关系理论,国内社会与国际社会是截然分开的,两者毫不相干。全球治理则把世界作为一个整体来治理,更多强调非政府组织、跨国公司、市民社会、大众媒体的作用,而不是传统的国家的作用。[69]

第五节 相互依存论与新自由主义

在对相互依存论的理论结构、政策主张以及植根于相互依存理论的全球治理理论作了较为系统的分析之后,有必要从理论发展脉络的角度,对相互依存论和新自由主义之间的相互关系作些探讨。

凡是被称为思想、思潮并上升为"主义"的东西,都是一种根深蒂固的信仰。它很少为逻辑或相反的事实所动摇。几乎所有"主义"都自称是完整的,几乎都认为,只有它提供了对世界如何发展的科学描述,只有它提出了世界应当如何发展的正确主张。同各个学科一样,在国际政治经济学内也是多种主义林立,多种流派分庭抗礼,其中主要的是新自由主义、新现实主义、新马克思主义三种。这三种思想流派之所以均冠以新字,是因为国际政治经济学是20世纪70年代才发展起来的新学科,而20世纪60年代和70年代正是国际关系理论界处于论战之时。各种思想流派均在批判他人之中更新改造了自我。新自由主义是对经济自由主义的改造和在国际政治领域的运用;新现实主义是人们根据形势的发展对现实主义作的修正;新马克思主义是指流传于西方国家的马克思主义。它们作为新兴思想流派,不仅其理论建构缺乏力度,而且其核心思想和原则也还需要完善。因此,一个新字,既体现了对过去的批判性继承,又反映了对现实做出的理论概括尚不成熟。

国际政治经济学是研究市场体系与国际政治相互关系的学问。因此,在市场对经济发展、对社会集团及国家财富分配的意义，市场在国内和国际社会应起的作用，以及市场对战争与和平具有哪些影响等国际政治经济学中最核心的问题上，新自由主义、新现实主义和新马克思主义有着根本不同的回答。首先看一下新自由主义对这些问题的回答和看法。其他两种主义则放到后面有关章节中去展开。

1. 新自由主义的基本特征

国际关系中的新自由主义理论是在与新现实主义理论的辩论，即第三次论战中逐渐成形的，其主要内容最初集中体现在基欧汉编撰的《新现实主义及其批判》一书中，后被约瑟夫·奈在《新现实主义和新自由主义》一文中加以概括命名。它的基本特征是：

（1）关于国际关系行为体。新自由主义虽然承认国家角色的重要性，但认为国家不再占据国际社会的中心地位，世界政治经济多极趋势导致众多的其他角色活跃在国际舞台上，跨国公司、非政府国际组织以及恐怖集团、宗教集团等非国家行为主体，在国际关系中的作用和影响在上升，它们也是国际关系的重要行为体。国家中心主义的研究范式已经失灵。全球的和超国家的研究范式将会提供一个有关当代国际体系的结构、发展趋势和运作机制的更完整、更科学的画面。对军事战略和一元化外交的研究，应该逐步让位于由多元构成的相互依存和国际合作的理性研究。

（2）关于问题等级的划分。新自由主义认为，由于全球相互依存、经济技术合作正在占据国际关系的主导地位，国际关系趋于缓和，军事威胁降至次要地位，武力不再是国家对外政策的有效手段，获取权力也不再是国家行为的唯一目标。经济利益与军事安全变得同样重要。传统的国际事务等级观念或重要秩序正在失去意义，以军事和战略为中心的高级政治正在让位于以经济、福利事务为中心的低级政治。[70]

（3）关于国际机制的作用。新自由主义更强调机制在协调国家间关系、解决全球性问题、促进国际合作等方面的重要作用，认为世界政治的“制度化”将对各国政府的行为产生重大影响。[71]现存的无政府状态和国家主权的内涵将随着国际机制的逐步建立和运转而发生变化，为世界从无序到有序的过渡创造有利条件。[72]

（4）关于研究方法。新自由主义注重的是一种过程层次上的分析，强调研究国际体系中各种角色相互作用的权力模式。[73]

相互依存论就是新自由主义学者从国际政治与国际经济互动的角度对上述问题所作的理论思考。尽管相互依存论者相互之间的立场和观点也不尽一致。但是,他们在以下几个问题上是一致的。

他们都认为国家不是国际社会中唯一的行为主体。国际政治不只是国家间的政治和政府间的政治,跨国公司和非政府组织的作用越来越大。

他们都认为经济问题的重要性正在上升,经济合作使世界和平成为可能,经济上的相互依存使国家主权进一步受到限制,从而迫使各国开展国际合作,从国际合作中共同得益。

他们都认为权力不只是根据军事战略优势而定义的,相互依存本身就潜伏着权力,并具有使"潜在的权力"在国际政治中成为"现实的权力"的能力和转化机制。

国际政治经济学中的新自由主义者之所以对国家与市场的相互关系作出上述回答,是与其基本精神分不开的。一般而言,国际政治经济学中的新自由主义既是经济自由主义与国际政治现实的结合,又保留了浓烈的威尔逊理想主义的政治理论色彩,同时也掺杂了科学行为主义的成分。

2. 新自由主义和经济自由主义

经济自由主义为国际政治经济学中的新自由主义及其相互依存论提供了最基本的原则和方针。经济自由主义是由大卫·李嘉图(David Ricardo)在 17 世纪创立,20 世纪 40 年代由哈耶克(Friedrich August von Hayek)加以复兴和重新诠释,20 世纪 70 年代又经弗里德曼(Milton Friedman)发挥的经济学说。经济自由主义的基本立足点是把人看成理性的经济动物,市场是为满足人类需要而自发产生的。一旦市场运作起来,它就会按照其内在的逻辑规律向前发展,不需要人为的干涉。尽管经济活动也会增强国家的力量和安全,但是经济活动的主旨是在为每一个消费者带来利益,自由贸易和开放市场将会为消费者提供更多更好更便宜的商品和服务。由于每个人既是消费者又是生产者,因此每个人也都是市场的参与者。每个人在市场上的每一个行动都应是理性的选择。因为资源是稀缺的,每个人的每一个经济决策都涉及对选择利用何种资源的权衡。要得到一样东西就必须放弃另外一样东西。于是,每个人的理性选择促成了市场上各种力量之间的平衡。各种力量的平衡又使市场具有内在的稳定性,即市场不仅是一个自动运行的，而且是一个自动校正的均衡系统。任何干预，特别是政府的人为干预非但无助于市场的发展，而且破坏了市场的内在稳定性。因此，经济自由主义者强烈反对任何形式的政府干预。

如果把人的理性选择市场的内在稳定发展的观点用之于国际社会，经济自由主义者相信：贸易与经济交流是国际和平的源泉，因为国家间的贸易和投资扩大了互利互惠，从而有助于巩固它们之间的合作关系。经济自由主义者主张，政治使人民分离，经济则使人民团结。随着互利互惠的纽带的建立，一个自由开放的国际经济为温和地维持国际政治的和谐提供了保证。[74]

新自由主义者部分地接过经济自由主义的观点，用“相互依存”这个词对现今国际社会中互惠互利的现状和发展趋势作了概括和提炼。国际政治经济学中的新自由主义者认为，市场经济已经从西方扩展到全球范围，自由竞争被越来越多的国家和人奉为圭臬。因此，经济自由主义对国际关系的基本原则也应当能得到实现。

当然，国际政治经济学中的新自由主义者并没有全盘地继承“贸易是和平的力量”这一经济自由主义的格言，而是对它作了批判性改造。因此，就有基欧汉和奈的复合相互依存论的出现。基欧汉和奈根据国际政治的现实对相互依存论作了具体分析，区别了对称的相互依存关系和不对称的相互依存关系，提出了敏感性和脆弱性两个概念。从而使相互依存理论既保留了经济自由主义的放任自由、经济合作导致政治和平的基本立场，又对如何解决因不对称相互依存引起的冲突、矛盾作了具有现实主义色彩的探索。如果说库珀等人所提出的经济相互依存论较多地体现了经济自由主义的原则和理想的话，基欧汉和奈等人所提出的复合相互依存论则是用现实主义对经济自由主义的原则作了修正。正是这种修正，成为基欧汉日后提出与新现实主义的霸权稳定论十分接近的后霸权主义主张的思想根源。

3. 对威尔逊理想主义的重新评价

对威尔逊理想主义基本精神的重新评价也是国际政治经济学中新自由主义政治理论的核心之一。第二次世界大战后残酷而长期的冷战彻底宣判了威尔逊理想主义政策主张的失败。但是威尔逊理想主义中许多合理成分，如对和平与正义的渴望、对人性复归的追求等并不是热战中枪炮和冷战中的核对峙所能消灭和抑制的。相反，严酷的事实在一定程度上强化了人们对和平与人性的向往。

因此，尽管自20世纪30年代起，理想主义作为一种国际关系理论已经失去了其主导地位，但是作为一种社会思潮和人文现象，它并没有为现实主义所压倒和淹没，一有机会它就会冒出头来登台表演。20世纪70年代的美苏缓和导致了这股思潮陡然上升。库珀撰写《相互依存经济学》一书，很大程度上正是这股思潮回归国际关系领域的反映。20世纪70年代曾被称为“相互依存进程大大加速的10年”。但是，进入80年代后，苏联入侵阿富汗和里根发动“星球大战”使美苏争霸再度激化，东西方关系又趋紧张。80年代虽然没有成为“新冷战的10年”，但在严峻的军备竞赛面前，对和平与人性的向往和追求不得不再次进入低潮。80年代后期戈尔巴乔夫提出“新思维”(New Thinking)，加剧了苏联与东欧集团的解体进程。20世纪90年代初冷战的终结使美国在一夜之间失去了“宿敌”，和平民主的氛围一时之间弥漫于西方世界，而欧盟的建立和欧洲一体化进程的加快更助长了这股思潮的蔓延。因此，相互依存和全球经济一体化在21世纪初期成为学术界的热门话题，经济自由主义中的理性与自由观念同理想主义中的和平与人性观念成功地结合在一起，形成了新自由主义的基本政治理论。虽然理性、自由与和平、人性具有浓厚的“非现实”色彩，但是新自由主义藉此阐发的深化的相互依存导致全球经济一体化的论述，以及全球经济一体化推动国际政治安全合作的观点，仍然吸引着众多的学者、政治家和普通民众，从而使新自由主义逐渐脱离了经济学范畴，发展成为一种被普遍接受的当代国际关系主流理论之一。新自由主义以经济相互依存为逻辑起点，诠释国际政治，在西方国际关系理论中，取得了与新现实主义平等对话、并驾齐驱的学术地位。同时，在新兴的国际政治经济学理论体系中，无可争议地成为三大主流学派之一。

最后，还要指出，科学行为主义对新自由主义的形成和发展产生了一定影响，这种影响主要见诸新自由主义者对传统现实主义理论及其方法论的批判之中。20世纪60年代科学行为主义的兴起，在国际关系学界刮起了一股怀疑和批判的旋风，虽然它难脱“怀疑一切”之嫌，但是它把人们的思想从现实主义的话语霸权中解放出来，具有十分积极的理论意义，科学行为主义从人的自然本性角度去研究问题的主张，无疑对激活自由主义中的人性论有着极大的推动作用。至于研究方法，罗伯特·基欧汉、约瑟夫·奈以及多伊奇等人都花了很大的精力去研究国际制度中的博弈机制。在他们的论文和著作中既有传统的定性研究方法，也大量运用以科学行为主义为基础的定量研究法。

注 释

[1] [美]弗里德里克·皮尔逊,西蒙·巴亚斯里安:《国际政治经济学:全球体系中的冲突与合作》,杨毅,钟飞腾等译,北京大学出版社 2006 年版,第 330 页。

[2] [美]约瑟夫·格里科,约翰·伊肯伯里:《国家权力与世界市场:国际政治经济学》,王展鹏译,北京大学出版社 2008 年版,第 225 页。

[3] [美]弗里德里克·皮尔逊,西蒙·巴亚斯里安:《国际政治经济学:全球体系中的冲突与合作》,杨毅,钟飞腾等译,北京大学出版社 2006 年版,第 335 页。

[4] John Dunning: *Alliance Capitalism and Global Business*, Routledge, 1997, pp.40—41.

[5] UNCTAD, "Overview", "FDI Trends, Policies and Prospects", World Investment Report 2009.

[6] David H.Blake and Robert S.Walters, *The Politics of Global and Economic Relations*, (Englewood Cliffe, NJ: Prentice Hall, 1992), p.94.

[7] 李佩璘:《新兴经济体跨国公司与传统跨国公司的比较研究》,《世界经济研究》,2010 年第 5 期,第 63—68 页。

[8] United Nations, Department of Economic and Social Affairs, Population Division (2013). International Migration Report 2013.

[9] 陈敏:《勃兰特对南北问题的主张》,《国际问题资料》,1984 年第 10 期。

[10] 杨洁勉:《〈共同的危机〉——勃兰特委员会对南北合作的新看法》,《世界经济》1983 年第 6 期,第 63—66 页。

[11] Richard Cooper, *The Economics of Interdependence: Economic Policy in the Atlantic Community*, New York: McGraw Hill, 1968, pp.4—5.

[12] Edward Morse, *Modernization and the Transformation of International Relations*, New York: The Free Press, 1976.

[13] Edward Morse, *Modernization and the Transformation of International Relation*, p.124.

[14] 这里所说的民族国家是指 30 年战争(1618—1648)以后首先在欧洲形成的以近代民族为基础的、以拥有主权为根本政治特征的国家。定居的人民、一定疆界的领土、政府和主权是民族国家构成的四个要素。

[15] Raymond Vernon, *Sovereignty at Bay: The Multinational Spread of U.S. Enterprises*, New York: Basic Books, 1971, p.12.

[16] [美]罗伯特·吉尔平:《国际关系政治经济学》,杨宇光等译,(北京)经济科学出版社 1989 年版,第 269 页。

［17］ Joseph Nye, "The Multinational Corporations and World Order," in *American Assembly*, Columbia University, Global Companies, New Jersey Prentice Hall Inc. 1975.

［18］ George Modelski, *Principles of World Politics*, New York: The Free Press, 1972, p.72.

［19］ Robert Cox, *Production, Power and World Order*, New York: Columbia University Press, 1987, p.253; Robert Cox and Timothy J. Sinclair, eds., Approaches to World Order, Cambridge: Cambridge University Press, 1996, p.193.

［20］ Robert D.Putnam and Nicholas Byene, *Hanging Together*, Revised Edition, Cambridge: Harvard University Press,1987, p.14.

［21］ Robert Gilpin, *US Power and the Multinational Corporation*, New York: Basic Books, 1975, p.200、pp.225—226.

［22］ Robert O.Keohane and Joseph S.Nye, *Power and Interdependence*: World Politics in Transition, Boston, MA: Little, Brown and Company, 1977, p.4.

［23］ 转自倪世雄、金世忠主编:《当代美国国际关系理论流派文选》,(上海)学林出版社1987年版,第189页。

［24］ Robert O.Keohane and Joseph S.Nye, *Power and Interdependence*: *World Politics in Transition*, p.8.

［25］ Robert O.Keohane and Joseph S.Nye, *Power and Interdependence*: *World Politics in Transition*, p.12.

［26］ Robert O.Keohane and Joseph S.Nye, *Power and Interdependence*: *World Politics in Transition*, p.13.

［27］［日］浦野起央:《国际关系理论史》,劲草书房1997年版,第320—324页。

［28］ Stephen Krasner, ed., *International Regimes*, Ithaca: Cornell University Press, 1983, p.2.

［29］ Robert O.Keohane, *International Institutions and State Power—Essays in International Relations Theory*, Boulder: Westview Press, 1989, p.3.

［30］ John Ruggie, "International Response to Technology: Concepts and Trends," *International Organization*, Vol.29, No.3(Summer 1975), pp.557—583; Robert O.Keohane, *International Institutions and State Power—Essays in International Relations Theory*, pp.3—5.

［31］ Oran R.Young, "International Regimes: Problems of Concept Formation," *World Politics*, Vol.32, No.3(April 1980), pp.331—356; Oran R.Young, "Regime Dynamics: The Rise and Fall of International Regimes," *International Regimes*, ed., Stephen Krasner, Ithaca: Cornell University Press, 1983, pp.93—113.

[32] Oran R.Young, "Regime Dynamics: The Rise and Fall of International Regimes," pp.93—113.

[33] [美]詹姆斯·多尔蒂、小罗伯特·普法尔茨格拉夫:《争论中的国际关系理论》(第5版),阎学通、陈寒溪等译,北京:世界知识出版社2003年版,第605页。

[34] Karl Deutsch, *The Analysis of International Relations*, 3rd edition, Englewood Cliffs, N.J.: Prentice Hall, Inc., 1988, pp.143—160.

[35] [美]詹姆斯·多尔蒂、小罗伯特·普法尔茨格拉夫:《争端中的国际关系理论》(第5版),第604页。

[36] [日]星野昭吉:《全球治理的结构与维度》,《南开学报(哲学社会科学版)》,2011年第3期。

[37] [日]星野昭吉:《全球治理的结构与维度》,《南开学报(哲学社会科学版)》,2011年第3期。

[38] Thomas G.Weiss, *Governance, good governance and global governance: conceptual and actual challenges*, Third World Quarterly, Vol.21, No.5, 2000, pp.795—814.

[39] James N.Rosenau, *Patterned Chaos in Global Life: Structure and Process in the Two Worlds of World Politics*, International Political Science Review, Vol.9, No.4, (Oct., 1988), pp.327—364.

[40] [美]詹姆斯·多尔蒂、小罗伯特·普法尔茨格拉夫:《争论中的国际关系理论》,阎学通等译,北京:世界知识出版社2003年版,第121页。

[41] [美]詹姆斯·多尔蒂、小罗伯特·普法尔茨格拉夫:《争论中的国际关系理论》,阎学通等译,北京:世界知识出版社2003年版,第121页。

[42] James N.Rosenau, *Governance in Twenty-First Century*, Global Governance, 1(1) 1995, p.18.

[43] 易文彬:《全球治理模式述评》,《世界经济与政治论坛》,2005年第4期,第118—122页。

[44] [瑞典]英瓦尔·卡尔松、[圭]什里达尔·兰法尔主编:《天涯成比邻——全球治理委员会的报告》,中国对外翻译出版公司1995年版,第2页。

[45] Thomas G.Weiss, *Governance, good governance and global governance: conceptual and actual challenges*, Third World Quarterly, Vol.21, No.5, 2000, pp.795—814.

[46] 俞可平:《全球治理引论》,《马克思主义与现实》,2002年第1期。

[47] [美]詹姆斯·多尔蒂、小罗伯特·普法尔茨格拉夫:《争论中的国际关系理论》,阎学通等译,北京:世界知识出版社2003年版,第122页。

[48] [美]詹姆斯·多尔蒂、小罗伯特·普法尔茨格拉夫:《争论中的国际关系理论》,阎学通等译,北京:世界知识出版社2003年版,第122页。

［49］［美］詹姆斯·罗西瑙主编:《没有政府的治理》,张胜军、刘小林等译,南昌:江西人民出版社 2001 年版,第 5 页。

［50］ James N.Rosenau, Governance in Twenty-First Century, Global Governance, 1(1) 1995, p.13.

［51］ Thomas G.Weiss, *Governance, good governance and global governance: conceptual and actual challenges*, Third World Quarterly, Vol.21, No.5, 2000, pp.795—814.

［52］林民旺:《混沌世界的治理——罗西瑙混沌范式、全球治理研究》,《世界经济与政治》2006 年第 12 期,第 22—30 页。

［53］ Phillip G Cerney, Globalization and the changing logic of collective action, International Organization, 49(4)1995, pp.595—621.

［54］ Laurence S.Finkelstein, What Is Global Governance, Global Governance, No.1, 1995, p.369.

［55］ Thomas G.Weiss, Governance, good governance and global governance: conceptual and actual challenges, Third World Quarterly, Vol.21, No.5, 2000, pp.795—814.

［56］［美］詹姆斯·多尔蒂、小罗伯特·普法尔茨格拉夫:《争论中的国际关系理论》,阎学通等译,北京:世界知识出版社 2003 年版,第 119 页。

［57］［美］约瑟夫·奈、约翰·唐纳胡主编:《全球化世界的治理》,王勇、门洪华等译,北京:世界知识出版社 2003 年版,第 10—11 页。

［58］［日］星野昭吉:《全球治理的结构与维度》,《南开学报(哲学社会科学版)》,2011 年第 3 期。

［59］戴维·赫尔德等:《全球大变革:全球化时代的政治、经济和文化》,杨雪冬等译,北京:社会科学文献出版社 2001 年版,第 74—75 页。

［60］ Robert Cox, *New Realism: Perspectives on Multilateralism and World Order*, Macmillan Press LTD. 1997, p.xxxvii.

［61］ Robert Cox, *New Realism: Perspectives on Multilateralism and World Order*, Macmillan Press LTD. 1997, p.xxxvii.

［62］赵可金:《从旧多边主义到新多边主义——对国际制度变迁的一项理论思考》,《复旦国际关系评论》,2006 年第 6 辑。

［63］吴志成,朱旭:《新多边主义视野下的全球治理》,《南开学报(哲学社会科学版)》,2012 年第 3 期。

［64］赵可金:《从旧多边主义到新多边主义——对国际制度变迁的一项理论思考》,《复旦国际关系评论》,2006 年第 6 辑。

［65］中国人民大学重阳金融研究院主编:《G20 与全球治理》,中信出版社 2016 年版,第 127 页。

[66] http://www.g20.org/gyg20/G20jj/201510/t20151027_871.html.

[67] 中国人民大学重阳金融研究院主编:《G20与全球治理》,中信出版社2016年版,序一。

[68] 贾庆国主编:《全球治理:保护的责任》,北京:新华出版社2014年版,第23页。

[69] 何亚非:《选择:中国与全球治理》,中国人民大学出版社2015年版,第17页。

[70] Robert Keohane, *Neorealism and Its Critics*, New York: Columbia University Press, 1986, p.322; Joseph Nye, "Neorealism and Neoliberalism," *World Politics*, Vol.40, No.2, (January 1988), pp.235—251.

[71] Robert Keohane, *International Institutions and State Power: Essays on International Relations Theory*, pp.8—15.

[72] Arthur Stein, "Coordination and Collaboration: Regimes in an Anarchic World," *International Regimes*, ed., Stephen Krasner, Ithaca, N. Y.: Cornell University Press, 1986, pp.115—140.

[73] Joseph Nye, "Neorealism and Neoliberalism," pp.235—251.

[74] [美]罗伯特·吉尔平:《国际关系政治经济学》,第36、38、40页。

第二章　霸权稳定论和新现实主义

霸权稳定论不仅是国际政治经济学的核心理论，而且还是美国外交政策的主导思想。由于美国在当今国际关系中所处的地位和作用，霸权稳定论的内容最丰富，著作最多，影响最大。霸权稳定论大体上经历了两个发展阶段：一是早期由查尔斯·金德尔伯格首创，由罗伯特·吉尔平加以完善的霸权稳定论；二是后期经罗伯特·基欧汉修正的“后霸权合作论”，即后霸权主义。两者虽在理论形态上同属霸权稳定论范畴，但其理论命题和主要观点却有很大差别。

霸权稳定论的主要代表作包括：金德尔伯格所写的《萧条中的世界：1929—1939》(*The World in Depression, 1929—1939*, London: Allen Lane The Penguin Press, 1973)、吉尔平1981年出版的《世界政治中的战争与变革》(*War and Change in World Politics*, Cambridge: Cambridge University Press, 1981)和1987年出版的《国际关系政治经济学》(The Political Economy of International Relations, Princeton University, 1987)。尤其是吉尔平的《国际关系政治经济学》，历来被视为霸权稳定论的经典之作。

本章从霸权稳定论的理论来源、理论结构、霸权衰落及其对策、霸权稳定论批判和后霸权主义等方面进行分析，对霸权稳定论与新现实主义的关系展开初步讨论，并简要介绍由此引申出来的区域公共产品理论。

第一节　霸权稳定论的理论来源

从理论渊源上讲，以吉尔平为代表的霸权稳定论深受经济学中公共产品理论的影响，国际公共产品理论在霸权稳定论的理论建构过程中发挥了重要作用。如果说基欧汉和奈提出的敏感性和脆弱性两个概念使相互依存理论从一般的泛泛议论上升为财富科学(经济学)与权力科学(政治学)相结合的理论学说的话，那么金德尔伯格和吉尔平所阐述发挥的国际公共产品理论则为霸权稳定论引入了理论内涵，架起了国际经济优势向国际政治权力转化的理论桥梁，揭示了国际关系中经济与政治互动的内在机制。这是霸权稳定论从纯粹的历史主义、经验实证主义转变成为国际政治经济学核心理论的关键环节。

从理论继承与进化来看，霸权稳定论是对20世纪70年代起流行于国际关系理论领域的霸权理论的改造与发展。当时霸权理论研究有两条主线：一是关于霸权与国际体系的研究；二是关于霸权周期的研究。霸权稳定论的主要观点均可以从上述两方面的研究中找到踪影。

1. 霸权稳定论与国际公共产品理论

国际公共产品理论是经济学中公共产品理论(public goods)在国际关系中的发挥与运用。公共产品理论与公共选择理论密不可分。公共选择理论是美国经济学家詹姆斯·M.布坎南(James M.Buchanan)创立的。该理论于20世纪60年代中后期在美国兴起，并很快具有国际影响。布坎南因这一理论而获得1986年诺贝尔经济学奖。公共选择理论的主要特征是用经济学方法来研究非市场决策的政治问题。

在经济学中，有私人部门和公共部门之分。前者指私人经营的厂矿企业和家庭、个人，后者指中央政府和地方政府及其经营的企事业。前者提供的产品叫私人产品(private goods)，后者则提供公共产品(public goods)。完全自由竞争的市场选择原则适用于私人部门，使私人产品的生产、销售和分配达到资源的最佳配置。但是，对公共部门的公共产品来说，市场竞争是不起作用的。公共产品有着不同于私人产品的特点。

一般而言，公共产品是指国防、外交、治安、道路和桥梁等社会基础设施，路标、灯塔等公共设施等。这些公共产品都具有非分割性、非竞争性、非排他性以及“搭便车”问题。

非分割性是指该产品的集体消费性，国防、外交等不可分割上市销售，只能由政府统一筹资、统一建造(生产)、统一提供。

非竞争性是指消费者的增加既不会引起成本的增加，也不会引起该产品的短缺。例如国有电视台就是这方面的例子。

非排他性是指某人消费公共产品时不会排除其他人的消费，国防、治安、路灯、灯塔均是如此。

正是上述三性的存在就不可避免地出现了“搭便车”现象。所谓“搭便车”现象,是只收益而不付出。问题不在于是否有“搭便车”现象的存在,而是在于“搭便车”引起的后果。因为所有的公共产品的生产、提供和维持都是需要成本的。其成本来源即是税收,它由政府通过向公众征税来筹集,也就是政府用百姓的税金为百姓生产和提供公共产品。按照经济学的效率原则,只有当公共产品每增加一个单位所需成本恰好等于社会成员愿意为它支付的代价相等时,才能达到公共产品的最有效供应。然而,“搭便车”者为了不买票或少买票而乘车的目的,是不会如实地对他所享受的公共产品的成本做出恰如其分的估价的。“搭便车”者必然隐瞒个人偏好,谎报或压低自己的支付愿望。这样,必然会引起公共产品成本失真,导致公共产品的供给不足。

国际公共产品理论是霸权稳定论的灵魂。被看作是“霸权稳定论”奠基人的美国经济学家金德尔伯格,是把公共产品理论引入国际关系的始作俑者。他的代表性著作《萧条中的世界:1929—1939》是一本从经济学角度分析国际关系问题的经典著作。这本书对国际政治经济学作出了两点贡献:一是把公共产品概念引入国际关系研究;二是提出国际经济体系稳定有赖于一个稳定者。虽然他并没有直接讨论“霸权”,但他所说的领导者事实上即指世界经济中的霸权。他以1929年至1939年世界经济危机的发生和发展为例,反复强调必须有领导国家的存在,才能够提供导致国际经济体系稳定的必要条件。

简而言之,金德尔伯格的观点是:国际经济体系的稳定运转需要某个国家来承担“公共成本”。这个观点后来发展成为“国际公共产品”概念。金德尔伯格在《国际经济中的主宰和领导》(*Dominance and Leadership in the International Economy*)一文中说:“世界经济要想保持稳定,必须拥有一种‘稳定器’(stabilizer),即某个国家要能负责为亏本产品提供市场,让资本稳定地(不是逆循环地)流动,而且当货币制度呆滞不灵陷入困境时,它能够提供清偿能力建立某种再贴现的机制。”[1]金德尔伯格使用“稳定器”一词间接地表现了他把一国国内的公共产品理论引入国际关系的思想,强调了国际公共产品在国际秩序稳定中的重要意义。按照金德尔伯格及另一位国际公共产品论者奥尔森(Mancur Olson)的界定,国际公共产品大体可以列举如下:

(1) 与国内自由经济制度相对应,国际上也应该有一个保证国际经济交往的自由贸易体制。其具体是:稳定的国际金融货币体制、完善的国际自由贸易体制、能纠正对外经济不平衡的国际宏观经济政策的协调、公海的自由航行、度量衡的标准化等。

(2) 与国内的国防与治安相对应的国际安全保障体制,也即国际政治的稳定与安全、对冲突的抑制和调停等。

(3) 与国内社会保障体系相对应的国际经济援助体制,也即对发展中国家和不发达国家的有效而充分的经济技术援助。

作为世界经济体系的"领导者",其义务就是"自觉或不自觉地准备按照国内所认可的一套系统的规则,为其他国家确立行为准则,力求其他国家遵循那些准则,为该体系承担超过应有份额的负担"。金德尔伯格认为,这里的负担就是"公共成本"。它要求"领导者"在任何时候都必须保持比较低的关税水平,从而确保其他国家的产品能够顺利地进入其国内市场,这意味着领导国在国际贸易的经常项目中必然是逆差。维持投资资本的流量意味着领导国必须保持国际货币体系的稳定,确保各国货币之间稳定的汇率。最稳定的汇率体系是金本位制,这就间接要求领导国必须承担按照官价自由兑换黄金的义务。提供商业票据最终贴现,这意味着领导国中央银行必须成为所有其他国家中央银行的最后贷款人。金德尔伯格断言,1929 年至 1939 年的经济危机和经济萧条持续时间如此之长的主要原因就是世界经济体系缺乏领导者。

金德尔伯格的高明之处不仅在于把国内公共产品理论推广到国际上去,而且还指出了国际公共产品的特性。他指出:"在没有国际政府的国际政治体系中,因'搭便车'而引起的公共产品供应不足更为严重。"[2] 因为在国内,如果出现妨碍公共产品供应时,有两个选择:强行征税,或重新选择政府。但是在国际上由于不存在与国内中央政府相应的机构(世界政府),要消灭"搭便车"现象是不可能的。因此,国际公共产品的供应一直处于供应不足之中。[3]

这一段话,提出了国际公共产品的两个重要特点。一是国际政治体系中不存在通过投票建立按大多数国家偏好去提供国际公共产品的世界政府。也就是说,国内的公共选择政治过程不存在于国际政治,既无人愿意去选举一个世界政府,也没有一个大家所公认的国际权威来为国际公共产品筹集和支付成本。二是国际政治体系中"搭便车"现象不仅严重而且无法消灭,从而导致国际公共产品的供应永远赶不上需求。

吉尔平正是继承了金德尔伯格的这个思想,并在此基础上进一步提出所谓霸主就是这样一个为国际社会提供国际公共产品的领导者。他认为国际公共产品的提供者不是世界政府或其他国际权威，而是世界政治中拥有压倒性优势的超强国家，也就是国际体系中的霸主，由于霸主拥有巨大的经济剩余，从而能够承担国际公共产品的巨大成本。他们强调："霸主或领导者有责任保证提供稳定的货币和开放贸易制度下的种种公共产品，"[4]并把这一点作为霸权稳定论的理论基础。

霸权国家为什么要提供公共产品，理由非常简单。"因为只有对国际公共产品有最大偏好的国家，才会在自我利益最大化前提下提供公共产品全额成本费用。"[5]霸权国家不是"民选的产物"，但是它"凭借自己的实力和影响建立国际社会体制"。尽管它明知有"搭便车"者，霸权国家仍要为其所规定的国际秩序而做出自我牺牲。霸权国家只有按照自己的价值取向"在既定的问题范围内，决定经济活动主体的期望所集中关注的那些原则、规章条例和决策程序，才能与主要大国形成共同利益，才能形成以自己为主宰的国际体制"。[6]正因如此，在19世纪英国的霸权之下金本位得以存续近百年。在战后美国霸权之下，布雷顿森林体系主宰了国际贸易和金融近三十年。

从上面的论述可见，所谓霸权国家所确定的国际秩序，是以国际公共产品的提供为物质基础的。国际公共产品的供应充足与否，并不取决于国际社会的消费者，而是以能否满足霸权国家的自我利益最大化为标准的。

顺着这一思路，吉尔平在分析霸权兴衰时所使用的边际成本收益说就可以一目了然了。所谓霸权国家，是指在政治、军事和经济上具有压倒优势的国家，因此它有支付国际公共产品成本的能力。为了取得其他国家对它所要建立国际秩序的认同，霸权国家必须为它们提供具有非分割性、非竞争性、非排他性和容忍"搭便车"的公共产品。取得其他国家对国际秩序的认同是霸权国家得到的收益，提供公共产品和容忍"搭便车"则是霸权国家付出的成本。由于这一成本支出是要从霸主国的经济剩余中扣除的，因此霸主国在政治、军事、经济上的优势是至关重要的。然而，霸主国的优势又是同它所建立的国际秩序联系在一起的，是从其他国家对它的认同和接受其领导中得来的。

按照边际成本学说，随着时间的推移，公共产品提供越多，霸主国收益就越少，而付出的成本却越大。一旦它从其国际秩序中得到的边际收益减少并下降到不足以抵消为维持国际秩序所付出的边际成本时，霸权也就不稳了。霸权是否稳定是通过其建立和维持的国际秩序是否有效运转或走向崩溃所表现出来的。

霸权不稳的表现过程有两个阶段。第一阶段是因霸权国家削减公共产品成本支出，造成公共产品供应严重不足，从而使主要国家对霸主有怨言，国际秩序出现不协调。第二阶段是在成本收益发生逆转而导致霸主国的经济剩余丧失殆尽的情况下，霸权国家不得不中断公共产品的供应从而引起国际秩序的崩溃。吉尔平通过成本收益说把公共产品与霸权的兴衰联系了起来，为沃勒斯坦提出的“有霸即稳、无霸不稳”的结论提供了理论上的论证。这也就是吉尔平反复强调的国际政治与国际经济互动原则在霸权稳定论上的具体运用。

2. 霸权稳定论与国际体系论

以吉尔平为代表的霸权稳定论在经验上直接受到伊曼纽尔·沃勒斯坦的世界体系论的启示和影响。但是，霸权稳定论并不是国际体系论的简单翻版，而是在继承国际体系论合理内核的基础之上加以创造性发展。沃勒斯坦通过对15世纪以来国际社会兴衰治乱的历史考察创立了世界体系论。在《现代世界体系》一书中，沃勒斯坦详细讨论了霸权与国际体系的关系。他认为，每一个历史时期的国际社会都是因霸权国的存在而得以维持发展的。每当霸权国出现，即出现一个在政治、军事和经济上拥有支配力量的国家，国际体系就稳定，国际政治就呈现和平，国际经济就趋向繁荣。一旦这样的霸主消失，国际社会就动荡不安，世界大战就要爆发，世界经济就将陷入混乱。据此，沃勒斯坦明确地提出了“有霸则稳、无霸则乱”的命题。他从著名的中心—半边缘—边缘理论出发分析说：由于中心—边缘之间升降交替变化引起了世界资本主义不断出现扩大和停滞两种现象，从而形成了霸主盛衰不断交替和国际社会治乱的周期性循环。在他看来，霸权国的衰退必然引起霸权争夺战，新霸权国诞生后将确立新的国际秩序，如此循环往复。

沃勒斯坦认为，自从资本主义体系问世以来，国际体系中已经出现过三个霸权周期，产生过三个霸权国家。它们分别是17世纪中期的荷兰、19世纪中期的英国和20世纪中期的美国。

沃勒斯坦对近代历史上出现的三个霸主进行了详细研究，从中归纳出一个基本的结论，即凡是霸权都有一个由盛而衰的周期。这个周期是一个长周期，大体上分为霸权的兴起、霸权的获得、霸权的成熟和霸权的衰退四个阶段。如果把三个霸权周期用图形表示出来，正好与现代资本主义的发展相吻合。一个霸主兴起之时也是世界资本主义的上升期，反之则是世界资本主义的下降期。整个世界,资本主义体系就在霸权的盛衰中呈螺旋上升型发展与扩张。这正和沃勒斯坦所主张的因中心国家和边缘国家升降交替引起世界资本主义扩张与停滞交织的观点相一致。16 世纪中叶到 17 世纪下半叶之间荷兰霸权的盛衰正好是欧洲大陆资本主义萌芽的发生、发展与挫折的写照。17 世纪下半叶至 19 世纪末英国霸权的盛衰正好是自由资本主义的扩张与停滞的反映。而 20 世纪初至今的美国霸权的盛衰正好是垄断资本主义发展与受阻的折射。

3. 霸权稳定论与霸权周期说

关于霸权周期的研究,美国学者乔治·莫德尔斯基(George Modelski)是一个代表人物。他根据苏联经济学家康德拉季夫(N.D.Kondratiev)的长波理论(Long Cycle),从技术革新对经济社会政治的影响角度对霸权的循环周期进行了深入研究,认为霸权循环周期大约是 100 年,横跨两个康德拉季夫的经济长波周期。莫德尔斯基对霸权周期的研究有四个极其重要的发现。

第一,提出了霸主国必然衰退并被另一个霸主所替代的可能;

第二,霸权的交替只能以战争方式解决;

第三,霸主国最主要的威胁来自于它所创建的国际秩序中发展最快、实力最接近的大国;

第四,霸主国与挑战国有可能两败俱伤。西班牙、法国、德国都分别向葡萄牙、英国发起挑战,结果双双失败,而让荷兰和美国等次级强国成了新的霸主。前苏联曾挑战美国,但自己却先行解体。莫德尔斯基的这个研究成果一方面展示了霸权兴衰循环的不可抗拒性,另一方面又指出了霸权争斗中的不可预测性。

吉尔平正是从沃勒斯坦、莫德尔斯基等人关于霸权与国际体系及霸权周期研究中找到了霸权理论的两个核心问题。第一个是霸权为什么会衰退;第二个是霸权衰退的对策是什么。吉尔平的霸权稳定论就是对这两个问题的理论探索。因此,吉尔平的霸权稳定论既可以说是 20 世纪 70 年代国际关系理论中霸权研究的一个组成部分,又是对上述两个方面的深化和改造。

第二节 霸权稳定论的理论结构

霸权稳定论的主要观点可以归结为以下四点:(1)霸权的缺失会造成世界政

治经济的不稳；(2)只有霸权才能造就世界政治经济的稳定；(3)霸权国因国际公共产品的提供而陷入自我损耗的困境；(4)在边际成本递增、边际收益递减规律的作用下，霸权必然衰弱，新的霸主将可能以战争形式取而代之。简而言之，无霸则乱，有霸才稳，霸主自耗，霸权必衰。

如果从理论上进一步深入探讨，上述四点又可进一步分成以下三方面，即霸权的战略目标、霸权的运行机制和霸权的兴衰趋势。下面分述之。

1. 霸权的战略目标

吉尔平指出："只有在霸权存在的情况下，一种特殊类型的国际经济秩序，即自由经济秩序才能繁荣和充分发展。"金德尔伯格也强调开放和自由的世界经济需要有一个霸权或主宰的强国。《萧条中的世界：1929—1939》着眼于分析 20 世纪 30 年代世界性经济大恐慌的原因。金德尔伯格在书中论证了那场危机是"一场缺乏霸权的危机"。他认为，20 世纪 30 年代大危机之所以长期化的主要原因是："当时英国的霸权正在衰弱，英国已经无力保障国际清算系统，而美国则在 1936 年以前一直不愿从英国手中接过这一责任。"[7]

照他们看来，市场经济制度是霸权的产物，没有霸权就没有自由经济的繁荣和发展。霸权是为世界资本主义自由经济体制充分发挥作用、顺利运转而存在的。对两者的关系，吉尔平又作了深入的分析。他指出，自由市场体系的出现和发展必须有三个前提——霸权、自由意识形态和共同利益。这三个前提并不是并列关系，而是后两者从属和服务于前者——霸权。

具体来说，没有霸权，以市场机制为基础的国际经济体系就无法运转。但是，有了霸权，自由市场经济也未必能顺利运转。这里有一个霸主的价值取向问题，也就是说取决于霸主是否具有自由意识形态。因此，要使市场机制在国际经济中充分发挥作用，还需要"霸权国本身必须恪守自由主义的价值观念"，即"霸权国的社会目标和国内权力分配必须有利于国际自由秩序"。因此，霸权国家不仅应当具备能足以控制世界秩序的压倒一切的军事力量和经济力量，而且是与市场经济相吻合的意识形态倡导者。由这种国家主导下建立的国际秩序才能得到全世界的认同。

共同利益是相对霸权国及其麾下的主要国家相互关系而言的。一方面，"霸权国家的经济可以发挥多种对世界经济的运转至关重要的作用。它利用自己的影响建立国际社会体制"。另一方面，"其他主要国家也必须对市场关系的发展感兴趣，霸权国家可以鼓励，但不可能强迫其他国家遵守开放性世界经济的规则”。[8]只有当支配者和被支配者两方面达成了共识，霸权国家才能得到广泛支持，霸权国家所建立起的国际秩序才能为世界各国带来众多的利益，世界才能出现和平与稳定、发展与繁荣。当然，共同利益形成的关键主要取决于霸权国的实力。

除了霸权国要提供保证世界自由经济体制正常运转所必需的国际公共产品之外，霸权国还要做到：通过自身的成长壮大来显示市场经济的益处，以此来推动自由的市场经济在其他国家的发展；控制自然资源和原料、金融和资本来源、市场以及特殊技术，以便通过经济相互依存的机制来加强对国际市场经济的管理与支配；在几个举足轻重的经济强国之间进行斡旋与调停。

作为霸权保证自由经济发展的具体例子，吉尔平认为，在近现代史上只出现过两次，第一次是从拿破仑战争结束到第一次世界大战爆发，那时英国把世界经济引入了自由竞争时代。第二次是美国在第二次世界大战之后主导建立了以“关税及贸易总协定”(GATT)和国际货币基金组织(IMF)为主体的国际自由经济秩序。前者被称为“英国主宰下的和平”(Pax Britannica)，后者被称为“美国主宰下的和平”(Pax Americana)。在英国和美国的霸权主宰之下，国际社会从总体上来说享受到了安全与和平，自由的国际经济秩序和国际货币体系基本运转正常，世界经济有了极为顺利的扩张。

2. 霸权的运行机制

前面已经指出，在构建这一理论支柱时，金德尔伯格从经济学中引进了公共产品概念。他认为，在国际关系领域里，与一国国内开放的市场经济一样，也存在公共产品。国际关系领域里霸权国为建立霸权体系而必须提供的国际公共产品主要有三大类：第一是建立在最惠国待遇、非歧视原则和无条件互惠原则基础上的自由开放的国际贸易体系；第二是稳定的国际货币体系；第三是国际安全保障体制。

吉尔平也认为，霸权国或领导者有责任提供这三类公共产品，并承担其全部成本。既然是公共产品，必然会存在“搭便车”(Free Ride)现象。霸权国在意识到“搭便车”现象必然存在的前提下，仍要毫不犹豫地支付因提供公共产品所需的一切成本，去进行诸如扩大自由贸易体制，维持国际秩序，开放本国市场等努力。对霸权国家本身而言，这并非是生产性投资，而是本国经济的一种消耗。为了弥补这种消耗，霸权国家必须保持强大的生产能力以拥有充分的“经济剩余”。因此，霸权国出于为共同利益献身的目的而承担起这些成本是极其重要的。

日本学者山本吉宣指出：“霸权国为使自己建立的国际体系扩展到全球去，就不能不以承担成本费用的形式来做出自我牺牲。这既是霸权国恪守自由主义价值观念的体现，也是取得主要大国对其‘正统性’认同形成共同利益所必需的。”[9]对于因提供国际公共产品而引起的霸权力量自我消耗和霸权的自我衰弱，将在下一节作进一步论述，此处不再展开。

3. 霸权的兴衰趋势

霸权国家对国际秩序的控制是以经济上有剩余为基础的。然而，为维持秩序而付出的成本又是不断上升的。比如为了维持和平而不得不保持高水平的军费开支和技术开发费。又如为了维持自由贸易体系而不得不开放本国市场和对外转让技术从而使本国的经济优势和技术优势逐步丧失。同时，“经济剩余”因边际收益递减法则和经济增长潜力的枯竭而越来越少，最终完全消失。在负担越来越沉重而国际社会中“搭便车”者的经济迅速壮大的情况下，霸权国家提供国际公共产品的能力和意愿逐渐减弱，以至于最后完全丧失。一旦霸权国实力衰落，国际社会就会出现政治不稳定和自由贸易体制的瓦解，随即将出现为了争夺世界统治者宝座而爆发的霸权国与挑战国之间新的霸权争夺战争。只有当战争分出胜负时，才会有新的霸权国出现，建立起与之相适应的新的国际秩序，完成霸主的更替。

这就是霸权的趋势——霸权必衰和霸权更替。吉尔平从三个方面论证了霸权必衰论。

首先，他从市场机制的角度作了分析。霸权是建立在霸权国压倒一切的军事、经济和科技实力上的。但是，衡量一国经济科技实力的标准，既不在于现有的生产能力大小和对某种技术的垄断，也不在于资源上的自给自足，而是在于该国经济自我改造和对全球经济变化的适应能力。这种创新和适应能力是很难长时间获取和保有的。尽管市场力量的解放和发展需要一个有利的政治环境，但是市场又是按其本身的逻辑运作的。竞争机制使市场上经济力量的分布和格局不断发生深刻的变化。竞争优势是流动的，是不断从一国转向另一国的。新的竞争强国必然要求政治权力的再分配，老的霸权不断面临后起者的挑战。而且，这种挑战是非常残酷的，最终只能以战争形式来决定胜负。霸权国的每次更替都是以战争为先导的。自从资本主义问世以来,先是法国通过路易十四战争向英国的霸权挑战,后是德国再度向英国的霸权挑战,但均未取得成功。但是,后起的美国则通过第二次世界大战,彻底摧毁了英国的霸权,取而代之。正如吉尔平所言:"市场力量的解放改变了政治格局,破坏了霸权,开创了全世界最终必须适应的新的政治环境。"从这个意义上说,霸权的衰弱是不可避免的。

吉尔平还从成本收益的角度详细论证了霸权国家在自身经济活动中加速衰落的趋势。为了支付维持霸权的成本(提供公共产品的成本),霸权国家的经济剩余逐渐减少以至于消耗殆尽。根据经济学中边际收益递减法则,霸权国家提供公共产品的成本与从中获取的收益是成反比的。随着公共产品的数量增加,单位公共产品的边际成本增加而其边际收益则减少。用吉尔平的话来说,"(霸权国)国内消费(无论是公共的还是私人的)和为保护这种(自由经济)体制而付出的防务开支,比国民储蓄和生产性投资增长更快",从而使霸权国在经济上逐渐无力负担提供公共产品的成本,进而迫不得已放弃霸权地位,让位于其他新崛起的更有竞争力的国家。

"搭便车"是吉尔平分析霸权必衰的第三个原因。吉尔平写道:"由于存在'搭便车'者,霸权国往往长时间为保证公共产品的充分供应而付出了远远超出其应承担的成本。因此,霸权国对'搭便车'者感到不耐烦和失望。"[10]"搭便车"者一方面从经济上加重了公共产品的成本负担,削弱了霸权国的实力,另一方面又从道德和信心上使霸权国受挫和沮丧,最终使霸权国失去为国际社会提供自由经济体制的意愿和动力。吉尔平以欧洲和日本为例说明了搭便车对霸权衰弱的影响。他写道,第二次世界大战后初期至60年代,为了维护自由世界经济,美国把自身的许多狭隘经济利益服从于盟友的经济利益,忍受了欧洲和日本对其出口产品的歧视。结果,美国经济大受损失,而欧洲、日本却迅速崛起并成为美国霸权的挑战者。

对于霸权必衰的根本原因,日本学者筱原三代平作了进一步分析。他认为美国霸权衰落的最根本原因是美国政府对内对外均做出了超过其实际能力的承诺。

就对内而言,主要有三条:一是美国政府对凯恩斯主义的滥用;二是几乎每届新政府上台之初均许诺实现充分就业和增加扩大社会保障;三是美国人的过度消费。

就对外而言,主要也有三条:一是对盟国和准盟国许愿保障他们的安全;二是跨国公司大量的对外投资和出口技术形成了“飞去来器效应”；三是美元长期充当国际基轴货币。

上述对内对外的过度承诺，引起了以下后果：第一，政府机构日趋庞大，冗员增加，效率低下，浪费增多；第二，通货膨胀日益严重，刺激有效需求的各项政策失灵，宏观经济失控；第三，出口竞争能力下降，对外援助减少，引起美国在世界经济中主导地位的丧失；第四，美国主导的布雷顿森林体系瓦解，美元地位不稳；第五，越南战争失败引起美国全社会的心理沮丧，等等。

筱原三代平是针对20世纪80年代末美国政治经济状况得出上述结论的。他指出，对内对外的过度承诺，实际上是美国为维持其霸权体系而不得不做出的。因此，从根本上来说，是霸权国家为维持所谓国际秩序付出的巨大成本从根本上削弱甚至摧毁了霸权的经济基础。

从实践上看，吉尔平的霸权稳定论鲜明地反映了美国战后的崛起和衰弱的历史过程，具有极其重要的现实意义。吉尔平提出霸权稳定论时正值美国国力急剧衰弱的20世纪70年代和80年代。美国在越南战争失败后，又迎来了苏联在军事上的步步进逼和西欧、日本在经济上的严峻挑战。当时的里根政府疾呼要“重建强大的美国”，许多国家也都在重新审视自己在国际社会所处的角色，因此吉尔平的霸权稳定论受到了官方和民间异乎寻常的重视。霸权是否必然带来稳定，霸权是否因承担国际公共产品成本而必然衰退，什么是真正的国际政治权力等问题，成为众人关心的话题。从理论上看，吉尔平的霸权稳定论已经摆脱了现实主义单纯权力政治的分析框架，进入了从政治经济综合角度研究国际关系的新阶段，霸权稳定论当之无愧地成为国际政治经济学理论体系中一颗璀璨的明珠。

吉尔平的上述看法不仅深受美国官方的青睐，在学术界也广受追捧。1987年保罗·肯尼迪(Paul Kennedy)出版了《大国的兴衰》(*The Rise and Fall of the Great Powers: Economic Change Military Conflict from 150—2000*, New York: Random House, 1987)。肯尼迪在书中着力论证了军事负担过重是历史上的帝国兴亡的主要原因，从历史的角度印证了吉尔平的霸权稳定论。

第三节　霸权衰落及其对策

以吉尔平为代表的霸权稳定论在理论上强调霸权必衰，在内心深处却充满了对美国霸权起死回生或重建霸权的渴望。因此，应对霸权衰落的对策是霸权稳定论的重要组成部分之一。

1. 软权力论和相对权力论

如前所述，国际关系学界在理论上对美国霸权是否衰落一直有不同看法。20世纪70年代后期，美国的实力江河日下，在越南战争、美元危机等一连串冲击下，许多人对美国的前景忧心忡忡。从70年代吉尔平的霸权稳定论、80年代保罗·肯尼迪的大国兴衰论到90年代亨廷顿的文明冲突论，从某种意义上讲就是这一心理在国际关系理论上的折射。但是，也有许多人认为美国霸权并没有衰落。他们针对吉尔平的秩序维持所需成本开支动摇了美国国力之说，提出了以下两点反驳。

第一是约瑟夫·奈的软权力论。奈指出，由于冷战结束，对实力的界定不再强调军事力量和征服，经济、技术、教育、文化、大众媒介等因素成为新的权力来源，[11]所有国家，包括美国，要学会通过新的权力源泉来实现其目标：操纵全球相互依存、管理国际体系结构、构想人类文化价值。[12]这种新的权力源泉就是“软权力”。“软权力”是相对于“硬权力”而言的。所谓“硬权力”，即一般意义上的军事、经济、科技力量和资源禀赋。所谓“软权力”，是指一国的文化所具有的普遍性和确立国际规范及国际制度的能力，包括三方面的要素：价值标准，尤指西方的自由、民主和人权；市场经济，特别是自由市场经济体制及其运行机制；西方文明，指文化、宗教等影响。[13]硬权力是一种对抗型权力，软权力是一种合作型权力，强调的是社会联系、经济相互依存和国际机制对国家的影响。[14]两种权力的关系是互补性的，它们是一个问题相辅相成的两个方面，软权力是硬权力的延伸和补充。[15]

因此，对美国的国力要有全面分析，不应只着眼于经济力量和军事力量等硬权力的一面，而且要充分考虑软权力因素，并将两者结合起来思考冷战后国际关系的变化。奈认为，美国的文化和“民主样板”为软权力提供了低代价、高效益的源泉，以跨国公司迅速发展为特征的世界经济也给软权力提供了无穷的源泉。不仅美国的软权力是无可争议的，而且考虑到美国在尖端科技的优势和丰富齐全的自然资源的话，美国的硬权力也没有失去优势。[16]美国比任何其他国家拥有更多传统的硬权力资源，并拥有意识形态和制度上的软权力资源，借此维持它在国家间相互依存新领域中的领导地位。[17]因此，认为美国国力衰竭的立论是站不住脚的，没有事实根据的。[18]约瑟夫·奈的软权力论是 20 世纪 90 年代初提出的，之后又演化出巧实力论（smart power），其理论魅力随着时间推移不但不减，反而受到更多的追捧和赞同，“软权力”一词国际关系理论中的关键词之一。

另一位美国学者亨利·诺（Henry R.Nau）在《美国衰退的神话》一书中也发表了类似的看法。他认为美国经济实力虽有所减弱，但对世界经济的影响力、竞争力和控制力仍最强，若以美国实力衰退为由，放弃全球政治、经济、自由贸易的领导权，将是灾难性的错误。里根政权时期确实出现了严重的双赤字，从经济上，确实可以把这看成是美国国力衰退的表现。但是从政治上看，里根政权并未从“美国主宰下的和平”（Pax-Americana）的信念上后退，反而提出了“以实力求和平”、“重建强大美国”的战略目标。其原因是：“在今日世界上，美国的国家目标已为全世界所广泛接受和共有。既然，美国已对国际社会有如此影响，又何必一定要拥有三四十年前的（军事、经济）力量呢？”[19]苏联解体与冷战结束之后，亨利·诺的这一观点被人广泛地引用，认为是美国战胜苏联的重要原因之一。

第二是相对权力论。这是布鲁斯·拉塞特（Bruce M.Russett）提出来的。一般来说，权力的定义有两层意思，一个是强迫他人行事的能力，另一个是对结果控制的能力。拉塞特从这一概念出发，提出要对权力的基础和“对结果的控制能力”作严格的区别。这两者有联系，没有经济实力也就无法影响他人控制事态发展。但是，权力基础的弱化并不一定导致对结果控制能力的衰竭。拉塞特一方面承认美国经济是失去了过去所有的压倒优势，但并未到全面丧失优势的地步，只不过是相对衰弱而已。作为权力基础的军事经济力量是相对下降了，但美国对结果，即国际局势的控制能力并没有减弱。同软权力论一样，在苏联解体和冷战终结后，相对权力论也赢来了阵阵喝彩。

从理论观点来说，软权力论和相对权力论对霸权必衰论提出了挑战。但是，从出发点来说，它们与吉尔平的霸权稳定论并不矛盾。软权力论和相对权力论为吉尔平提出的在霸权衰弱条件下继续维持霸主地位的对策提供了新的思路。

2. 霸权衰落的对策

吉尔平对霸权衰落的对策有一个逐步发展的过程。他先是在《世界政治中的战争与变革》中提出了立足于保存实力的三条建议。其内容是：第一，消除增加成本的原因（例如，削弱或摧毁新兴的挑战者）；第二，扩大较多安全但较少成本的防卫圈；第三，减少国际义务。[20]这三个战略选择是基于他对霸权国成本收益思考的结果，有其“吸引力和危险性”。从逻辑上讲，这三条是减少成本与增加收益的唯一办法。但从实践角度来看，却缺乏可操作性，而且也不符合他自己提出的“最终不损害霸权国国际地位”的基本原则。

经过一段时间思考以后，吉尔平在《国际关系政治经济学》中提出了“责任分担”的设想。他在书中详细地分析了日本崛起的原因及影响，一再强调，美国的霸权需要外国伙伴来支持它。[21]

吉尔平强调，尽管霸权式微，但是由于“惯性的力量，缺乏替代方案以及主要大国间残余的共同利益和社会目标”等因素的作用，再加上霸权国不甘沉沦、力图重振的意愿，霸权国所确立的制度和原则仍然会延续下去。但是，“由于霸主地位不稳，一些潜在的冲突因素日益凸显”。在衰落之中的霸权时代，国际秩序不是由霸主一家说了算，国际公共产品也并非霸主一家提供，需要有关国家通过囚徒困境式博弈来合理分担。于是，责任分担论成为霸权稳定论者对美国霸权衰弱开出的主要处方。这在20世纪80年代中后期日美关系上尤为明显。美国一方面对日本开展汇率战，以压日元大幅度升值的办法来打垮日本的经济优势；另一方面一再要求日本为其分担责任。先是要日本几乎全额承担驻日美军的费用，而后又在1991年海湾战争中要日本与欧洲盟国一起为美国分担几乎全部的战争开支。当时，以共同责任分担为目的的“日美合霸论”几乎一度成为一部分日美精英知识分子最乐意咏唱的“赞歌”。然而，当尘埃落定时，日本人才惊讶地发现美国对霸权的控制欲依然强烈如故，没有一丝要禅让给日本的意思。到了20世纪90年代后期，日本的钱袋已经被掏空，“日美合霸论”一说也随之灰飞烟灭。

第四节　霸权稳定论与后霸权主义

1. 对霸权稳定论的批判

以吉尔平为代表的霸权稳定论既赢得了部分学者的阵阵喝彩，也招致了许多学者的严厉批判。对霸权稳定论的批判主要集中于三个方面：一是对20世纪70年代以来美国霸权是否衰落表示质疑，从而动摇了霸权稳定论的理论前提和可观察的经验证据；二是集中批判国际公共产品这个概念的虚伪性；三是针对霸权稳定论的重要立论“有霸则稳、无霸则乱”进行批判和修正,使霸权稳定论转向了国际机制论。

Ⅰ. 美国霸权没有衰落

前文已经指出约瑟夫·奈认为,美国并没有衰弱。他认为国际政治权力是以硬力量和软力量为基础的。现在,美国的硬力量,即基础资源、军事力、经济力及技术力仍然要强于其他国家;至于软力量,即文化普遍性和确立国际规章制度的能力也遥遥领先。塞缪尔·亨廷顿(Samuel P. Hungtinton)指出,1985 年开始出现的美国外贸和财政双赤字并不是美国力量衰弱的标志,而是里根政府经济政策的错误,只要调整政策一定会消灭双赤字。其他一些学者如英国的斯特兰奇等人也认为,美国国力只是因西欧、日本的强盛而相对下降而非衰弱,问题的关键是如何正确理解国际政治权力的基础,重新考虑对世界控制的手段与形式。

Ⅱ. 国际公共产品本质上是霸主私有物品

邓肯·斯奈德(Duncan Snidal)和布鲁斯·拉塞特两位学者提出,从根本上说,吉尔平所谓的国际公共产品实质上是霸主国维持霸权所需要的私有产品。战后,美国一直声称其开放的市场是为维持世界自由贸易体制所做出的牺牲。但是从结果看,美国通过这一体制而顺利进入世界各国市场并从中捞取了数倍于开放本国市场所付出代价的好处,因此美国是自由贸易体制的纯得益国。关于安全保障,美国更是大赢家。美国自称其强大的军备为全世界提供了安全和稳定,但是美国军事力量的使用操纵在美国政府的手中。第二次世界大战后美国发动或参与的每一场战争无一不是立足于其国内政治经济利益的计算之上。拉塞特不无嘲讽地说,如果说世界各国从美国的军备中得到什么好处的话,那只是美国军事力量存在的一种溢出效果(Spillover Effect)而已。

简而言之,在斯奈德和拉塞特看来,所谓国际公共产品是一种虚拟的存在,是霸权国家为追求自己的利益而恣意玩弄的、毫无公共性的工具而已。[22]

瑞士学者布鲁诺·S.弗雷以发达国家官方经济援助为例,对国际公共产品的虚拟性作了分析。他提出,“国际援助并不是所有国家都能获利的公共产品”,“工业发达国家对发展中国家提供国际援助的目的在于施加政治影响”。[23]

Ⅲ. 国际公共产品是俱乐部产品

相当多学者认为,不能简单地把国内政治中的公共产品理论用到国际关系之中去。其理由是:被视为国际公共产品的大多数并不具有非分割性、非竞争性和非排他性，而恰恰是排他性、竞争性的。军事同盟就是一个例子。军事同盟是由数个国家为对付另一部分国家而缔结的联盟，具有绝对排他性。作为战后美国建立的北约组织就是以苏联东欧集团为对手的。因此，亚当·斯密所主张的国防是公共产品的观点不能与国际上的军事同盟混同起来。国防为一国国民全体所有，而军事同盟则仅为少数国际行为主体所有，而非世界各国共同所有。

美国学者约翰·H.马金(John H.Makin)进而对集体安全保障的竞争性和排他性作了深入分析。他指出，集体安全保障可以分为三个阶段。第一阶段是抑制，第二阶段是防止，第三阶段是不卷入他国之间的战争。其中只有第一阶段，即抑制具有公共产品性质，其他两个阶段都不具有公共产品性质。他以美国核威慑为例分析说，在1945年至1949年之间美国垄断了核技术，从而达到在全球范围内抑制战争的最佳状态。可是1949年以后苏联、英国、法国以及中国等大国先后有了核武器，美国核武器的作用便由全球范围内抑制新的战争转入了自我防卫状态，极力避免与苏联发生核大战。因此，1949年以后的美国核武器已经失去了公共产品的特性。美国的核武器及其军事力量至多只能被称为会员制的“俱乐部产品”。即只能由会员消费，而不容一般客人进入享受。相对俱乐部会员来说，美国的核武器是公共产品，而对非俱乐部成员而言，则是他人的私有产品。[24]

2. 后霸权主义和国际机制论

罗伯特·基欧汉完成了对霸权稳定论的系统批判和重要修正。基欧汉在20世纪80年代中期针对美国国力相对下降的现实，提出后霸权主义的主张。他在1984年出版的《霸权之后:世界政治经济中的合作与纷争》一书中对吉尔平霸权稳定论的两个主要命题进行了批判:世界政治的秩序是由单一的支配性权力形成的，国际机制的形成通常需要依赖霸权;要维持秩序，霸权的存在是必需的。基欧汉指出，合作与纷争并非单纯地由权力和利益来决定，它还取决于行为主体的诸多外部因素。霸权并不是形成合作的充分必要条件，尽管霸权能够促进某种合作;在国际机制确立之后，合作并不必需霸权国的存在，没有霸权的合作也是可能的。

基欧汉认为，无霸权合作是困难的，但并非不可实现。首先是因为国家之间存在着互补的利益。虽然纷争持续不断，世界政治并没有处于战争状态，国家之间的确存在着互补的利益。这就使得某种形式的合作具有潜在的价值，从而证明霸权之后的国际合作是有可能的。其次，利己主义模式并不必然说明处于无政府状态的独立行为体之间纷争的普遍性。传统的观点认为，现实主义世界中的合作几乎是不可能的。基欧汉指出：如果利己的行为体能够对彼此的行为互相监督，其中又有足够多的行为体能够在别人采取合作的条件下也愿意合作，那么他们也会调整自己的行为以减少纷争。基欧汉承认，霸权国通过对合作给予补偿、对背叛给予惩罚的方式，有助于减少上述困境中的不确定因素而达成合作。但是他还认为，即便霸权国不存在，如果条件满足的话，同样的补偿和惩罚还是可能的。这就是通过被恰当设计的制度来继续促进这种合作。这种被称为“机制”的制度由能够对规则和惯例等的遵守情况互相进行监督的较少数的行为体来形成并维持。这种方式是对霸权国行为的替代或补充，随着霸权国权力的衰退，霸权合作就开始朝着后霸权合作转移。

那么，在霸权之后，通过什么来促进国际合作？基欧汉提出了国际机制概念。这个概念是整个新自由主义理论的灵魂。机制(regime)这个概念最先是由约翰·鲁杰(John G.Ruggie)引入国际政治经济研究的。在《霸权之后》这本书中，基欧汉采用了克莱斯纳(Krasner)概括总结的定义：所谓国际机制，是指“在国际关系的特定领域中，因行为主体的期盼而产生的一系列明示或暗含的原则、规范、规则和决策过程”。基欧汉使用国际机制的概念，是为了说明霸权之后的合作能在机制的作用下顺利实现。他认为国际机制能克服国际政治中的“市场失灵”现象，使合作在即便存在利益冲突的情况下也能够实现。

首先，国际机制能够明确法律责任。基欧汉认为主权平等的民族国家仍在国际政治中占据主导地位。就现在而言，建立一个具有中央权威的国际组织还为时过早，国际秩序的维持就必须通过国际机制来完成。国际机制能够提供一整套的国家行为准则。这些准则并不具有国内法那样的强制效力，但它能使参与国际机制的行为主体建立起一种对他人行为模式的稳定期待，并由此发展出一种合作关系。这种关系对各国的外交而言至关重要，它能使国际机制的成员都能在一个熟悉的环境下相互磋商，减少了各方行为选择的随意性，从而降低了合作的成本，增加了背信弃义的成本。行为主体在比较了成本和收益的基础上就会更愿意遵守机制的规定，合作的机会也就由此而大大增加了。

其次，国际机制能提供完全的信息从而减少不确定性。在“市场失灵”理论中，信息的失衡是最为重要的一种失灵现象。在市场中，有些行为主体知道的信息比其他人多，这种人就被称为“内行”。他们在与外行人进行交易的时候，由于他们掌握的信息比别人多，而其他人担心受骗而要求相对提高进行交易所得的收益，降低所付出的代价，从而使交易的障碍加大，最终很有可能导致交易的失败。在“二手车市场”的例子中，交易就是因双方对二手车的质量信息掌握的不对称而往往难以实现。在国际政治中，这种因怀疑对方政府守约的诚意而不能达成协议的例子比比皆是。基欧汉认为国际机制在这时就能够提供一套行为标准来帮助各国政府评估他人的信誉从而消除信息的不对称性。基欧汉还认为，国际机制也包括一些国际组织，它们不仅参与调停，而且也平等地向所有成员提供一些公正的信息。这些都有助于消除不确定性，增大合作的机会。

最后，国际机制能够降低交易成本。实际上，机制的前两个功能都会对交易的成本产生影响，但与前两个功能不同，机制还因其具有规模经济的特点而直接降低交易成本。这主要指国际机制把面临相同问题的国家召集起来进行多边磋商和谈判，提高协商行为的效率，使行为主体在机制内比在机制外更容易达成一致。许多国际经济组织就经常采取论坛的模式召集成员国开会，以期达成更多的协议。不仅如此，国际机制还能把同一领域的许多国际问题汇总起来，一并解决。这种方式比双边磋商或是就单一问题的磋商要有效得多，它降低了交易成本，使成员国之间的合作机会增大。

以上就是基欧汉对国际机制如何促进合作所作的功能性解释，也正是由于国际机制有这三个功能能够促进合作，所以即便美国的霸权领导是现代国际经济机制形成的一个重要因素，但是霸权的存续对于国际机制的维持来说却显得并不那么重要了。国际机制在霸权衰弱后仍能继续维持并发挥作用，推动霸权之后的合作。

基欧汉的后霸权理论的核心是通过多国间的合作而形成的国际制度来维持国际秩序，也就是用国际制度取代霸权，其政策含义在于，在霸权后时代，美国应积极参与旧制度的修补和新制度的建设以确保国际影响力。但是，与此同时基欧汉在对霸权稳定论的批判和否定之中又不知不觉地为霸权稳定论所左右，他写道：“在国际制度创设方面，霸权经常发挥着重要的，甚至关键的作用。”[25]虽然他接下来再三强调，“尽管霸权有助于解释当代国际制度的创设，但是霸权的衰落并不必然导致这些国家制度的相应衰微”。[26]其理由是在于成本，因为国际制度创设之时，成本很高，非要有一个具有压倒优势的国家起主要作用不可。然而，国际制度形成后，其维持费用低，再加上在国际制度培育下而形成的各国协调机制已经成熟，因此从合理选择出发，所有国家不会赞成霸权国家的存在。[27]

虽然从理论脉络上来看，霸权稳定论的“责任共同分担说”和相互依存论的“后霸权说”是泾渭分明的。前者是霸权确立和维持国际秩序，后者是各主要国家合作维持国际秩序。但是其论证基础却是一样，即对霸权的成本分析。这一点，霸权稳定论的创始人之一金德尔伯格有类似分析。他在1986年的一篇文章里说：维持体系比创立体系容易得多，因为边际成本低于平均成本。[28]

基欧汉的后霸权理论问世后，招来不少批评。不少人认为，基欧汉犯了严重的理论错误。虽然他强调的是各国合作维持国际秩序，而这个国际秩序却是霸权国家所确立的。从逻辑推理来看，他所要求的各国合作结果却成了各国为霸权国家维持其所确立的国际秩序分摊成本。有人据此认为基欧汉的后霸权论比吉尔平等人的责任分担论更对霸权国家有利。这是因为，毕竟霸权稳定论者还强调霸权国必须以独自承担公共产品的成本来换取各国对其国际秩序的认同，而后霸权理论则要求各国无条件地为衰落中的霸权国家承担维持和运营成本。由此可见，国际政治经济学中的新自由主义者和新现实主义者之间并非是鸿沟相隔、水火不容，而是在许多地方相通相连，甚至水乳交融的。

日本学者、曾任日本驻日内瓦裁军大使的原上智大学教授猪口邦子从盟国的立场对于后霸权合作形式和内容作了进一步的论述。她在《后霸权体制与日本的选择》一书中对霸权体制和后霸权合作体制作了分析。她指出，有关国家出于共同利益需要，会共同合作把美国建立的国际体系维持下去。尽管合作需要长时间的调整并具有不可预测性，但是她仍认为后霸权合作将比霸权体制更为稳定。

在猪口邦子看来，霸权体制的特征是：霸权国是维持国际秩序的唯一主体。霸权国以自己强大的政治、军事和经济实力，独自提供国际公共产品。外交主要是双边外交，而且外交仅是形式性的，有多大的实力就能办多大的事。外交的结果是可预测的。因此，霸权体制表面上看来稳定性很大，实际上是极其不稳定，只要霸权国实力不济，它所确定的国际体制就瓦解。后霸权体制则不同，维持秩序的主体不是一国而是多国，由于不存在一个具有压倒一切优势的国家，所以所有的事都要靠协商。与此相应，国际公共产品的提供也是大家共同出钱出人。外交也因此成为实质性的，其结果也变得不可预测。同霸权体制相比，后霸权体制表面上看来争吵激烈，但是由于通过协调，各方利益已经一致，反而有利于世界体系结构的稳定。

事实上，共同责任分担论和后霸权理论在美国外交政策的实践中已经融为一体，成为一根藤上的瓜。在冷战结束后，北约本该逐步消失，但是美国却仍一再对之加以巩固和强化，先是实施北约东扩计划，后又以北约的形式把盟国的政治、军事和经济力量充分动员起来，以“人权高于主权”之名，行围堵宿敌俄罗斯之实，扩大自己的势力范围。从1991年的海湾战争到1999年的科索沃战争，以及后来的伊拉克战争、利比亚战争，以及入侵叙利亚，美国政府在处理与同盟国关系时无一不是如此，只不过因时因事而强调的侧重点各有不同而已。有时，美国强调的是责任分担，它出人，盟国出钱。有时则是强调“共同行动”，在科索沃战争、伊拉克战争、利比亚战争、以及入侵叙利亚的行动中，是美国借北约的组织形式把后霸权理论付诸实施，让盟友既出钱又出人，确保的则是美国在欧洲和全球的优势。

第五节　霸权稳定论与新现实主义

之所以把吉尔平看成是国际政治经济学中新现实主义的代表，是因为他的霸权稳定论既继承了现实主义的基本精神，又根据新的形势变化，对现实主义作了顺应时代潮流的修正和补充。

1. 新现实主义的兴起

所谓的现实主义是指由英国人爱德华·H.卡尔(Edward H.Carr)在第二次世界大战前夕开创，经美国人汉斯·摩根索(Hans Morgenthau)在第二次世界大战后发展完善而成的现实主义思潮。现实主义学派的核心观点是：主权国家是国际政治中占支配地位的行为体；国际社会处于无政府状态；同人性天生追求权势一样，国家必须最大限度地追求权力，军事力量是权力的主体；国家利益由权力的大小来界定；国家间利益冲突是国际关系的常态；安全保障问题是国际关系的焦点，也是国际政治的最高形式。这就是传统现实主义所描绘的世界蓝图。

战后，现实主义一直处于国际政治的主导地位。但是20世纪60年代中后期国际关系缓和，70年代美元危机、石油危机、越南战争和日美欧贸易摩擦的出现，以及美国从国际关系中的权力巅峰下滑，军事力量在国际事务中不再起决定性作用，使现实主义的学术观点和政策主张逐渐背离了国际政治的现实，现实主义变得越来越不现实。连现实主义最重要的代表人物摩根索都认为在 70 年代以后政治、经济和军事之间存在的传统功能关系已经发生了前所未有的断裂，有必要从根本上改变“国际关系仅仅是国际政治”的研究思路。“为权力而斗争”的现实主义已经不够了，结合权力斗争和世界秩序的新现实主义必定会出现。[29]以此为背景，自 20 世纪 70 年代起国际关系学中涌现了许多新思想新学说。特别是眼看着美国霸权的衰弱，美国的国际政治学家们忧心忡忡，充满危机感，急于寻找新的理论学说以解释霸权衰弱的原因，探索使美国霸权起死回生的途径和手段。新现实主义由此应运而生。

同传统的现实主义理论相比，新现实主义有着以下五点变化：[30]

第一，研究对象的变化。传统现实主义主要以无政府状态下的国家权力和利益为研究对象。新现实主义是体系和结构理论，重点关注包含政治经济相互依存关系在内的国际体系，认为国际体系的结构决定着国际体系成员之间的政治关系。这是新现实主义与传统现实主义的根本区别之一。

第二，研究层次的变化。传统现实主义重点研究无政府状态下的国家间关系，即国家层次的权力互动关系。新现实主义提出了人、国家和体系三个分析层次，强调结构分析，认为只有变革结构才能改变国际体系无政府状态的性质。新现实主义是用体系结构对峙传统现实主义的权力结构的。因此，新现实主义的研究思路发生了重要变化，改变了传统现实主义纯粹从政治权力为出发点和归属点，只强调国家间互动导致国际关系变化的单向因果思路。新现实主义强调国际关系变化的原因存在于体系和单位两个层次上，再根据结构理论的核心内容——结构影响单位，推演出只有通过区分结构层次和单位层次的原因要素才能充分地研究和了解国家间互动的结论。

第三，研究侧重点的变化。传统现实主义的研究重点是国家权力以及由权力界定的利益，权力的核心是军事实力，国家间权力对比决定国际体系。新现实主义认为权力应该是国家的综合实力，而且权力本身并不是目的，只是实现国家目标的有用手段，国家追求的最终目标并非权力，而是安全。实际上，新现实主义把研究重点放在体系结构以及国际体系对国家的影响上，这正是新现实主义与传统现实主义的重要区别之一。

第四，研究内容的变化。新现实主义者改变了传统现实主义纯粹的政治分析，积极地从经济学，乃至从自己的对立面新自由主义的相互依存论中去寻找新的养分与素材，并把它掺进现实主义原有的关于国家利益和国家权力的分析框架之内。有的人还涉及国际文化、道德等方面的研究，从而使传统现实主义关于主权、国家利益、外交和军事战略等概念和理论范畴得到极大的充实和扩大，从经济学、历史学和社会学等方面丰富了现实主义所坚持的国家利益优先说，扩展了政治权力结构决定经济利益分配的分析体系。

第五，研究方法的变化。与新自由主义一样，新现实主义的兴起也深受20世纪六七十年代科学行为主义对传统研究方法冲击和否定的影响。新现实主义在继承了传统现实主义的经典式定性研究的同时，也顺应学术发展的潮流，引进了定量分析和动态模型分析。所以，同运用归纳综合方法的传统现实主义相比，新现实主义偏重的是推断演绎方法。

20世纪六七十年代兴起的新现实主义大体上有两个流派，一是以肯尼思·沃尔兹为代表的结构现实主义，二是以吉尔平为代表的霸权稳定论。

沃尔兹把他的研究切入点置于国际体系，民族国家是国际体系的构成单位，国家间的权力分配决定国际体系结构的根本特征。但是一旦国际结构形成，国家就无法对其进行控制，反之要受到体系结构的左右，体系结构成为国际关系中的无形之手，影响国家行为。沃尔兹把复杂的国际关系抽象为体系结构和系统单位，着重研究国家对不同的国际政治体系结构做出的反应。

从研究方法来看，沃尔兹的国家构成国际政治系统，国际政治系统又反过来左右国家行为的结构说与微观经济学对企业和市场关系的分析颇为相似。众多的企业组成了市场，市场却用竞争机制这一“看不见的手”左右着企业。[31]从研究内容来看，沃尔兹仍以权力政治为中心，对国际经济虽有论及，但不占主要地位。

沃尔兹是新现实主义大师，他的体系结构论不是本书所要讨论的重点，因而只作上述背景性交代。本节主要讨论的是以吉尔平为代表的霸权稳定论与新现实主义之间的理论渊源。

2. 霸权稳定论与新现实主义

吉尔平的霸权稳定理论是从国际政治与国际经济互动的角度而展开的，其理论核心是国际政治权力结构决定国际经济秩序和利益分配。他在理论创新中对传统现实主义理论既有修正，又有继承，但是总体上看继承多于修正。

吉尔平等人对传统现实主义的修正和继承主要体现在其对国际关系中经济因素的看法。这里可以分为三个层次来加以说明。

第一,对经济在国际权力斗争中的含义做了理论定位。

在这一点上,吉尔平对传统现实主义的批判和修正是十分成功的。从研究的出发点来看,吉尔平在《国际关系政治经济学》一书序言中明确表示,他的研究切入点是寻找美国霸权的经济因素。他说:"要知道,1970 年的美国正陷于越南战争不可自拔,谁把美国的外交政策同其海外经济扩张联系起来,谁就几乎毫无疑问地被视为马克思主义者。"[32]但是,他坚信经济与政治已经结下不解之缘,坦言没有经济效率支持的霸权是不可长久的,因此甘冒被戴"红帽子"的风险,对美国在二战后建立起来的全球政治体系与美国的跨国性经济扩张之间的关系作了理论上的考察,与他人一起提出了"霸权稳定论"。从研究内容和成果来看,自由经济体制、国际公共产品和经济剩余是吉尔平霸权稳定论的三大要素。这三者无一不是经济问题。正是在这些经济问题上研究的突破,才使吉尔平成功地在理论层次上冲破了传统现实主义定下的"高级政治"与"低级政治"的界限,看到了传统现实主义在权力观上只讲军事力量的局限性,从而使国际经济在国际关系中有了明确的定位。从研究手法上来看,公共产品论和成本收益分析等都是从经济学中借鉴过来的。

吉尔平在他的另一本著作《世界政治中的战争与变革》中也有相关阐述。他指出,一个国家是否要变革或稳定某种国际体系,或一个国家的对外战略的考虑,并不只出于国家权力的需要,而是多种因素决定的,其中经济因素也具有决定性影响。吉尔平还列出了对外交军事战略具有巨大影响的四种经济因素。它们是:经济制度因素,即产品与劳务的生产、分配和转移;经济发展与人口增长;交通通讯的发展;军事技术的发展进步、装备的更新及支撑军事战略的经济科技能力。[33]据此,吉尔平指出"权力分配本身最终取决于经济基础"。[34]

第二,对权力政治中的零和游戏和经济活动的双赢游戏的结合作了尝试。

在这一点上,吉尔平对现实主义的继承大大超过了对它的修正。极端而言,他是把政治权力中的零和游戏移植到了经济领域中,并小心翼翼地使两者不发生冲突。

传统现实主义理论家们一直把观察问题的焦点放在国际体系中各主权国家的理性行为上。在他们看来,在国家利益最大化的推动下,所有国际纷争必然是零和游戏,一方权力的增大必然会是另一方权力的缩小。吉尔平自称是现实主义创始人之一汉斯·摩根索的弟子,权力政治的零和游戏在其思想深处已经潜移默化。因此,在他对国际关系中经济因素的阐述中无不留下零和游戏的痕迹。

他在1975年出版的《美国权力与跨国公司》一书中有一段话十分典型。他写道："经济学，至少是自由主义经济学十分强调绝对得益。尽管有着程度上的差别，自由主义者都主张，从长期看谁都能从自由经济体制中得益。按此公式，经济上不存在零和游戏。但是，权力则永远是相对的，一国权力的增加必然是他国权力的缩小。这是政治的基本现实。因此，假设两个国家即使在财富上都绝对得益，但从政治角度看，最为重要的是要看到所得到的利益仍然与权力的相对性有关联。"[35]

正因为吉尔平坚持经济上的相对得益仍然要从属于政治上的相对权力，所以他在建立霸权稳定论时，大刀阔斧地把政治上的零和游戏运用于经济领域。为了不和经济上双赢游戏原则相冲突，吉尔平干脆在许多场合舍弃了经济上的双赢，只进行有关财富分配上的相对得益对权力分配的影响的详尽论证，而不言及财富分配上相互得益对政治斗争的软化。正因如此，在霸权稳定论的三个组成部分中几乎找不到经济利益对权力性质影响的论述。在被称之为国际政治经济学集大成之作的《国际关系政治经济学》通篇强调的是对经济上的相对得益的论述。吉尔平的经济相对得益说虽然使他同主张"贸易是和平力量"的相互依存论者之间划下了清晰而深刻的分界线，但同时也使他的霸权稳定论蒙上了浓厚的传统现实主义阴影，使他的霸权稳定论未能脱出"实力政治"的俗套。基欧汉和奈等狭义相互依存论者也讲究相对得益，但是他们的研究重点却是经济利益对政治权力的影响。这也就是基欧汉和奈虽然在有些问题和政策主张上同吉尔平有相似之处，而他们始终是国际政治经济学中新自由主义代表人物的根本原因之一。

第三，在政治框架和经济制度性质的相互关系上吉尔平全部继承了传统现实主义的观点。

吉尔平明白无误地指出，在他的霸权稳定论中，政治环境是国际自由经济秩序存在的条件。他所强调的是国家和政治因素在国际市场经济生存和营运过程中的作用。吉尔平虽然从财富分配、相对得益的角度分析了经济对政治的影响和作用，但是他的理论重心是在于政治对经济的决定性反作用。他认为经济活动的框架是政治提供的，经济制度的性质取决于政治权力的使用，世界市场的扩展不可能没有有关国家间的政治调整。吉尔平的霸权稳定论虽然从对自由经济体制、公共产品和经济剩余这霸权的三大要素分析中否定了现实主义中关于经济是低级政治的说法，却又通过把政治对经济的反作用的绝对化重新回到了经济是低级政治的老路，一再强化了现实主义的核心观点，即政治权力决定经济利益的观点。

基于上述分析，有人提出，以霸权稳定论为代表的国际政治经济学中的新现实主义与传统现实主义者相比只不过是多了对经济因素的论述，而其思想观念则仍然是停留在后者水平上，是一种“经济的”现实主义。吉尔平本人在其代表作《国际关系政治经济学》中经常把他的学说命名为重商主义或经济民族主义。更有人认为国际政治经济学中的新现实主义者之所以为“新”，其原因不外乎两个：一是为了区别于战后美国学者提出的现实主义与战前由欧洲学者倡导的现实主义；二是对濒临破产的传统现实主义理论作了最低限度的修补，掺进了不少经济问题的调味料，其背景和实质并未改变。这些说法虽然过于简单，但也确实反映了霸权稳定论的一个侧面。

第六节　区域性国际公共产品[36]

2008年由美国次贷危机引发的全球金融危机深刻影响到当代国际关系：西方发达国家遭受巨大冲击，美国主导的全球体系出现衰落迹象，世界政治经济力量格局面临重组。整体而言，当今国际体系主要存在三大重要战略变动。

一是西方国家不仅在经济实力上有所下降，而且政治自信心也出现部分动摇；今后相当长的一段时间内，西方对全球经济治理投入资源的能力和意愿都可能下降。

二是新兴经济体的经济实力有所提高，在全球性政治经济问题上不再是被动的接受者，已经转变为共同创造者。虽然新兴经济体的总体经济发展水平仍然较低，容易受到全球金融经济危机的负面冲击，而且相互间也存在合作与竞争并存的局面，但是新兴经济体参与全球经济事务的决心和信心正在不断增强。

三是从区域角度来看，全球经济治理格局的变化充分表明以亚洲为代表的各个区域的整体地位得到了显著提升，影响力也在进一步扩大。

这一国际体系的变动事实上自冷战结束之后就已开始，也催生了区域公共产品理论的孕育和发展。

1. 冷战后国际公共产品的供应不足

冷战结束后，在经济全球化的推动下，以国际政治领域中“一超多强”格局为背景,原来只限于西方阵营的国际公共产品涵盖到了全世界,并且被一些人不恰当地夸张成"全球公共产品"。在高度评价世界贸易组织和国际货币基金组织作为经济全球化载体作用的同时,人们也不难发现:国际公共产品的"私物化"倾向和供应不足已明显成为经济全球化进展的障碍。其表现如下:

第一,目前的国际体系框架无法适应发达国家内部利益格局的变化。在充分估计全球化给世界各国带来福祉的同时,不能不看到,同一个国家内部的各个群体的获利程度有着天壤之别。大部分跨国公司集中在发达国家,它们通过遍及全球的网络把世界各地的比较优势集中起来,获取丰厚的利润。

第二,现有国际机制越来越难以调节发达国家和发展中国家之间的矛盾。不可否认,不少发展中国家确实是全球化的受益者,但是与发达国家从全球化中所获取的利益相比,发展中国家得到的实惠还是太少。而且大多数发展中国家不是主动介入,而是被动卷入全球化。

第三,对转型国家的漠视。冷战结束后,俄罗斯及一大批前苏东国家纷纷进入政治、经济转型期。它们既有追求市场经济的热忱和急切心理,又有对本国政治、经济承受能力的担心和害怕。众多转型国家迫切希望从全球化中得到国内改革的动力,从现有的国际公共产品中得到国内改革的制度性保障。然而,俄罗斯等国从全球化和现今的国际体系中得到的收益要远远低于它们的期望。来自国际体制的漠视不仅使相当一部分转型国家的国内政治、经济动荡,也使它们与美国等发达国家的关系处于不稳定状态。

2. 区域公共产品的有效供给

由于国际公共产品"私物化"以及供给严重不足等原因,全球化在取得巨大成就的同时,其内在矛盾正逐渐表面化。区域化作为一种全球性的发展趋势越来越呈现出其时代的合理性。各种形式的区域合作在全球范围内突飞猛进,成为一股强劲发展的潮流,全球化正在经受区域合作浪潮的挑战。对此,各种国际关系理论也根据自己的逻辑提出了不同的解释。

国际公共产品的概念源于对国内公共产品的分析,而后者则是政府经济学或公共经济学的理论核心。我们完全有理由把这些只服务于本地区、只适用于本地区、其成本又是由域内国家共同分担的安排、机制或制度称为"区域公共产品"。一般来说,区域公共产品有如下特点:

第一,区域公共产品有地域限制,其成本通过协商来分摊,从而能够比较有效地防止和排除该产品被“私物化”。从目前各区域合作的现状看，除特定区域外，一般不存在具有压倒性优势的国家。即使在一些大国占主导的区域合作中，由于地缘政治和地缘经济的存在，也没有哪个国家(即使它是主导性的大国)可以获得为所欲为的特权。成本的分摊是区域公共产品能最大限度地避免被某个大国“私物化”的内在依据。即便在以美国为主导的北美自由贸易区内，美国也不能不对加拿大和墨西哥的核心利益予以尊重。

第二，由于区域公共产品的涵盖范围较小，各国从中得到的收益和必须付出的成本比较清晰，从而能避免全球公共产品中普遍存在的“搭便车”现象。正如曼库尔·奥尔森(Mancur Olson)在《集体行动的逻辑》中所指出的，“集体行动的困境”在大集团中不可避免，但如果是在小集团里联合行动来提供公共产品，那么由于在行为体之间可以进行有效监督，从而更容易实现公共产品的供给。[37]

第三，区域公共产品的优势还在于它能更直接地反映本地区不同类型国家的需求，从而使其机制和制度更契合该地区稳定和发展的需要，更有针对性。如欧盟比较重视内部传统工业国家和传统农业国家利益的协调，北美自由贸易区则更注重经济发展水平差异而形成的特殊利益诉求，并把环境问题作为区域内的重大事项来对待。

表 2-1 是根据以上论述对全球公共产品和区域公共产品所做的比较。

表 2-1 全球公共产品与区域公共产品的比较[38]

	全球公共产品	区域公共产品
提供者	霸权国	区域内国家集团或国家联合
影响范围	全球性/开放式	区域性/封闭式
合作模式	霸权主导	国家间协商
产品内容	广泛	有针对性
“搭便车”现象	严重且无法避免	能有效缓解
被私物化风险	高	低

第四，区域公共产品为各国地方政府提供了参与国际事务的广阔空间。在公共经济学中，通常将一国的国内公共产品分为全国性的公共产品和地区性的公共产品，全国性的公共产品由中央政府提供，受益面覆盖全国；地区性的公共

产品由各级地方政府提供,只满足某一特定地区居民的生产和消费需求。由地方政府提供的公共产品有效地弥补了中央政府在提供公共产品时的供给不足和缺乏针对性,更加能够得到地方居民的认同,同时在运作和管理上也显得更有效率。第八章将要提到的大湄公河次区域经济合作、图门江开发计划等次区域合作就是这方面的成功实践。

3. 区域公共产品的发展与理论建构空间

综上所述,区域公共产品理论是对传统霸权稳定论和国际公共产品理论的修正和延伸,是区域合作发展新趋势在国际关系理论研究上的反映。应当承认,这一理论的发展与西方国家在发展援助等领域的政策实践和理论建构是分不开的。2000 年瑞典外交部就组织专家从扑灭传染病、治理跨境环境污染、通过国际援助减少贫困的角度发表过研究报告。2002 年美洲开发银行和亚洲开发银行合作出版了《区域性公共产品:从理论到实践》,从区域金融合作、经济一体化和区域政策协调、基础设施发展等方面研究和总结了发展中国家在区域发展和区域稳定方面开展合作的经验。

但是,区域公共产品理论的兴起又是必然的,实践还将继续为它注入新的活力,同时也需要更多的理论工作者艰苦劳动。从这个意义上来说,区域公共产品理论应该成为中国外交的一种新思维、新理念。实际上,中国已经在同周边国家一起,为"朝核"六方会谈、亚洲货币合作、上海合作组织,以及推行"一带一路"战略中做出诸多努力。

区域化和全球化是一个事物的两个侧面:区域性力量不是对全球性力量的否定,而是对全球性力量缺失的补充。在国际公共产品供应严重不足的情况下,有关国家为了本地区的稳定和繁荣而联合起来共同生产和维护区域公共产品是必然趋势,也必将成为今后一段时间内国际关系的基本特点。这是全球范围内出现区域合作浪潮的根本原因。欧盟已经在这条道路上摸索了几十年,并取得了重大成就。如今,作为"世界第三极"的东亚地区也开始向区域合作迈进。中国作为一个负责任的大国,应当随着自身实力的加强而力所能及地为国际社会,特别是为周边区域的发展和稳定做出贡献,进一步推进区域合作。"一带一路"战略就是为欧亚两个大陆共同发展所提供的国际发展大平台,亚洲基础设施投资银行的成立、上海合作组织的扩容等等都可以被认为是为欧亚发展提供的区域性公共产品。

国际公共产品的供给方式不仅可以从区域的角度去深化和演绎，同时也可以从功能的角度去开拓和创新。而且，区域性国际公共产品的供给往往又多是功能性的，两者混成一体，相互支撑。在以后的章节中将要讲到的亚洲基础设施投资银行就是一个典型的例子，既是亚洲的有着明显的区域性，又是功能性的，主要是基础设施筹资。从国际公共产品的理论发展来看，区域性与功能性，将是两个既相互关联，又相互独立的方向，是今后理论创新的方向和理论建构的空间。

注 释

[1] Charles P. Kindleberger, "Dominance and Leadership in the International Economy: Exploitation, Public Goods, and Free Riders," *International Studies Quarterly*, Vol. 25, No.2(June 1981), pp.242—254.

[2] Ibid.

[3] Charles P. Kindleberger, "International Public Goods without International Government," *The American Economic Review*, Vol.76, No.1(March 1986), pp.1—13.

[4] [美]罗伯特·吉尔平:《国际关系政治经济学》，杨宇光等译，北京:经济科学出版社1989年版，第90—91页。

[5] [日]坂井昭夫:《国际政治经济学入门》，青木书店1998年版，第50页。

[6] [美]罗伯特·吉尔平:《国际关系政治经济学》，第91页。

[7] Charles P. Kindleberger, *The World in Depression, 1929—1939*, London, Allen Lane: The Penguin Press, 1973, p.28.

[8] [美]罗伯特·吉尔平:《国际关系政治经济学》，第87—88、90—91、93页。

[9] [日]山本吉宣:《国际体系的动态与稳定》，《国际政治》第82号，1986年5月。

[10] [美]罗伯特·吉尔平:《国际关系政治经济学》，第94、107页。

[11] Joseph Nye, "Soft Power," *Foreign Policy*, No.80(Fall 1990), pp.153—171.

[12] Joseph Nye, "The Transformation of World Power," *Dialogue*, No.4, 1990.

[13] Joseph Nye, "Soft Power," pp.153—171.

[14] Joseph Nye, "The Transformation of World Power".

[15] Ibid.

[16] Joseph R. Nye, *Bound to Lead: the Changing Nature of American Power*, New York: Basic Books Inc. 1990, pp.32—33.

[17] Joseph R. Nye, *Bound to Lead: the Changing Nature of American Power*, p.xi.

[18] Joseph R. Nye, *Bound to Lead: the Changing Nature of American Power*, pp.32—33, 110—111.

[19] Henry R.Nau, *The Myth of America's Decline*, Oxford: Oxford University Press, 1990, p.11.

[20] [美]罗伯特·吉尔平:《世界政治中的战争与变革》,武军、杜建平、松宁译,邓正来校,(北京)中国人民大学出版社 1994 年版,第 188 页。

[21] [美]罗伯特·吉尔平:《国际关系政治经济学》,第 95、108 页。

[22] Duncan Snidal, "The Limits of Hegemonic Stability Theory," *International Organization*, Vol.39, No.4(Autumn 1985), pp.579—614; Bruce Russett, "The Mysterious Case of Vanishing Hegemony, Or Is Mark Twain Really Dead?" International Organization, Vol.39, No.2(Spring 1985), pp.207—231.

[23] [瑞士]布鲁诺·S.弗雷:《国际政治经济学》,吴元湛等译,吴元湛、张一鸿校,重庆出版社 1978 年版,第 87—88 页。

[24] John H.Makin and Donald C.Hellmen, eds., *Sharing World Leadership? A New Era for America and Japan*, Washington D.C.: American Enterprise Institute for Public Policy Research, 1989, pp.17, 29—31.

[25] Robert Keohane, *After Hegemony: Cooperation and Discord in the World Political Economy*, Princeton: Princeton University Press, 1984, p.49.

[26] Robert Keohane, *After Hegemony: Cooperation and Discord in the World Political Economy*, pp.50—51.

[27] Robert Keohane, *After Hegemony: Cooperation and Discord in the World Political Economy*, p.49.

[28] Charles P.Kindleberger, "International Public Goods without International Government," pp.1—13.

[29] Stanley Hoffmann, "Realism and Its Discontents," *The Atlantic Monthly*(November 1995), pp.131—136.

[30] 参见 Kenneth Waltz, "Realist Thought and Neorealist Theory," *Journal of International Affairs*, Vol.44, No.1(Spring/Summer 1990), pp.21—38;[美]詹姆斯·多尔蒂、小罗伯特·普法尔茨格拉夫:《争论中的国际关系理论》(第 5 版),阎学通、陈寒溪等译,北京:世界知识出版社 2003 年版,第 86—89 页;倪世雄,《当代西方国际关系理论》,上海:复旦大学出版社 2001 年版,第 123—124 页。

[31] [美]华尔兹:《国际政治理论》,信强译,苏长和校,上海人民出版社 2003 年版,第 119—122 页。

[32] [美]罗伯特·吉尔平:《国际关系政治经济学》,序言第 2 页。

[33] 参见[美]罗伯特·吉尔平:《世界政治的战争与变革》,第 55—66 页。

[34] [美]罗伯特·吉尔平:《世界政治的战争与变革》,第 67 页。

[35] Robert Gilpin, *U.S. Power and the Multinational Corporation*, New York: Basic Books, 1975, pp.33—34.

[36] 这一部分的理论阐述具体可以参见:樊勇明:《区域性国际公共产品——解析区域合作的另一个理论视点》,《世界经济与政治》,2008 年第 1 期;樊勇明:《从国际公共产品到区域性公共产品——区域合作理论的新增长点》,《世界经济与政治》,2010 年第 1 期;樊勇明、薄思胜:《区域公共产品理论与实践:解读区域合作新视点》,上海人民出版社 2011 年版;樊勇明、钱亚平、饶芸燕:《区域国际公共产品与东亚合作》,上海人民出版社 2014 年版;安东尼·埃斯特瓦多道尔、布莱恩·弗朗兹、谭·罗伯特·阮:《区域性公共产品:从理论到实践》,张建新、黄河、杨国庆等译,上海人民出版社 2010 年版。

[37] [美]曼库尔·奥尔森:《集体行动的逻辑》,陈郁等译,上海人民出版社 1995 年版,第 25 页。

[38] 樊勇明:《区域性国际公共产品——解析区域合作的另一个理论视点》,《世界经济与政治》,2008 年第 1 期。

第三章　依附论与新马克思主义

依附论也是国际政治经济学中极其重要的组成部分。依附论对国际关系中南北国家之间的贫富差距的不断扩大和政治上的不平等、造成发展中国家贫困落后的根源、发展中国家政治经济发展战略等进行了探索和分析，充分反映了发展中国家对以西方发达国家为中心的国际政治经济秩序的看法。特别是，依附论的核心在于探讨发展中国家谋求政治独立、经济自立的道路和发展模式，这对于占世界人口大多数的发展中国家人民来说有着无可替代的理论重要性。

依附论是在批判西方中心主义的现代化理论的基础上兴起的，内部派别林立，观点多歧。一般而言，依附论大体上可以分为激进派、正统派和改良派三大流派。无论哪个派别都从不同的角度吸纳和借鉴了普雷维什的发展主义、阿明的资本积累理论、以及沃勒斯坦的世界体系理论等的思想成果。特别要指出的是，战后在发达国家颇为流行的新马克思主义，以及马克思的劳动价值理论、列宁的帝国主义理论对依附论的各个派别有着极为深刻的影响。

本章首先探寻依附论兴起的背景和根源，然后归纳依附论的三大流派及其代表性观点，分析依附论各流派之间的相互联系和区别，并对其成败得失给予初步的评价。在此基础上分析依附论与新马克思主义之间的理论渊源。最后，结合当今国际社会中发展中国家的现状，对依附论所面临的挑战展开分析。

必须强调，依附论需要与时俱进，要根据新形势下发展中国家的利益、发展中国家的呼声和发展中国家的战略来脱胎换骨，形成新的理论框架、提出新的发展战略，凝练契合实际的战术与策略。

第一节　依附论的兴起

第二次世界大战以后，许多国家取得了政治独立，但是经济上仍然贫穷落后。如何以经济上的自立巩固政治上的独立，成了20世纪五六十年代发展中国家普遍面临的难题，也成为西方学术界的研究重点之一。这其中尤以两种声音最为著名，一种是以西方经济学为主体的现代化理论，另一种则以阿根廷著名的经济学家劳尔·普雷维什(Raul Prebisch)及其发展主义思潮为代表。该思潮深入探讨了拉美国家贫困的根源及自强的途径，在第三世界有着广泛的影响。历史与现实表明，两者尽管不乏真知灼见，但均存在重大的理论缺陷。在反对现代化理论和批判地借鉴发展主义的基础上，依附论应运而生。因此，分析依附论就不能不介绍现代化理论和发展主义。

1. 西方现代化理论

西方现代化理论主要形成于20世纪50年代的美国。该理论以宏观经济学中新古典主义学派的理论为武器，其核心是社会达尔文主义的社会进化论，信奉机械的单线社会发展模式，要求发展中国家模仿发达国家，在政治经济社会的各个领域全面实现市场导向来实现现代化。西方现代化理论的代表人物和著作主要有帕森斯的《社会系统》(Talcott Parsons, *The Social System*, New York: Free Press, 1951)、刘易斯的《经济增长理论》(William Arthur Lewis, *The Theory of Economic Growth*, London: Allen & Unwin, 1963)、丹尼尔·勒纳的《传统社会的消逝》(D.Lerner, *The Passing of Traditional Society*, New York: Free Press, 1958)、罗斯托的《经济成长的阶段：非共产党宣言》(W.W. Rostow, *The Stages of Economic Growth: A Noncommunist Manifesto*, Cambridge: Oxford University Press, 1960)、西里尔·布莱克的《现代化的动力》(Cyril E.Black, *The Dynamics of Modernization*, New York: Harper & Row Publishers, 1966)等等，其中尤以刘易斯的二元经济结构论和罗斯托的经济成长阶段论最为知名。

刘易斯的二元经济结构理论是建立在对发达国家经济发展史的分析总结之上的，其前提条件是生产要素跨部门的自由流动和资源按市场需求在部门之间合理配置。他把一国的经济划分为传统的封闭的农业部门和现代的开放的工业部门。农业部门不断向工业部门提供资金、劳动力、市场，特别是农业的剩余劳动与工业资本的有机结合，从而实现了经济结构不断由传统部门向现代部门转移和升级，最终实现经济的发展和社会的现代化。刘易斯的二元经济结构理论把工业化作为经济发展的中心，忽视了农业自身的发展。这一理论既不能解释现实中发展中国家城市失业与农村人口流入城市同步增长的现象，也无法解释为什么发达国家能通过两个部门的转移而实现现代化而发展中国家却不能的问题。

罗斯托的经济成长阶段论是一种典型的社会进化论。罗斯托通过对主要发达国家经济发展的考察将人类社会分为五个阶段，即传统社会阶段——经济起飞前阶段——经济起飞阶段——成熟阶段——大众高消费阶段。后来，罗斯托又补充了第六个阶段，即追求生活质量的阶段。这些阶段依次由低级向高级过渡。罗斯托指出，起飞前阶段作为一个过渡阶段，一般是作为对外国势力侵入的反应；然后，国内的力量开始汇聚起来推进现代化，通过起飞阶段走向成熟阶段，这一般需要两代人的时间；最后，如果收入的增长已与技术的扩散相适应，完全成熟的经济就转为向城市和郊区提供耐用消费品和服务。[1]为了说明这个必然性，罗斯托提出了“布登勃洛克式动力”这一概念。所谓布登勃洛克式动力，原出于一部以德国资产阶级家庭为背景的小说。小说中的布登勃洛克家庭的第一代拼命赚钱成为地方富户；第二代则不再追求金钱而去读书以追求社会地位，成为议员；第三代则对金钱与地位均不感兴趣，而去追求精神生活。罗斯托利用欲望的更替来说明生活方式的不同。他认为这不仅可以说明一个家庭的兴衰，而且也可以说明社会变化和经济发展的动力和过程。人类社会的每一个成长阶段都有一个相应的主要部门，每一个主导部门又与“新的中心人物”及其利益、兴趣和欲望联系在一起。在起飞前阶段的中心人物主要是农民中的新教徒，起飞阶段则是企业家，成熟阶段是钢铁大王、石油大王等垄断资本家，成熟之后则是经济管理人员。罗斯托提出经济增长理论的顺序概念，不仅将其作为动态的、非总量一般生产理论的一个组成部分，而且将其视为观察世界的一种方法。罗斯托的理论可能道出了发达国家经济发展的一定规律，但他从根本上回避了依附论提出的最根本问题，即为什么发展中国家贫穷，为什么发展中国家同样有“欲望”，却得不到发展的机会。

由于带有明显的“西方中心论”倾向，西方现代化理论无视发展中国家的特殊性，也无法真正解释发展中国家落后的原因。因此，在西方现代化理论兴起的同时，在拉美国家就出现了与之相对抗的由普雷维什所倡导的发展主义理论。

2. 普雷维什的发展主义

普雷维什(Raúl Prebisch)是当代拉丁美洲最有影响的经济学家，他曾出任1948年成立的联合国拉美经济委员会(UNCLA)的首任执行书记，后又在20世纪60年代出任联合国贸发会议(UNCTAD)的首任秘书长。普雷维什的著作大多以西班牙语和英语发表，其中后者常见于联合国拉美经济委员会评论中，其重要代表作有《经济增长的理论和现实问题》(Theoretical and Practical Problems of Economic Growth, 1950)、《不发达国家的商业政策》(Commercial Policy in Underdeveloped Countries, 1959, AER)、《边缘资本主义批判》(A Critique of Peripheral Capitalism, 1976, UNCLA Review)、《边缘资本主义的社会经济结构及其危机》(Socioeconomic Structure and Crisis of Peripheral Capitalism, 1978, UNCLA Review)、《资本主义全球体系中的拉美边缘地区》(The Latin American Periphery in the Global System of Capitalism, 1981, UNCLA Review)等等。在这些著作中，普雷维什主要提出了"中心—外围"论、贸易条件恶化论、进口替代工业化论、关于外围国家经济合作的思想、体制变革论五大核心理论，[2]其中以下两大支柱性理论最为知名。

第一，贸易条件恶化论。普雷维什把发达国家称为中心国家，把发展中国家称为外围国家。他指出，经济上的不平等和中心国家的霸权集中地体现在国际分工和国际贸易中，中心国家利用其政治霸权和技术经济优势，形成了一个有利于中心国家的国际分工体系，并同外围国家的上层分子勾结，控制了外围国家的政治、经济权力。在国际贸易中，贸易比价一直不利于主要出口初级产品的外围国家，再加上外围国家的出口市场为中心国家所控制等原因，从而使国际贸易的利益在中心和外围之间的分配极不合理，前者大获其利，后者则深受剥削。普雷维什还尖锐地指出，李嘉图以比较优势为基础的自由贸易理论完全不适用于现今的国际分工和国际贸易。他认为，中心国家常常通过技术垄断来提高制成品价格，"技术进步带来的好处只集中在中心国家而不会惠及世界体系中的外围国家"。[3]生产制成品的中心国家从国际贸易所得到的利益，注定要比只生产出口产品的外围国家从国际贸易中获得的利益大得多。外围国家的贸易条件由此不断恶化。由于外围资本主义是"附加的、附属的资本主义，是在先进国家的霸权和市场规律统治下的从属于先进国家利益的资本主义”，[4]外围资本主义必须加以改造。

第二，进口替代工业化论。在国际分工和国际贸易极端不利于外围国家的情况下，拉美国家的出路何在？普雷维什指出：“鉴于外围发展的历史性延误，由于资本主义的向心性质，适当地保护新的工业以补偿其较高的成本就成为必要”，“这就是替代进口原则”。[5]在普雷维什看来，只有工业化才能纠正发展中国家资源过分集中于初级产品生产和出口的状况，实现产业结构升级，从根本上防止贸易条件的恶化。为此，普雷维什积极提倡以替代进口为目标的工业化战略。然而，事实却宣告了他的失败。由于国内市场有限、收入分配不均等原因，进口替代型工业化战略并没有使拉美经济有多大的好转，反而使拉美国家在20世纪60年代初陷入了通货膨胀、国际收支恶化和沉重的债务危机之中。经济上的困难又导致了政治的黑暗。20世纪50年代末至70年代拉美军人政变成风，独裁政治愈演愈烈，从而使社会矛盾空前激化。以此为背景，古巴爆发了革命，并于1959年获得了成功。

进口替代型工业化战略的失败和古巴革命的成功，从政治、经济两方面宣告了普雷维什发展主义的破产。拉美及其他发展中国家不得不对落后的原因及改变现状的出路作重新的思考和探索。

3. 依附论对两者的批判与借鉴

日本学者薮野佑三将从西方现代化理论向依附理论和世界体系理论等理论的转变称为从“连续模式”到“隔断模式”的转向。连续模式将传统社会和现代社会放在发展的连续线上，认为发展中国家遵循发达国家原有发展道路是由传统社会向现代社会转变直至通向乌托邦的不二途径。隔断模式则认为，先进和落后的关系并不仅仅是时间差异，发达国家本身就问题丛生，不再是发展中国家所追求的理想目标，发展中国家应该摸索自己的发展道路。[6]“隔断”一词准确地点出了依附论对西方现代化理论的核心批判，正是出于对“中心—外围”剥削结构的深入分析，不少依附论者才提出了集体自力更生的口号。

另一方面，在依附论者看来，发展主义对不发达病因的诊断也并不准确，开出的药方也难以令人满意，其主要表现在以下两点：

第一，对贫困根源的认识。依附论者认为，拉美国家的贫困是资本主义的必然，而不只是个别中心国家对外围国家的剥削造成的。智利的恩佐·法莱图、巴西的塞尔索·富尔塔多以及费尔南多·恩里克·卡多佐等依附学派学者认为，造成第三世界国家贫困的原因并不在于这些社会未能成功地从一个传统社会转型到一个具有经营理念的现代化社会，而是在于贸易的不平衡。在于贸易环境的恶化——而这些国家都是其中的受害者：贸易不平等不仅仅是因为这些社会所出口的产品因供过于求而价格下跌。它们所进口的商品则因为供不应求而价格上涨，而且也因为它们在结构上处于对核心地区存在依赖的边缘地区。[7]

依附论者提出，中心国家之所以能在经济上剥削、在政治上控制外围国家，其根本原因是中心国家控制了整个世界经济，建立和维持了不合理的国际经济秩序。他们明确指出，"不是贫困造成了依附，而是依附造成了贫困"。依附论者认为，发展中国家贫困根源的公式是：少数中心国家控制了世界经济→发展中国家的经济依附→发展中国家的经济贫困和政治动乱。

第二，对世界市场的看法。依附论者认为，普雷维什发展主义的错误不仅在于过于强调进口替代战略的策略失误，而且犯了硬要把外围国家塞进由中心国家控制的世界经济体系中去的错误。他们主张，拉美国家消灭贫困的根本出路在于打破现存的世界经济体系。他们的口号是："拉美国家不会因脱离资本主义而遭殃，而恰恰是因被结合进国际资本主义经济而遭殃。"[8]

当然，依附论也从西方现代化理论和普雷维什的发展主义中批判地吸收了若干理论成果。例如，中心、外围、依附等依附论的许多名词和概念，都是从普雷维什那里继承过来并注入新内涵的。卡多佐的联系性依附发展理论中对外围国家的资本和跨国公司的再认识，也不能说没有西方现代化理论的影响。

第二节　依附论的主要流派和观点

发展中国家数量众多，各有其特殊的历史经历和现存经济条件，所谓依附状态也存在种种区别，简单地说，不仅依附的程度而且依附的形式都各不相同。由众多依附论者组成的学术群体很难形成一致的观点，这既包括他们的学术思想，也包括他们的斗争策略。因此，"依附论虽然谓之学派，实则是一个理论集群，围绕依附和不发达问题，内部又形成了各种派别，他们之间不仅存在很大理论分歧，而且政治主张及发展策略均不相同。原因在于依附论不是一个单一的理论，而是一个复杂的、综合性的理论体系。依附论也不是纯粹的社会科学理论，它具有探索拉美发展道路的政治倾向性，其信奉者分别属于不同阶级、队层和不同身份。那些不同阶级、阶层中的各式各样的人物彼此之间缺乏政治认同。”[9]

本书根据依附论者的政治观点，并结合其学术思想的分野，把依附论划分为三个主要的流派，即激进依附论、正统依附论和改良依附论。

1. 激进依附论

激进依附论以安德列·甘德·弗兰克（Andre Gunder Frank）为代表，他所阐述的“宗主—卫星”理论，代表着依附论中的激进派。

Ⅰ. 弗兰克的宗主—卫星论

弗兰克出生于德国，在美国芝加哥大学获得经济学博士学位后，辗转就职于美国密歇根大学、巴西的巴西利亚大学、墨西哥的国民自立大学、德国的柏林大学、英国的东安吉丽亚大学以及荷兰的阿姆斯特丹大学等著名学府。作为早期依附论的代表人物和依附论的重要理论奠基人，弗兰克把矛头直接对准西方经济学中新古典派的现代化理论，促成了西方学者对不发达理论研究的根本转化。弗兰克的主要著作有《不发达的发展》（“Development of Underdevelopment”, Monthly Review, Vol. 18, No. 34, 1966）、《拉丁美洲的资本主义和不发达》（*Capitalism and Underdevelopment in Latin America*, New York: Monthly Review Press, 1967）、《拉丁美洲：不发达还是革命》（*Latin America: Underdevelopment or Revolution*, New York: Monthly Review Press, 1969）、《买办资产阶级和买办的发展，拉美国家的依附、阶级和政治》（*Lumpen-bourgeoisie and Lumpen-development Dependency, Class and Politics in Latin America*, New York: Monthly Review Press, 1972）、《论资本主义的不发达》（*On Capitalist Underdevelopment*, London: Oxford University Press, 1975）、《依附性积累和不发达》（*Dependency Accumulation and Underdevelopment*, New York: Macmillan, 1978）、《白银资本：重视经济全球化中的东方》（*Reorient: Global Economy in the Asian Age*, University of California Press, 1998）等。

弗兰克最重要的理论贡献是提出了“不发达的发展论”（Development of Underdevelopment），即“宗主—卫星”理论（Metropolis Satellite）。他在20世纪60年代发表的《不发达的发展》一文中，根据20世纪二三十年代著名的新马克思主义学者保罗·斯威齐（Paul M.Sweezy）和保罗·巴兰（Paul A.Baran）的“经济剩余”理论和“停滞论”的观点[10]，批判地吸收了以普雷维什为首的拉美经济委员会的中心—外围理论，提出了宗主—卫星论。在他看来，发展中国家的贫困既是宗主国对殖民地剥削压迫的历史遗物，又是现今发达国家对发展中国家的剥削和控制造成的。宗主—卫星关系不仅存在于发达国家与发展中国家之间，而且也存在于发展中国家内部的政治经济和社会生活之中。发展中国家的首都、省府所在地及出口加工区等，一方面是发达国家的卫星，另一方面又是本国农林和边远地带的宗主。通过这种双重的宗主—卫星结构，欧洲殖民主义在发展中国家内部强行植入这种政治经济的不平衡，并使之固定化。概言之，发展中国家贫穷的根源在于肇端于殖民主义并延续至今的不平等的国际关系。

为了论证这一观点，弗兰克着重分析了在资本主义发展的三个历史阶段中贸易的作用及其导致的亚非拉各国生产方式和社会结构的变化。弗兰克指出，在第一阶段，即资本主义的起始阶段中，贸易的作用在于为宗主国的发展提供原始资本的积累，贸易对卫星国当地的生产方式和社会结构尚未构成实质性的影响。在第二阶段，即自由资本主义阶段，以英国为首的宗主国由原先的贸易保护主义转向贸易自由主义，卫星国内部单一的生产结构产生恶性循环，使之成为只能提供原料和低技术含量初级制成品的供应地。在第三阶段，即帝国主义阶段，贸易成为宗主国资本向卫星国渗透的工具，宗主国通过将资本投入特定的项目继续榨取卫星国的经济剩余，同时这又与当地既得利益阶级的经济需求相结合。通过这三个阶段的发展，卫星国即便获得了政治独立，由于其内部的畸形经济结构已趋定型，它们在国际市场不得不始终依附于原有的宗主国。[11]

弗兰克进而指出，由于宗主国不断从卫星国榨取资本和经济剩余，即使发展中国家的某些城市或出口加工区获得了经济发展，从根本上说这也是一种卫星式的发展，它既不能自生，也不能长存。卫星国的经济作为一个整体，只能出现有限的，或者是不发达状况下的发展。这里的不发达，是指经济和社会发展扭曲与滞后的状态，而非仅仅是未发展的状况。

弗兰克强调，卫星国的经济社会发展程度与其宗主国之间关系的密切程度呈反比。同宗主国关系越密切，卫星国也就越贫困，只有当卫星国同其宗主国的联系被削弱或被切断时才能取得经济的最大发展。据此，弗兰克得出他的结论，即宗主国的经济发展模式“既不符合卫星国的经济现实，也不会满足它们要求解放的政治需要”。归根到底，卫星国的“人民将负责改变这种再也不能接受的过程”，“通过发动社会主义革命来消除这种悲惨的现实”。[12]

弗兰克的理论是一种将发展中国家贫穷落后的历史和现实归结于发达国家

盘剥和控制的外因论。这与西方经济学中新古典派的现代化理论的核心——二元社会结构论产生了鲜明的对比。二元社会结构论认为:发展中国家存在以工业为中心的现代部门和以农业为中心的传统部门。前者与外部资本主义有密切联系而不断发展,而传统部门因孤立于世界经济之外成为发展中国家贫穷的根源。弗兰克认为二元结构论掩盖和否定了世界资本主义体系的本质和宗主国对卫星国的剥削,是对历史和现实的狡辩和歪曲。弗兰克过于激进的思想和形而上学的研究方法受到了众多依附论者的批评,特别是其只从外部找原因而忽视发展中国家内部依附性社会经济结构的做法被认为过于简单化。

Ⅱ.阿明的中心—外围积累模式

与弗兰克一起被视为依附论中激进强硬派的是萨米尔·阿明(Samir Amin)。

阿明是埃及著名的经济学家。他于1975年获巴黎大学经济学博士,曾任埃及计划机构研究员、马里政府技术顾问和联合国非洲经济发展与计划研究所所长。除了在官方机构工作之外,阿明还先后在塞内加尔的达喀尔大学、法国的普瓦捷大学和巴黎经济学院任教。阿明也是一位著述丰富的学者,其代表作有《不平等的发展》(*Le Development Inegal: Essai Sur Les Formations Sociales du Capitalism Peripherque*, Paris: Minuit, 1973)、《世界规模的资本积累》(*Accumulation on a World Scale*, New York: Monthly Review Press, 1974)、《帝国主义与不平衡发展》(*Imperialism and Unequal Development*, New York: Monthly Review, 1977)、《阶级与民族》(*Class et Nation de L'Histoire et La Crise Contemporaine*, Paris: Minuit, 1979)、《畸形发展:全球失败的分析》(*Maldevelopment: Anatomy of a Global Failure*, Tolcyo: United Nations University Press/London: Zed Books, 1990)等。

阿明的主要观点可归纳为以下三个方面:

(1) 外围国家的资本主义是中心国家通过殖民经济强加的。在此过程中,外围国家没有形成真正的独立成熟的民族资产阶级,仅是形成了受中心国家垄断资本主义支配的封建领主和买办阶级,主要是商业资产阶级,后者对中心国家俯首听命。同时,外围国家内部具有特殊官僚主义发展的趋势和无产阶级化不完全化的特点。[13]这些原因从政治生态和阶级构成上决定了外围国家必然受中心国家的资本主义的支配。

(2) 从生产结构上看,资本主义生产分为出口、大众消费、奢侈品和设备投资四个部门。在外围国家生产中起作用的只有出口和奢侈品两个部门，而这两个部门受到国内外市场的严重制约。外围资本主义发展与中心资本主义发展相比，存在三种畸形：一是出口活动的严重畸形，它吸收了来自中心的大部分资金；二是趋向第三产业的畸形；三是选择工业部门的畸形，趋向轻工业部门并在这些部门中使用现代化技术。[14]由于生产结构的畸形发展，外围国家经济没有自身推动力，只能依附于中心国家。

（3）不平等分工和不平等交换是中心国家控制外围国家的基本手段。中心国家对外围国家的资本输出主要集中于原料生产，同时由于中心国家与外围国家之间工资差异悬殊，中心国家可以通过不平等交换剥削外围国家，使财富不断向中心国家集中。

阿明特别指出，外围国家的不发达并不是表现在人均生产水平上，而是表现为如下结构性特征：首先，外围国家的生产率分布和价格制度极不平衡；其次，由于外围国家的生产方向听命于中心国家的需求，经济进步带来的好处无法惠及整个国家；最后，通过国际分工和外资依赖等形式，外围国家对中心国家在商业、金融和技术上均存在依附关系。[15]

基于以上分析，阿明提出了中心地区自主式积累和外围地区依附式积累两个模式，并进而论证了发展中国家减少或断绝与发达国家经济政治联系的必要性。

阿明认为，中心积累型的特点是自主，是在资本的本性基础上自我发展的。出于资本对利润追逐的本性，同时也出于生产能力与消费需求之间永远无法解决的不均衡特性，中心积累型必然是扩张性的。由于中心地区的实际工资不断上涨，资本主义生产方式的扩张主义必然采取帝国主义和输出资本等新的形式，具有摧毁一切前资本主义生产方式的排他性。[16]阿明指出，中心积累型有三个阶段：第一阶段是自由资本主义的商业扩张；第二阶段是列宁所讲的帝国主义的殖民地扩张，在此阶段中资本主义的矛盾开始从中心地区转移到外围地区；第三阶段是后帝国主义阶段，即战后国家垄断资本主义的出现，其特点是跨国公司和科技革命形成了新的不平等的国际经济关系，其表现形式是中心国家从事最现代化、最具有高附加值的生产，而把传统工业和低附加价值的生产转移到外围国家。

外围积累型的特征是贫困和不发达的积累，也即外向型依附经济。由于政治经济和技术的主动权均操纵在中心国家手中，外围国家处于被统治的依附地位。外围国家的经济剩余不断流向中心地区，造成了中心地区的高度资本积累和经济发达。然而，外围国家的资本积累很少或根本无法出现发展性的经济增长。阿明强调，外围地区依附式积累的结果只能是经济的贫困化和社会的畸形化，外围地区只能起到“边际的、从属的、有限的职能”[17]。无论是进口替代战略还是出口导向战略，均不能使外围国家免受中心国家的剥削和控制。无论实施哪一种战略，都只能开创一个以“新的国际分工为特点的帝国主义剥削新阶段”。

阿明以中心地区自主式积累和外围地区依附式积累两个模式为基础，分析了中心资本主义扩张机制和外围资本主义依附机制的运动规律，把中心—外围矛盾，即资本主义体系为解决阻碍其资本积累进程而造成的一系列矛盾，放到了当代帝国主义的主要矛盾位置上，并把解决这一矛盾的希望寄托在外围地区的无产阶级身上。唯一的战略便是：要么进行社会主义革命，要么与资本主义经济决裂。因为依附关系是该体系的结构所决定的——正是核心地区对边缘地区的剥削才使该体系在整体上得以延续。获益的始终是核心地区，受损的则永远是边缘地区。[18]据此，阿明提出外围国家的根本出路在于同世界资本主义脱钩，即减少、推迟或切断同中心国家的经济联系，打破中心国家所强加的不平等国际分工，实现经济上的自力更生。[19]

尽管阿明与弗兰克一起被视为激进强硬的依附论者，但其学说比弗兰克更系统、更理论化、更富有创见。阿明的研究侧重于非洲和阿拉伯世界，这与其他依附论者将拉丁美洲作为主要研究对象有所不同。阿明观点的另一个突出点是把不发达问题置于整个世界资本主义体系中加以考察，打破了以单一国家为单位的分析框架，强调“资本主义已经成为一个世界体系。矛盾并不存在于各个孤立考虑的国家中的资产阶级和无产阶级之间，而是存在于世界资产阶级和世界无产阶级之间。”[20]

遗憾的是，20 世纪 70 年代以来发展中国家的政治经济进程均没有出现阿明所预料的同中心资本主义脱钩的现象，他所寄予厚望的外围国家的无产阶级也没有发动任何大规模的社会主义革命。为此，阿明在 20 世纪末提出，外围国家已分化为活跃外围国和贫困化外围国。活跃外围国有着明确的发展目标和实施战略，有节制地参加全球化进程，并获得了一定成功，东亚的新兴工业化国家就是明证。阿明认为，脱钩发展模式仍然适用于活跃外围的发展。

2. 正统依附论

以特奥托尼奥·多斯桑托斯（Theotonio dos Santos）为代表的新依附论是依附论的主流和正宗。

多斯桑托斯是巴西经济学家和拉美经济改革运动的重要实践者。他先后在巴西、智利及美国的多所大学任教，并在美国、加拿大等多个国家进行学术传播和交流活动。20世纪60年代初，他在巴西从事左派经济理论的研究和宣传，后流亡智利参加阿连德总统发起的改革运动。1973年智利发生军人政变，多斯桑托斯辗转到墨西哥潜心于依附理论的研究。多斯桑托斯现为巴西里约热内卢联邦大学教授，联合国"全球经济与可持续发展"课题组协调人。他的专著和论文已被翻译成多种文字在四十多个国家出版，其主要著作有《依附论》（*El Nuevo Caracter de la Dependencia*，Santiago：CESO，1968）、《社会主义或法西斯主义》（*Socialismo o Fascismo：el Dilema Latinoamericano*，Santiago：Editorial Prensa Latinoamericana，1968）、《帝国主义与依附》（*Imperialismo y Dependencia*，Mexico D.F.，Ediciones Era，1978）、《民主与社会主义》（*Democracia e Socialismo no Capitalismo Dependente*，Petropolis，Vozes，1991）和《区域一体化与可持续发展》（*Economia Mundial，Integracao Regional e Desenvolvimiento Sustentavel As Novas Tendencias da Economia Mundial e a Integracao Latino Americana*，Petropolis，Vozes，1993）等。

Ⅰ. 依附的定义

多斯桑托斯在1978年出版的《帝国主义与依附》一书代表了依附论的重要研究成果。该书不仅为依附下了一个为人们普遍接受的定义，而且对当代帝国主义的主要矛盾及其表现形式，依附形态、性质和结构，发展中国家摆脱依附的途径，以及研究依附问题的方法论都提出了不同于前人的新观点、新思想，堪称依附论的集大成者。

《帝国主义与依附》一书最受人瞩目之处是对依附概念的界定。多斯桑托斯给依附下的定义是："依附是这样一种状况，即一些国家的经济受制于它所依附的另一国经济的发展和扩张。两个或更多国家的经济之间以及这些国家的经济与世界贸易之间存在相互依赖关系，但是，结果某些国家（统治国）能扩张和加强自己，而另外一些国家（依附国）的扩展和自身的加强则反而是前者扩展的反应。"[21]简而言之，依附是某些国家的政治经济受到其他国家经济发展和政治扩张制约的状况。这个定义包含着两层意思：第一层意思是被动反映论。一些国家,即处在世界政治经济中心地带的国家可以在自我推动下实现政治经济扩张、创新。而另一些国家,也即处在世界政治经济边缘地带的发展中国家只能作为中心国家扩张的反映而获得发展。第二层意思是内部结构决定论。多斯桑托斯认为,依附不只是决定了发展中国家对外部的依赖和从属,而且也制约了本国内部政治经济结构,本国内部的政治经济结构又反过来加剧了外部依附关系的深化。因此,改变内部结构是打破依附关系的唯一办法和出路。可以清楚地看到,多斯桑托斯对依附概念的界定既吸收了弗兰克的宗主—卫星理论、阿明的自立论以及后面将要叙述的卡多佐的依附性发展论的合理成分,又摒弃了各自的片面性。多斯桑托斯对依附概念的界定是依附理论走向成熟的标志。

Ⅱ. 多斯桑托斯对三种依附形态的分析

多斯桑托斯认为,依附形态分为殖民地商业—出口依附、金融—工业依附和技术—工业依附三种。[22]殖民地商业—出口依附是指中心国家通过在殖民地占有矿山、土地和劳动力等生产要素来主宰殖民地国家。帝国主义国家利用政治军事霸权在殖民地投资于原料生产和农产品出口,使后者形成了单一经济结构,依赖中心国家市场需求的出口业状况决定着整个国家的经济好坏。边缘国家从事原材料出口,核心区国家从事工业品出口,这两种国家之间的贸易条件日益恶化。金融—工业依附是 19 世纪末至第二次世界大战之间五十多年内中心国家控制边缘国家的主要形式。边缘地区的工业化依赖核心地区的资本,而且这些投资的收益最终回流到核心国家。技术—工业依附是第二次世界大战后即在殖民体系瓦解之后依附关系新的表现形式。技术—工业依附的特点是发达国家通过跨国公司的对外投资来控制发展中国家的工业,占领其国内市场,其控制手段已从占有自然资源、掠夺性贸易转向金融和高新技术。发达国家的跨国公司控制着先进的生产技术和专利,而边缘国家得不到技术转让,始终不能摆脱落后状态。此外,这种依附还体现在社会领域,因为跨国公司所生产的产品主要是为边缘地区精英阶层服务的。正如加尔通所说的,一个核心国家的核心阶层会在一个边缘国家建立起另一个核心阶层,以便使各自的利益能够得到满足。而这一切是以牺牲各自国家边缘阶层的利益为代价的。更确切地说,在帝国主义关系下,核心国家的核心阶层会与边缘国家的核心阶层相互联手,共同剥削核心国家的边级阶层和边缘国家的边缘阶层。[23]

多斯桑托斯对技术—工业依附形态作了大量创造性的研究。他认为,在技术—工业依附状态下,发展中国家的工业化受到三重限制。第一,发展中国家的工业化受到中心发达国家的消费需求的限制。因此,生产体制的建立受到制约,必须保留农业或矿业等传统的出口部门,建立一个符合跨国公司利益而非国内发展需要的生产结构和技术结构,中心国家的生产部门向外围的直接转移又造成了极不平衡的生产结构、收入的高度集中、设备能力利用不足、对集中在大城市的现有市场的集约性开发等现象。第二,由于工业部门的技术和装备要靠出口取得的外汇收入来提供,发展中国家的工业化要受制于国际收支的波动。第三,发展中国家的工业化要受中心国家技术垄断的制约,传统部门与现代部门的并存,工业部门资本密集型技术对劳动力吸收能力不足。[24]

多斯桑托斯从对技术—工业依附形态的分析出发,强调造成当代不发达的根本原因在于生产领域而非流通流域,从而不仅对普雷维什等人的贸易条件论作了否定,也对弗兰克等人的简单外因论提出了批评。他一再强调,大量利润和经济剩余从发展中国家抽回正是发达国家资本输出的结果,导致不平等国际经济秩序的真正原因是国际资本对国际雇佣劳动的剥削。多斯桑托斯深刻地指出,发展中国家"面临的最严重的障碍并非来自因未被纳入资本主义体系而造成的落后,恰恰相反,限制这些国家充分发展的最大障碍正是来自同资本主义国际体系的结合方式及其本身的发展规律"。[25]

多斯桑托斯进而指出,在技术—工业依附条件下的发展,只有两条出路:一是参加以跨国公司为主导的国际分工,采取民族自主变革模式;二是在资本主义体系范围内,搞以军人和技术官僚阶层为主导的国家资本主义模式。但是,这两条道路都是有局限性的,都是对发达国家依附的延伸。以跨国公司为代表的世界资本主义体系高度一体化情况下,发展中国家以外资为动力的工业化所取得的发展只能给少数阶层和极为有限的部门带来好处,经济增长在国内外市场上不断遇到阻碍,国际收支日益恶化,从而又进一步加深依附。他明确指出,经济上的对立最终必将导致深刻的政治斗争和军事冲突。因此,依附性发展之路是行不通的,应该走革命先锋队领导的人民革命之路,通过社会主义革命来改变内部政治经济结构,从根本上消灭依附,实现经济自主发展。

多斯桑托斯的上述论断已为 20 世纪六七十年代拉美国家军人政变成风和 80 年代沉重的债务危机现象所证实。可以说,多斯桑托斯的新依附论是拉美国家在 60 年代末起进口替代工业化战略走入死胡同的现实在理论上的折射。多斯桑托斯的理论之所以被认为是"正统的"和"主流的",是因为它是对拉美国家为争取民族自立和发展所作努力和所遭挫折的最完整的理论概括。当然,时代的局限使多斯桑托斯只能抽象地提倡社会主义革命，低估了中心国家的自我调节能力，高估了拉美国家的革命热情。他对跨国公司以及外资在发展中国家工业化中的作用等方面的分析也并不完整与全面。

3. 改良的依附论

巴西社会学家费尔南多·恩里克·卡多佐(Fernando H.Cardoso)是改良温和派依附论的代表人物。卡多佐的联系性依附发展理论(Associated Dependent Development)的问世，表明依附论已经开始对其一贯的社会主义革命目标作重新认识和自我扬弃。

Ⅰ. 激进依附论的困境

卡多佐原本是一个激进的依附论者。他主张要依据国际阶级关系的分析来体现政治过程的重要性，认为依附结构的本源因素是国内的买办阶级，号召国内各种社会集团和工会结成阶级同盟去打倒买办阶级。20 世纪 60 年代末 70 年代初新兴工业化国家(地区)经济崛起的事实使卡尔多索认识到，既不应该也不可能去建立一个适用于所有发展中国家在任何时候都可以选择的发展战略，而是要对依附状况作具体分析。卡多佐认为，由于跨国公司的迅猛发展，新的国际分工格局业已形成。在这个格局中，相当一部分工业资本已经转移到有一定发展水平的外围国家。一部分外围国家出现了国内市场国际化的现象。虽然，这些外围国家尚没有从根本上改变对中心国家的依附，既缺少自主性技术，也无法依靠自身完成资本积累的循环周期，外债累累、出口畸形等问题十分严重。但外围垄断资本同外围国家的某些工业部门和私人资本有了密切的合作和联系。在某种程度上，国际垄断资本、外围国家的私人资本和国有资本出现了共同扩张、利益趋同的现象。一些发展中国家的经济也的确实现了迅速起飞。种种迹象表明中心与外围在国际经济领域已经出现了“对话”取代“对抗”的重大转折。

现实的飞速发展凸显出原有依附理论的滞后和缺失。弗兰克等人的不发达理论和脱钩战略既脱离了 20 世纪 70 年代以后发展中国家、特别是东亚新兴工业化国家和地区经济崛起的事实，又不能完全解释 80 年代后期巴西、墨西哥等拉美国家倚靠美国等发达国家的资金和技术成功走出积累债务困境、取得新的经济发展的现实。为此，卡多佐提出，作为不发达问题的研究者，必须从理论上对依附论加以修正，以使其真实反映工业化由中心向外围扩散，发展中国家有可能利用外资实现经济起飞和走向真正独立自主的历史性新变。

Ⅱ.从依附走向自立

在1972年的《拉丁美洲的依附与发展》("Dependency and Development in Latin America," New Left Review, Vol.74, July/August, 1972)、1973年的《联系性依附理论:理论与实践的意义》("Associated Dependent Development: Theoretical and Practical Implications", Authoritarian Brazil: Origins, Policies and Future, ed., Alfred Stepan, Yale University Press, 1973)及1979年与智利学者恩佐·法莱托(Enzo Faletto)合著的《拉丁美洲的依附与发展》(*Dependency and Development in Latin America*, Berkeley: University of California Press, 1979)等著作里,卡多佐把上述观点从理论上概括为"联系性依附发展战略"。[26]这一战略的基本思路是主张对不同的依附性社会进行具体分析,从而提出不同的经济发展战略和政治社会模式,强调发展中国家要利用与世界资本主义体系的依附关系来发展经济、壮大自己,由此逐步摆脱依附,走向政治独立、经济自立。

联系性依附发展理论的特点在于把被前人所对立的依附和发展两个概念加以联系和综合,指出了发展和依附是共时、并存的一个过程,而不是相互对立、相互排斥的两个范畴。换言之,发展和依附是一个过程的两个方面,在一定条件下可以并存和协调。

作为依附论者,卡多佐猛烈地批判西方经济学新古典派的现代化理论,反对把发展中国家不发达的根源完全归咎于内部因素。与此同时,他也批评弗兰克的简单外因论。对于前者他毫不留情,对于后者他只是小心翼翼地把激进的依附论、主流派的新依附论以及普雷维什的改良主义各自优点长处加以综合,有效地纠正其缺陷和过时之处。为了防止来自同一战壕的批评和反对,卡多佐意味深长地把他的联系性依附发展理论称为依附论的一个特例。

卡多佐的依附性发展理论于70年代末和80年代初在亚洲觅到了知音。日本学者渡边利夫在卡多佐的理论基础上提出了"从依附到自主"的理论。他以亚洲"四小龙"为例证,在《从依附到自主》一文中写道:"依附性发展是当今世界上发展中国家取得经济发展的唯一途径,依附是发展中国家取得自立的必要代价,亚洲'四小龙'就是从依附模式到自主模式取得经济高速增长的几个范例。"[27]

需要指出的是,卡多佐联系性依附发展理论的出现并不是偶然的,而是整个世界潮流使然。所有依附论者,包括激进派,在20世纪80年代中后期都修正了自己的理论观点。弗兰克和阿明等人分别撰文对脱钩论作了反省和修正。弗兰克指出,目前为止没有不发达国家与发达国家决裂的前例。阿明则表示,从长期发展趋势来看，外围国家最终要与世界资本主义体系脱钩，但是脱钩并不是闭关自守。

4. 依附论三大流派的共同点

从前述的内容可以看出，由于现实背景、论证逻辑、引证案例等因素的差异，依附论中激进派、正统派和改良派的观点不尽相同。但围绕依附论的研究对象和任务、依附的定义、依附的性质和结构、依附的根源、摆脱依附的途径及依附论的理论渊源，三大流派之间还是形成了相当的共识。具体而言：

第一，它们都把探讨发达国家与发展中国家之间经济社会关系，寻求发展中国家摆脱对发达国家的依附走上自主发展的途径和方式作为研究对象和任务。

第二，大体上接受了多斯桑托斯关于依附的定义，认为依附是一种状况，即一些国家的经济受制于它所依附的另一些国家经济的发展和扩张。以此为出发点，依附论各派都认为国际经济中的相互依存关系的发展对不同类型的国家产生不同的影响和后果，全球性相互依存关系越发展，发展中国家对发达国家的依赖也就越深。

第三，无论是弗兰克的宗主—卫星结构说，还是阿明的中心—外围积累模式对立说，都一致认为不发达与发达、依附与霸权是资本主义制度的产物。不发达的根源在于世界性的资本主义生产体系及其形成的国际分工格局、国际交换体系和不平等的国际经济秩序。

第四，除了卡多佐的依附性发展理论以外，绝大多数的依附论者反对发展中国家照搬发达国家的发展模式。他们尤其反对全盘西化，主张根据自身历史经验和现实状况来制定合适的经济社会发展战略，以谋取经济发展和社会进步。

第五，所有的依附论者都对西方经济学中新古典主义的现代化理论持反对和批判的态度，而对马克思主义经典著作中的有关理论和分析方法运用自如并有所创新发展，结合发展经济学中的一些观点和方法，形成了各有侧重、各有特色的理论体系。

5. 依附论与主流国际关系理论的比较

上述五个方面，既形成了依附论的理论框架，又十分鲜明地勾画出依附论与新自由主义的相互依存论、新现实主义的霸权稳定论之间的根本分歧。吉尔平在其1975年撰写的《跨国公司与美国权力》一书中对这些分歧作了概括（见表3-1）。

表 3-1　国际政治经济学三大流派的比较

	新自由主义 相互依存论	新现实主义 霸权稳定论	新马克思主义 依附论
国际经济关系的性质	和谐的	冲突的	冲突的
行为主体	个人和企业	民族国家	阶级
经济活动目标	最大限度地促进全球的福利	最大限度地促进民族国家的利益	最大限度地促进本阶级的利益
政治和经济的相互关系	经济应该决定政治	政治权力决定经济利益分配	经济是基础，政治是上层建筑
经济变动理论	动态地扩大均衡	政治权力的转移决定经济利益的分配	走向不平衡的必然趋势

资料来源：Robert Gilpin，U.S. *Power and Multinational Corporation*，London：The Macmillan Press Ltd.，1975，p.27.

从表 3-1 可见，新自由主义的相互依存论认为，国际经济关系在本质上是和谐的。贸易、投资和金融一体化是为所有国家服务的。所有的国家都可以从世界经济的相互依存中获得利益，达到最大程度的经济繁荣。新现实主义的霸权稳定论则认为，国际经济关系未必是和谐的，国际经济一体化和相互依存关系的加深不一定会给每个国家带来经济繁荣。每个国家不能让经济一体化和相互依存来决定自己的命运，而是应该采取对策对相互依存进行调节和管理，趋利避害。因此，民族国家要控制政治军事权力，建立符合自己需要的国际秩序，以此来保证自身的经济利益。新马克思主义虽然也认为国际经济秩序是不和谐的，但对如何在不和谐的国际经济秩序中取得自身发展却与新现实主义有着截然相反的看法。受新马克思主义影响很深的依附论者则强调，国际社会中财富也是在阶级之间分配的，促进和增大本阶级的经济利益是最大目的。因此，只要代表了资产阶级根本利益的帝国主义结构继续存在，侵略、战争、不公正和贫困就不可能被消灭，富国和穷国之间的剥削和被剥削关系也就不可能改变，唯一的出路是发动社会主义革命，从根本上结束世界资本主义体系。

相对于相互依存理论和霸权稳定论而言，依附论是站在发展中国家立场上研究国际关系的，而前两者则以发达国家为立足点。依附论唤起了国际关系学术界对南北对立和差距问题的重视，打破了美欧权力政治学主宰国际关系理论的局面，拓宽了人们的视野。同时，它从政治与经济互动的角度对发展中国家在国际社会中的地位及其发展前景提出了许多有意义的见解，向世人证明马克思主义对资本主义的分析和批判仍具有强大的生命力。由于众所周知的原因，依附论始终处在国际政治经济学的边缘。许多国际政治经济学著作不是有意无意地忽视其存在，便是言之寥寥、一笔带过。但这些都无损于依附论的存在价值及其影响力，它已成为国际政治经济学中人们不得不倾听的“第三种声音”。

第三节　依附论与新马克思主义

依附论与新马克思主义有密切的内在联系，上文介绍的依附论代表人物，如多斯桑托斯、阿明等人都是公认的第三世界马克思主义者。依附论的许多基础概念、重要观点和研究方法直接来自于马克思、恩格斯、列宁乃至斯大林、毛泽东的著作。因此，要进一步加深对依附论的理解，就必须对马克思主义经典作家的一些论断，以及战后新马克思主义的发展作简要概述。

1. 马克思主义经典作家对依附论的影响

依附论之所以被打上新马克思主义的印记，不仅仅是因为绝大多数的依附论都大量地引证马克思、恩格斯的著述，频繁地使用阶级、阶级斗争、社会主义革命等词句和术语，更是因为依附论者在下述两个方面继承和发展了马克思主义的思想和理论。第一，依附论者根据新形势补充、发展和修正了马克思、列宁对帝国主义的分析；第二，依附论者成功地把马克思主义政治经济学的精粹——劳动价值和生产价格理论运用到对不发达问题研究上，从政治经济学理论上揭开了不发达和依附关系形成的根本原因。

Ⅰ. 列宁的帝国主义论对依附论的影响

众所周知，马克思创立的政治经济学主要是关于资本主义国内的政治经济学，是对单独资本主义国家形态及其变化趋势的分析。列宁将马克思关于资本主义基本矛盾的学说运用到国际上来，分析和解释了帝国主义国家之间的相互关系和帝国主义与战争的必然联系。列宁从生产集中引起垄断和金融寡头统治的论点出发，指出帝国主义是资本主义的最高阶段，资本输出的必要性和政治经济发展的不平衡性导致了帝国主义国家之间为瓜分和再瓜分殖民地而不可避免地爆发战争。

国际政治经济学代表人物之一罗伯特·吉尔平中肯地评价道:“列宁其实已经从根本上将马克思主义从一种国内经济理论改变为一种阐述资本主义国家之间国际政治关系的理论。”但是,吉尔平同时又认为:第一次世界大战以后的历史并未为列宁的理论提供实际的论据。相反,资本主义出现了在列宁看来根本不可能的改革和变化。其中主要有:(1)资本主义国家内部福利普遍提高,不仅资产阶级而且连普通劳动者的工作和生活境遇都大大改观;(2)对殖民地的控制不再是帝国主义的主要特征和政策手段;(3)金融资本已经部分地为跨国公司所取代;(4)赢得政治独立的发展中国家仍然实现不了经济自主。

以马克思信徒自居的依附论者历史地承担起了回答这些问题的重任。他们自觉地运用马克思、恩格斯和列宁的理论、观点和方法来分析和解释战后世界资本主义体系的新变化。于是,一种有关帝国主义主要从经济上剥削的新观点开始出现,最早提出这一术语的是拉丁美洲的依附学派。这一学派的出发点便是国际体系中政治上平等而经济上不平等这一明显的反差。更确切地说,拉美国家从政治意义上来说已经独立了整整一个半世纪。然而这些国家的经济始终未出现腾飞或增长,仍然未能摆脱不发达状态。[28]

尽管依附论学者之间存在派别门户之见,有激进或温和的政治倾向的不同,但他们始终关注的问题是:在资本主义全球化下发展中国家欠发达和贫困的原因以及如何摆脱不发达的战略和策略。他们的共同做法是把发展中国家问题放在帝国主义理论的总框架和资本主义体系总背景中加以考察,同时猛烈批判以发达国家价值观为基础的西方经济学中的现代化理论。他们的学术和实践因此而被视为是对“古典马克思主义”和列宁的帝国主义理论的补充。他们的许多著作被冠之以“新帝国主义论”。

尽管依附论者的理论和主张有许多缺陷和错误,但是他们对帝国主义理论的贡献是不可磨灭的。例如多斯桑托斯的代表作《帝国主义与依附》一书就把跨国公司作为现代资本主义的“组织细胞”,以此来分析当代世界资本主义体系中发展中国家的依附问题。这无疑填补了列宁在《帝国主义是资本主义的最高阶段》一书中未曾涉及的理论空白。又如,弗兰克的宗主—卫星理论和阿明的中心—外围论则从发达国家对发展中国家剥削的角度,在一定程度上对中心资本主义国家经济福利普遍增大作出了理论回答,填补了马克思主义的另一个理论空白。

Ⅱ. 马克思主义劳动价值论在依附论中的运用

正如马克思是从对工资、价格和利润的研究入手揭开资本主义内部基本矛盾一样，依附论者也不只在政治上谴责发达国家，他们对依附问题的研究也有着深厚的政治经济理论内涵。他们成功地运用马克思创立的劳动价值和生产价格论论证了国际剥削机制。在这方面，伊曼纽尔（Arrighi Emmanuel）作出了突出贡献。伊曼纽尔是希腊人，参加过第二次世界大战，后在法国巴黎从事教学和研究。他发展了马克思的劳动价值和生产价格理论，提出了“不平等交换”（unequal exchange）的观点，论证了国际贸易的不平等交换和价值从发展中国家向发达国家转移的过程和机制。他的不平等交换为依附论者开展对发达国家的批判提供了极具说服力的理论武器。

特别要指出的是，伊曼纽尔的“不平等交换说”，并不是指国际贸易中的不等价交换（exchange of nonequivalents）。简言之，其基本观点是：发达国家与发展中国家之间的工资差异导致了国际间价值的无偿转移，形成了富国剥削穷国的不平等格局，从而造成了依附。

伊曼纽尔不平等交换说有个基本前提，即在当代资本主义体系中，资本可以在国际间自由流动，而劳动要素不能在国际间自由流动。前者，资本的国际自由流动，也即资本的竞争性导致了利润的国际平均化。后者，劳动要素的非国际自由流动化，也即劳动的非竞争性则造成了不均等的工资水平和剩余价值率。伊曼纽尔的不平等交换说的关键在于工资的不平等。发达国家和发展中国家之间的工资差异超过了劳动生产率水平的差异。就单一产品而言，发展中国家由于工资水平低下，其剩余价值率明显要高于发达国家。由于工资成本在国际贸易的价格形成中是一个因变量，因此，建立在发展中国家低工资基础上的价格导致了不平等交换，发展中国家所创造的价值的相当部分以国际贸易形式被无偿地转移到了发达国家。

伊曼纽尔指出，他的不平等交换说是对马克思的价值、剩余价值和生产价格理论的修正。因为马克思在提出劳动价值和生产价格理论时是立足于一国国内的资本主义经济，即以劳动和资本均能在国内自由移动为基础，因此马克思十分强调在价格形成中资本有机构成这一因素。然而，事实上国际间劳动是无法自由流动的，只有资本可自由流动。因此，要根据这个变化来修正马克思的结论，即在衡量劳动生产水平时应把工资差异作为独立变量，而不是把资本有机构成作为独立变量来考察国际经济关系。

应该看到,伊曼纽尔的“修正”是必要的,也是可能的。这不仅是因为无论是马克思还是列宁都未曾系统地将价值规律和生产价格理论运用于国家间关系的分析,还因为马克思本人也曾经预言价值规律在国际上运用时应予以修正。

但是,伊曼纽尔提出的不平等交换理论后来仍然引发了一场国际大论战。有许多人对他提出批评,认为他曲解了马克思关于要在国际上修正其价值理论的原意,反对把工资作为国际贸易价格形成中的独立变量。尽管如此,伊曼纽尔的学术勇气和对价值规律的创造性运用为依附论在理论上的成熟作出了贡献,为依附论从政策主张到理论体系增添了更多马克思主义的色彩。

任何一种学说,任何一种理论,其生命力在于其对前人学术成果的批判性继承。没有这一点,就不会有创新,科学的发展就会停滞。马克思和恩格斯在坚信自身理论的同时,也决没有认为自己发现了终极真理,更不主张后人除了袖手一旁惊愕地望着这个已经获得的绝对真理出神,就再也无事可做。马克思主义也需要发展,需要完善。从这一点来看,伊曼纽尔的“不平等交换”理论不仅使依附论有了科学的理论分析,而且是对马克思主义国际政治经济学所作的有益探索。

2. 新马克思主义的形成和发展

“新马克思主义”这一概念是德国共产党人卡尔·柯尔施(Karl Korsch)提出来的。柯尔施于1930年在其再版代表作《马克思主义与哲学》一书的增补材料中指出,世界上存在着两种马克思主义,一种是俄国的马克思主义(Russian Marxism);一种是新马克思主义(Western Marxism)。一般而言,所谓新马克思主义,是指西欧、北美主要发达国家的共产党领导人和从事马克思主义研究的理论工作者在现代资本主义环境下对马克思主义的基本原则和重要观点进行的新的理论探索。他们主张应根据资本主义发展的新情况、新特点,结合本国的实际,对马克思主义进行重新研究(Research)、重新思考(Rethinking)和重新塑造(Reshaping)。虽然,新马克思主义者在许多重大问题上的看法与前苏联、东欧以及其他社会主义国家有着明显的不同,但是,新马克思主义以发展的眼光来看待马克思主义,力图将马列主义基本原理与本国实际相结合,寻求马列主义基本原理与具体实践相结合,每当重大事件发生,他们总能作出敏感反应,进行理论探讨。

新马克思主义形成于俄国十月革命之后,在20世纪六七十年代达到高潮,至今仍有强大生命力。为了叙述上的方便,以第二次世界大战为界把新马克思主义分成战前和战后两个阶段来介绍。战前的新马克思主义主要特点是对什么是正统马克思主义的讨论，战后的新马克思主义主要特点是在对苏联模式社会主义进行批判的同时大力探索资本主义平稳发展的新变化、新特点。

Ⅰ. 新马克思主义的形成

战前新马克思主义对什么是正统马克思主义的探索主要体现在早期新马克思主义代表人物格奥尔格·卢卡奇(Georg Lukacs)、安东尼奥·葛兰西(Autonio Gramsci)和卡尔·柯尔施(Karl Korsch)等人所写的《历史与阶级意识》、《狱中札记》、《马克思主义与哲学》等著作中。

卢卡奇是匈牙利共产党早期领导人之一，1956年匈牙利事变时他曾出任纳吉政府的文化部长。卢卡奇既是职业革命家，又是理论家，一生著述丰富，1923年发表的《历史与阶级意识》一书是其代表作。

《历史与阶级意识》是针对俄国十月革命后国际共产主义运动中出现的一股对马克思主义以及俄国十月革命的怀疑而写作的，意在回答什么是正统的马克思主义。当时第二国际的考茨基等人从教条主义出发，认为列宁领导的俄国十月革命不是马克思所主张的真正意义上的社会主义革命。为此，卢卡奇在《历史与阶级意识》中指出，正统的马克思主义并不意味着无批判地继承马克思主义的各种研究成果。正统的马克思主义应是指“方法”，即马克思主义的辩证法。他强调“(马克思主义的)辩证法和它的总体性概念使我们达到对社会上诸事情的真正认识”。卢卡奇指出，马克思的辩证法是“变革社会的社会辩证法”，其功能是揭示资本主义社会的运动规律、指导无产阶级在革命实践中对资本主义进行彻底改造。需要指出的是，由于卢卡奇早年长期居住在德国，深受黑格尔哲学影响，他在阐述什么是正统马克思主义辩证法时过于强调历史辩证法而反对自然辩证法，他批评以实践为基础的反映论也是有失偏颇的。

葛兰西曾任意大利共产党总书记，后遭意大利法西斯迫害，被投入牢狱近十年。葛兰西出身贫寒，一生奋斗在革命斗争第一线，他在狱中写成的《狱中札记》是其革命实践的理论总结。

《狱中札记》主要有两方面内容，一是以实践哲学的提法概括了他对马克思主义的理解；二是以市民社会的提法对西欧社会主义革命道路和方式作了阐述。

葛兰西的实践哲学有五个特点。强调理论必须与实践统一；强调马克思主义辩证法就是历史辩证法；强调实践哲学是批判的哲学；强调实践哲学与政治不可分割；强调实践哲学对意识形态的改造功能。

葛兰西的市民社会理论首先从上层建筑与经济基础的相互关系展开论述，提出了与马克思不同的观点。马克思把市民社会划入经济基础范畴，葛兰西把市民社会划入上层建筑。他认为上层建筑分为政治社会和市民社会。政治社会即是军队、警察、法院等专政工具；市民社会则代表舆论，由民间社会组织，即政党、工会、教会和学校来发挥作用。葛兰西强调政治社会和市民社会都是维护特定经济基础的。因此，他不同意经济基础和上层建筑之间是决定与被决定的关系，他更强调上层建筑，特别是市民社会对经济基础的反作用。以此为基础，葛兰西提出了"分两步走革命"的理论。他认为，现代资本主义社会存在着文化领导权和政治领导权两种领导权，前者与市民社会相对应，后者则与政治社会相对应。西欧无产阶级革命的直接目标不是直接夺取政治领导权，而是先掌握文化领导权，通过市民社会对经济基础的反作用，瓦解资产阶级的基础，在适当的时候再夺取国家政权。

葛兰西关于实践哲学和文化领导权的论述虽然有许多违背马克思、恩格斯原意的地方，但是葛兰西从自身革命经历出发，以市民社会和文化领导权的形式提出了与以往不同的革命途径是值得研究的。

柯尔施曾任德国共产党中央委员和德共理论杂志《国际》的主编，后因宗派活动被开除出党。但柯尔施一生从未停止对马克思主义的宣传和研究，在其晚年还为《毛泽东论文集》写过导言。柯尔施的《马克思主义与哲学》同样是从哲学角度探讨什么是正统马克思主义的著作，在西方有着广泛的影响。柯尔施提出，马克思主义与哲学的关系是一个非常重要的理论与实践的问题。他认为，应该把马克思主义看作并理解为一个活的总体的社会革命理论，因此只有从哲学上理解马克思主义才有可能从总体上理解马克思主义，不能把马克思主义简单地理解为经济学、政治学和关于意识形态的知识。柯尔施的这些看法引起了各国理论界对马克思主义是科学理论还是意识形态的长期争论。

Ⅱ. 新马克思主义的发展

第二次世界大战以后，社会主义和资本主义两大阵营之间的对立不久便演变成美苏两个超级大国的对峙。被列宁宣判为垂死的、腐朽的资本主义不仅渐渐恢复生机而且有了稳定的发展。相比之下，苏联模式的社会主义不仅没有充分发挥出社会主义制度的优越性，而且出现了经济的停滞、社会的动荡和文化的彷徨，特别是苏联暴露了斯大林模式的缺陷之后，整个国际共产主义又再次面临新的方向性选择。

在此情况下，新马克思主义开展了对斯大林模式的猛烈批判。赫伯特·马尔库塞（Herbert Marcuse）的《苏联的马克思主义》、弗洛姆的《马克思关于人的概念》等著作分别对斯大林模式出现的根源、无产阶级专政条件下的民主与自由、领袖与群众关系、社会主义条件下尊重人和调动人的积极性等问题作了理论上的分析和探讨。

与此同时，他们以更大的热情对现代资本主义的新特点、新变化、新机制以及变革资本主义的途径及社会主义运动的发展前景作了大量的理论研究，形成了比较完整、比较系统的当代资本主义研究的理论体系。其中，马尔库塞写的《单向度的人》、哈贝马斯写的《作为意识形态的科学与技术》、列斐伏尔写的《资本主义的幸存》等著作在西方发达国家有着广泛的影响。马尔库塞的《单向度的人》被20世纪60年代北美西欧的学生运动奉为教科书，其发行量一度居当代所有哲学社会科学著作之首。

上述战后新马克思主义代表人物对现代资本主义的探索主要集中在以下五个方面：

第一，当代资本主义异化问题。异化是新马克思主义揭露和分析现代资本主义基本矛盾的主要概念。马尔库塞的《单向度的人》一书用“One-Dimensionality”一词概括了现代资本主义的主要特征。科学技术的发达和社会大生产的进展，使人在物质需求得到满足的同时成为统治制度的驯服工具，人的最可贵的第二向度即批判和否定思想趋于消失，从而违背了人类发展科技推动生产的本愿。

第二，关于当代资本主义危机。新马克思主义认为现代资本主义仍然充满危机，但经济危机不是主要表现形式。哈贝马斯在其著作中指出，现今的危机主要是政治、文化和生态的危机。人们对资本主义制度的“合法性”产生怀疑，高消费带来了资源枯竭和环境恶化。

第三，关于资本主义的阶级。战后新马克思主义认为，尽管无产阶级和资产阶级仍是两大基本阶级，但西方发达国家内部的工人阶级已为资本主义制度所同化，原有的产业工人已经不再是革命依靠力量。以技术人员、管理人员、工程师和科学家为主体的新工人阶级将是向社会主义过渡的主要力量。

第四，关于资本主义社会的国家。战后新马克思主义对国家的理解已经越出了马克思关于国家是统治阶级工具的论述。他们有的人强调国家是独立政治的力量，否认国家的经济职能；有的人则相反忽视国家作为上层建筑的作用，主张从资本积累角度去分析国家。

第五,关于资本主义的变革。战后新马克思主义在现代资本主义如何向社会主义过渡问题上有三种看法。有人主张葛兰西的文化领导权先行论;有人强调革命主体并非产业工人而是上述新工人阶级;有人则强调渐进革命论和迂回革命论,认为在现代资本主义空前强大情况下,向社会主义过渡不能是暴风骤雨式革命,也不可能是武装夺取政权。

特别要指出的是:战后新马克思主义在积极研究资本主义新情况、新特点和新变化时,不仅立足于各国的实际,而且把眼光投向了国际关系,对世界资本主义体系、帝国主义与国际关系、不发达与第三世界发展战略等问题进行了大胆的探索,从而形成了新马克思主义独特的现代资本主义理论体系。

新马克思主义对国际关系中现代资本主义新情况、新问题、新特点的研究又是同亚洲、非洲、拉丁美洲等发展中国家一大批激进的政治经济学者对国际政治经济关系的研究相结合的,无论是研究对象还是研究队伍都具有丰富的国际色彩。依附论就是这种结合的产物。从理论思想上来看,依附论者直接使用新马克思主义的原则、概念、范畴和方法来观察国际政治经济,同时又从激进经济学乃至正统经济学中引入理论观点、模型和分析工具来解析国际政治经济。

第四节　发展中国家呼唤新的理论和战略

冷战结束后,国际格局发生了深刻变化,尤其是21世纪以来,经济全球化势不可挡,一部分发展中国家顺势而为,融入世界经济体系,在国际关系中的地位和作用日益提升,另一部分发展中国家则因各种原因未能从经济全球化中获益,在资本主义世界经济体系中被边缘化。在和平与发展的国际大潮中,南北关系、南南关系都有所调整。毋庸讳言,在新形势下,依附论中不少观点和战略都与现实明显脱节,发展中国家迫切需要新的理论、新的战略来指引前进的方向。

1. 冷战结束对依附论的冲击

依附论在20世纪70年代取得了巨大的成功。当时,美苏两大阵营处于冷战高潮阶段,战略上表现为苏攻美守、对苏有利的格局,美国实行战略收缩,而与美国战略相配合以主导第三世界发展模式的现代化理论又遭到依附论的批判,因而美国暂时难以干预拉美国家的发展动向。同时,战后兴起的社会主义革命浪潮,不仅对发展中国家很有吸引力,而且从实践上为依附理论提供了范例,这使新马克思主义在第三世界国家获得极高的声望。20 世纪 80 年代初,依附论逐渐走向衰落。从政治上来说,作为整体的第三世界日益分崩离析,争取建立国际经济新秩序的统一和团结的局面不复存在,两伊战争持续八年之久,而埃塞俄比亚、索马里等发展中国家爆发内战,拉美国家则陷入沉重的债务危机。从经济上来说,依附论为发展中国家提供的发展道路严重背离现实,拉美国家实行的进口替代政策全面失败,与之相比,贯彻出口导向政策的新加坡和亚洲"四小龙"等国家和地区反而在经济上取得了辉煌的成功。从这些国家的发展经验来看,"边缘地区少数成功地走出落后状态的企业并不是那些与核心地区决裂的企业,而是那些与资本主义世界市场果断接轨的企业"。[29]

虽然依附论在 20 世纪 70 年代一度勃兴,然而在 80 年代却又沉寂了下去,90 年代末和 21 世纪的头十年,形势的发展给依附论提出了更为严峻的课题。

首先,苏联东欧集团的解体崩溃使依附论者所向往的社会主义革命蒙上了一层挥之不去的阴影。虽然他们和其他新马克思主义者在做新的理论努力,重新探讨什么是社会主义革命,怎样搞社会主义革命,但是,严峻的事实使他们的理论成果面临更多的挑战和批评。当然,中国的改革开放实践已经证实,而且将继续证实社会主义是有生命力的。但要从理论上对社会主义革命作出系统完整的阐述,这不单单是依附论者所能完成的。

其次,1997 年的东南亚金融危机,特别是 2008 年的全球性金融危机,使一度被比较看好的依附论新发展,即卡多佐的联系性依附发展理论受到了怀疑。亚洲"四小龙"及墨西哥等新工业化国家是否真正自立了,抑或如卡多佐所说只是一种特例,甚至是暂时性的特例?

第三,把不发达和贫穷问题归结于不平等的国际经济关系是大多数依附论者的主张。但是,冷战结束后,在发展中国家联合起来争取国际经济新秩序斗争却出现明显停滞的同时,发展中国家内部的分化不断加剧,一部分发展中国家主动接轨发达国家主导的世界经济体系,这使得依附论者的理论体系和"与资本主义脱钩"战略出现动摇。

冷战结束后,发达国家凭借其压倒性的政治经济优势垄断着全球治理和国际语语权。罗伯特·卡根(Robert Kagan)等学者认为,美国维持霸权势力的重要动力来自于维持美国主导的自由开放的国际经济体系和自由民主的价值理念的需要。[30]而"华盛顿共识"的确立和弗朗西斯·福山(Francis Fukuyama)"历史终结论"的传播则是"自由开放的国际经济体系"与"自由民主的价值理念"的形成标志。

"华盛顿共识"是1989年由英国经济学家约翰·威廉姆森(John Williamson)提出,其核心在于市场化、私有化和自由化。这一系列政策得到了世界银行、国际货币基金组织和美国财政部等政府部门与国际组织的支持和认可。由于这些机构大都设在华盛顿,因而被人称为华盛顿共识。华盛顿共识在其后相当长一段时间里成为了美国为代表的西方世界及其主导的多边国际经济机构的行动纲领。这些机构以此为指导,通过各种形式在拉美、东亚、俄罗斯和东欧、非洲等地区推行私有化与自由化进程,实施新自由主义的经济改革,极大地发挥了以美国为首的发达国家在全球经济治理中的主导作用。

"历史终结论"最早源于日裔美籍学者弗朗西斯·福山。他在1988年作了的一次题为"历史的终点"的讲座,随后在讲座内容的基础上写成论文——《历史的终结?》。1989年,美国新保守主义期刊《国家利益》发表了这篇文章。在他看来,苏联解体、东欧剧变和冷战的结束等一系列重大历史性事件充分表明:历史的发展只有一条路,即西方的市场经济和民主政治。西方的市场经济和民主制度是"人类意识形态发展的终点"。换而言之,除了自由民主制和资本主义,人类社会没有别的进化可能,这就是历史的终结。

就现实而言,进入21世纪以来,众多发展中国家纷纷调整其激进的国际战略,转而关注其现实利益。一方面,南南关系式微,以七十七国集团、不结盟运动、第三世界等为代表的发展中国家力量日渐衰弱,发展中国家在其内部已难以取得广泛的共识。另一方面,南北关系缓和。相当多的发展中国家抓住经济全球化的机遇,积极吸纳发达国家的资金和技术,参与发达国家主导的区域性合作,重构南北关系。

首先,发展中国家主导的七十七国集团曾试图在20世纪70年代倡导"国际经济新秩序"(NIEO),但在公共财政危机和凝聚力缺失的阻碍下并没有获得显著的成效。[31]发展中国家开始转变"反帝、反殖、反霸"的立场,不再坚定要求推翻不合理的国际政治经济旧秩序,而是基于自身发展利益,灵活处理与发达国家及发展中国家之间的关系。[32]一部分发展中国家向西方国家妥协,在人权、民主等问题上向美国靠拢,在重大国际问题上追随美国的立场,搭发达国家提供国际公共产品的便车。

其次，绝大多数发展中国家与发达国家在意识形态上的冲突显著弱化，经济发展的共同利益将南北双方紧密联系在一起，形成了新型南北关系。20 世纪 70 年代，面对发达国家主导的不合理的国际经济秩序，发展中国家曾经创造了空前团结、共同致力建立国际经济新秩序的局面。但是，从 20 世纪 80 年代开始，世界经济全球化的时代悄然来临，传统的经济发展模式宣告失灵。全球化时代的经济增长依赖于众多复杂的因素，但是只要同世界市场建立密切的关系，尤其是深度参与全球生产链和价值链，一个国家的经济增长才能获得外部市场的支持。经过多年的实践，许多发展中国家意识到不公正、不合理的国际政治经济旧秩序难以在一朝一夕内推翻，被迫暂时地接受旧秩序，并积极寻求在旧秩序的框架内推动改革而谋求更多利益。发展中国家对发达国家的高新技术转移和金融投资的需求与日俱增，因此，“发展中国家逐渐失去与发达国家叫板对抗的能力，转而放弃推翻国际政治经济旧秩序的过高期望，缓和与发展同发达国家的关系。”[33]

再次，在经济全球化的推动下，发展中国家不愿再继续走自力更生的“脱钩”老路。经济发展较好的发展中国家，转而积极参与世界经济体系，加强与发达国家间的政治经济关系。新兴经济体应运而生，开始享受与世界经济“挂钩”的红利，通过吸收发达国家的投资与技术转移，取得了显著的增长，与发达国家的共同利益明显增加。一部分新兴经济体大国凭借自身日益增长的实力开始参与国际事务。例如，1999 年成立的 G20 峰会不仅囊括 9 个发达国家与国家集团，还有中国、印度、巴西等 11 个发展中大国，从而使 G20 能够覆盖全球三分之二的人口，占据全球 90%的国内生产总值和 80%的贸易额。[34] 2008 年全球金融危机后，G20 成为发展中大国积极参与全球经济治理的重要平台。

可以说，无论是在理论上，还是在实践上，这些变化都对传统的依附论提出深刻的挑战。

2. 新兴经济体成为发展中国家新名片

Ⅰ. 新兴经济体的群体性崛起

一般认为，“新兴经济体”是指 G20 中的 11 个发展中大国和转型国家，包括中国、巴西、阿根廷、墨西哥、韩国、印度尼西亚、印度、沙特阿拉伯、南非、土耳其和俄罗斯(E11)。这 11 个国家不仅经济增速较快，人口和经济规模相对较大，在地缘上也具有一定的代表性。[35]

进入 21 世纪以来，新兴经济体的进出口贸易额增速惊人：根据联合国贸易与发展组织的数据，2000 年 11 个新兴经济体的进出口贸易总额为 1.89 万亿美元，到 2007 年这一数字攀升至 5.78 万亿美元，增长了 306%，大大超出同期世界平均贸易额的增长水平。学者将这些新兴经济体在 20 世纪 90 年代后的高速经济增长定义为“群体性崛起”。2015 年世界 9 个新兴经济体进入 GDP 总量前 20 强。

还有人把上述 11 个国家和其他一些发展比较快的发展中国家分别冠以：“金砖五国”、“展望五国”（包括越南、印度尼西亚、南非、土耳其和阿根廷）和“新钻十一国”（包括孟加拉国、埃及、印度尼西亚、伊朗、韩国、墨西哥、尼日利亚、巴基斯坦、菲律宾、土耳其与越南）等若干个群体。

金砖国家是新兴经济体的第一梯队，在转变发展模式、不断融入国际经济体系和参与世界市场等方面，金砖国家更是新兴经济体中的突出代表。在金砖国家中，巴西是联系性依附发展理论的故乡。巴西的崛起与卡多佐的联系性依附发展观不无关系。卡多佐认为：(1)在经济增长阶段，通过社会政策及在一定程度上对劳动力的吸收，可以减少由依附、权力与收入的集中、社会边缘化引起的世界经济矛盾及其破坏性影响；(2)与中心资本主义相比，依附的资本主义积累不一定产生更多矛盾，不需要建立在对劳动力的超级剥削基础之上；(3)依附资本主义的发展或联系性资本主义与自由民主政体是相容的；(4)从 20 世纪 60 年代到 90 年代盛行于拉丁美洲国家的官僚威权体制并不是法西斯主义的产物，民主体制不仅不需要暴力手段就能取代官僚威权体制，而且能够长期巩固下来；(5)因而，美洲大陆民主的巩固，并不依靠打破依附、摧毁垄断资本主义的霸权、土地改革或者以任何形式的产权变更。[36]

从 20 世纪 80 年代开始，巴西政府致力于面向市场自由化的经济改革，一方面加快融入世界经济体系，另一方面不断推动地区一体化的进程。1985 年，巴西提出建立南方共同市场的倡议，1987 年巴西实行全面的贸易自由化改革。20 世纪 90 年代，在卡多佐执政期间，巴西的经济政策更加开放和务实，政治上不断巩固民主转型的成果，使巴西成为最重要的新兴经济体之一。特别是卢拉主政巴西以后，巴西经济飞速发展，成为拉美经济的带头羊。

俄罗斯经历了为期十年的经济增长，从 2004 年到 2014 年国际油价大跌这一阶段，堪称俄罗斯经济增长的“黄金时代”。虽然普京政府对能源支柱产业进行了国有化改革和资产重组，但这并不是脱钩政策。重组后的俄罗斯能源经济继续向国际资本开放，得益于跨国石油公司的投资和技术，俄罗斯不仅恢复了濒临崩溃的能源生产，而且逐年扩大产量和出口，从而根本性地扭转了经济形势，长达十年的经济增长基本上恢复了俄罗斯在国际体系中的大国地位。俄罗斯不仅跻身于新兴经济体之列，而且成为金砖国家的重要成员。

印度是新兴经济体中一颗耀眼的“新星”。印度独立之后，最重要的挑战莫过于殖民地依附所造成的国家贫困与落后。虽然历届政府都把发展经济置于第一要务，但实际收效甚微。从20世纪50年代到90年代，印度经济虽偶有高增长，但总体上以低增长为主。1991年印度政府实现大规模的经济改革，转变思维，实行更开放的经济政策，到印度投资的跨国公司迅速增长，随着外资的涌入，印度经济增长开始加速。根据世界银行的统计，1990—2000年，印度经济年均增长率达5.9%，进入新世纪后，印度经济呈现加速上升态势，2000—2006年，年均增长率达到7.4%，[37]而从2003—2008年，GDP增长率更是高达8.8%。[38]1990年，印度的国内生产总值为3 227.37亿美元，1999年增加到4 597.65亿美元，位列世界第12位。2009年，印度的国民总收入增至13 687亿美元，位列世界第11位。[39]2008年国际金融危机以来，发达国家和大多数新兴经济体的经济增长率大幅降低，只有印度仍能保持7%以上的高增长率。2014年5月，印度新总理纳伦德拉·莫迪启动了以“经济增长”为目标的大规模经济改革计划，内容包括加大投资、推动工业增长、改善营商环境和严控财政赤字等。印度的经济改革将对新兴经济体和发展中国家的经济增长产生重要影响。

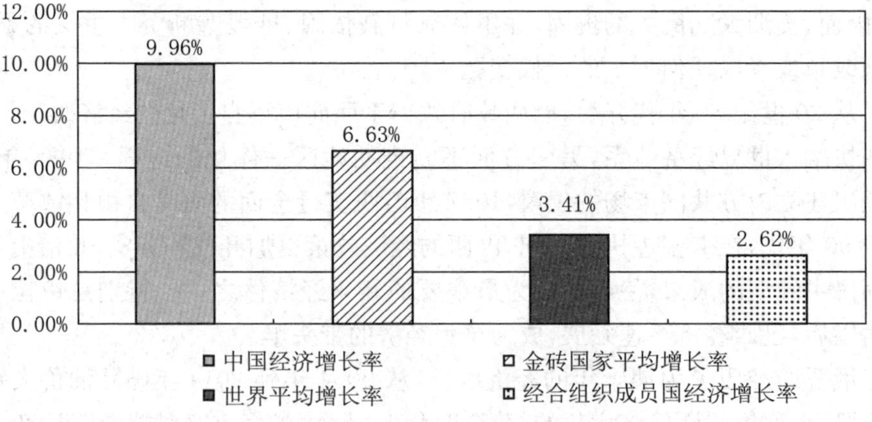

图3-1 1998年至2007年世界经济增长率的比较

数据来源：世界银行。

1998年亚洲金融危机的冲击结束后，发展中国家的经济增速进一步加快。

中国、巴西、俄罗斯、印度和南非五个“金砖国家”在1998年至2007年的十年间年均经济增长率达到6.63％，其中中国以9.96％表现不俗的年均经济增长率位列金砖国家经济年均经济增长率之首。同期世界经济年均增长率和经合组织(OECD)国家的经济年均增长率分别仅有3.41％和2.62％。

下表是“金砖五国”、“展望五国”和“新钻十一国”三个群体的主要经济指标。尽管“展望五国”和“新钻十一国”的发展水平在整体上还落后于“金砖五国”，但是它们在未来几十年拥有巨大的发展潜力，是新兴经济体中的第二梯队。与此同时，还有一批发展中国家已经步入工业化阶段，如海合会成员国和文莱等国事实上已经成为了富裕国家。

表3-2　金砖五国、展望五国、新钻十一国、美国和欧盟GDP全球占比
(按照当前美元汇率)　　单位：％

年　份	2005	2006	2007	2008	2009	2010	2011	2012	2013	2014
金砖五国	10.65	11.85	13.48	14.94	16.08	18.08	19.63	20.44	21.30	21.84
展望五国	2.77	2.93	3.10	3.22	3.23	3.72	3.82	3.86	3.80	3.54
新钻十一国	6.99	7.41	7.54	7.37	7.11	8.07	8.23	8.36	8.43	8.43
美　国	27.80	27.15	25.16	23.34	24.12	22.82	21.36	21.78	21.97	22.34
欧　盟	30.43	29.97	30.74	30.17	28.47	25.84	25.22	23.24	23.56	23.75

资料来源：世界银行，《世界发展指数2016》，http://databank.worldbank.org/data/reports.aspx?source=world-development-indicators&Type=TABLE&preview=on#。

新兴经济体的群体性崛起，有着非常复杂的政治与经济根源。

首先，是否主动参与经济全球化，融入世界市场，成为评判发展中国家分化的主要标准。冷战后高新科技日新月异，跨国公司全球化布局运营，全球性采购生产链条逐步完善，部分发展中国家借助经济全球化的契机，通过经济体制改革，加快产业机构调整，加入世界经济分工体系，采取与世界经济“挂钩”战略，找到适合国情的发展道路。这一批发展中国家受益于科技的全球化扩散，重视高等教育与科技研发投入，注重人力资源开发，吸引外国投资，发展高新技术产业，寻求本国经济新的增长极，取得了显著的发展成绩。差异化的经济发展使得发展中国家逐渐分化出发展较为快速的新兴经济体和发展缓慢的落后国家。

其次，世界经济双循环理论认为：发展中国家间发展程度的分化是由于中心——外围经济循环和发展中国家内部经济循环共同作用的结果。一方面，亚

洲新兴国家主动承接发达国家的资本输出和产业转移，向发达国家出口制成品获得资本盈余，同时通过间接投资使资本回流到发达国家。另一方面，发展程度相对较高的新兴经济体投资、开发并进口发展程度较低的发展中国家的资源和初级产品，输出附加值相对较高的工业制成品，同时通过投资转移低附加值产业，形成发展中国家内部的经济循环。[40]

第三，在经济全球化的产业分工中，科技创新与研发成为推动产业结构升级、提高国家国际分工水平、寻找新的经济增长点的重要推动力。发达国家垄断尖端高新科技，与世界经济"挂钩"的国际分工模式赋予发展中国家后发优势。发达国家投入巨额资金从事科技研发，其成果却通过国际贸易的溢出效应扩散到参与世界经济的发展中国家。开放市场经济的发展中国家，如果拥有高素质的领导力队伍，通过学习和模仿，缩小与发达国家的科技差距，提高全要素生产率，从而提升在世界经济中的地位。[41]

Ⅱ.发展中国家的政治经济利益的多元化

在经济全球化的浪潮中，全球利益结构多元化打破了发展中国家团结一致的格局，各国普遍将本国的经济利益放在首要位置。经济发展水平差距的拉大动摇了发展中国家"求同存异"的根基，而全球治理之下国际事务议题多样化导致发展中国家利益碎片化，发展中国家在气候变化、经济贸易等领域产生大量分歧，尤其是经济发展较好的新兴经济体的国家利益已经与广大发展程度较低的发展中国家产生较大差异，部分新兴市场国家试图在全球治理立场上疏远落后的发展中国家，进一步分化了发展中国家统一的政治立场。

在全球气候变化大会的谈判中，发展中国家分裂成为"77国集团＋中国"、基础四国、小岛屿国家联盟、非洲集团等多个互有重叠的发展中国家集团，其中以基础四国为代表的新兴经济体成为气候变化大会上代表发展中国家利益的中坚力量，而小岛屿国家联盟却对基础四国与美欧的妥协不满，认为发展中大国将自己意志强加于发展中小国，屡次在投票决议环节发难，反对大会的决议。

在连续多年的世贸组织多哈回合谈判中，广大发展中国家分化为小型脆弱经济体集团(SVEs)、美洲玻利瓦尔联盟、内陆发展中国家集团、非加太集团等碎片化的利益集团，组建"20国协调组"、"33国协调组"等谈判联盟，围绕农业和非农产品市场准入问题，各集团利益相互冲突，致使多哈回合谈判僵持多年才取得实质性成果。

3. 全球治理的“二元结构”

全球治理历来为西方发达国家所垄断。七国集团和经合组织(OECD)是西方国家实行全球治理的主要平台,而美国又在全球治理体系中充当着霸主,广大发展中国家历来被排除于全球治理的决策体系之外。随着新兴经济体的崛起及其在国际关系中地位和作用的迅速提高,发展中国家参与全球治理的意愿也进一步增强。

2008 年爆发的国际金融危机为发展中国家参与全球治理、提高国际话语权提供了历史性机遇。由于主要发达国家均受到了此次金融危机较大的冲击,原有“富国俱乐部”七国集团主导的国际经济治理秩序难以充分发挥其在全球经济治理中原有的作用。而以中国和印度为首的新兴经济体受到的冲击相对较小,经济仍然保持平稳较快的增长。在这一契机下,二十国集团首脑会议从 2008 年起取代了此前的七国集团首脑会议和二十国集团财长会议,成为全球经济治理的重要磋商平台。[42]在 2009 年和 2010 年的二十国集团峰会上,与会各国就国际金融体系的改革达成一致意见,发达国家向发展中国家转移世界银行的投票权,与此同时,发展中国家在国际货币基金组织中的份额也相应提高。虽然二十国集团至今仍然是一个非正式的国际论坛,但它在全球治理中的作用是不可替代的,发达国家和新兴经济体共同主导全球治理的二元格局已经形成,全球治理不可能重回七国集团的时代。

新兴经济体不仅与发达国家合作共同主导全球治理,而且积极创建新的全球治理平台。2009 年,巴西、俄罗斯、印度和中国正式建立金砖国家合作机制,2010 年南非宣布加入,形成金砖五国合作机制。新兴经济体依托这些国际合作机制,建立多边金融机构以服务国际金融稳定的大局,为发展中国家的开发提供资金支持。2015 年,金砖国家新开发银行和亚洲基础设施投资银行相继成立,终结了发达国家对主要多边金融机构的垄断,新兴经济体在全球经济治理中的作用进一步增强。

在经济危机的重重阴影之下,新兴经济体仍然是全球经济增长最重要的引擎。据《博鳌亚洲论坛新兴经济体发展 2016 年度报告》显示,全球经济整体不景气的情况下,新兴经济体国家在全球的经济比重由 2014 年的 29.3%上升为 2015 年的 30.3%。近十年来,新兴经济体对世界经济增长的贡献率一直超过 50%。特别是 2008 年国际金融危机爆发以来,新兴经济体更是力挽狂澜,对全球经济增长的贡献度达到 52.9%,远高于七国集团国家的 22.9%和欧盟国家的

12.2%，总体上为全球经济的稳定和发展作出了重要贡献。[43]

新兴经济体的对外投资超过发达国家，在世界经济的地位和影响力也不断上升。据联合国贸易和发展会议编制的数据显示，新兴经济体的对外直接投资2014年达到创纪录的4 840亿美元，比2013年增长30%。其中亚洲发展中国家的对外投资达到4 400亿美元，超过北美和欧洲，成为全球最大的外国直接投资来源地。尽管俄罗斯面临日益严厉的制裁，同时乌克兰危机持续发酵，但俄罗斯企业2014年的对外投资仍达到560亿美元，和法国的数额相同。俄罗斯在十年前，流入中国的投资是其对外投资的18倍，但在2015年，流出中国的投资首次超过流入中国的投资。在今后几年，中国作为投资来源国的重要性只会增强。中国牵头组建了亚洲基础设施投资银行，并计划开辟穿越中亚至欧洲的新"丝绸之路"，这将不可避免地带来企业的更多投资。[44]

按购买力平价(PPP)计算，新兴经济体的总体经济实力已经超过发达经济体。据IMF统计，在世界经济中，按美元汇率计算，新兴经济体(包括发展中国家)所占比重由2000年的23.6%上升到2012年的41%，按购买力平价计算，新兴经济体则由40.7%上升到53.7%。[45]2014年，国际货币基金组织在其发布的《世界经济展望》中指出，以购买力平价计算，七个最大的新兴市场经济体的国内生产总值(GDP)总和大于由老牌工业化国家组成的七国集团(G7)。英国《金融时报》据此宣称，一个假想的新七国集团——包括"金砖"四国(BRIC)以及三个所谓的"薄荷"(MINT)经济体(墨西哥、印度尼西亚和土耳其)，拥有总共37.8万亿美元的GDP总值，高于老牌G7国家——加拿大、法国、德国、意大利、日本、英国和美国的GDP总值(34.5万亿美元)。[46]

总之，冷战结束后，随着新兴经济体的群体性崛起，国际格局和全球治理体系已经从西方国家主导的"一元结构"向新兴经济体与发达国家共同参与和主导的"二元结构"转变，形成了发展中国家与发达国家共同制定国际规则，共同提供全球公共产品的局面。尽管全球治理体系中的美国霸权影响依然挥之不去，但以新兴经济体为代表的发展中国家越来越多地参与全球治理已成为不争的事实，国际体系正在向多极化的方向稳步推进。

无论从新兴经济体的群体性崛起、发展中国家利益的多元化，以及全球治理"两元结构"的形成，都一再告诉人们，发展中国家仍然是当今国际社会的主体之一，无论在全球经济的增长，还是新的国际经济秩序的形成中，均扮演着重要角色。从这个意义上来说，固守主要反映战后初期发展中国家利益和呼声的依附论是极其不明智的，依附论需要与时俱进，要根据新形势下发展中国家的利益，发展中国家的呼声和发展中国家的战略来脱胎换骨，形成新的理论框架，提出新的发展战略，凝练切合实际的战术与策略。发展中国家呼唤新的理论和战略。

注 释

[1] [美]W.W.罗斯托：《经济增长的阶段：非共产党宣言》，郭熙保、王松茂译，北京：中国社会科学出版社 2001 年版，第 12 页。

[2] 董国辉：《劳尔·普雷维什经济思想研究》，天津：南开大学出版社 2003 年版。

[3] [阿根廷]普雷维什：《拉丁美洲的经济发展和重要问题》1950 年；转引自巫宁耕：《战后发展中国家经济概论》，北京大学出版社 1986 年版，第 31 页。

[4] [阿根廷]普雷维什：《外围资本主义：危机与改造》，苏振兴、袁兴昌译，北京：商务印书馆 1990 年版，第 23 页。

[5] [阿根廷]普雷维什：《外围资本主义：危机与改造》，第 23 页。

[6] [日]蔹野佑三：《现代化理论的今天》，载罗荣渠主编：《现代化：理论与历史经验的再探讨》，上海译文出版社 1993 年版，第 132—137 页。

[7] [法]达里奥·巴蒂斯特拉：《国际关系理论》，潘革平译，社会科学文献出版社 2010 年版，第 165—166 页。

[8] 约翰·史隆：《依附论和拉丁美洲的发展》，《拉美经济事务》1977 年冬季号；转引自巫宁耕：《战后发展中国家经济概论》，第 32 页。

[9] 张建新著：《激进国际政治经济学》，上海人民出版社 2011 年版，第 181 页。

[10] 保罗·斯威齐（1910—2004 年），美国人，就读于哈佛大学和英国的伦敦经济学院，先后在康奈尔大学、斯坦福大学、耶鲁大学和东京大学执教。20 世纪 50 年代因发表社会主义演讲受美国司法当局的审查。斯威齐的成名作是《资本主义发展理论》。该书对马克思逝世以后马克思主义经济学领域中一些长期争论的问题提出了自己独到的激进见解，对当时的正统马克思主义经济理论提出了挑战。该书对冷战时期新马克思主义在西方各国的发展起了重要的作用。保罗·巴兰（1910—1964 年）出生于乌克兰，后移居波兰、德国和美国，先后就读于莫斯科大学、柏林大学和哈佛大学。1948 年起在斯坦福大学执教。他的成名作《增长的政治经济学》首次提出了“经济剩余理论”。斯威齐和巴兰于 1966 年合著出版了《垄断资本》。该书的重要特点是用“经济剩余”取代了马克思的“剩余价值”，以重新思考和重新塑造马克思主义。“经济剩余”是指，“一个社会所生产的产品及生产它的成本之间的差额”。“经济剩余”包括两方面：一是财产收入，即企业利润、个人租金收入、利息收入；二是大公司上层管理人员收入。财产收入的概念大体上相当于马克思所讲的剩余价值，即利润、利息和地租

的总和。斯威齐和巴兰认为马克思的剩余价值概念所舍弃掉的国家和教会的收入、非生产性工人的工资以及商品转化为货币时的支出等因素在垄断资本主义时期是十分重要的。换言之,在斯威齐和巴兰看来,垄断资本主义的出现,使竞争从完全竞争转变为不完全竞争,剩余价值的概念已经过时,因此在分析垄断资本主义时有必要进行术语更换。斯威齐和巴兰认为在垄断资本主义时期,经济剩余在绝对和相对量上都不断增长,而垄断资本主义本身又无法吸收这部分剩余,从而陷入长期停滞和萧条之中。

[11] [德]安德烈·甘德·弗兰克:《依附性积累与不发达》,高铦、高戈译,南京:译林出版社 1999 年版。

[12] Gunder Frank, "*Development of Underdevelopment*", Monthly Review, Vol.18, No.34, 1966.

[13] [埃及]萨米尔·阿明:《不平等的发展》,北京:商务印书馆 1990 年版,第 285 页。

[14] [埃及]萨米尔·阿明:《不平等的发展》,第 244 页。

[15] [埃及]萨米尔·阿明:《不平等的发展》,第 169、208 页。

[16] [埃及]萨米尔·阿明:《不平等的发展》,第 60 页。

[17] [埃及]萨米尔·阿明:《不平等的发展》,第 161 页。

[18] [法]达里奥·巴蒂斯特拉:《国际关系理论》,潘革平译,社会科学文献出版社 2010 年版,第 166 页。

[19] [埃及]萨米尔·阿明:《自力更生与国际经济新秩序》1976 年;转引自《国外社会科学》1978 年第 3 期。

[20] [埃及]萨米尔·阿明:《不平等的发展》,第 308 页。

[21] [巴西]多斯桑托斯:《帝国主义与依附》,杨衍永、齐海燕等译,北京:社会科学文献出版社 1999 年版,第 302 页。

[22] [巴西]多斯桑托斯:《帝国主义与依附》,第 308—309 页。

[23] [法]达里奥·巴蒂斯特拉:《国际关系理论》,潘革平译,社会科学文献出版社 2010 年版,第 167 页。

[24] [巴西]多斯桑托斯:《帝国主义与依附》,第 312—317 页。

[25] [巴西]多斯桑托斯:《帝国主义与依附》,第 319 页。

[26] 卡尔多索的著作索引可参见 http://www.ifhc.org.br/livros_i.htm。

[27]《世界经济》1991 年第 1 期,第 64 页。

[28] [法]达里奥·巴蒂斯特拉:《国际关系理论》,潘革平译,北京:社会科学文献出版社 2010 年版,第 165 页。

[29] [法]达里奥·巴蒂斯特拉:《国际关系理论》,潘革平译,北京:社会科学文献出版社 2010 年版,第 167 页。

[30] 参见[美国]罗伯特·卡根:《美国缔造的世界》,刘若楠等译,北京:社会科学文献出

版社 2013 年版。

［31］参见［美国］Thomas Oatley：*International Political Economy*，*2012*：Pearson Education，Inc。

［32］董漫远:《发展中国家大分化的战略影响》,《国际问题研究》2008 年第 5 期,第 9 页。

［33］王和兴:《全球化时代的南北关系》,《世界经济与政治》2002 年第 12 期,第 57 页。

［34］中华人民共和国外交部:“二十国集团”,http://www.fmprc.gov.cn/web/gjhdq_676201/gjhdqzz_681964/ershiguojituan_682134/jbqk_682136，2016 年 6 月 23 日。

［35］参见《博鳌亚洲论坛新兴经济体发展 2016 年度报告》,对外经济贸易大学出版社 2016 年版。

［36］Theotonio Dos Santos，Laura Randall，The Theoretical Foundations of the Cardoso Government：A New Stage of the Dependency-Theory Debate，*Latin American Perspectives*，Vol.25，No.1，Jan.，1998，pp.53—70.

［37］世界银行:《2008 年世界发展指标》,北京:中国财政出版社 2008 年版,第 199 页。

［38］Indian Government，*Economic Survey 2008—2009*，p.1. http://indiabudget.nic.in.

［39］殷永林:《改革以来印度经济增长的新特点及其影响》,《东南亚南亚研究》2011 年第 1 期,第 37—42 页。

［40］王跃生、马相东:《全球经济“双循环”与“新南南合作”》,《国际经济评论》2014 年第 2 期,第 61—62 页。

［41］王春法:《科技全球化浪潮中的发展中国家》,《世界经济与政治》2001 年第 9 期,第 45 页。

［42］［美］伊恩・布雷默:《零国集团时代:谁是新世界格局中的赢家和输家》,孙建中译,新华出版社 2013 年版。

［43］新兴经济体国家对全球经济增长贡献为 52.9%，http://money.163.com/16/0322/22/BIPUMAD800252G50.html。

［44］新兴经济体对外投资飙升,中国成第二大投资国,http://www.cankaoxiaoxi.com/finance/20150519/785977.shtml。

［45］新兴经济体引领全球经济增长,http://intl.ce.cn/specials/zxgjzh/201312/24/t20131224_1981150.shtml。

［46］七大新兴经济体超越“G7”,世界今非昔比,http://www.chinanews.com/gj/2014/10-09/6656865.shtml。

第四章　结构性权力论及其他

前三章介绍的新自由主义的相互依存论、新现实主义的霸权稳定论和新马克思主义的依附论是国际政治经济学的主体。除此以外，英国学者斯特兰奇提出的结构性权力论、沃勒斯坦提出的世界体系论和克莱斯纳提出的结构冲突论也是国际政治经济学中备受瞩目的理论内容。斯特兰奇等人无论在理论建构，还是研究方法上都各自显示了独特眼光和研究方法。正是有如此丰富多彩的理论与观点的存在，才使得国际政治经济学得以迅速崛起，备受瞩目。

第一节　斯特兰奇的结构性权力论

苏珊·斯特兰奇(Susan Strange)是英国著名的女学者，国际政治经济学的创立者之一，曾在英国皇家学院和伦敦经济学院就读，毕业后任《经济学家》、《观察家》的编辑和记者，后来任教于伦敦大学学院、伦敦经济学院、意大利佛罗伦萨欧洲大学研究生院以及英国瓦威克大学，并先后担任英国皇家国际事务研究所顾问、美国国际研究学会会长等职。

1970 年，斯特兰奇在《国际事务》杂志上发表了《相互忽视的国际经济学和国际关系》[1]，最早提出要从政治与经济的互动角度来研究国际政治和经济问题的观点。她十分强调改革传统的国际政治学和世界经济学的研究方法，主张借鉴发展经济学、经济史等学科的成果，避免用数量化的模型来简单地解释并武断地预测复杂的国际事务。斯特兰奇一生著述颇丰，有影响的著作有《英镑与英国政策》(*Sterling and British Policy*, London: Oxford University Press, 1971)、《赌场资本主义》(*Casino Capitalism*, Oxford: Blackwell Publishers, 1986)、《国家与市场：国际政治经济学导论》(*State and Market*: *An Introduction to the International Political Economy*, Printer Publishers Ltd., 1988)、《竞争的国家、竞争的公司》(*Rival States, Rival Firms: Competition for World Market Shares*, Cambridge: Cambridge University Press, 1991)、《国家的退却:世界经济中的权力消解》(*The Retreat of the State: The Diffusion of Power in the World Economy*, Cambridge: Cambridge University Press, 1996)等,其中尤以《国家与市场:国际政治经济学导论》(下称《国家与市场》)在国际关系学界享誉最广。

斯特兰奇之所以声名鹊起,不仅因为著述甚丰,还因为她在学术上独树一帜,提出了与美国学者截然不同的研究思路。

1. 国际关系研究的"美国中心"论

毋庸讳言,在战后国际关系研究中美国是不可忽视的。凭借在国际政治、经济和军事上的霸主地位,美国在国际关系领域建立了实力雄厚的研究机构,素质最好的研究队伍,创办了许多权威性的学术刊物。一些重要的思想和观点,不经山姆大叔的宣扬和发展,就很难形成有影响的理论或学派。例如,虽然英国学者爱德华·卡尔以《二十年危机》成为现实主义国际关系理论的开创者,但是美国学者汉斯·摩根索对该理论的完整归纳才奠定了现实主义一统天下的学术地位。

但是,耐人寻味的是:不断给美国国际关系学提供新观念、新视角的竟是欧洲的移民,如大名鼎鼎的基辛格原籍是德国、布热津斯基原籍是波兰、多伊奇原籍是捷克斯洛伐克等。据王逸舟的一个推算,在当代国际关系学的各种主要理论流派中,由美国人首创的占60%,由美国学者和其他西方学者共创的占30%,其他非美国人创造但被美国人所发展的只有10%。[2]

但是,历史在斯特兰奇面前转了个弯。斯特兰奇对自己的理论思路和研究方法充满自信。她勇敢而明确地提出了与美国国际政治经济学主流派完全不同的思路和研究方法。斯特兰奇的结构性权力说带有明显的欧洲风格。其理论之细腻,方法之严谨,同美国人在理论上的粗糙、片面和夸夸其谈恰成对照。前者充满人文和哲理,后者不乏霸气和说教。可以认为,由于她和她的欧洲同事的努力和以拉美为基地的依附理论,从而使国际政治经济学成为国际关系中一块没有完全倾向"美国中心"的领域。

斯特兰奇对美国同行提出了两大批评。

批评之一:美国的学者过分注重与经济学的攀比,忽视国际政治经济学内在的特点。美国学者热衷于创造与经济学原理相似的国际政治经济学概念和术语，从而使国际政治经济学成了“经济学帝国主义”入侵的领地，失去了国际政治经济学固有的特色。

批评之二：美国的国际关系学者认为国际政治经济学是一门有关国家对外政策的分支学科。具体来说，美国学者始终把美国在国际社会中的霸权及其前途作为国际政治经济学的出发点和归宿。斯特兰奇认为，这种研究思路是十分狭隘的，应从整体上把握国际体系及其变化，而不是拘泥于其中的某一部分。

从理论脉络来看，斯特兰奇博采众长，既继承了传统国际关系理论关于权力政治的观点，又较多地吸收和发展了相互依存理论，其分析是以全球性相互依存不断深化为前提而展开的。斯特兰奇本人对霸权稳定论并不反感，甚至不同意美国霸权已衰的流行观点，认为这不过是美国为过去失败辩护的理由和漠视现存国际体系混乱的借口。同样，她的理论中也不乏依附论者的观点。一般认为，斯特兰奇对国际政治经济学的最大理论贡献在于提出了一系列不同于美国学者的概念和范畴。

斯特兰奇在《国家与市场》一书中对国际政治经济学的定义是：“这门学科是研究影响全球生产、交换和分配体系，以及这些体系所反映出来的价值观念组合及其社会、政治和经济安排。”[3]这里所指的体系有三个组成部分，即西方发达国家之间的相互关系、东西方关系和南北关系。为了对上述国际体系开展政治和经济相结合的综合研究，斯特兰奇主张必须首先从人类社会的基本价值观念，即财富、安全、自由和正义四个观念入手，通过对这四种基本价值观的各种不同排列组合来认识国家与市场之间的关系。在这本书中，斯特兰奇借用一个虚拟的故事来阐述她的基本观点。这个故事讲的是，一条失事沉没的船上有三个团体逃上了荒岛，这三个团体分别受不同价值观的支配。第一个团体首先考虑安全与秩序，像一个封闭社会；第二个团体首先考虑公正和平等，像一个大家庭；第三个团体首先考虑财富和效率，像一个市场社会。三个团体不同的运作方式实际上就是权力和市场关系的三种不同表现形式。斯特兰奇的国际社会——价值观念——国家与市场的三段式理论，比之只关心国际社会中美国霸权的美国学者，确有其高明之处。

2. 安全、生产、金融和知识的四种结构性权力

斯特兰奇的国际政治经济学是非常富有哲理的。在阐述了社会基本价值观

的不同决定了制度的不同之后，她又提出是什么决定财富、秩序、公平和自由的各种组合模式的问题。她的答案是：权力。她认为，国际社会的权力在谁手中，掌权人的权力又是来自何处以及如何使用权力，是国际政治经济学要探讨的主要对象。在这一点上，斯特兰奇显示了她对传统权力政治学的继承和发展。

斯特兰奇提出，在国际社会里主要存在着两种权力：一种是联系性权力；另一种是结构性权力。联系性权力是指：甲迫使乙去做他原本不愿意做的事情的权力。从传统的权力政治学来说，联系性权力表现为对过程或结果的控制。联系性权力普遍存在于国际关系中。例如，在第二次世界大战中，德国运用其联系性权力（军事强权）迫使中立国瑞典允许德军通过中立区。至于结构性权力，斯特兰奇将其定义为"形成和决定全球各种政治经济机构的权力"。世界各国及其政治机构、经济企业、科学家和专业人员都不得不在这个结构里活动。通俗地讲，结构性权力是决定办事方法的权力，是构造国与国之间关系的权力，是决定政府与人民、国家与市场之间相互关系框架的权力。[4]

在国际关系中，联系性权力和结构性权力哪个更重要，斯特兰奇认为结构性权力是更重要的。

第一，政治权力和经济权力越来越难以区分。一个人或一个国家有了金钱就可以购买或垄断一种商品。一个人或一个国家控制了权力就可以迫使别人或其他国家来顺从他或他的偏好。但是，事实上，这两种权力都不是单独存在的。没有采购商品、控制生产和调动资金的权力，其政治权力是空的，没有人顺从。反之，没有政治机构提供保障，经济权力也无法行使。国家和政府可以用任何借口在任何时候，剥夺或限制任何人或任何公司的财富。而且，经济权力是由私人企业或国家行政网络所控制的。大企业和政府作出的决定主要是政治性的而非经济性的，而正是这些政治性决定决定和左右了处在网络之中所有个人的经济权力。一个公司职员去执行总经理或总裁的决定，并不只是为了得到经济上的好处，而且还因为后者有权指挥他。

第二，结构性权力是分散和隐含的，是由安全、生产、金融和知识四个各不相同但互有联系的结构组成。权力就是通过这四种结构对特定关系产生影响的。因此，权力不仅存在于能提供安全的人那里，而且也存在于能控制信贷的人那里，也存在于掌握了知识的人那里。只要暴力和冲突威胁着人类的安全，能为别人提供安全保护的人就一定能在食品分配、商品采购以及司法服务等非安全事务中行使超常权力。因为对其他人来说，安全的威胁越大，他们愿意付出的代价也就越大。同样,能决定生产什么、如何生产以及如何分配报酬的人也能利用其掌握的生产权来建立、巩固和维持他们喜爱的社会政治体制,制定符合他们偏好的法律,建立顺从他们意志的政府。至于金融,由于资本主义的发展,金融在国际经济中已经有了决定性的重要意义。现代资本主义的投资不只靠利润的积累而进行的,而是等多地靠信用的创造,即信贷来进行的。信贷不是积累而来的,而是现代金融制度创造出来的。1 美元的存款至少可以创造出 10 美元的贷款。因此,谁控制了金融,谁就控制了生产。最后,知识也是结构性权力之一。在封建时代,僧侣和贤哲常常运用他们所掌握的知识来左右国王,控制权力。相对安全、生产和金融而言,知识这种结构性权力比较微妙和难以捉摸,不太容易保持控制。但是,科技的发展使安全、生产和金融领域都在疯狂地追求新的知识,这就给掌握知识的人获得权力打开了大门。

斯特兰奇认为,结构性权力是不大看得出来的,权力拥有者能够扩大或缩小其他人面临的选择范围,但又无需直接施加压力。同联系性权力事事要通过运用军事政治的强制手段迫使别国就范相比,结构性权力是在强制性力量尚未发挥作用之前已经由对方做出了符合自己需要的选择。

斯特兰奇以石油公司和产油国为例,说明了结构性权力在国际关系中的存在。西方大石油公司拥有探矿采油的技术和生产手段,产油国拥有资源。只有产油国向西方大石油公司提供开采特权时,西方大石油公司才能生产。作为回报,西方大石油公司必须向产油国交纳开采权使用费。产油国在接受了开采权使用费的同时,其政治也就受到了西方大石油公司的影响和制约。只有当产油国也掌握了西方大石油公司所拥有的技术和生产手段后,才能对西方大石油公司在生产、金融和知识上的结构性权力提出挑战。反之,产油国则要吃大亏。20 世纪 50 年代至 60 年代,伊朗、印度尼西亚赶走外国石油公司无不是付出了高得惊人的经济代价,而且事隔不久又不得不把被自己撵走的人请回来。

安全、生产、金融和知识的结构性权力论是斯特兰奇的国际经济政治学理论体系的精髓。为了形象地表达其结构性权力说,斯特兰奇提供了三张图。第一张是一个二维平面图,表示了安全、生产、金融和知识对国家与市场交替占优势时的影响和制约(见图 4-1)。图 4-1 中的国家与市场之间是一个变动的跷跷板式的关系,往哪一头沉,取决于周边四种结构的相互作用和力量消长。不言而喻,在安全、生产、金融和知识结构的后面是财富、秩序、公正和自由这四大基本价值观念在起作用。第二张图(图 4-2)左侧是一个有四个面的棱锥体,每一个面都与其他三个面接触，并且依靠其他三个面才能在这个棱锥体中占有一席之地。每一个面代表一种权力，每一种权力依靠同其他三种权力的关系才发生作用。在第二张图右侧，ACD 代表生产结构，ABD 代表安全结构，ABC 代表金融结构，BCD 代表知识结构。

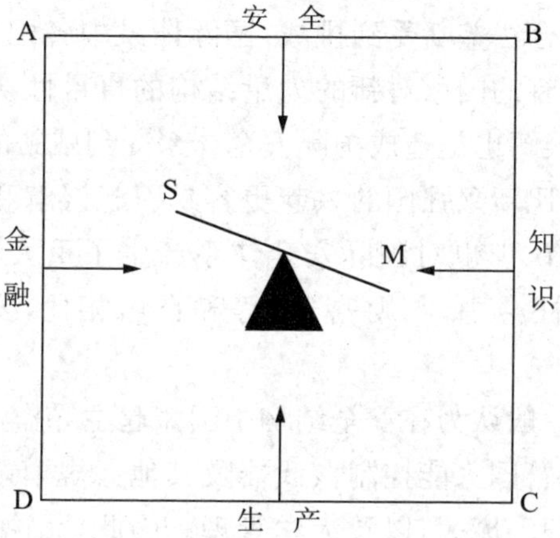

图 4-1　国际关系中四种结构性权力示意图(A)[5]

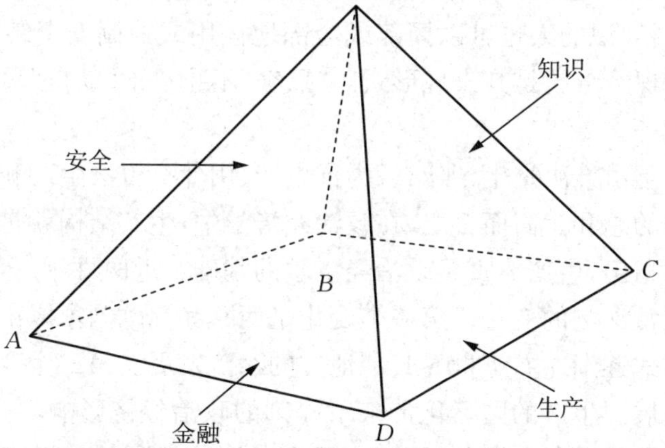

图 4-2　国际关系中四种结构性权力示意图(B)[6]

资料来源：[英]苏珊·斯特兰奇：《国际政治经济学导论：国家和市场》，杨宇光等译，北京：经济科学出版社 1990 年版，第 31—32 页。

从图 4-2 中可见，四个结构的关系不是一个有层次之分、不可超越的三明治形态，而是一个彼此依靠、相互影响，没有一个能起主导作用的棱锥体。在这个四面棱锥体中，每个面都与其他三个面接触，并依靠其他三个面才能在棱锥体中占有一席之地。

安全结构是由于为人们提供了安全保障而形成的一种权力框架。在国际社会中，安全问题产生于多方面。例如，由于国家边界和权力范围具有易变性，将使主权国家对暴力的合法垄断受到挑战；国际体系中各国力量对比变化带来的不确定性有可能导致有的国家对新的力量结构的盲目性认识，即对别国的行为丧失了原有的预期；误解也是造成国际安全体系受到威胁的原因之一，帝国的崩溃或者前大国的衰落比新兴强国的兴起更容易引起误解和意外的冲突；意识形态、生产国际化、主观认识也对国际安全体系产生了重大的影响。斯特兰奇强调，在有组织的人类社会中，与财富、平等和自由相比，安全处于优先考虑的地位。

斯特兰奇指出，一般认为在安全结构中国家起主导作业，但是实际上市场也起很大牵制作用。尽管国家能控制核武器及其他大规模杀伤性武器，但是常规武器的交易却十分兴旺、庞大，以致无法管理。因此，无论是波黑战争还是美国校园内持枪杀人事件，都从不同层面反映了市场对安全的影响。虽然生产基本上是由市场决定的，但是国家可以国家安全为由进行行政干预，以影响市场。同样，掌握了最新知识的人也可以局部或全部地运用或控制安全结构、金融结构。现在流行的知识经济就是其表现形式。“黑客”不止一次“劫持”美国国防部也是典型的例证之一。

生产结构是由谁决定生产什么、为谁生产、用什么方法生产和按什么条件生产等各种安排的总和。简而言之，在政治经济学中，生产结构就是什么创造了财富。斯特兰奇指出，生产一直是政治经济学的基础。近两百年来，生产结构已经发生了两个非常深刻的变化。第一个变化是西欧和北欧国家以市场为导向的资本主义生产方式逐渐左右了世界其他地方的经济发展。第二个变化是生产国际化的出现和发展。生产的国际化带来了深刻的政治经济影响，它削弱了国内劳动力的讨价还价能力，打破了各国工人具有共同阶级利益的思想。随着生产全球化的发展，经济力量的集中不可避免，但是逆向的离心力量也在起作用。生产全球化还带来国家如何对跨国公司进行控制的问题及生命、健康危险等其他风险。斯特兰奇认为，按照政治经济学的四个基本价值观念来衡量，生产结构在生产财富的效率方面得分颇高，在给予国家自治权力方面得分平平，而就基本秩序或稳定而言，得分非平即低。斯特兰奇强调，研究谁从生产体系中得到什么的问题，不能仅仅着眼于国家对经济机会的反应，还应考虑自然禀赋、市场需要、先发或后发优势等因素。

金融结构是支配信贷获取的各种安排与决定各国货币交换条件的所有要素的总和，它包括信贷体系得以建立的政治经济结构和汇率体系两个方面。斯特兰奇认为，国际政治经济当中，金融结构基本上是一个中途结构。所谓中途结构，就是说它是部分全球体系和部分国内体系杂交的产物。这是因为金融市场基本上是全球性的，而对金融机构行使行政权力的机构则主要在各国国内。各国政府始终未曾放弃充当货币管理人的角色，而经济全球化和区域化的发展又客观上要求某些金融自主权的让渡和汇聚，这一矛盾随着欧元的诞生更趋明显。斯特兰奇还特别分析了布雷顿森林体系与美国的霸权兴衰历程。她指出，美国利用了布雷顿金融体系，而没有对其进行很好的管理，从而埋下了货币秩序混乱和金融动荡的祸根。

最后，知识结构将决定什么是知识、怎样储存知识，以及由什么人采用什么手段根据什么条件向什么人传输知识。由于知识力量具有容易被忽视、扩散性、无法计量等特点，知识结构作为一种权力来源，它起作用的途径十分独特，一般不会采用强制手段，权威的授予是自愿的。

斯特兰奇强调，安全、生产、金融和知识四种结构既相互独立，又相互影响。尽管谁也不能占据主导，但在现代社会中，知识结构对生产结构、政治（安全）结构、金融结构的影响日益深远。在四种结构中，知识结构正在经历着最迅速的变化，尽管最终结果可能不是很明朗。这些变化表现为三个方面：第一，国家间竞争的内容已由过去争夺领土转变为争夺知识结构的领导权；第二，各国在获得知识和享有知识方面的政治权力越来越不均衡；第三，知识结构的变化引起了国内外的权力、社会地位和势力的重新分布。这三个变化对国际政治经济产生了深刻的影响。

在深刻分析安全、生产、金融和知识四种结构性权力之后，斯特兰奇还提出了一个新概念——次权力结构。这个概念是指对企业、个人和社会有很大影响的运输体系、贸易体系、能源体系和福利体系。[7]斯特兰奇指出，尽管还可以列举出粮食、国际法等其他重要的体系，但不可否认的是，这四种体系中的每一个都存在着国家和市场的相互作用，存在着有待研究的跨国性或全球性问题。这四种次权力结构的共同特征在于它们都是安全、生产、金融和知识四种基本结构的辅佐，均受到后者的制约。通过对这四种次权力结构中具体案例的深入分析，对基本权力结构下国家和市场的互动有了更为生动、清晰的认识。

由此可见，斯特兰奇的结构性权力说是由四种基本权力结构和四种次权力结构构成的。这一分析框架的可贵之处主要体现在以下两个方面：首先，基本权力结构的创建使人们在20世纪80年代中后期透过“美国霸权已衰”的表象，更为深刻地认识了国际权力分配格局。历史的发展也证明了这一理论创见在解读国际现实中的重要价值。其次，在关于国家与市场孰轻孰重的争论中，以斯特兰奇为代表的自由主义者始终坚持市场因素的重要性，强调经济全球化背景下的相互依存。斯特兰奇的结构性权力论不仅概念新颖，论证周密，而且重视价值观念、知识和文化等因素。与国际政治经济学大师罗伯特·吉尔平相比，斯特兰奇的结构性权力论不仅毫不逊色，而且还稍胜一筹。吉尔平从政治经济发展不平衡、上层建筑与经济基础的作用与反作用等传统视角去研究国际政治经济互动关系，斯特兰奇则跳出了传统思路，具有更宽广的理论视野和更深刻的解释力。她在理论建构中十分强调价值观点，以及知识和文化因素，从而使得其理论具有明显的人文主义的欧洲学术气质。

第二节　沃勒斯坦的世界体系理论

世界体系理论兴起于20世纪70年代的美国，伊曼纽尔·沃勒斯坦（Immanuel Wallerstein）是其公认的创立者和主要代表人物。此外，特里斯·霍普金斯（Terence K.Hopkins）、吉奥瓦尼·阿芮盖（Giovanni Arrighi）、萨米尔·阿明、安德列·甘德·弗兰克、克里斯托弗·蔡斯—邓恩（Christopher Chase Dunn）等人也为世界体系理论的发展做出了贡献。

沃勒斯坦的求学生涯主要在美国哥伦比亚大学度过。自1958年起，沃勒斯坦先后在哥伦比亚大学社会学系、加拿大蒙特利尔麦吉尔大学（McGill University）、美国纽约州立大学宾汉姆顿分校（State University of New York at Binghamton）社会学系、法国高等社会科学院等任教。沃勒斯坦也曾兼任纽约州立大学费尔南德·布罗代尔经济、历史体系和文明研究中心（Fernand Braudel Center for the Study of Economies, Historical Systems, and Civilizations）主任。

沃勒斯坦在西方学术界具有很大影响，曾担任过非洲研究联合会主席、国际社会学联合会民族运动和帝国主义研究会副主席、国际社会学联合会主席等多项重要学术职务。沃勒斯坦著作等身，主要有《世界经济的政治分析：国家、运动与文明》(*The Politics of the World economy*: *The States*, *the Movements and the Civilizations*, Cambridge: Cambridge Univ. Press; Paris: Ed. de la M.S.H., 1984)、《地缘政治和地缘文化》(*Geopolitics and Geoculture*: *Essays on the Changing World System*, Cambridge: Cambridge Univ. Press; Paris: Ed. de la Maison des Sciences de l'Homme, 1991)、《历史资本主义》(*Historical Capitalism*, London: Verso, 1995)等。沃勒斯坦在1955年至1970年间主要从事非洲问题的研究，发表了《非洲：独立政治学》(*Africa*, *The Politics of Independence*, New York: Vintage, 1961)、《非洲：统一政治学》(*Africa*: *The Politics of Unity*, New York: Random House, 1967)、《非洲：传统与变革》(*Africa*: *Tradition & Change*, New York: Random House, 1972)等专著。从20世纪70年代起，受非洲研究的启发，沃勒斯坦开始从世界整体的角度探讨发展中国家的发展问题。《现代世界体系》便是这一系列研究的集大成者，成为世界体系论的主要标志和奠基之作。[8]《现代世界体系》四卷本相继于1974年、1980年、1989年和2011年问世，分别以"16世纪资本主义农业和欧洲世界经济的起源"、"重商主义和欧洲世界经济的巩固(1600—1750年)"、"资本主义世界经济的第二期大扩张(1730—1840年)"和《现代世界体系：1789—1914，温和自由主义凯旋》为副标题。在前三卷中，沃勒斯坦集中讨论了三个主题，即世界体系的形成、运作及基本趋向。在第四卷中，则涉及了他对全球化的看法。

1. 世界体系理论兴起的背景

20世纪60年代末70年代初，民族主义运动再一次在世界范围内兴起，主题是反霸、反帝和反新殖民主义，以发达国家为中心的国际体系再次受到挑战。与此同时，南北之间的差距进一步拉大，发展问题已成为整个世界共同面临和关注的难题。

世界体系理论是在批判现代化理论和借鉴依附论的基础上产生的。20世纪70年代的现实表明西方国家在战后为发展中国家设计的"全盘西化"的道路走不通，这促使西方学术界开始重新思考发展中国家的发展问题，依附论便是这一问题的学术成果之一，而世界体系理论又在此基础上有所创新和发展。

在学术和思想渊源上，世界体系理论得益于熊彼特(Joseph A.Schumpeter)对资本主义经济的研究、波拉尼(Karl Polanyi)对资本主义市场的研究和普雷维什对资本主义国际经济体系的研究。在研究方法上，世界体系理论借鉴了法国年鉴学派长波段(Long-term)和大范围(Large-scale)的研究方法、康德拉季耶夫(Nikolai Kondratieff)的经济周期分析方法和马克思(Karl Marks)的资本积累理论。同时，沃勒斯坦积极倡导一体化学科的研究方法(unidisciplinary approach)。[9]

2. 世界体系理论的理论框架与主要观点

沃勒斯坦认为，世界体系起源于16世纪前后的欧洲，是一个具有单一劳动分工和多元文化的实体。换言之，世界体系是一个由经济为各部分之间基本联系，由文化联系、政治安排甚至联盟结构而加强的体系。[10]世界体系理论的研究范围相当广泛，沃勒斯坦曾将其归纳为十个论题，即周期和趋势、商品链、霸权和竞争、地区性和半边缘性、融入和边缘化、反体系运动、家庭、种族主义和性别主义、科学和知识、地缘文化和文明。[11]概括地说，世界体系理论的研究主要涉及世界体系的经济、政治、文明三个层面。一是以单一的世界经济为基础的世界经济体系，在这个层次上要研究三个问题：世界体系的起源和形成、世界体系的运作、世界体系的周期和趋向。二是以多重国家体系并存为特征的世界政治体系，在这个层次上要研究四个问题：国家和资本主义世界体系的关系，国家和国家体系的关系，霸权、国家体系和资本主义世界经济的关系，反体系运动。三是以科学主义为象征的世界文明体系，在这个层次上要研究三个问题：文明和资本主义世界体系的关系、资本主义文明和发展中国家发展的关系、未来文明的走向。以下分述之。

Ⅰ. 资本主义经济体系

"资本主义"一词由"资本"而来。资本积累或者说资本的自我扩张成为资本使用的首要目标或首要意图。资本所有者永不停息地积累更多的资本，以及资本所有者为实现资本积累这一目标而与其他人建立起来的关系就是资本主义过程。因此，在根本上，资本主义体系就是资本主义的世界经济体系。

首先，世界体系的起源和形成。世界经济是现代世界的产物，尽管历史上也存在过世界经济体系，但它们都转化为帝国，如中国、波斯和罗马。只有到了"漫长的16世纪"(1450—1640年)，欧洲经济才最终扩展为一种全球性的世界体系。三大因素决定了这一世界经济体系的产生,它们是地理大发现、资本主义的劳动分工和欧洲相对强大的国家机器。地理大扩张改变了封建时代限于奢侈品交易的世界贸易格局,为欧洲经济提供了新的原料产地和商品市场;劳动分工导致不同地带的不同劳动控制方式,剩余价值的流动从而得以实现;强大的国家机器通过官僚化、军队的垄断、合法性的创造和人口的同化保证了垄断利润的实现。几个世纪以来,这个世界体系在空间上不断扩展,到19世纪后期已经囊括了全球。

资本主义体系之所以能够顺利实现资本循环过程,从而完成资本积累,一方面是因为社会过程的商品化,另一方面则是因为生产过程上的商品链互相连接。在追求更多资本积累的过程中,资本家总是力图在经济生活的所有领域把万物商品化。资本主义的商品化过程产生了两个基本矛盾:第一个矛盾是资产阶级内部争夺"剩余"的矛盾;第二个矛盾是资产阶级和无产阶级之间的矛盾。因此,对资本积累的不懈追求使理性动机导致资本主义体系始终处于矛盾之中。

其次,世界体系的运作。资本主义体系的实际运行受到一定条件的限制。以下这些限制条件构成了资本主义体系的运行机制。

第一,无产阶级化保证资本家获得充足而廉价的劳动力。在资本主义生产体系中,劳动力随时可以被出价最高的人雇佣,这个过程就是资本主义劳动力市场的运行。劳动力供给的增加提高了资本主义积累的能力和资本主义生产活动的扩张程度。

第二,中心与边缘的经济空间划分决定了剩余价值的分配结构。按照全球范围内的劳动分工来划分,资本主义世界经济在空间上分为中心区、边缘区和半边缘区。中心区是指技术水平高、资本密集、高工资的地区。边缘区正好相反,技术水平低、劳动密集、工资较低。半边缘区介于中心区与边缘区之间,对中心区而言,它处于一种边缘化过程;对边缘区来说,它又表现出一种中心化过程。资本主义经济体系商品链的运行呈现出向心型的特征,它们从资本主义世界经济的边缘地区集中到中心地区。资本主义商品链的延伸实际上就是社会分工的扩展。中心与边缘地区的划分正是全球劳动分工的折射和反映,而这种划分又进一步加深了经济空间的等级化。

第三,不平等交换实现了剩余价值从边缘向中心的转移。资本主义世界体系的结构是由单一的世界经济和多重的民族国家体系构成的。单一的世界经济保证资本在全球范围内进行积累,多重的民族国家体系确保资本主义体系不会演变成以前的世界帝国，同时也界定了获取剩余的方式，即按照国家力量的大小分配。本书第三章在介绍依附论与新马克思主义之间相互关系时已经谈到，著名的希腊学者伊曼纽尔曾指出，由于边缘地区工人的工资低于中心地区工人的工资，用边缘区的低工资产品交换中心区的高工资产品势必是不等价的。不平等交换的结果是总利润的一部分从一个地区转移到另一个地区，边缘地区与中心地区的差距不断扩大，中心地区的竞争优势和边缘地区的落后态势逐渐加强。不平等交换作为资本主义体系运行的动力，符合资产者的集体利益，但并不符合每一个资产者的个体利益。因此，资本主义体系内总是存在着垄断和竞争这样一对矛盾。这一矛盾作用于整个体系则表现为资本主义经济的扩张与停滞的周期性交替。每次周期性更替的结果就是生产要素的大规模重新配置，并因此产生三个后果：一是资本主义世界体系在地理结构上不断调整，生产结构不断发生转移；二是世界劳动力的无产阶级化进一步加深；三是为了缓和无产阶级的不满和反抗而致使利润水平降低。

最后，世界体系的周期和趋向。沃勒斯坦认为，世界体系存在两种周期。第一种是平均长度为 50 年至 60 年的康德拉季耶夫周期；第二种是长达 200 年至 300 年的特长周期。自从资本主义体系形成以来，它一直在广度和深度上不断发展。资本主义体系经过多次周期性扩张，在地理空间上不断扩大。这一扩张过程的完成基于两个因素：一是交通、通讯等技术的发展；二是在资本积累的推动下，资本主义为了寻找廉价的劳动力而不断地整合新的边缘地区。资本主义体系对新地区的整合，往往与世界经济的停滞阶段联系在一起。因为在停滞阶段，资本必须进行产业结构升级，并寻求更加廉价的劳动力，从而有效地制约了利润率的不断降低，保证了资本主义体系的稳定。沃勒斯坦强调，随着资本主义的发展，得益的只是少数人。因此，这一体系并不是一个进步的体系，它最终将为其成功所毁灭。

Ⅱ. 资本主义政治体系

资本主义世界体系基本的政治特征是多重民族国家体系的存在，这个多重民族国家体系对于资本主义世界经济的持续稳定发展起着关键作用。

首先，民族国家与资本主义世界经济体系的关系。民族国家是在资本主义世界经济产生以后产生的。由于民族国家掌握了领土管辖权、国内社会生产关系的管理权、税收及剩余价值的再分配权、国家武装力量的垄断权等权力，民族国家的存在为资本主义进行阶级控制和资产阶级内部分配“剩余”提供了合法的机制。

其次，民族国家与国家体系的关系。民族国家从一开始就处于国家体系中。在这一国家体系中，民族国家表现出以下几个特征：第一，国家主权的有限性。国家行使主权时要受到合法性的相互制约。第二，国家力量的等级性。在国家体系中，各国力量间存在等级性。第三，国家力量的均衡性。国家体系遵循权力均衡的原则。在国家体系内，强国和中等强国倾向于结盟，阻止任何一个国家过于强大，以维持国家之间的势力均衡。

再次，霸权、国家体系与资本主义世界经济的关系。同资本主义经济体系存在中心地区与边缘地区的划分相对应，资本主义政治体系也存在中心国家与边缘国家的划分，或者说存在强国和弱国之分。对应于经济两极化的是政治两极化，即中心区为强国，边缘区为弱国。强国通常把意志强加于弱国，不断将资源和力量收归自身，世界经济体系就有可能转化为世界帝国体系。

世界帝国的产生、发展和衰落的变化过程就是资本主义国家体系的霸权周期。沃勒斯坦认为，自资本主义世界体系产生以来，国家体系见证了三个霸权的产生：17 世纪中叶的荷兰、19 世纪中叶的英国和 20 世纪中叶的美国。霸权国家的共同之处在于：霸权的基础是经济力量，即每个霸权国家在工农业、商业和金融领域均居于优势地位；霸权国家都奉行贸易自由主义；霸权国家都有强大的军事力量，其霸权地位的取得则通过大规模的战争得以实现。霸权国家通过国家机器来为其在世界市场上获得最大利润提供垄断政治条件，追求霸权地位是国家的目标。但霸权通常是短暂的，各大国争权夺利，霸权国交替出现，导致世界体系的周期性变化。

最后，反体系运动。资本主义体系内资本和劳动之间存在着阶级斗争，这些斗争发生在经济领域和政治领域，由此产生了反体系运动。反体系运动采取的两大主要形式是劳工—社会主义运动和民族主义运动。前者首先出现在工业劳动力大量集中的西欧，后者则首先出现在世界经济的半边缘地区。它们有相似或共同之处：一是目标都是为获取国家政权；二是建立历史资本主义的意识形态。沃勒斯坦指出，反体系运动任重道远，目前尚未取得决定性成功。

Ⅲ. 资本主义文明体系

自 16 世纪以来，西欧中心国家创造的特殊文明随着资本主义世界经济向全球扩展被逐渐普遍化，形成了资本主义的文明体系。从总体上看，资本主义文明是科学性的文明，它是资本主义世界经济的产物，是其意识形态支柱的组成部分，对资本主义中各个集团起着凝聚作用。

第一，资本主义文明体系的特征。资本主义文明体系创造了两种意识形态：种族主义和普遍主义。种族主义就是按照劳动力的种族或民族属性，给他们划出特定的职业/经济角色，即所谓的“世界劳动力少数民族化”。普遍主义是用来为资本主义体系造就管理阶层的意识形态，即通过追求普遍性的表述来同化不同种族的精英。沃勒斯坦指出，“种族主义是在世界范围内对直接生产者进行控制的机制，而普遍主义则被用来把别国的资产阶级和世界各类中间阶层的行为纳入使生产过程实现最紧密一体化、使国家体系最顺利运行的轨道”。[12] 种族主义和普遍主义两者结合，形成了资产阶级的文化控制，从而为资本积累这一非理性行为披上了理性的外衣。

第二，资本主义文明体系与发展的关系。资本主义文明体系在 19 世纪以后扩张为“普遍性”的文明。由于在政治上和经济上处于边缘地位，边缘国家对中心地区所创造的文明处于一种无所适从的二难境地。拒绝和接受都是一个损失。拒绝则将失去科学进步带来的利益，接受则意味着放弃自己的文明。因此，在世界体系中存在着文化上的斗争，其根本原因在于经济结构上的中心与边缘关系。

至于文明的未来，沃勒斯坦认为，资本主义文明存在着三个内在的矛盾：积累的困境、政治合法性的困境、地缘文化论的困境。全世界的生产将在新垄断化生产部门的基础上出现进一步的扩展，这一扩展必然使报酬和社会结构进一步两极化；政治合法性的困境迫使人们对于进步的信念趋于瓦解；新的以“认同”为主体的地缘文化将产生，从而出现爆炸性的混乱局面。这些矛盾日益增长的压力决定了资本主义的世界体系将在矛盾中走向危机。沃勒斯坦认为，从混乱中走向新秩序的世界体系，有可能出现三种类型的社会格局。第一种是新封建主义，即一个主权多方分割、存在大量自给自足地区和本地等级制度的世界。第二种是某种民族法西斯主义。第三种则是一种更为激进的、全世界高度分散的、高度平等的世界秩序。沃勒斯坦意味深长地指出，无论是哪种格局都不意味着历史的终结，而仅仅只是历史的开始。[13]

3. 世界体系理论与依附论

沃勒斯坦的世界体系理论借用和发展了依附论的许多概念和范畴。当然，世界体系论对依附论的发展和改造也十分明显，其主要有以下三点：

（1）分析单位的扩大。依附论代表人物之一阿明提出不要以单个国家为分析单位，强调资本主义体系的世界性质。但是，阿明的研究仅限于揭示资本主义的基本矛盾，缺乏总体的、历史的和动态的分析。沃勒斯坦的世界体系理论突破了发达与不发达、依附与被依附的旧框架，把世界体系视为一种纵横交错的、有内在联系和自我调节的社会系统。沃勒斯坦对15世纪以来的世界体系的发展和演变作了全景式的描绘和分析，从而把脱胎于依附论的世界体系观发展成为恢宏的理论体系，具有强大的包容性。

（2）以动态分析取代静态分析，以发展观取代宿命论。以半边缘这一概念为例，世界体系理论认为，半边缘实际上是中心地区的发展能促进边缘地区低度发展的载体。半边缘兼有中心国家和边缘国家的基本特征，并且在中心和边缘的矛盾中起到了缓和与调节作用，这说明世界体系论者已经摆脱了依附论者的宿命观。包括卡多佐在内的几乎所有依附论者都认为，在现存国际政治经济秩序下，除了特例之外，发展中国家不会有真正的发展。但是，沃勒斯坦却认为，各类国家在世界体系中的地位不是一成不变的，半边缘国家有可能升格为中心国家，而中心国家也有可能沦为半边缘国家乃至边缘国家。他强调，各类国家都是世界体系中的要素，决定各自命运的并无内因主导说和外因主导说之分。

（3）提出更为激进的政策主张。如前所述，即使最激进的依附论者，在20世纪80年代中后期也开始自我反省，修正其激进的政治主张。然而，沃勒斯坦这位生活在世界资本主义中心的美国学者却仍然向资本主义发起了更为猛烈的进攻。如其所言，世界体系理论的最终目标不是为了加强世界资本主义体系，而是为了最终挫败这个体系。尽管他提出了中心—半边缘—边缘的三段式概念，但是沃勒斯坦却强调，他并不推崇边缘上升为中心的追赶型战略，而是强烈要求建立“社会主义世界政府”(Socialist World Government)。沃勒斯坦认为，社会主义世界政府并非空穴来风，而是建立在世界资本主义总危机的基础之上。其理论逻辑如下：随着世界资本主义体系赖以生存、发展和自我调节的边缘日益向半边缘转化，支撑世界资本主义体系的经济剩余越来越少，世界资本主义将面临总危机，旧的世界体系（即资本主义体系）面临灭亡，新的世界体系（即社会主义体系）由此诞生。

同时，沃勒斯坦也是一位与时俱进的学者，他对当前的经济全球化和中国的发展也有独到的见解。

沃勒斯坦一方面认为全球化进程在500年前就已开始，这正是他的《现代世界体系》记述的起始;另一方面,他对全球化的发展趋势持否定和批判的态度。沃勒斯坦是立足于核心与外围的观点来分析和预测全球化的。他认为,美欧少数发达资本主义国家居于世界体系的核心地带,那些发展差强人意的资本主义国家处于核心外围或半边缘地带,大部分发展中国家居于边缘地带。居于边缘地带的国家或经济体与核心国家间的关系是一种依附性关系。在此基础上的全球化过程,只不过是更多的国家和经济体沦为依附性发展的牺牲品,其中只有个别侥幸者才有能因地缘政治,或军事结盟等因素偶然地"拱入"核心地带。按照这个分析框架,沃勒斯坦认为,资本主义的世界经济体系正迅速向一体化方向发展,使全世界各个国家的经济紧密联系在一起,形成经济全球化的趋势。发展中国家也不可避免地卷入到这一体系之中来。这个体系的实质就是世界性的市场化。新兴市场经济体的崛起是建立在核心国家丰厚的福利制度所支撑的大众消费基础上的,而越来越多边缘国家廉价劳动力的入场,必将拉低核心国家民众的福利水平,最终导致富国消费穷国生产的模式难以为继。2008 年全球金融危机的爆发似乎充分证实了沃勒斯坦的预见:随着福利水平不断降低的美国民众透支型消费狂潮的终结,一路攻城略地的全球化不仅迎来了退潮时分,而且面临着由发达经济体内部难以融入主流社会的移民后代参与和支持的恐怖活动,以及植根于最不发达地区的伊斯兰国(ISIS)在国际上的军事挑战。沃勒斯坦认为,如同所有的历史体系,现代世界体系也将走向终点。资本主义已经耗尽了扩张的空间。等到资本主义灭亡之后,下一个世界体系可能是更加平等的,使它变成现实的力量来源于普通民众。沃勒斯坦认为,我们生活在一个不寻常的历史时代,在社会稳定的时期,个人缺少机会改变环境。但当世界体系陷于混乱状态时,人们会创造它的替代品。他在《每月评论》2011 年 3 月刊上发表的题为《世界体系的结构性危机:我们将何去何从?》指出,自 20 世纪 70 年代以来,世界体系就进入了结构性危机期,并可能一直持续到 2050 年左右,美国霸权在这一时期也面临加速衰落。世界同时面临一个光明的和一个黑暗的未来。

沃勒斯坦对于中国一直予以重视。他在为中文版《现代世界体系》所作的序言中真诚地指出:"占人类四分之一的中国人民,将会在决定人类共同命运(的历史进程)中起重大的作用。"沃勒斯坦认为,自 1840 年的鸦片战争,中国被西方帝国主义列强以坚船利炮强迫纳入到国际体系以来,以中国为中心的传统东亚朝贡体系被彻底分化,资本主义的扩张使封闭保守的中国被迫卷入世界体系的边缘。新中国成立后的曲折发展,进一步使中国认识到积极地顺应时代潮流,推行改革开放是实现现代化的必行之路。改革开放以来，中国成功地利用了世界经济体系使本国经济得到持续高速发展。目前中国正在许多重大的国际事务中发挥日益重要的作用；但同时也要看到，经济全球化是一个没有硝烟的战场，在“游戏规则”有利于核心国家的情况下，如何确保自身安全，是中国应当重视的重要问题。

一般认为，世界体系理论的方法论意义超过其理论意义。自世界体系理论问世以来，国际关系学界对世界体系的形成、结构、性质和特征，以及世界体系的发展趋势等诸多问题一直争论不已，至今难有定论。由于沃勒斯坦充满左倾理想色彩的理论假说常与现实世界相矛盾，同时由于它本身具有鲜明的反资本主义的特征，这使以沃勒斯坦为代表的世界体系理论在欧美学术界长期遭受冷遇，沃勒斯坦成了一位孤独的学者。尽管如此，世界体系理论的理论价值仍然是无法抹杀的，大范围、长时段、学科一体化的研究方法及其精辟论述，极大地丰富了国际关系理论，并且将国际政治、经济和文化的综合研究推向深入。正因为如此，世界体系理论始终在国际关系学中占有重要的一席之地。

第三节　克莱斯纳的结构冲突论

斯蒂芬·克莱斯纳(Stephen D.Krasner)曾先后在美国康奈尔大学、哥伦比亚大学和哈佛大学求学，目前任教于斯坦福大学。他担任过《国际组织》、《世界政治》、《国际政治经济学评论》等多家权威学术期刊的编辑，身兼美国经济学会、美国政治学会、国际研究学会、美国对外关系委员会等组织的成员，也曾在美国国务院和国家安全委员会等政府机构任职。

克莱斯纳对国际关系理论的贡献涉及多个方面，除了他对国际制度的理论贡献之外，他的南北关系结构冲突论也颇受人们的瞩目。

在这方面，克莱斯纳的两本著作受到广泛的关注。1978 年，克莱斯纳发表了《捍卫国家利益：对初级产品的投资》(*Defending the National Interest*: *Raw Materials Investment*, Princeton New Jersey: Princeton University Press)一书。该书继承了现实主义的一贯立场，将国家视为国际关系中核心的、单一的理性行为体。通过对美国资源政策的回顾和剖析，克莱斯纳指出，美国的资源政策是始终围绕美国的国家利益进行的。1985 年，克莱斯纳出版了其最有影响的著作:《结构冲突:第三世界对抗全球自由主义》(*Structural Conflict: the Third World against Global Liberalism*, Berkeley: University of California Press)。该书首次在国际政治经济学领域,综合运用国际机制理论、结构主义分析法、政策选择理论等理论和方法,分析南北关系的实质和前景,为南北关系研究注入了新的活力,也引起了颇多争议。

1. 南北关系研究的方法论

传统上,研究南北关系的方法主要有经济解释法和权力解释法两种。克莱斯纳将两者合而为一,在充分利用国家权力(National Power)和国际制度(International Regime)这两大概念的基础上,提出了一个完全不同的分析视角——修正结构主义(Modified Structuralism),或称为修正现实主义(Modified Realism)。

克莱斯纳认为,无论是马克思主义者还是非马克思主义者在分析南北关系时大多强调经济因素的中心作用。但在很多案例中,南方国家宁愿牺牲财富目标而获取政治目标。例如,20世纪70年代初期,石油输出国组织成员国积极利用石油武器,大幅提高油价,这一举措对美欧发达国家的经济颇有杀伤力,但也对发展中国家中的非产油国造成了巨大的经济冲击。耐人寻味的是,为了维护第三世界的团结及其意识形态的一致性,其他发展中国家并未对石油输出国组织成员国提出严厉的批评和指责,石油输出国组织产油国也仍将自己视为发展中国家的一员。再如,发展中国家在20世纪70年代激烈地提出建立国际经济新秩序,但这一时期正是发展中国家经济增长最为强劲、社会发展指标最为良好的时期。无论是国民生产总值、人均国民生产总值、年均经济增长率等经济指标,还是预期寿命、婴儿死亡率、识字率等健康社会指标,发展中国家在这时期均有明显进步。换言之,尽管不平等现象仍未消除,但这一时期正是发展中国家从现存的国际经济秩序中获益最多而非受害最深的时期。由此可见,仅仅依靠经济因素并不能解释发展中国家挑战国际秩序的真正原因。

鉴于经济解释法的解释力相对有限,克莱斯纳在承认经济目标重要性的基础上,强化了权力和制度因素,提出了一个新颖的修正结构主义解释。为此,克莱斯纳首先提出了两对核心概念:权威导向分配模式(Authoritative Allocation)与市场导向分配模式(Market-oriented Mode of Allocation),变位权力行为(Meta-Power Behavior)与联系权力行为(Relational Power Behavior)。权威导向分配模式指直接通过政治权威分配资源，或间接通过限制非国家行为体的产权关系分配资源，而市场导向分配模式则指通过个人的才能和偏好分配资源。与此相对应的是，联系权力行为指在既定制度结构内寻求价值最大化的努力，而变位权力行为则指改变机制本身的努力。克莱斯纳认为，作为理性行为体，弱者一般倾向于较为稳定的权威导向分配模式，而强者则青睐于市场导向分配模式。就发展中国家而言，权威的国际制度更具吸引力，因为它可能提供更为稳固的、可预见性更高的交易可能。换言之，发展中国家更为倾向于行使变位权力而非联系权力。[14]

在上述概念和假定的基础上，克莱斯纳就此提出了一套解释南北关系的独特理论。从分析性理论视角看，他认为，在涉及全球制度的国际论坛中，发展中国家最大的行为动机是支持使权威导向的分配、而非市场导向的分配方式合法化的原则、规范和规则，减轻它们所面临的脆弱性。从解释性的理论视角看，世界就是由追求安全与控制最大化的国家组成的，不安全是一个无时无处不在的因素。从描述性的角度看，南北冲突是根深蒂固的，由于南北差距悬殊，南方国家的脆弱性将会长期存在下去。只有那些特别大的发展中国家，或是已发展出了能够应对全球体系震荡的政治机制的国家才有望融入自由国际制度。对北方世界而言，最审慎的政策就是限制国际制度的成员国范围，鼓励南方世界集体自立程度的提高。[15]

克莱斯纳秉承了新现实主义学派的“国家中心主义”方法，将国家视为国际体系中基本的行为体，其他行为体如跨国公司和国际组织，都要受到国家及其权力的制约和规范。在此基础上，克莱斯纳借用了沃尔兹的结构主义方法，从发展中国家和发达国家两大阵营之间以及单个国家与其所属阵营之间的关系入手，侧重于对体系层次和国家层次的互动分析。

2. 南北关系的实质与前景

克莱斯纳始终强调，发达国家和发展中国家的关系注定是冲突性的，这是南北间权力结构和权力分配严重失衡的结果。政治上的无力和脆弱是发展中国家行为的普遍根源，这种无力是内外因素合力作用的结果。从外部来看，发展中国家的国家权力能量(National Power Capability)极其有限，无论是国际体系中的权力分配还是具体问题领域中的权力分配，发展中国家与发达国家之间都存在着严重的不对称。从内部来看，发展中国家的政治和社会体系有待完善，其国内政治经济结构的脆弱性使其难以应付来自外部的动荡。多数发展中国家处于由传统社会向现代社会的转型过程中，国内政治体制僵化，税赋体系薄弱，国家的财政状况很大程度上受国际经济波动的影响。因此，大部分发展中国家将其落后的原因归结于不平等的国际政治经济秩序。与此同时，发展中国家的政治领导人经常借助于反抗现存国际秩序的对外政策来赢得国内支持。

总之，发展中国家固有的脆弱性根深蒂固，并且普遍认为现存国际机制具有剥削性，是不平等的。出于这两大原因，发展中国家力图改变现行的游戏规则，建立权威导向的国际制度，从而凭借绝对的国家主权来决定分配以改善它们在国际和国内两方面的脆弱状况。

实现这个总目标，发展中国家需要贯彻两种战略。第一个战略是改变现存的国际体制，或是创建与它们所主张的原则和规范更为一致的新体制。第二个战略是要求建立使主权至上原则合法化的国际制度，也就是谋求支持一些国际制度，使之能够获得更多的主权控制范围。克莱斯纳指出，这一总目标要想获得成功，主要取决于以下三个变量：一是现有机制结构的性质；二是发展中国家形成统一的价值体系的能力；三是北方国家，特别是美国权力能量的大小，以及它们对南方国家的态度。具体而言，现有机制对发展中国家的开放度和对主权国家一律平等原则的认可度越高，南方国家作为一个政治实体的主观认同越强，北方国家的实力越衰落，发展中国家变革国际机制的成功性就越大，反之亦然。[16]

克莱斯纳认为，第三世界要求建立基于权威分配原则的制度是可以理解的，但其现实可行性值得怀疑，理由有两个：

首先，并不排除南北双方进行广泛合作的可能性。这一合作的可能性又体现在三种情况中。[17]第一，南北双方有望在商品贸易、银行信贷等具体问题领域达成交易，但这类交易达成所需的时间越长、不确定性和风险性越高，交易成功的可能性就越低。第二，在另一些问题领域，权威分配方式已得到国际制度的认可，如民用航空、国际旅行、核不扩散等领域。这符合发展中国家的根本主张，因此发展中国家将和发达国家一起遵守既定的原则和规范。第三，也有可能在具体的问题领域创建新制度，但其前提条件是南北双方都接受权威导向而非市场导向的原则和规范。比如在初级产品投资领域，南北双方有可能达成鼓励投资的国际协定，因为这既能满足发展中国家对主权和控制的要求，又充分考虑了发达国家对原料供应安全的担忧。

其次，南北双方尽管在具体问题上存在达成双赢协议的可能性，但两者的关系仍然是紧张和冲突性的。在这种悲观论调下，克莱斯纳指出，仍有三种发展趋势可能会缓和南北方之间的紧张关系。[18]第一，一些发展中国家可能会获得足以应付当前国际体系冲击的国家权力能量。这可能是由于这些国家国内竞争力的提高，如拥有石油等特定资源，能够有效地介入国际市场，譬如石油输出国组织；可能是因为像东亚的新兴工业化经济体一样，国内机制结构较为成熟，拥有高效的国内要素市场和正确的国家指导；也可能是因为像中国、印度这样，本身规模庞大，足以自给自足。第二，南北关系的缓和可能因现存国际制度的重要性下降而获益。世界各国，特别是南北国家之间实力差距悬殊，但在众多的国际机制中决策程序又往往是一国一票制，未能反映真实的权力分配格局，两者之间存在"非相合性"(incongruence)，因此，发达国家对国际制度的支持将下降，南方国家将失去表达意见的场所和实施倡议的机制。从这个意义上说，随着国际机制的弱化，南北对话将失去一个重要的平台。第三，南北之间脱离接触，南方国家和北方国家各自走集体自力更生的道路。在克莱斯纳看来，南北间相互联系程度的降低尽管存在一定的理想化，但却不失为一条具有吸引力的发展路径。在这点上，结构冲突论与依附论中的脱钩主张可谓殊途同归。

克莱斯纳对南北关系的结构冲突论分析受到了建构主义、自由制度主义和新马克思主义等学派的批评。不少人批判他的结构冲突论单纯从物质权力观去考察发展中国家在南北关系，特别是在国际制度中的行为，忽视了制度本身的规范化因素、国家决策者对认同和自我利益界定的变化、国家的学习能力等因素，难脱传统权力观的窠臼。克莱斯纳所举的一些案例也与国际政治经济的发展现实不相符合。例如，以中国和印度为代表的发展中国家在20世纪末逐渐改变了对国际政治经济秩序的认知，转而积极融入国际经济体系和参与国际机制，其国际行为与克莱斯纳的预测恰好相反。

诚然，克莱斯纳的结构冲突论有其理论局限性，无论是对变位权力行为与联系权力行为的简单二分界定，还是对经验案例的选择和提炼，都是值得商榷的。但尽管有着诸多局限，结构冲突论仍不失为南北关系研究的一个有价值的新方法，在一定程度上丰富和深化了国际政治经济学理论。

注 释

[1] Susan Strange："International Economics and International Relations：A Case of Mu-

tual Neglect", *International Affairs*, 46, 2(April), pp.304—315.

［2］参见王逸舟:《西方国际政治学——历史与理论》,上海人民出版社 1998 年版,第 7 章。

［3］［英］苏珊·斯特兰奇:《西方国际政治经济学导论——国家与市场》,杨宇光等译,北京:经济科学出版社 1990 年版,第 21 页。

［4］［英］苏珊·斯特兰奇:《西方国际政治经济学导论——国家与市场》,第 29 页。

［5］［英］苏珊·斯特兰奇:《西方国际政治经济学导论——国家与市场》,第 31 页。

［6］［英］苏珊·斯特兰奇:《西方国际政治经济学导论——国家与市场》,第 32 页。

［7］［英］苏珊·斯特兰奇:《西方国际政治经济学导论——国家与市场》,第 164 页。

［8］Immanuel Wallerstein, *The Modern World System*, *I*: *Capitalist Agriculture and the Origins of the European World Economy in the Sixteenth Century*, New York & London: Academic Press, 1974; *The Modern World System*, *II*: *Mercantilism and the Consolidation of the European World Economy*, *1600—1750*, New York: Academic Press, 1980; *The Modern World System*, *III*: *The Second Great Expansion of the Capitalist World Economy*, *1730—1840's*, San Diego: Academic Press, 1989.

［9］伊曼纽尔·沃勒斯坦:《现代世界体系》(第 1 卷),尤来寅等译,北京:高等教育出版社 1998 年版,第 11 页。

［10］伊曼纽尔·沃勒斯坦:《现代世界体系》(第 1 卷),第 12 页。

［11］Immanuel Wallerstein, *Report on an Intellectual Project*: *The Fernand Brauder Center 1976—1991*, Binghamton, NY: Braudel Center, 1991.

［12］伊曼纽尔·沃勒斯坦:《历史资本主义》,路爱国、丁浩金译,北京:社会科学文献出版社 1999 年版,第 49 页。

［13］伊曼纽尔·沃勒斯坦:《历史资本主义》,第 109 页。

［14］克莱斯纳:《结构冲突:第三世界对抗全球自由主义》,李小华译,杭州:浙江人民出版社 2001 年版,第 3 页。

［15］克莱斯纳:《结构冲突:第三世界对抗全球自由主义》,第 303—304 页。

［16］克莱斯纳:《结构冲突:第三世界对抗全球自由主义》,第 58—88 页。

［17］克莱斯纳:《结构冲突:第三世界对抗全球自由主义》,第 268 页。

［18］克莱斯纳:《结构冲突:第三世界对抗全球自由主义》,第 269 页。

第五章　全球化与民族国家

在对国际政治经济学的基本概念和基本理论作了系统介绍和分析之后，从本章起将运用这些概念和理论来分析现实的国际政治。首先，让我们把视线投向全球化。

第一节　全球化和反全球化

第二次世界大战结束后，两极体系及冷战为世界政治经济的运行设置了框架和限度，世界市场被敌对的意识形态分割成两条平行线，极大地阻碍了资本、技术、贸易和人员的全球流动。以 1989 年柏林墙倒塌和 1991 年苏联解体为标志，战后长达 45 年的冷战宣告结束，两个平行的国际市场融为统一的世界市场。在跨国公司和对外直接投资的推动下，世界政治经济体系深刻变革，一个全球化的新时代跃然眼前。1992 年 10 月 24 日，时任联合国秘书长加利在“联合国日”的致辞中郑重宣布：第一个真正的全球化时代已经到来。

1. 全球化的概念

全球化何时开始？对这个问题存在着各种看法。有的学者认为，全球化是与生俱来的：“全球化的前景一直存在，不是从电报或蒸汽船发明才开始的，甚至不是从文字或轮子发明开始，而是从生命初始就存在。”[1]这种说法有些过于夸张，比较可信的观点认为，世界至少经历了三次经济全球化。

第一次经济全球化发生于漫长的 16 世纪，也就是沃勒斯坦所说的现代世界体系的开端，在这一阶段，随着现代世界体系的形成，“民族国家在与跨地区的市场关系发展、铁路建设、大众媒介的渗透，以及一种在民族国家范围内标准化的教育事业的紧密联系中出现。民族国家的经济、科学、艺术，以及其他职能体系各自依据其本性而越来越多地趋向全球化、趋向全球的网络结构，但是民族国家的文化与社会纽带在一定范围内依然起着主导作用。”[2]

第二次经济全球化发轫于19世纪末并延续到第一次世界大战之前。1870年到1914年期间，各国政府普遍实行自由放任政策，国家对经济活动的干预最小化，商品、资本和劳动力的跨国界流动几乎不受限制。但是，这是一次极不平等的全球化。

第三次经济全球化是在冷战结束后以跨国公司和对外直接投资为主要推动力，体现为国际贸易和投资规模的惊人扩大以及国际金融的爆炸性增长。与此同时，作为全球化重要形式之一的区域一体化迅速发展，席卷世界各国。1991年12月，欧洲共同体首脑会议签署了马斯特里赫特条约，决定成立欧洲经济与货币联盟，筹组欧洲大市场，并于1999年1月1日起发行欧元(EURO)作为欧洲统一货币。1993年11月，亚太经济合作组织(APEC)举行第一次非正式首脑会晤，并决定每年举行这种会议以推动区域经济合作。亚太经济合作组织自1981年11月举行第一次部长会议以来，其成员已经从最初的12个发展到21个，遍布环太平洋地区。1994年1月1日，由美国、加拿大和墨西哥组成的北美经济自由贸易区(NAFTA)开始启动，取消区域内一切关税和非关税贸易壁垒。1995年1月1日，世界贸易组织的成立，标志着全球范围自由贸易原则从商品贸易扩展至服务贸易以及与贸易相关的投资。

不可否认，全球化几乎覆盖了全球每个角落，触及了全球所有问题。“自从冷战结束以来，全球化成为国际经济事务、很大程度上也成了政治事务的最突出的特征。”[3]全球化的成因、内容和影响都异常纷繁复杂。因此，对全球化下一个明确的定义十分困难。相当多的人认为：“全球化是一个从多角度辨识、探讨和认识的概念，不存在唯一的正确说法。”[4]一般而言，观察全球化主要有三种视角，即资本主义生产方式的全球扩展、经济科技资源的全球最优配置和环境、气候变化、跨国移民、传染性疾病等全球性问题的兴起。下面分别予以阐述。

Ⅰ. 资本主义生产方式的全球扩展

全球化的第一个概念就是资本主义生产方式的全球扩展。英国学者西蒙·布罗姆利(Simon Bromley)认为，马克思和马克思主义，把全球化描述为世界市场的形成和19世纪自由民族国家的崛起紧密相连的一个确定的历史过程。里斯本小组在《竞争的极限》一书中指出，经济全球化意味着整个世界由民族资本主义向世界资本主义过渡，全球化过程是民族国家体系终结的开端。资本主义的历史已经突破了民族边界，进入一个新的阶段，全球资本主义时代已经开始，它将决定今后几十年社会的发展。[5]中国社会科学院原副院长李慎之认为，1492年的哥伦布大航海是全球化的开始，距今已有500年。在这以前，人类为了追求生存而分散在地球各个角落，一群一群地在相互隔离的情况下发展自己的文化。1492年哥伦布大航海，发现了新大陆，可以算全人类相互知道了彼此的存在。从此以后，人类的交往程度大大地增加起来，开始由一体多元向多元一体化发展，尽管其中充满了战争、掠夺、冲突和殖民，联合始终是发展大趋势。从世界历史角度来看，从1492年起的500年正好是工业革命从酝酿到成熟，从欧洲一隅扩展到全球的历史进程。整个工业革命的进程也即是资本主义制度产生、发展和扩张的过程。[6]

世界体系理论代表人物伊曼纽尔·沃勒斯坦认为，世界体系的形成在于资本主义制度。沃勒斯坦认为，16世纪以前的欧洲是封建经济，尽管封建经济与贸易扩张是同步而行的，但是，以农耕和手工业为基础的封建系统只能支持有限的远距离贸易，而无法支持广泛而大量的通商。资本主义在16世纪产生，一开始只属于西欧的一角，但是出于资本积累的需要，在机器大工业生产的支持下，资本主义便开始了面向全球的地理扩张和经济掠夺。这一过程开始于地理大发现不久后的1500年，到了19世纪末西欧殖民体系在全球得以建立，完成了资本主义生活方式在全球的扩张过程。美国著名历史学家斯塔夫里亚诺斯(L.Stavrianos)对工业革命和资本主义生产方式在世界的扩张作了极为精彩的描述。他写道："工业技术进步和出于对利润的追求，国际市场经济有效地把亚马孙河流域的橡胶、印度的黄麻、罗得西亚和刚果的铜、俄国的锰、西非的棕榈油、澳大利亚的羊毛和埃及的棉花等都利用于欧洲的工业。这种全球性的经济一体化，把1860年到1913年之间的世界贸易扩大了11倍。"[7]在竞争和利润的作用下，市场经济具有天生的扩张倾向，它不断地超越政治界限和社会体制，把越来越多的人口纳入其影响之中。马克思写道："资产阶级在它已经取得统治的地方把一切封建的、宗法的和田园诗般的关系都破坏了。不断扩大产品销路的需要，驱使资产阶级奔走于各地，它必须到处落户，到处创业，到处建立联系。资产阶级，由于开拓了世界市场，使一切国家的生产和消费都成了世界性的……它迫使一切民族——如果它们不想灭亡的话——采用资产阶级的生产方式；它迫使它们在自己那里推行所谓文明制度，即变成资产者。一句话，它按照自己的面貌为自己创造出一个世界。”[8]

认为全球化即是资本主义生产方式在全球的扩展的观点，是把全球化看成是一个历史进程，即把全球化理解成是一种不依具体的环境、地域、社会体制、发展模式和意识形态为转移的历史走向。尽管在这种历史过程中，充满血与火，无数人或被杀，或沦为奴隶，上演过无数“大炮炸长城”的民族悲剧，人类文明还是坚定不移地完成向更高阶段迈进的过程，完成了全球化从量的积聚向质的跃进的准备。正因如此，如前所述，联合国原秘书长加利在 1992 年，即哥伦布航海大发现的 500 周年之际宣布真正的全球化已经到来。

但是，有人据此极端地把全球化看成是西方化。菲利浦·英格哈德就公然宣称：“全球化无疑是西方现代文明扩张的伟大结局。”[9]在他们看来，所谓全球化就是一个以西方为主导的观念和体系的扩展过程，或者是“世界各国全盘西化”的过程，要求发展中国家全面沿袭欧美的发展模式，从生产方式、生活方式乃至于思考方式和大众娱乐都趋近于或依附于西方发达国家。

Ⅱ. 经济技术资源的全球最优配置

全球化的第二个概念是经济技术资源的全球最优配置。把全球化看成是经济技术资源全球范围内最优配置的看法来自于国际货币基金组织对全球化的定义。国际货币基金组织于 1997 年 5 月发表的《世界经济展望》中提出：“全球化是跨国商品与服务贸易及国际资本流动规模和形式的增加，以及技术的广泛迅速传播使世界各国经济的相互依存增强。”[10]持这种观点的人认为，经济全球化是一种新的国际关系体制，包括生产、金融和科技三方面的全球化。在三者之间，生产的全球化决定着金融和科技的全球化，同时金融和科技的全球化对生产的全球化有巨大的反作用。因此所谓全球化，从本质上来说是生产的全球化。因为贸易的全球化是早已有的现象，从资本主义一诞生起就已经开始了。然而，通过国际投资而形成生产的全球化，以及由此带动的金融、科技的国际化则是一个近二三十年来出现的新趋势。

生产的全球化来自两方面的原因。一是发达国家之间的相互交叉投资、企业兼并，在更广泛的范围配置资源，以更大经济规模开拓市场，以更快速度更新技术。二是发达国家向发展中国家的产业转移和扩散，不仅使越来越多的劳动和资源密集型产业被转移，而且相当一部分高技术产业中某些劳动密集型生产环节也被转移到发展中国家。在这两股力量的推动下，生产的全球化带动了全球范围内的国际分工大调整，从而使资源配置摆脱了民族国家的桎梏，扩大到全球范围。

正在深化的生产全球化具有以下三大特点：

(1) 从分工上看，世界性生产网络正在形成。由于国际分工从传统的资源型分工向生产技术型分工，从产业部门之间分工向同一产业部门内各个生产环节分工，从生产领域的分工向服务领域内的分工转变，各国正在日益成为世界性产业链的一个组成部分；出现了同一产品的不同型号在不同国家生产，同一产品的各个零部件在不同国家加工，以及同一产品的各个生产加工环节分别在不同国家内完成的国际分工。国际分工的深化，使最终产品日益成为万国牌的国际性产品。即使目前在技术上和市场上均居垄断地位的波音公司，其飞机的零部件也来自十几个不同国家和地区。

(2) 从效率上看，各国的比较优势正在得到充分发挥。生产的全球化是以竞争为手段、效率为目标而展开的。竞争和效率把各国之间资源禀赋的差异、社会人文的特点以及经济技术发展的不平衡都编织进国际分工的大网之中，从而为各国根据自身条件发挥技术、资金或劳动成本的优势创造了条件。1995 年，克鲁格曼(Paul R.Krugman)提出了"分割价值链"(slice up the value chain)的新概念，用来说明制造业沿着价值链被分割到多个阶段和不同区域的具体情况，在每个阶段都会增加一部分价值，这种分割能够极大地提升国际贸易的潜在规模。以通用公司的全球价值链为例，通用汽车公司价值 1 万美元汽车的销售中，有 3 000 美元是归韩国的汽车装配工人，1 750 美元是归日本的汽车零部件商，750 美元是归德国设计工程师，400 美元是归新加坡、中国台湾地区以及日本的汽车配件商，250 美元是归英国的广告公司及促销人员。其余的 4 000 美元则由底特律的汽车开发商、纽约的律师和银行家、华盛顿国会山中的院外说客，以及保险公司和通用汽车公司的股东们所瓜分。[11] 在生产全球化阶段，生产代工已经成为跨国公司赢利的主要途径，以 iPhone4 的全球价值链为例，iPhone4 的零部件主要来自于中国台湾和韩国供应商，其价值最高的内存和芯片由韩国生产厂商三星供应，手机处理器芯片由英国的 ARM 公司设计，再由苹果和三星联合开发，最后由三星量产。其他价值较高的手机液晶屏显示器和触摸屏，分别由韩国和中国台湾企业供给。其中，韩国供应商提供的零部件价值占整机价值的 42.08%，来自中国台湾地区的零部件占 13.46%，而来自于美国的零部件占 13.73%。[12]

(3) 从组织形式来看，企业的构成和经营日益多国化。ABB(Asea Brown Boveri)是欧洲一家著名的跨国公司，总部设在瑞士，总裁是瑞士人，工作语言是英语，财务报表以美元为单位，生产与销售遍及全世界。瑞士的总部只有100多人，但在全世界160个国家中拥有不同国籍、不同民族、不同肤色的20万雇员。该公司总裁珀斯·巴内维克(Percy Barneriker)说："ABB公司四海为家，是许多个国家的公司在世界范围内协作的联盟。"[13]

科学技术的快速发展在为生产全球化提供可靠支持的同时，又成了跨国生产的重要组成部分。首先，科技，特别是交通和通讯的进展使资源的全球配置成为可能。美国的未来学家约翰·奈斯比特在描述经济全球化的背景时指出：跨国计算机网络和信息高速公路的建立，使电视、电话和计算机连为一体，将整个世界变成了息息相关、鸡犬相闻的"地球村"。人们对世界的距离感明显缩小。16世纪初，麦哲伦探险队环球航海一周，大约花了3年时间；19世纪40年代环球航海所需时间缩短到11个月；19世纪80年代，根据儒勒·凡尔纳的科幻小说的描写，大约80天可以环球旅行一周。20世纪，环绕地球一周只需两三天即可。大量货物和信息快速而廉价地在全球范围内传递，使生产的组织者和管理者在瞬间即可以了解世界各地的市场情况，寻找出针对各地市场特点进行最优资源配置的赢利机会，从而有可能把分布于全世界各角落的生产环节组织协调起来，成为一个统一高效的生产系统。在新兴科技的引领下，全球相继进入电子商务时代。1995年，美国的亚马逊(Amazon)和eBay相继上线，西欧的奥托集团(Otto Group)和Argos等大型零售商也瞄准了电子商务，从此全球电子商务的发展狂飙突进。1994年，全球电子商务贸易额仅为12亿美元，1998年上升至500亿美元，1999年飞涨到1 450亿美元，2000年达到3 000亿美元，是1994年的250倍。[14]进入21世纪以来，全球电子商务的增长率一直保持在两位数以上。2014年全球电子商务市场零售额达到1.316万亿美元，占全球零售市场总额的5.9%。预计2018年全球电子商务的市场零售额将达到2.489万亿美元，在全球零售市场总额的占比高达8.8%。[15]值得注意的是，在全球电子商务发展的初期阶段，西方国家无论在商业模式创新还是零售市场规模上都占据绝对领先地位，而发展中国家的电子商务则起步缓慢，在艰难中追赶。21世纪以来，随着经济的强劲增长和消费行为的变化，尤其是得益于国家政策的支持，新兴经济体的电子商务零售市场稳步扩大，2012年中国已经与美国处于并驾齐驱的地位，2013年中国电子商务市场规模超过美国，2014年中美两国在全球电子商务市场零售总额中的占比已高达55%，预计2018年中国电子商务总规模将超过1万亿美元，在全球电子商务市场零售总额中的占比将超过40%，这个数字相当于美国的两倍，美国在坐稳全球第二大市场的同时，可能很难再有翻盘的机会。同时，在亚太、拉丁美洲、中东欧、中东乃至非洲地区，电子商务近几年的发展速度也相当惊人。2016 年新兴地区在全球电子商务市场中的占比将超过欧美等发达地区。

其次，科技的发展本身就是跨国生产的组成部分。由于光纤的问世，原来生产 90 英里长的铜线所需的煤，可以生产出 8 万英里长的光纤。1995 年美国《财富》杂志在进行例行的全球 500 家大公司评选时，一改以往的评选办法，过去一直把工业与服务业公司分开评选，1995 年第一次把这两类公司放在一起评选。这两个事例充分说明，科技的发展大大减弱了资源禀赋对生产配置的约束。知识和技能取代自然资源成为经济发展的主要源泉。20 世纪 90 年代美国经济连续增长就是靠知识。知识经济本身也是生产全球化的一个具体表现。

金融全球化也同科技全球化一样，既是生产全球化的必然后果，又是生产全球化的推动力。由于跨国公司通过直接投资，在全球范围内组织生产和销售，国际经济关系中的投资的重要性和发展速度已经大大超过贸易。例如，1991 年至 1996 年世界各国直接对外投资年平均增长率为 11.8%，而同期全世界出口增长率为 7%。就世界各国直接投资年平均金额而言，1985 年至 1996 年为 1 555.8 亿美元，1996 年则为 3 468.2 亿美元。[16] 国际投资的大幅度增加，极大地刺激了金融业的发展。金融本身就是一个巨大的产业，而且是最有发展潜力的服务业的主体。当前的金融全球化大致可以概括为以下几个方面：

(1) 资金无国籍化。由于美国的大量资本输出和巨额贸易赤字，从 20 世纪 60 年代起欧洲美元市场规模不断扩大。所谓欧洲美元并不是一个地域概念，而是指在美国境外生息寻利的美元存款，市场在欧洲，经营的是美元。欧洲美元自一开始起就显示出国际公民的特征。其后，又有石油美元、亚洲美元、非洲美元以及欧洲西德马克、欧洲英镑、欧洲法国法郎等无国籍货币的出现。据国际货币基金组织估计，当时在国际金融市场上的游资约达 1.4 万亿美元。这些所谓的“热钱”在各国频繁流动，往往对各国的资本市场、银行体系、汇率制度产生严重的冲击。冷战后发生的几次金融危机，如 1992 年欧洲货币体系危机、1994—1995 年墨西哥金融危机和 1997—1998 年亚洲金融危机都是国际“热钱”在资本市场上进行短期投机造成的。据国际货币基金组织的资料，1997 年亚洲爆发金融危机时，在国际金融市场上流动的短期银行贷款和其他短期证券至少有 7.2 万亿美元。此后，这批不受本国法律约束的“国际公民”的出现和扩大，使资金流动真正国际化了，并从根本上背离了国际金融中心必须依附于国内实体经济的传统范式，引发了国际金融中心的多元化进程，导致了众多离岸金融中心的出现。所谓离岸金融中心，是指从事不受所在国法律和金融监管的以外币计价的金融业务中心。一些经济上并不重要的地区如巴哈马、百慕大群岛、新加坡等迅速崛起加入到伦敦、纽约、巴黎等传统国际金融中心行列。

(2) 金融自由化。为了争取经济发展所需资金，各国金融当局纷纷放松管制。同时，金融机构为了适应各种企业、各类人员对保值、规避风险和投机的需要，而千方百计地逃避官方的管制。因此，金融创新日新月异，并借助电子计算机和通信业的相结合迅速扩展到全世界。据国际清算银行(BIS)统计，到1997年12月底，在国际金融市场上发行的各种证券余额为640亿美元，其中当年净发行额为25亿美元。然而，在市场上仅以远期、期货、期权和掉期四种金融衍生工具进行交易的持仓量却达54.9万亿美元，为1988年4 820亿美元的113倍。[17]另外，每天国际贸易结算实际所需资金约为1 500亿美元，然而外汇市场每天的交易额却达1.5万亿美元，是实际所需的10倍。金融自由化最显著的后果之一是可以运用杠杆原理，以极少量资金从事巨额贸易。在期权交易中被允许1∶100的比例从事交易。正因为如此，1995年5月，一个年轻的交易员把有233年历史的巴林银行搞垮。1997年东南亚金融危机中，索罗斯以百亿美元推动千亿美元的交易，横扫东南亚，使它们数十年心血毁于一旦。

(3) 交易高速化和全球化。在通讯卫星和计算机网络相结合的技术条件下，只需一个电话或按一下按钮就能跨洋调动巨额资金，天文数字的交易瞬间即可完成。现在的金融市场是一个用计算机连接起来的全球性的24小时不间断交易的市场。资金可以超越时间，无视国界，日夜游走在世界各地。

Ⅲ. 全球性问题的挑战

全球化的第三个概念是全球性问题的兴起。所谓全球性问题，是指当代国际社会面临的一系列超越国家和地区界线，关系到整个人类生存与发展的严峻问题。

全球性问题的提出当首推罗马俱乐部。1972年罗马俱乐部发表了题为“增长的极限”的报告书，首次对人口爆炸式的增长、对资源无限制的使用以及对经济增长的追求提出警告。呼吁国际社会要用整体的眼光看待这些问题，指出人类社会在这些问题上具有共同利益。该俱乐部主席奥雷利欧·佩切伊(Aurelio Peccei)把全球性问题分成九大类，它们是：人口爆炸、完全缺乏能满足人民群众基本需求和确保他们过像样生活的计划和规划、生物圈的破坏、世界经济危机、被忽视的吸毒等社会弊病与犯罪、科技发展无序、制度僵硬老化、东西方对峙和南北对话破裂。

在罗马俱乐部的《增长的极限》报告书发表的同一年，也即1972年，联合国在瑞典首都斯德哥尔摩召开了人类环境会议。该会议首次提出，人类是同乘一艘"地球村号宇宙飞船"的乘客，为防止全球范围内的环境污染，就必须开展国际合作。

此后，全球性问题日益引起国际社会的关注。1978年美国国会预测：应把环境污染、吸毒和粮食危机等286个问题列为全球性问题。到了20世纪80年代，全球性问题从人口、生态环境和社会问题扩大到政治问题。随着当时美苏争夺的激烈，各地政治局势动荡不安，战乱频仍，地雷、难民和大规模杀伤性武器的扩散成为困扰世界各国的难题。

虽然全球化的发展为世界带来诸多好处，然而，与全球化同步出现的还有形式多样的全球问题。第一，人口问题与资源短缺。近代以来的人口爆炸给全球经济、政治和社会发展带来了极大的挑战，直接导致全球生产资料和生活资料的短缺，其中最重要的就是造成能源危机和粮食短缺。随着医疗技术和卫生条件的进步，人口老龄化问题日益严重，造成劳动生产率降低，社会负担加重。第二，环境问题与气候变化。全球化在促进世界工业发展的同时也对环境和气候造成严重的损害。海平面上升问题、温室效应导致全球变暖问题、臭氧耗竭问题、生物物种锐减和生物多样性消失问题、酸雨危害加重问题、森林锐减导致水土流失问题、草原退化导致土地荒漠化问题，所有这些问题都严重的威胁着人类的生存与发展。第三，跨国犯罪与恐怖主义。毒品的全球性泛滥导致跨国贩毒集团猖獗，形成了集毒品种植、加工、走私、销售、消费为一体的全球毒品经济网络，危害各国人民。目前最危险的跨国犯罪之一是国际恐怖主义。近年来国际恐怖主义甚至发出向全世界宣战的口号，对各国安全构成严重威胁。第四，金融安全与网络安全。计算机和互联网技术的高速发展使得资本可以通过金融工具在全球范围内实现瞬间转移，对国家的经济安全和社会稳定造成巨大冲击，因此金融安全和网络安全问题也成为了世界各国共同面临的问题。

据星野昭吉和刘小林合编的《国际关系理论的变化与发展》一书列出的一张长长的单子，当代全球性问题主要是：

(1) 生态失衡与环境污染。全球升温、臭氧耗竭、森林锐减、物种灭绝、土地荒漠化、城市垃圾和工业污染成为人们生活中难以摆脱的生存威胁。

(2) 资源短缺。人类赖以生存的耕地、淡水、能源和各种矿物、生物资源呈现长期性供不应求。

(3) 人口爆炸。现有的58亿人口已经使地球不堪负担。但是,人口增长的惯性和节育工作中的技术、文化障碍使人口还在继续增加。

(4) 粮食危机与全球贫困。目前全球有十多亿人口生活在贫苦之中,其中8亿多人长期处于饥饿状态。在联合国185个会员国中,最贫困的国家有48个,低收入缺粮国家高达88个。世界人均粮食占有量从1985年的415公斤下降为1996年的360公斤。

(5) 海洋利用与宇宙开发。海洋和宇宙是人类的共同财富,需要人类共同使用、维护和管理。然而,基于对有限资源的争夺和安全的考虑,世界各国在海洋和太空的开发利用上的矛盾和冲突日渐增多。

(6) 人权和民族主义。对人权的关注是人类进步文明的标志,但是伴随人权运动的兴起也引起了旷日持久的政治摩擦与纷争。一方面在许多国家基本人权得不到尊重,另一方面一些国家又打着人权的旗号干涉别国内部事务。同样,民族主义既能把一个民族凝聚得像一个人,又有可能具有巨大破坏力,给现存的政治秩序带来混乱和动荡。

(7) 恐怖主义。恐怖主义是当今世界上国家、民族、阶级和宗教间各种尖锐矛盾的反映。它通过特殊的暴力手段,以其恐怖气氛不断威胁国家社会的安全。

(8) 难民。据国际难民署统计,2015年世界难民总数达6 530万,其中不仅有逃避战乱和民族屠杀的政治难民,还有大批因环境破坏而失去家园,以及因贫困而出逃的经济难民。

(9) 毒品和艾滋病。毒品生产、交易和消费已经成为地地道道的世界公害,诱发堕落、犯罪、暴力和动乱。自从1981年世界发现第一例艾滋病以来,艾滋病已经蔓延到193个国家和地区。据世界卫生组织统计,1997年全世界艾滋病毒感染者为3 060万人,这一数字在2004年突破3 900万。

(10) 精神迷乱和道德失落。在科技发展带动下,人类物质生活越来越丰富。然而,人类社会又陷入人格扭曲、道德滑坡之中。不仅人与自然的关系紧张,而且人与人之间的关系出现难以言明的痛苦和悲哀。物质文明进步与人类精神的失落形成巨大反差。[18]

把上述问题归结为全球性问题,不仅是基于其危害的广泛性,而且还因为它不是个人或一个国家所能对付和解决的，是非要国际社会共同对付不可的。如表 5-1 所示，臭氧层破坏、全球变暖、大气污染、热带雨林破坏、沙漠化、海洋污染、物种灭绝以及难民、人权等问题，均非一国所能单独解决。正因如此，早在 1972 年在斯德哥尔摩召开的联合国环境会议就提出，各国人民是同一艘"地球村号宇宙飞船"的乘客，要防止地球环境的破坏，只有携手合作共同治理。

表 5-1　地球问题群及其处理级别

处理级别	问题类型							
	臭氧层破坏	全球变暖	大气污染、酸雨	热带雨林破坏	沙漠化	海洋污染	物种灭绝	人权、难民等
全球	■ △	■ △	○	■ △	○	△	■ △	△
区域	○	○	■ △	○	■ △	■ △	○	△
地区	×	■ ○	■ ○	■ ○	■ ○	×	■ ×	○
个人	■ ○	×	■ ○	×	■ ×	■ ○	×	△

注：■＝灾害发生的级别；
　　△＝对策和处理的级别。
　　对问题的认识和处理的评价：×＝认识不足；○＝有所认识。
资料来源：浦野起央：《国际关系理论史》，劲草书房 1997 年版，第 87 页。

除了上述全球性问题以外，一些在过去往往容易被人忽视的问题，现在也具有全球性的意义，需要全球性的共同努力。在过去的四分之一世纪中，有 38 种以前只在动物之间传染的疾病已经蔓延到人类社会，比如疯牛病和禽流感等等。[19]而且这些疾病的传播范围日益越出国界，已经成为威胁人类生存的共同敌人。

总体上来说，以上介绍的全球化的三种概念是相互交叉和相互渗透的。第一种概念把全球化定义资本主义生活方式的全球扩展，实际上是一种历史观；第二种概念把全球化定义为全球性问题的兴起，是出于人类对发展前景的忧虑；第三种概念认为全球化是经济科技资源的全球最优配置，是目前人们普遍接受和认同的全球化概念，它是对 20 世纪 80 年代以来世界经济和国际政治中新变化、新潮流的概括，是对当代现实的客观描述。

2. 全球化理论的主要流派

全球化作为横跨社会各领域的综合现象，引起了不同学科的关注和研究。因此，广义的全球化理论包括了经济学、社会学、政治学与国际关系等社会科学学者的研究成果，堪称“全球化理论群”。有关全球化的理论众多，派别各异，难以精确概括。因此，从国际政治经济的角度，根据不同学者对全球化本质的认识及态度，主要有三种全球化观点或派别，即怀疑论、极端论和变革论。

Ⅰ. 新自由主义全球化理论

经济全球化以新自由主义者为主，视全球化为世界发展大势与未来方向，大力倡导各国发展自由经济，形成全球统一市场，促进商品、人员与资本等生产要素的跨国流动。他们着重强调自由经济、民主体制的普世价值，认为世界的自由民主化甚至民族国家的未来消亡也是全球化的重要内容。代表人物包括弗里德里希·奥古斯特·冯·哈耶克、弗朗西斯·福山以及大前研一等。

哈耶克出生于奥地利，是英国籍著名经济学家和政治哲学家，代表作有《通往奴役之路》和《自由秩序原理》等。哈耶克积极提倡资本主义自由市场，坚决反对社会主义计划经济以及凯恩斯主义，是经济自由主义最坚定的支持者和拥护者之一。哈耶克提出“知识分工理论”，认为整个社会的知识分散在不同的个人或团体手中，个人的理性是有限的。因此要充分利用分散的知识，最有效率的方法就是给予个人以行动的自由，使人们自发进行交流与分工合作，形成“自发秩序”。自发秩序在经济领域最贴切的表现，就是市场经济。知识分工的范围从家庭扩展到部落，再从部落扩展到国家与国际分工，使得全人类都被纳入这种自发秩序当中，这就是“扩展秩序”。在经济领域，“扩展秩序”表现为劳动分工从家庭到国内再到国际的扩展，最终目标是形成全球统一的自由市场。根据哈耶克的观点，全球化的本质就是有限理性之下享有自由的个人和组织自发进行知识交流和分工合作，将“自发秩序”扩展至国际，形成全球“扩展秩序”的过程。

弗朗西斯·福山在1992年出版的《历史的终结与最后的人》一书中正式提出“历史终结论”，认为冷战结束意味着社会主义的失败与资本主义的胜利，人类历史发展道路的意识形态之争走向终结，自由民主的历史成为人类最后阶段的历史，西方自由民主制度也成为人类最后的制度。作为最后的政府形式，自由民主制度成为世界各国不断发展的前进方向，在此过程中全球化意味着政治民主制度以及自由主义市场经济逐渐覆盖全球，同时资本主义消费文化的扩散也将不断拉近各国之间的距离，缩小世界各地语言、文化等因素所带来的差异。但值得注意的是，随着冷战结束特别是21世纪以来中国的迅速发展，加上西方老牌民主国家国内民主政治实践的反复，"历史终结论"陷入解释力危机，福山的观点也受到来自各方的批评。

日本管理学家、经济评论家大前研一有着类似的观点。他在《无国界的世界》、《民族国家的终结》、《无形的大陆》以及《全球新舞台》四部作品中，从市场的角度分析了全球化时代经济无国界的表现形式及基本规律，同时进行了战略上的预测和指导。他认为随着全球化的发展，民族国家在全球经济中的重要参与地位正在逐渐丧失，密切联系的全球市场则成为世界经济的主要舞台。

Ⅱ.现代性全球化理论

安东尼·吉登斯(Anthony Giddens)提出了一种现代性全球化理论，也被称为激进现代性的全球化理论。吉登斯曾任伦敦经济学院院长，现为剑桥大学教授，当代著名的社会学理论家和思想家，并因提出"第三条道路"的相关理论而闻名于世。早在20世纪80年代，吉登斯就认识到全球化的重要性，90年代以来他在《现代性的后果》、《现代性与自我认同》、《失控的世界》等著作中系统地阐述了现代性全球化理论，在全球学术界引起轰动。

吉登斯认为，全球化是世界范围内的社会关系的强化，这种关系以这样一种方式将彼此相距遥远的地域连接起来，即些地区所发生的事件可能是由许多英里以外的异地事件而引起，反之亦然。[20]而这种全球化是现代性的各项制度向全球的扩展，也就是说全球化是"现代性的根本后果"。所谓现代性，就是"在后封建时代的欧洲所建立，并在20世纪日益成为具有世界历史性影响的行为制度与模式。"[21]现代性通过三种动力机制造成世界的全球化：(1)时空分离。时间和空间日益虚拟化，社会活动不再受到地域性的约束，因为通讯技术的发展以及发达的现代传播媒介使社会活动不再受任何场景的制约而自由伸展。(2)脱域。"脱域"就是社会关系从彼此互动的地域关系中，从通过对不确定的时间的无限穿越而被重构的关联中脱离出来。(3)知识的反思性。人们的思想和行动总是处在连续不断地彼此相互反映的过程之中。换言之，社会实践总是不断地受到关于这些实践本身的新知识的检验和改造。

现代性大致相当于资本主义"工业化的世界"，由于资本主义包含着巨大的动态扩张趋势，因而它内在地具有国际性，因此全球化反映了资本主义的内在要求。"现代性在骨子都在进行着全球化。"[22]因此，全球化不过是现代性的激进化和普遍化。

Ⅲ. 社会变革的全球化理论

变革论将全球化看作一个历史变革的过程，在此过程中民族国家之间的边界逐渐模糊、国际事务与国内事务联系日益紧密，随之而来的是各国政府权力、功能与制度的调整与重组，进而导致国际社会与世界秩序的变革与更新。变革论者以戴维·赫尔德(David Held)为主要代表，他们承认全球化的客观趋势，但并不认为民族国家必将走向消亡。

戴维·赫尔德是英国伦敦经济学院政治学教授，全球治理研究中心主任，也是英国政体出版社(Polity Press)的创始人之一。他长期从事全球化理论研究，主要著作包括《全球大变革：全球化时代的政治、经济与文化》、《全球化与反全球化》、《全球化理论：研究路径与理论论争》等。在《全球大变革：全球化时代的政治、经济与文化》一书中，赫尔德对当代主要全球化理论进行了梳理，根据不同理论对于全球化的定义、原因、分期、影响和历史轨迹五个方面的不同看法，将它们分成了极端全球主义、怀疑论和变革论三种流派，而自己则从变革论者的角度，建立了自己的理论分析框架，对全球化进行解释和分析。

赫尔德认为，全球化是一个(或一组)体现了社会关系和交易的空间组织变革的过程——可以根据它们的广度、强度、速度来衡量——产生可以跨大陆或区域间的流动以及活动、交往和权力实施的网络。全球化是推动社会、政治和经济变革的中心力量，这种变革不断改变着彼此相联系的各国国内经济社会的形态，并重塑着国际社会与世界秩序。

Ⅳ. 文化全球化理论

文化全球化是全球化理论的重要组成部分。随着信息化、网络化的发展，人类无时无刻不在进行着跨时空的交往，日益突破文化传播、文化交流、文化交往的原有模式，推动着文化全球化，从理论上对这一现象进行解释，形成了两种主要的文化全球化理论：以詹姆逊为代表的文化帝国主义和以汤姆林森为代表的世界主义的文化全球化。

詹姆逊以广阔的视野展开对文化全球化的理论分析。他对文化全球化的阐述，不局限于文化本身，而是涉及技术、政治、经济、文化等多个层面。从技术来说，人们习惯于从通讯技术和信息革命来谈论全球化，但詹姆逊认为，这只涉及全球化的器物层面，没有触及文化全球化的深层结构。文化全球化的最重要方面是由美国主导的全球信息传输网络向全世界输出美国的文化和价值观念。从政治上来说，美国利用文化这一隐蔽的手段，通过对世界各国的文化输入与干预来操纵其他民族和国家，这个现象就是文化帝国主义。从文化来说，全球化对文化的最大影响在于给人类文化的差异性带来了威胁，导致世界文化的标准化。从经济上来说，经济消融于文化，文化消融于经济，经济和文化呈现一体化的态势。[23]

英国学者约翰·汤姆林森(John Tomlison)认为："全球化就是快速发展、不断密集的相互联系和相互依依的网络系统。"[24]文化是全球化不可分割的重要部分，"全球化处于现代文化的中心地位，文化实践处于全球化的中心地位"。[25]他反对有关"文化霸权""文化支配"和文化帝国主义的观点。他认为，西方文化的渗透与扩张是一种非领土扩张的具体表现。非领土扩张是自由和自愿的，并预示着一种文化发展的世界主义趋势。也就是说，汤姆林森眼中的世界主义文化意向，是不带有任何侵略意义的，是地方性文化通过资本、技术和市场等和平的方式进行的文化转型，是和平过渡到世界主义。[26]虽然汤姆林森试图从中立的价值观来阐述文化全球化，但仍然可以从其论证过程中看到他对西方文化所持有的优势感。实际上，在文化全球化中，各国文化的交流和交往实践带有不平等的特征。发展中国家的民族文化处于受挤压的态势，由于西方文化的渗透和扩张，一些国家的民族文化正日益丧失其生存空间，必须看到，弱势文化的抗争也是文化全球化的重要内容之一。

汤姆林森进一步阐述了世界主义的文化全球化理论。他认为，文化全球化并非指各国文化在交流中的单一趋同性，全球化不会导致单一的全球文化的产生，而是产生一种世界主义的文化意向。所谓"世界主义的文化意向"是指不再局限于关注直接的地方性，而是意识到全球的归宿、复杂的情况和责任，且能够把这些更广泛的关注融入到日常生活的实践中去。他认为在非领土扩张化的文化体验中，个体性的地方行为总是具有全球性的后果，而这种个体的全球转型行为在定位了的地方性之内，是依赖于培养一种具体的文化意向——朝向世界的趋势，即世界主义的文化意向。[27]正如费舍斯通(Featherstone)所说，全球化既是普遍主义的特殊化，又是特殊主义的普遍化。文化全球化既包含着普遍主义的文化价值观，又充分地容纳文化多元主义和文化多样性。具体表现为两个特征：第一，紧紧地把握住作为一个其中"没有他者"世界的全球化世界。第二，把世界视为众多的"文化他者"的一种意识。[28]因此，文化全球化不是一种文化的扩张或垄断，而是文化多样性与统一性之间的平衡，而文化统一性对各国文化之间的理解与交流是有利的。

3. 反全球化运动

一种力量出现后，必然会激发出反作用力。20 世纪 90 年代蓬勃兴起的全球化也在世纪末遭遇到了它的反对力量——反全球化。全球化与反全球化就像是同一枚硬币的正反两面，全球化是世界历史发展的客观进程，而反全球化运动就是为了遏制全球化进程的发展。从二者互为表里的关系来说，对全球化背景下的反全球化运动进行探讨，不仅可以深化对全球化的理解，而且有助于我们更清醒地认识人类社会发展进程中面临的各种矛盾、积累的各种问题以及经济发展所带来的复杂后果。

1999 年，世贸组织西雅图部长会议期间发生的大规模抗议活动，使人们第一次认识到反全球化运动的力量。在这场被西方媒体称作“西雅图之战”(The battle of Seattle)的反全球化运动中，不仅场外的街头抗议者是反全球化的主力军，而且在会场上代表不同国家利益的与会者也构成了反全球化与全球化的两大阵营，场内场外都在较量。在西雅图会议上，举旗反全球化的力量，主要由来自世界各地的环保主义者构成，美国反自由贸易的利益集团在其中起到了组织、宣传、策划和煽动的作用。此前，由于世界贸易组织在涉及美国与有关国家之间的海龟海虾贸易争端案子中两次判美国败诉，激起了美国、加拿大和欧盟的环境非政府组织的强烈不满，他们在西雅图街头举行大规模集会，抗议示威游行，严重阻塞交通，并把会场围得水泄不通，致使各国谈判代表难以进入会场，最终使世贸组织的西雅图部长会议无果而终。在西雅图的集会示威取得胜利后，反全球化运动一度在全球泛滥，举凡世贸组织、世界银行、国际货币基金组织、八国集团召开各种国际会议期间，场外都有反全球化运动的旗帜飘扬。

反全球化运动的原因极其复杂。从宏观层次来说，全球化是一种充满矛盾、敌意和分化的力量，国际上导致南北差距扩大，农业社会、工业社会与后工业社会的相互对立，国内造成社会阶级、群体的隔阂加剧，传统生活方式和现代生活方式相互冲突等诸多问题。因此，反全球化力量既来自“外围”发展中国家，也来自“内核”发达国家。虽然处于经济全球化中心地位的发达国家和处于经济全球化边缘位置的发展中国家对抗的都是全球化的“负面效应”。但是，它们对“负面效应”的理解却大相径庭，反全球化的方式也各不相同。恐怖主义活动，也可以说是特定群体在全球化挤压下反抗全球化的一种极端形式。由于反全球化的力量来源杂乱无章，反全球化运动的价值取向、利益目标、实施策略等存在极大的差异，很难用一个统一的标准来界定它们，因此需要对反全球化现象作具体的分析。

反全球化者的意图十分模糊，主要包括对全球化的担忧、批评或否定，对贫富鸿沟、社会分裂和生态灾难的不满。反全球化力量的成分复杂，大体上可分为三种：

第一，社会力量。以形形色色、五花八门的非政府组织为主力军，包括环保组织、劳工组织、人权组织、激进组织、无政府主义组织、农民组织等，也包括世界各国的弱势群体。美国著名国际政治经济学家罗伯特·吉尔平将反全球化人士归纳为这样几种类型：劳工、人权和环保组织，经济民族主义者，公有社会论者（主要是一些政治左派）。社会力量反全球化往往具有抗争性、暴力性和草根化的特点，普遍偏好街头政治。弱势群体反全球化更倾向于采取暴力形式，而五花八门的非政府组织在反全球化运动中既有和平方式也有激进甚至暴力的方式。在加拿大，环境保护主义者、反堕胎的激进主义者和无政府主义者被安全与情报部门列为反全球化的暴力团体。

全球正义动员（Mobilization for Global Justice，MGJ）策划了多起针对世贸组织、国际货币基金组织和世界银行的示威活动，在1999年西雅图风暴中极力表现。[29]在西雅图抗议者中，美国的劳工组织、人权组织和环保主义者要求将劳工标准、环境保护问题纳入贸易自由化议程。其原因是发展中国家保持低水平工资，甚至雇用童工，以及滥用自然资源，以破坏环境为代价的发展方式对发达国家的非熟练工人和低技能工人构成了严重的竞争威胁。劳工标准问题被贸易保护主义者加以利用，成为新孤立主义者和经济民族主义者反全球化的绝好理由。他们把造成国家一系列社会、经济和政治弊端的原因归咎于全球化，认为正是全球化造成了自己国家的社会福利下降，失业率上升，贫富分化加剧，国际竞争力降低等问题，因此主张贸易保护主义，限制外来移民，退出世界贸易组织和北美自由贸易区。抗议者还批评国际经济机构存在“民主赤字”，即这些机构没有对任何民主选民承担责任。抗议者提出的最重要的要求之一是，世界贸易组织的决定都应在公众知情的情况下做出，此外还要允许非政府组织参与世贸组织和其他国际组织的决策过程。[30]

第二，国家力量。反全球化的国家力量由福利国家和边缘化国家组成，福利国家是强势的反全球化者，维持福利制度是它们反全球化的标语；边缘化国家是弱势的反全球化者，他们是抗争性的，因为边缘化国家被排斥在全球化进程之外，对发展前景感到绝望。在发达工业国中，对全球化持怀疑态度的人担心贸易、对外投资和金融流动的增加会对本国社会产生很大的消极后果。在美国，至少半数以上的人认为全球化降低了工资，造成了失业，破坏了生态环境，影响了社会福利等等。欧洲人对世界经济一体化的怀疑比美国人有过之而无不及。在其他许多工业国，公众舆论也同样反对全球化。[31]有人认为，发达国家中真正主张和支持全球化的只是新自由主义者和从中受益的跨国公司等，大多数普通老百姓则对全球化疑虑重重。相比而言，发达国家中反全球化的观点和运动(主要包括保证劳工利益、保护生态环境、拯救民主政治、反对贫富分化等)并不逊色于发展中国家。上述西雅图之战的发起者和主力军就是美国的工会组织劳联产联。它们打出的旗号就是世界贸易组织提倡的自由贸易剥夺了美国工人的就业机会。

发展中国家似乎比发达国家更有理由反全球化。发达国家拥有全球生产总值的 86%和出口市场的 82%，而占世界人口大多数的发展中国家仅分别拥有 14%和 18%。[32]发展中国家虽然可以从经济全球化中得到经济发展的机会和财富，但当今世界经济体系由西方发达国家主导的现实和国际经济权力分配严重不平衡的现状仍对发展中国家极为不利。尽管部分发展中国家，尤其是亚洲国家的经济已经获得起飞和发展，在世界经济总量中所占比重大幅度提升，但在国际货币基金组织、世界银行、世贸组织等管理世界经济的主要国际机构中，它们却没有相应的发言权。国际经济的权力和利益分配仍掌控在美国和西欧国家手中，这种不平等现象使发展中国家对国际经济组织大为不满。而且，几乎所有发展中国家都强烈反对发达国家强加的劳工和环境标准，它们抗议西方发达国家将“西方的”标准强加给发展中国家，因为发展中国家付出的所有牺牲只不过为了换来微弱的经济收益，发达国家仍在利益分配中赚取大头，发达国家所谓的保护劳工利益的用意是“借此削弱发展中国家以低工资劳动力和仅仅提供最低限度福利待遇为基础而形成的比较优势”[33]。发展中国家的这种要求与目的正好同发达国家的劳工、人权和环保组织的抗议截然相反。在 1999 年西雅图会议上，发展中国家第一次成功地挑战了西方在世界贸易组织中的主导地位，成功地阻止了美国把劳工标准和环境保护要求纳入国际多边贸易体系的努力。

至于几乎被经济全球化边缘化的所谓“失败国家”，它们在经济、社会和政治改革屡屡受挫后，更是对南北差距极为不满，并把这种不满归咎于全球化和从全球化中大大受益的发达国家。一些伊斯兰国家的社会思潮倾向于回归伊斯兰传统，到伊斯兰复兴运动和原教旨主义中寻找发展出路。在这些国家中，反全球化的倾向与反美国化和反西方化的敌对情绪紧紧纠缠在了一起。在存在种族主义、地区冲突等现象的地方,宗教极端组织和恐怖组织在全球化时代甚至更易于采取激进的恐怖手段解决问题。国内经济严重贫困、社会发展难以为继的国家,也对经济全球化表示厌恶、反感和绝望,并以反对和对抗全球化的方式寻找出路。上述这些国家反对以美国文化为主流的文化观,敌视全球化过程中的民主政治,仇视强权政治,反对全球化带来的经济不平等现象。所谓的朝鲜核问题、伊斯兰原教旨思潮、恐怖活动无一不与经济全球化造成的边缘化效应有直接或间接的因果联系。如巴以冲突中哈马斯抵抗组织针对以色列的自杀式袭击、发生在伊拉克的针对美国驻军及其盟军的汽车炸弹袭击,以及发生在西班牙马德里、英国伦敦等欧洲城市的恶性爆炸等事件的背后无不潜伏着恐怖主义的阴影。而恐怖主义的背后却是深刻的国际性的经济和社会不平等,这种不平等与全球化存在着千丝万缕的联系。日益深化的全球化进程若不能解决自身存在的不平等这一关键弊病,各种弱势群体,包括恐怖组织,就难免会利用极端手段作为寻求发泄的途径,表达反全球化的愿望。在一定程度上,恐怖主义活动既是全球化带来的一种"负面效应",也是反全球化的一种极端手段。反全球化无疑是全球化带来的意料之外的后果。

第三,在各种发全球化运动的后面,是一批左翼学者。他们主要是由不同政治光谱的知识分子群体构成的,包括新马克思主义者、公有社会论者、乌托邦主义者、女权主义者、社会进步主义者、第三世界主义者等等。

在反新自由主义全球化的各种左派或中左派力量中,2000 年成立的世界社会论坛(WSF)最具有代表性。该论坛自称是世界"平民百姓"的集会,在其身份混杂的成员中,来自发展中国家的中左政党和进步力量构成主体,因而又有"穷人的联合国"之称。已故委内瑞拉总统查韦斯宣称世界社会论坛是全球最重要的政治活动。论坛的基本原则是为"反对新自由主义、反对资本主义统治世界以及任何形式的帝国主义的市民社会团体和运动"举办的开放性集会场所。世界社会论坛对新自由主义的反抗集中体现在三个方面:反抗公共物品的"商品化",反抗权力的集中化,反抗战争和新自由主义带来的威胁。[34]

当然,反全球化者最终无法全面对抗全球化,因为反全球化运动归根到底还是依靠全球化来快速动员其力量的,这个现象被称为"反全球化的全球化"。可以看到,2008 年国际金融危机后,反全球化运动已从高涨走向低潮,在世界贸易组织、达沃斯论坛、八国集团和二十国集团的会场之外,反全球化的示威力量、抗议声势已经大不如前，反全球化势力现在已经衰落或转向，其原因可能有：

其一，反全球化者已经部分地达到了目的，如国际贸易组织多哈回合谈判陷入停滞，使贸易受害论者和环境非政府组织的抗议活动减弱。

其二，全球治理的兴起将原来的反全球化力量吸纳进来，部分反全球化者变成了全球治理主义者。

其三，发达国家对全球化的政策调整，相当于变相地满足了反全球化的要求。例如，在美国，由劳工和下层民众组成的反全球化利益集团，常常以产业转移和产业"空心化"为口实，攻击跨国公司的全球生产与投资政策。奥巴马执政时，大力实行所谓"再工业化"(re-manufacturing)政策，一方面召开美国跨国公司回归本土，另一方面对回归企业实行税收减免或优惠政策。2017 年 1 月打着"美国第一"旗号的特朗普上台执政后，更是提出"买美国货，雇美国人"的口号，并制订实施一系列相应政策措施。这些措施不但满足了反全球化者的需要，而且使遭受金融危机重创的美国经济重新恢复了增长。

4. 全球治理的实践

进入 21 世纪，全球性问题变得更为紧迫和突出，也确实取得了一些明显的进展。

首先是国际社会在"非典""飓风"等全球性疾病、重大灾难上的一致行动。2003 年 2 月，"非典"开始在中国的大陆、香港、台湾，新加坡、加拿大、越南及世界其他地区传播。"非典"的跨界跨国传播迫使美国、加拿大、日本以及亚洲各国高层领导临时修改政治活动议程，把抗击"非典"作为优先议程。在泰国总理他信的倡议和中国总理温家宝的积极努力下，中国和东盟十国于 4 月 29 日在曼谷举行了关于"非典"问题的特别会议，通过了《中国与东盟防止"非典"联合声明》。6 月 3 日，东盟十国和中日韩又举行了东盟"10＋3""非典"高级国际研讨会。这两次会议是国际社会联合起来共同对付非传统安全治理的典范。

2005 年是国际反法西斯战争胜利 60 周年。各国元首于 9 月 5 日齐聚联合国，在庆祝联合国成立 60 周年的同时，一致同意开始推进联合国改革的进程，以使联合国更好地为国际社会的安全与和平发挥作用。与此同时，国际社会再度面临"非传统安全"的考验。首先是 8 月下旬在非洲沿海的一股低气压云团在越过大西洋后形成名为"卡特里娜"的飓风袭击了美国东南部的新奥尔良市，500 万人受其影响，造成 1 300 亿美元损失。这是继 2004 年波及亚非 12 国印尼大海啸以后的又一次严重的自然灾害。其次是9月19日印尼因禽流感肆虐而宣布全国处于“紧急状态”。禽流感随后蔓延至泰国、越南、菲律宾、俄罗斯、中国、克罗地亚、罗马尼亚、土耳其和英国等国家和地区。世界卫生组织为此召开了二十多次国际会议,启动了耗资10亿美元的合作制止禽流感传染的行动计划。

近几年来肆虐全球的禽流感事件,以及全球对疫情的防范和治理为此提供了一个很好的例证。2003年中期在东南亚开始发生高致病性H5N1型禽流感(Sars),最初只在亚洲9个国家流行,此后疫情蔓延至欧洲和非洲。2005年7月末,该病毒超出其原先在亚洲的聚集点,扩展到俄罗斯联邦和哈萨克斯坦邻近地区。[35]2006年2月10日到20日的10天时间里,禽流感疫情几乎同期在欧、亚、非的许多国家爆发。各国意识到,禽流感是一个国际问题,任何国家都不能独善其身,需要国际社会共同应对才能取得成效。自疫情发生以来,联合国粮食及农业组织、世界卫生组织、世界动物卫生组织和各国的兽医专家、流行病学专家、公共卫生专家以及学者一起,组织了多次地区性和国际性会议,就国际社会如何预防和控制禽流感寻找对策,建立了高致病性禽流感技术工作组,收集、分析和传播所有有关信息,以最大限度地确保人类和动物的卫生安全,降低禽流感造成的损失。

2014年,西非爆发大规模埃博拉病毒疫情,这种恐怖的病毒被称为自然界的完美杀手,其感染者的死亡率高达90%,是SARS病毒致死率的6倍。自从2014年2月埃博拉病毒疫情在西非国家爆发后,几内亚、利比里亚、塞拉利昂和尼日利亚四国都出现了严重的疫情,继而扩散到塞内加尔和马里。7月29日,非洲抗击埃博拉病毒的首席医生舍克·汗因感染病毒不幸离世,埃博拉病毒一夜之间成为全球关注的焦点。世界卫生组织称此次疫情构成了国际关注的突发公共卫生事件。10月初,美国疫控中心(CDC)宣布确诊了一例埃博拉病毒患者。10月6日,西班牙确诊其境内首例埃博拉病毒人际感染病例,染病患者为西班牙医护人员。此次疫情的爆发,不仅使这种病毒首次从丛林村庄蔓延至人口密集的大城市,而且从西非扩散到美国和西班牙等发达地区,先后波及非洲、北美和西欧的8个国家。各国政府调动国家资源,世卫组织积极协调,经过近两年艰苦的努力,到2016年1月15日,世卫组织正式宣布西非埃博拉病毒疫情结束。此次埃博拉病毒疫情共吞噬全球1.13万人的生命,确诊和可能感染病例超过2.85万例。时任世卫组织总干事陈冯富珍表示:“发现和摧毁每条病毒传播链是西非里程碑式的成就,这取决于西非三国政府、英雄般的医护人员、地方和国际组织以及合作伙伴的共同努力。"[36]

其次是全球性的反恐合作。在美国发生"9·11"恐怖袭击事件后,联合国安全理事会于2001年9月28日一致通过了第1373(2001)号决议,建立了联合国安理会反恐委员会和反恐执行局,致力于加强联合国会员国打击恐怖主义活动的法律和机构能力,预防境内外和各区域的恐怖主义活动。反恐委员会是第一个全球性反恐决策机构,反恐执行局负责执行反恐委员会的决定,对各会员国进行专家评估,并为各国的反恐技术援助提供便利。现在联合国已经有十多个反恐公约和议定书以及相关的联合国反恐决议,为各国反恐提供了较为完备的法律和政策基础。但是各国落实联合国反恐决议的能力相差悬殊,美国和欧洲国家的反恐战略全面而有效,且行动迅速,非洲国家有强烈的反恐意愿但缺乏能力,南太平洋国家反恐意识不强,防范措施比较薄弱,中东地区仍然是恐怖主义滥觞之地。

尽管有联合国机制下的全球反恐合作,但恐怖主义的全球治理仍然任重而道远。实际上,长达数年的反恐战争并没有从根本上肃清恐怖分子,反而造成恐怖主义势力的全球蔓延。特别是在伊拉克和叙利亚,美国在推翻萨达姆政权后,伊拉克成为恐怖主义的活跃地带,同时,由于美国企图推翻叙利亚的阿萨德政权,中东地区的反恐形势进一步恶化,导致"伊斯兰国"(IS)迅速兴起,其势力不仅控制了叙利亚和伊拉克的中西部地区,而且在欧洲不断制造大规模的恐怖袭击。2015年11月13日,美国发起全球反恐战争后时隔14年,法国巴黎遭遇IS史无前例的恐怖袭击。恐怖组织"伊斯兰国"可谓猖狂之极,共在七处地点实施了5次爆炸和5次枪击,造成130人死亡,368人受伤,全球为之震惊。3月22日,比利时首都布鲁塞尔的扎芬特姆机场发生两次恐怖袭击,随后欧盟总部附近的三个地铁站也发生爆炸,两次事件共造成数十人伤亡。恐怖分子在闹市区域甚至娱乐场所发动袭击,说明他们完全没有道德底线,进一步增加了全球反恐行动的复杂性和困难。2017年5—6月间英国又数度遭到恐怖袭击。

第三是全球性共同积极对应难民危机。近几年来,由于阿拉伯之春、内战、ISIS的兴起以及自然灾害和贫困等各种各样的原因,相继造成数百万人流离失所,形成了冷战结束后最大规模的难民潮。2014年,叙利亚和厄立特里亚是这次难民潮的发源地。由于叙利亚内战以及伊斯兰国的疯狂进攻,越来越多的非法移民和难民涌向欧洲。而在厄立特里亚,长期的贫困、席卷全国的自然灾害、断断续续的战乱和社会动荡以及原教旨主义的猖獗等,迫使人们冒险偷渡地中海，涌向欧洲地区。2015 年，难民爆炸性增长，来自索马里、利比亚、冈比亚、尼日利亚等国的难民源源不断，酿成一场空前的难民危机，成为欧盟建立以来面临的最为棘手的挑战。据欧洲边境管理局统计，非法移民主要经八条路线穿越地中海或由陆路迁移进入欧洲，这些线路分别是：西非路线、西地中海路线、中地中海路线、阿普里亚和卡拉布里亚路线、阿尔巴尼亚与希腊循环路通道、西巴尔干路线、东地中海路线和东部边境路线。在穿越地中海的偷渡活动中，沉船事件频繁发生，海上遇难和失踪人数不断上升，仅 2015 年就有 3 771 人在偷渡欧洲的途中丧生。联合国难民署高级专员菲利普·格兰迪在 2016 年指出："在全球范围内，被迫逃离战争和迫害的民众人数创下历史纪录，其中包括在过去一年中跨越地中海进入欧洲的超过了 100 万难民和移徙者；同时，去年全球强迫流离失所者总人数高达 5 950 万，再创二战以来的新高，而且这一数字还在持续攀升。"[37]

在难民危机发生后，欧洲国家在处理和接收难民问题上发生了严重的分歧，至今没有形成统一的难民接收政策。"拯救儿童"国际救援组织首席执行官贾斯汀·福赛斯(Justin Forsyth)表示："没有一个欧盟国家能够单独解决这个问题，欧盟领导人必须共同从根源上达成一致，制定一个完善的计划。"在联合国和国际移民组织的压力下，欧盟制定了难民配额政策。2015 年 5 月 27 日，欧盟强制性难民配额清单正式发布。"这份清单涉及欧盟 28 个成员国中的 25 个，其中负担最重的为德国(8 763 人，占 21.91%)、法国(6 752 人占 16.88%)和西班牙(4 288 人占 10.72%)，其余 23 个成员国包括弹丸小国卢森堡都被摊派到位，只有事先就宣布不参加并获得布鲁塞尔方面认可的英国、丹麦和爱尔兰三国未获配额，但也被要求自愿接收。"[38]

如果说上述的全球治理的进展还只是限于具体领域的话，那么应对气候变化则是具有根本性和全局性的全球治理行动。从 1990 年到 2014 年，联合国政府间气候变化专门委员会(IPCC)就全球范围内的气候变化问题发表了五次评估报告。第一次评估报告确认气候变化是对人类的威胁。第二份评估报告认为有充足的证据证明人类对气候产生了明显的影响。第三份《气候变化评估报告》确认，"在过去 50 年中大部分可观察到的气候变暖问题是由于人类活动造成的"。[39]第四份《气候变化评估报告》，得出了两个结论：(1)证实气候变暖是切实存在的。(2)地球表面的平均温度还会升高。2014 年 11 月发布第五次《综合报告》，指出人类对气候系统的影响是明确的，而且这种影响在不断增强，在世界各个大洲都已观测到种种影响。全球变暖已经威胁到一些太平洋岛国的安全，如果气候变化的趋势不能得到控制，那么有朝一日图瓦卢等国家将从地球上消失。

相比欧洲难民危机，气候变化的全球治理更加复杂和艰难，它不是一个地区或地区组织就能解决的，只有全球共同努力，通过国际规制和协调一致才能有效地缓解或遏止全球变暖的趋势。虽然联合国气候变化框架公约（UNFCCC）是最重要的气候变化的全球治理机制，但它只是一个框架性国际公约，对于缔约方而言，公约仅要求其承担某些一般性的义务，缺乏有关温室气体减排的具体细则和明确承诺，如减排目标和时间表等。因此，国际社会尚需要制定更为具体且可执行的国际制度。1997 年 12 月，149 个国家和地区的代表在日本京都召开 UNFCCC 第三次缔约方会议（COP3），会议通过了旨在限制发达国家温室气体排放量以抑制全球变暖的《京都议定书》。《京都议定书》是全球气候变化治理领域的第一个具有法律约束力的国际制度。它敦促各国政府做出具体承诺，对干预全球气候系统的活动采取限制措施。规定 2008—2012 年间，38 个工业化国家（其中 11 个中东欧国家）的二氧化碳等 6 种温室气体的排放量要比 1990 年减少 5.2%。发展中国家不承担强制减排义务，但倡导它们自愿减排。具体来说，发达国家在 2008—2012 年必须达到的减排目标是：在 1990 年温室气体排放基数上，欧盟削减 8%，美国削减 7%，日本和加拿大削减 6%，东欧各国削减 6%—8%。新西兰、俄罗斯和乌克兰应将排放量稳定在 1990 年的水平上。同时，爱尔兰、澳大利亚和挪威三国的排放量可在 1990 年排放基数上分别增加 10%、8% 和 1%的比例。[40]

《京都议定书》于 2012 年到期，由于发达国家在履行减排承诺方面存在重大分歧，欧盟承诺减排，而美国宣布退出议定书，给气候变化的全球治理蒙上了一层阴影。2007 年召开的巴厘岛会议，绘制了温室气体减排的“巴厘路线图”，其目标是推动各国达成一项“后京都协议”。2009 年召开了哥本哈根会议，在此次会议上，美国、基础四国和伞形国家之间展开了激烈的博弈，由于各方分歧巨大，在落实“第二承诺期”方面没有取得任何进展，确认 2030 年前把气温升高控制在 2 摄氏度以内的目标成为此次会议的唯一成果。2011 年 12 月 11 日，联合国气候变化框架大会第 17 次全体缔约方大会在南非东部港口城市德班闭幕。此次会议上，三大阵营，即欧盟、伞形集团、“77 国集团＋中国”，进行了激烈的角逐和博弈，核心问题仍然是《京都议定书》第二承诺期、资金和技术转让。德班会议通过了四项决议，即批准《京都议定书》工作组和《联合国气候变化框架公约》下“长期合作行动特设工作组”、实施《京都议定书》第二承诺期、启动绿色气候基金、建立德班增强行动平台特设工作组。各方均认为，尽管存在缺陷，德班会议还是取得了可圈可点的成绩。

2015年11月至12月，在巴黎气候变化大会上，气候变化的全球治理发生了历史性转折。12月12日，《联合国气候变化框架公约》近200个缔约方一致同意通过《巴黎协定》，协定共29条，包括目标、减缓、适应、损失损害、资金、技术、能力建设、透明度、全球盘点等内容。协定将为2020年后全球应对气候变化行动作出安排。[41]《巴黎协定》指出，各方将加强对气候变化威胁的全球应对，把全球平均气温较工业化前水平升高控制在2摄氏度之内，并为把升温控制在1.5摄氏度之内而努力。全球将尽快实现温室气体排放达峰，本世纪下半叶实现温室气体净零排放。

在这次会议上，气候变化谈判模式发生了根本性转变，自下而上的"国家自主贡献"减排模式取代了自上而下"摊牌式"的强制减排模式。全球已经有160个国家向联合国气候变化框架公约秘书处提交了"国家自主减排贡献"文件，这些国家碳排放量达到全球排放量的90%。欧盟承诺排放峰值不晚于2020年前达到，美国减排目标为到2025年，较2005年减少28%的温室气体排放。2015年6月，中国如期正式向联合国提交"国家自主决定贡献"：二氧化碳排放2030年左右达到峰值并争取尽早达峰，单位国内生产总值二氧化碳排放比2005年下降60%—65%。《巴黎协定》堪称全球治理气候变化的"转折点"，不仅建立了全球应对气候危机的持久框架，而且传递出中国、印度、巴西等新兴大国坚定致力于控制温室气体排放，走低碳经济发展之路的强烈信号。与此相对照的是：特朗普上台后于2017年6月正式宣布退出《巴黎协定》。

至于全球治理的核心，即全球治理的结构框架和中长期目标和行动计划，将在以下章节中详加叙述。

第二节　国家主权面临挑战

无论是从历史、现实还是将来来看，全球化的进展对国际关系的形式和内容都产生了巨大冲击。

首先，在跨国公司和对外直接投资的推动下，生产、金融、科技和信息的全球化，使各国国内活动日益国际化。虽然，经济、政治活动仍以民族国家为主轴展开，但是人类活动的各个领域越来越多地在全球层次进行协调和管理，民族国家已经无法像过去那样控制着所有的资源和权力。跨国公司、国际组织等非国家行为主体在国际关系中越来越重要，国家主权的范畴和行使方式正在面临挑战。

其次，全球化是一个包含着差别化和多样化并充满对立与对冲突的过程。各国在全球化过程中扮演的角色、荣辱得失都不一样。利益的源泉和威胁的来源都发生了变化。再加上生态环境等全球性问题及许多人类尚未完全认识，也缺乏有效对付手段的危险的出现，可以说，国际社会中的安全关系和安全观念正在发生前所未有的变化。

第三，全球化赋予国际竞争新的内涵。虽然全球化促使人类共同利益增多，但是相互竞争并未减弱，甚至比以往更加激烈和残酷，竞争的领域更加宽广。国家之间的竞争不仅继续聚焦于生存和发展的竞争，而且还进一步延伸到文化、生态、环境和气候等领域。过去，生存竞争主要是军事竞争，发展竞争主要是经济和科技的竞争。但是，在全球化时代，政治与经济连锁互动，各国政策相互联系，相互制约，每个国家都在改变竞争策略和竞争手段，从而使国际关系更加复杂多变。

全球化不仅重塑了国际关系，而且对国际关系的主要行为体民族国家及其主权构成挑战。国家作为国际体系中最重要的行为体，在全球化的进程中必然会受到相应的影响。主权是一个民族国家所拥有的独立自主地处理其内外一切事务的固有的最高权力。[42] 国家主权由两部分组成，一是内部主权（Internal Sovereignty），即国家对内享有最高的和最强的政治权威；二是外部主权（External Sovereignty），即国家在国际社会中是平等的一员，享有独立自主权。国家主权具有独立性、自主性和排他性三个属性。国家在任何时候、任何情况下都是以维护自身最大利益为原则，一切决策和行为以自己意愿为转移。一旦全部或部分地失去这些属性，无法以自身利益为最高原则，以自己意愿为唯一转移时，国家主权就受到削弱。

当前，虽然国家仍是国际关系中最主要的行为体，主权仍是国家和国际关系的基石。但是，全球化的进展使国家利益的内涵外延都在发生变化。资源的全球配置、紧迫的全球性问题、非国家行为体的崛起，都对国家主权或主权的行使造成不同程度的影响。

1. 国家主权的限制与延伸

全球化说到底是相互依存关系在全球范围内的深化。基欧汉和奈在论述相互依存与相互交往的联系与区别时特别强调，只有交往的双方达到了相互付出代价的程度才是真正的相互依存。在相互依存的情况下，一方面国家通过国际贸易和国际投资源源不断地享受到各种经济利益和权利；另一方面国际规则和国际惯例使国家在决定经济政策时受到越来越多的限制。一个国家要扩展贸易，就必须服从和遵守以世贸组织为代表的国际贸易体制所规定的各种制度、规章和程序。尽管国际货币体制不合理，但是在新的体制没有形成之前，任何一国不能不按照国际货币基金组织订立的制度办事。否则，你就无法融入国际贸易和国际金融的主流，一国所具有的比较优势也就无从发挥和体现，一国经济发展所需要的资金和技术就不会进来。任何无视国际规则和国际惯例的政策和措施，都会不同程度地受到别国的反对、抵制，从而使本国政治经济利益受到损失。欧洲货币一体化就是一个很好的例子。欧元作为单一货币，给欧盟各国带来的巨大好处是不言而喻的，但是任何欧盟国家要加入货币一体化进程，在现阶段就要使本国经济政策服从以下一系列硬性规定。这些规定是：财政赤字不能超过国内生产总值的 3%，公共部门债务不能超过国内生产总值的 6%，通货膨胀率不能超过 3%，银行利率不能超过三个最低利率的平均数 2%以上，在欧洲汇率机制内不能重新调整波动幅度等。[43]这些按传统正确理论来看无一不是违背了国家主权的。但是，在接受了限制性条款，也即在主权的某些方面受到限制的同时，参加欧洲货币一体化的任何一国都把自己的货币主权扩展到了其他一体化成员国中，本国的公司和企业可以自由地不受限制地在 11 个成员国中购买、售出和投资。

因此，可以认为在全球化时代里，主权概念正在发生变化。这种变化是沿着两个不同方向展开的。首先是国家主权的独立性、自主性和排他性的倾向进一步强化。上述欧洲货币联盟是以国家为单位参加，各国根据自己的需要自主决定是参加还是不参加。欧盟可以通过各种决议，但需由其成员国各国自主决定是同意还是反对。其次是主权的对等共享倾向也在发展。在符合国家根本利益前提之下，国家可以出让一部分主权，以换取分享其他国家的一部分主权。在全球化时代里，既有对国家主权的限制倾向，又有对国家主权的延伸倾向，这两种倾向都在发展。使这两种成反方向发展的倾向形成统一的是国家利益。在全球化时代里，国家利益变得更加复杂多变。因此，有时国家利益强烈地通过主权的独立性、自主性和排他性表现出来，有时则以主权部分出让和共享来体现。

2. 危机的传导与主权

外部的政治经济形势恶化可能成为国内政治经济和社会的不稳定因素。这里有两个原因,一是全球化的进展使各国之间的政治经济利益紧密相连,特别是在经济上已经到了你中有我、我中有你的地步,从而形成一损俱损、一荣俱荣的格局。危机袭来时,国家主权处于十分微弱的境地,几无招架之功。二是信息的全球化,广播电视把万里之外不同国家的人民连接在一起,他国的政治危机和经济恐慌就成了邻屋的火灾,不能不引起邻国的关注和反应。东南亚金融危机就是一个极好的例子。从理论上讲,各国都有权自主决定汇率的高低,金融监管的松紧。但是当泰铢受到攻击时,在跨国资本强大的压力下,国家已无力行使这些主权。各东南亚国家货币当局先是不得不与泰铢共命运,最终又不得不在国际投机的压力下放弃保卫本国货币的努力。当败局已定,泰国、韩国又不得不接受国际货币基金组织提出的各种苛刻条件,而且还必须按国际货币基金组织提供的措施,大幅度调整经济发展战略,降低经济发展速度,削减财政预算,进一步加强对外开放等,从而把相当一部分经济主权拱手相让。

3. 全球性问题对主权的侵蚀

难民、毒品、走私、核扩散和生态危机、环境危机都是跨国境的,其原因非因一国而起,其解决也非一国所能。例如2000年初,因全世界温室效应之故,太平洋水位上涨,结果使南太平洋小国图瓦卢于2月19日下午5时至20日下午5时之间全国被淹。在将近一天时间内,该国周围海面上升了3.2米,而由9个环形珊瑚岛组成的图瓦卢最高海拔只有4.5米。该国机场和大部分房屋淹入海中。图瓦卢的前总理说图瓦卢是“温室效应的第一个受害者”。如温室效应不被制止,图瓦卢将很快被汪洋所吞噬。他呼吁图瓦卢的人民另觅栖身之地。国将不国,主权何在。这虽然是一个特例,但全球问题对国家主权的挑战却是显而易见的。然而,与此同时,不能不看到一些西方发达国家借全球问题公然向发展中国家施加压力,粗暴地践踏发展中国家的主权和尊严。例如在1992年召开的联合国环境与发展问题的特别会议上,美国等以保护森林和大气为借口对巴西的亚马孙森林提出主权要求。当时的美国副总统戈尔说,“亚马孙森林不是他们(巴西)的,而是属于我们大家的”。法国前总统密特朗也说,“巴西对亚马孙只拥有相对主权”。[44]

随着各方对全球性问题的关注,20世纪80年代以来产生了许多国际协议和条约，并组建了相应的国际机构。但是这些条约、协议是由发达国家主导和起草的，这些国际机构又都是为发达国家所控制和影响的，较多地反映了发达国家的利益和愿望。更因为发达国家在经济、技术和管理上的优势，使它们履行条约的条件成熟，从而使发展中国家处于不利地位，主权被削弱和限制的现象比比皆是。例如，1972 年第一届联合国环境与发展会议通过的《斯德哥尔摩宣言》就强调，各国虽然有开发使用其自然资源的权利，但又规定有责任不使开发活动影响和危害他国环境。再如，在 1997 年 9 月通过的关于保护臭氧层的《蒙特利尔议定书》的履行问题上，发展中国家就处于极其不利的状况。该议定书及其修正案规定所有含氟的生产量和消费量必须分阶段到 2000 年削减至零。发达国家早在技术上做到了这一点，而大多数发展中国家则在经济上和技术上难以如期兑现。届时发展中国家的相当一部分出口将会被视为非法。虽然这个条约本身没有歧视，但发达国家和发展中国家之间历史和现实的差异，使环境问题对发展中国家的政治主权和经济自主产生种种限制和制约。

4. 非国家行为主体对主权的分享

关于非国家行为主体及其作用，本书已经进行了理论分析，本章的第一节中又对非国家行为主体的数量增加作了介绍。

一般而言，非国家行为体大体上有三类。一是由主权国家构成的政府间国际组织。二是以绿色和平组织为代表的非政府国际组织。三是作为国际市场主体的跨国公司。在此，只对前两类非国家行为体进行分析，跨国公司随后有专门的章节进行讨论。

国际组织在国际社会中具有独特的权力和影响力，其权力来源于两个渠道：一是各主权国家的让渡和国际法、国际条约界定的共识；二是政府间国际组织所拥有的经济、技术影响和手段。后一种权力是大多数国际组织所赖以生存发展的最重要的权力资源。例如，国际货币基金组织、世界贸易组织等，它们作为专业性、技术性组织，凭借其经济、技术影响和专门知识在国际金融、国际贸易中拥有至关重要的地位。虽然包括联合国在内的政府间国际组织并不是世界政府，无权对主权国家发号施令，但随着全球化的迅猛发展，国家面临的传统和非传统安全风险越来越多，国际竞争越来越激烈，世界各国普遍感到力不从心，难以单枪匹马承受生存与发展的严峻挑战。因此，它们对国际组织的需求和期望值就越来越大。冷战结束后，国际货币基金组织的作用不断加强，由仅仅原来的国际汇率管理人上升到世界经济的管理人。世界贸易组织取代了冷战初期建立的关贸总协定,通过制定新的贸易规则,把知识产权、劳工和环境、竞争政策、可持续发展等诸多问题都纳入其管辖范围之内。七国集团原来的职能仅限于为西方国家制定宏观经济政策,共同就战略安全和能源安全进行协调,冷战后两个市场的合并使七国集团接管了为全球制定经济政策的权力,并随着俄罗斯的加入而扩大为八国集团。

即使是政治性很强的国际组织也没有在冷战后失去其生命力,从本质上讲联合国只是一个讲坛,而且不乏被超级大国操纵利用的一面。但是,即使如此,从 20 世纪 80 年代后期起联合国还是成功地结束了两伊战争,迫使苏联从阿富汗撤军,在柬埔寨建立了联合政府恢复了和平,结束了萨尔瓦多内战,安排了纳米比亚选举,解决了东帝汶独立问题,等等。20 世纪 90 年代以来,在科索沃问题上美国曾一度想甩开联合国,结果无功而返。1999 年 4 月,美国出于其控制欧洲的战略需要,绕开联合国,出动北约军事力量对南联盟狂轰滥炸了 78 天。但是,北约越炸,南联盟斗志越强,战争有长期化趋向,美国政府在国内外受到空前压力不得已之下,只好重新回到联合国,寻求政治解决。联合国安理会 1999 年 6 月 10 日通过了关于科索沃问题的 1244 号决议,[45]才使这场局部战争告终。根据此项决议,安理会授权秘书长在有关国际组织的协作下,在科索沃设立国际民事存在,以便在科索沃建立一个临时行政当局,使科索沃人民能够在南斯拉夫联盟共和国内享有高度自治,这一民事存在被称为"联合国驻科索沃临时行政当局特派团",即联合国特派团。[46]

联合国的作用在战后伊拉克问题上也能得以体现。当 2003 年 3 月 20 日,美国对伊拉克发动先发制人战争时,美国撇开了联合国,采取的是单边行动。然而,战后美国在伊拉克陷入困境。无论是应对伊拉克国内混乱的安全局势,还是在战后重建等问题上,美国都需要联合国多边机制的帮助。2004 年 6 月 8 日联合国安理会通过的第 1546 号决议,首次确立了联合国在伊政治进程中的主导地位,联合国将帮助伊拉克召开全国对话会议、组织选举、制定宪法、进行人道救援等。这些案例都能证明,作为多边主义中心的联合国在国际事务中的作用仍不可替代,而且为了未来联合国功能的发挥,国际社会正在谋求改革联合国。

由于冷战结束后,国际体系的结构发生了根本性改变,从两极结构向多极化方向发展。经济全球化进程在加快,国际关系民主化趋势越来越明显,国家发展模式呈现多样化特征。与此同时,许多问题也浮出水面,诸如地区性冲突、反全球化运动，以及非传统安全威胁等，增加了国际社会的不稳定因素。此外，联合国自身也不断暴露出许多弊端，诸如机构臃肿、效率低下等等。因此，联合国的改革成为国际社会的热门议题。联合国全面改革的议题主要集中在两个方面。一个是联合国机构改革，核心是安理会的扩容，以及精简机构，提高效率，削减开支，等等。另一个是关于新集体安全观的建立。其中，安理会扩大规模、增加常任理事国和否决权等问题最为敏感。印度、巴西、德国和日本角逐安理会常任理事国席位，尼日利亚、南非和埃及则争取以非洲代表身份进入安理会。联合国是在战后初期各国实力对比的基础上建立的，冷战后的安理会改革，实质上是权力的重新分配。德国、日本和巴西、印度等国家争取成为常任理事国这一事例，反映了国际社会力量结构的变化。

国际组织具有政治障碍少、灵活性强的优势。主权国家之间往往因政治经济利益冲突而陷入政治外交困境乃至兵戎相见。国际组织则因无具体利害关系而在国际关系中能绕开敏感问题，开辟各种对话、沟通的机会和前景，推动主权国家和睦相处。特别是冷战结束以后，原来被两大阵营军事对峙所掩盖和所压制的矛盾纷纷表面化，各方利害错综复杂，盘根错节，单靠当事国双方是很难解决争端，实现关系正常化的。冷战结束后，亚太地区之所以比较稳定，没有发生大规模的动乱，很大程度上要归功于亚太经济合作部长级会议、东盟论坛、东盟外长扩大会议等各种非国家行为主体的频繁活动和在其框架内的交流。尤其令人瞩目的是磋商朝核问题的六方会谈。

朝鲜核问题始于20世纪90年代初，在朝核危机的演变过程中逐渐形成了六方会谈的多边机制。1993年，朝鲜因美国和韩国继续进行“协作精神”联合演习和国际原子能机构要求检查其军事设施，威胁美国将退出《不扩散核武器条约》，朝鲜半岛的核危机拉开了朝美核对话的序幕，两国于1993年在日内瓦签署了关于朝核问题的《框架协议》。但是由于双方缺少足够的互信，协议的执行缺乏必要的监督，该协议到2002年事实上已经不复存在。这一年，朝方承认了核计划，将原因归咎于美国，并指责国际原子能机构和《不扩散核武器条约》是美国执行其反对朝鲜的政策工具，再次宣布退出《不扩散核武器条约》。朝鲜半岛局势再次告急。但是，朝鲜外务省很快就发出要求同美国直接对话的信号。2003年4月在中国以及国际社会的共同努力下，中、朝、美就朝核问题在北京举行了三方会谈，不久，日本、韩国和俄罗斯加入朝核问题的磋商，成为六方会谈。2003年8月中国、朝鲜、美国、韩国、俄罗斯和日本在北京举行了第一次朝核问题六方会谈，到 2005 年六方已经进行过五轮会谈。目前六方一致认同以和平方式实现朝鲜半岛无核化，这成为今后解决朝鲜半岛核危机的重要共识和基础。六方会谈的意义在于，它建立了相互敌对的国家进行安全对话的多边机制，将朝鲜半岛一触即发的紧张局势引向缓和，成为化解朝鲜半岛僵局的重要途径。不仅如此，随着六方会谈的深入，会谈还推动了朝日恢复邦交的谈判。朝日从 1991 年开始进行旨在实现关系正常化的谈判，于 2002 年因分歧严重而被迫中断，2006 年 2 月双方重新开始恢复邦交的谈判。令人遗憾的是，自 2011 年金正恩上台成为朝鲜最高领导人后，六方会谈又出现新的波折。因朝方频频试射导弹，继续核武器研制，近年来六方会谈基本上陷于停顿。

从国际关系研究的角度来看，非国家行为主体，特别是其中国际组织对国家主权的分享，实际上是国际关系中国际协调和国际机制的地位正在上升，作用正在扩大。研究国家主权与国际制度之间的相互关系，将是国际政治经济学的一个新热点。

当然，在认识全球化对国家主权的影响和挑战时，必须坚持两点论。全球化在限制一部分国家主权的同时，又使国家相应地共享了他国的主权。对国家主权的限制和共享的两种倾向都在发展。无论是限制还是共享都以国家利益的需要为转移，而且是一种自主的行动，这本身也是对国家主权的行使。可以认为，民族国家正是通过这种主权的使用，从各方面、各个层次实现了对全球化的引导、协调和管理。全球化既给国家主权带来收益，也需要主权国家承担相应成本。国家作为一个理性的行为主体，在全球化过程中也必然遵循成本—收益法则来决定其行动，以最大限度享受利益，承受最大限度的风险。

在主权问题上，国家在全球化过程中是谨慎的。如果在全球化潮流中过度出让主权，以至失去自我时，国家便会放慢乃至中断对全球化的追求，反之则会积极推进。因此，在经济全球化过程中，主权的让渡、共享、限制、延伸都是以国家利益为基轴而展开的。

第三节　新安全观的问世

从传统的军事安全观向综合安全观的转变，反映了全球化对国际关系的重大影响。冷战时期，传统安全观对维护世界稳定与安全起了不可忽视的作用，但是也存在明显的局限性。冷战结束后,传统威胁的重要性开始下降,军事力量在国际政治中的作用不断降低,高级政治的重要性逐步让位于低级政治,安全威胁的要素也发生了变化,经济安全、环境安全、人的安全等新的非传统安全问题相对于传统安全问题显得格外突出。

随着全球化的发展,一批传统安全观所无法包容和对应的新问题开始出现了。例如环境问题,上文曾提到因地球变暖引起海平面上升,使主权国家被淹,无处存身。又如 1997 年东南亚金融危机,国际金融的起伏变动对有关国家造成了比战争还大的破坏力。再如有组织犯罪和贩毒,不仅使普通老百姓无法安居乐业,社会动荡不宁,而且使不少国家的政权岌岌可危。大量事实表明,全球化对传统安全观构成了严峻挑战,需要人们高屋建瓴,从历史高度重新定义安全概念,重新审视安全内涵,重新确定安全战略与政策。新安全观由此应运而生,共同安全观、合作安全观和综合安全观是其主要表现。

1. 新安全观的产生

第二次世界大战后兴起的新技术革命是新安全观产生的重要原因。战后以来,随着科技的发展,高科技及其产业不仅促进了劳动生产率的大幅度提高,而且成为衡量一个国家综合国力的重要标志,技术也由此成为主导战后国际关系变革的关键因素之一,并改变了安全的特性。随着现代科学技术的发展,国家间相互依存的趋势日益加深,世界经济全球化和地区经济一体化不断深化,世界各国相互融合,形成了一荣俱荣、一损俱损,以及你中有我、我中有你的全球网络。一国的安全与另一国的安全互为条件和因果,安全不再是相对的和排他的,而是成为各国共同的、相互的安全。尤其在冷战结束后发生的诸多事件证明了安全问题越来越具有普遍性和相关性。1997 年至 1998 年的亚洲金融风暴、2001 年的“9·11”事件、2003 年的“非典”肆虐、2004 年波及亚非 12 国死伤达 12 万人的印尼大海啸、2005 年的禽流感蔓延以及 2014 年埃博拉病毒疫情肆虐西非并传播到美欧,都给直接受害国乃至整个世界的安全带来了极大的冲击和震荡。这些非传统安全问题都超出了传统安全理论的观察视野。

非传统安全问题本身的复杂性,使得建构一种全新的安全视角成为必要。当今世界的安全威胁已经遍及人类生活的各个角落,民族问题、地区冲突、边境争端、大规模杀伤性武器的扩散、跨国犯罪、恐怖活动、金融危机、人口问题、粮食问题、艾滋病、贫困问题、能源安全、生态环境和气候变化等等,无不威胁着人类的生存和可持续发展。这些非传统安全议题的出现需要人们以全新的视角和方法来认识和对待它们。由于非传统安全问题不能直接用传统的安全理论进行解释，甚至与传统安全的某些研究命题相悖，因此需要变革和发展传统安全理论，树立新的安全理念。

2. 新安全观的要素

新安全观源于传统安全观，但又是对传统安全观的扬弃。在全球化的冲击之下，安全观中的安全主体、安全要素、安全结构、安全手段和安全性质五个要素都有了新的内容和新的解释。

首先，安全主体的多元化。安全的主体不再局限于国家。近年来，出现了人的安全、社区安全、国家安全、地区安全、全球安全等种种提法。虽然这些概念不一定都能站住脚，但其本质基本上是一样的，即要突破以国家为单位来考虑安全问题。这一观点，在全球性问题上特别有说服力。以环境污染为例，它既危及到个人的生存发展，也威胁到集体、国家乃至于国家群体和全世界各个国家。臭氧层被破坏，对个人而言增加了皮肤癌的发病率；对有些国家而言，面临全部或一部分国土被淹；对全球而言，气候变坏、灾害频发。面对这些新问题，光讲国家安全是不够的，应该小至个人，大至全球，在各个层次建立有效的安全机制。

其次，安全要素的多样化。除了领土、人口、资源和政治主权等传统安全要素之外，经济、社会、文化、科技和环境等领域里的相互依存关系的深化使这些因素对安全的影响日益上升，成为新的安全要素。全球化是“双刃剑”，既给人类社会带来好处，也给人类社会带来风险和灾难。讲安全要素的多样化、综合化，实际上是对于全球化风险的防范和对应处理，这就导致了经济安全、社会安全、文化安全、科技安全、环境安全等新提法。虽然这些领域里的威胁和麻烦同有组织有目的的暴力威胁有着本质区别，但是不加防范，其后果与有组织的暴力并无二致，甚至有过之而无不及。因此，在自然资源日趋短缺、环境日益恶化的情况下，只强调领土、主权等传统安全因素，而忽视经济、文化、社会、科技以及环境等新安全因素，其安全观念是残缺的，是无法适应全球化时代的。这方面除了人们已经耳熟能详的全球金融危机和“9·11”事件以外，随着网络经济而频频出现的黑客又是一个极好的例证。1998 年两个中学生侵入了美国国防部电脑系统，数月后才被发现。1999 年 3 月，美国人大卫·史密斯在国际互联网上引爆邮包炸弹，使梅利莎病毒侵入全世界 100 万台电脑，造成 8 000 万美元的损失。2000 年

2月初，5名18岁至22岁的少年向“雅虎”等大型美国网站发起攻击，致使多家大型网站中断服务数小时，造成严重损失。美国联邦调查局介入调查此事。美国总统克林顿于2月15日召开因特网安全高级会议，商讨对策。

第三，安全结构的综合化。根据上述对安全主体、安全要素变化的分析，对安全结构的综合化已不难理解。所谓安全结构，是指影响安全的各种因素的相互关系。安全结构综合化的意思是经济、文化、社会、科技和环境等众多新要素的重要性已经出现了超过领土、人口、资源和政治主权等传统安全要素的势头。当然，不同的国家在不同时期，其安全结构中的各种要素排列是不一样的。对有些国家来说，传统安全要素仍然未得到保障。但是，在新的世界大战暂时打不起来，和平与发展是时代主题的基本情况下，经济、科技、文化、社会、环境等非传统因素在安全结构中的地位上升是不争的事实。

第四，安全手段的复合化。安全要素的变化决定安全手段的变化。在传统安全观看来，军事手段居支配地位。这是传统安全观中强烈的政治意识所决定的。而军事只不过是政治的延续。随着安全要素的变化，主要是指经济、科技、文化、社会、环境因素的上升，以军事为主的安全手段也必须有相应的变化。对经济、科技、文化、社会和环境来说，武力固然仍可强迫他人在这些问题上让步，但毕竟是背景性的、间接性的，无法直接奏效的。这些问题既不能通过战争来解决，也无法用武力来换取。新的安全要素，只能用新的手段去维护。安全手段的复合化要求人们首先要有观念上的突破，放弃武力万能的旧观点。西方各国可以为贸易争端在外交上闹得不可开交，但迄今为止没有出现因贸易争端而兵戎相见。

特别要指出的是，用军事手段来维护安全是一种零和游戏，胜利者和失败者之间无共同利益可言。但是，在新安全领域里，并非如此，往往追求的是双赢，一方的安全维护，并不需要另一方安全利益的损失。以债务危机为例，长期拖下去，一部分发展中国家的债务越滚越多，最终经济崩溃，发达国家也因此而丧失全部债权。其根本出路是，为发展中国家创造一个比较好的国际环境，使其经济健康发展。这样才能使债务国和债权国都得到好处。新安全因素要求人们更多地通过对话、协商方式来谋求和巩固安全。

安全手段的复合化的另一个含义，是各种手段的综合运用。这不仅是说经济、文化、社会、科技和环境等新因素本身之间就是相互交叉、相互渗透的，而且任何一种新威胁都无法用单一手段来消除。例如，从根本上解决贩毒问题，不仅要打击贩毒吸毒，而且要让靠种植罂粟的农民获得其他可靠的谋生手段。

第五，安全性质的不可分割性。全球化时代的安全是不可分割的。既然威胁的来源不是来自特定的国家和集团，安全的维护也非一国所能解决，必然要求国际社会各行为主体在考虑自身安全的同时也要考虑其他行为主体的安全，乃至国际社会的整体安全。共同安全、合作安全已经成为共识。共同安全和合作安全提法各异，但其基本思想是一致的，即都认为在相互依存的国际社会中，任何单方面安全措施都无法保证自身安全，只有考虑对手及其他人的安全才能真正有效地满足自身安全要求。所不同的是，共同安全强调的是安全主体的相互依赖性，超出国家层次考虑安全，倾向于地区乃至全球安全。合作安全强调的是安全领域中的对话与协调，认为军事对抗毫无意义。

3. 新安全观的内容

新安全观的安全理念主要包括共同安全观、综合安全观和合作安全观。

共同安全观的构思最早起源于冷战的中心地区——欧洲。1982 年，在第五十二届联合国大会上当时的瑞典首相奥洛夫·帕尔梅（Olof Palme，1927—1986）主持的非政府组织“裁军与安全问题独立委员会”就全球安全提出了一份报告，题为“共同安全：生存的蓝图”。该报告第一次就共同安全要达成的目标、实现的途径、应遵循的原则作了比较系统的分析，在国际社会产生了较大影响。1983 年，联合国大会决定专门组建一个政府间研究小组，重点研究共同安全问题。该小组最后发表了《安全概念》的研究报告，使共同安全理念有了新的发展。

共同安全观与传统安全观相比，同样强调国家的重要性，但它主张要用真正的国际安全，即国家间的共同安全取代传统的以各个主权国家为单位的国家安全。首先，共同安全观认为，在各个国家之间相互依存日益加深的全球化时代，以主权国家为单位，单凭一个国家自己的行动很难获得真正的安全。安全只能是相互的，而且安全不再是“零和博弈”。为此，共同安全观主张，安全不再是每个国家的事务，而是所有国家的共同事务。

其次，共同安全观认为，安全的内涵需要扩大。安全问题并不仅仅涉及军事领域，各国应该从政治、军事、经济、社会、地理和技术等越来越加深的相互作用的角度来分析和解决安全问题。

再次，共同安全观还认为，军事手段既不是实现国家间安全的唯一手段，也不是最佳手段。共同安全的实现，应该遵循两个基本原则，即国际手段高于国家手段、和平手段高于武力手段。

最后,共同安全观主张通过促进军备控制和裁军、开展多边国际合作、强化联合国安全职能等途径实现共同安全。共同安全观的支持者认为,传统的遏制、威慑和联盟战略不仅使各国之间难免陷入安全困境,而且会严重破坏国家间安全合作,以及削弱联合国的安全职能,因此必须摒弃。世界各国尽管在种族、语言、历史、习惯、意识形态、政治体制、社会经济制度,以及发展水平等方面存在极大的差异性和多样性,但不应因此阻挠为寻求共同和平与安全而进行的各种国际合作。

从总体上看,共同安全观是对传统安全观的一种超越,它迎合了时代的发展要求。但是,它的不足在于,在把主权国家看作主要国际行为体的同时,并没有对非国家行为体的重要性给予足够的重视;在考察实现共同安全的途径时,主要着眼于军备控制和裁军等军事领域,仍然带有一定的传统安全观的色彩。

随着冷战的终结和全球化的迅猛发展,新出现的、超越国家疆界的、非军事性安全挑战越来越成为世界各国关注的焦点。残酷的种族和宗教冲突、大规模毁灭性武器的扩散、日益猖獗的国际恐怖活动、人口激增、艾滋病蔓延等等,诸如此类的非传统安全问题严重威胁着人类社会的安全和发展。有鉴于此,联合国开发署在1993年和1994年发表的《人类发展报告》中明确提出:"安全概念必须改变……由领土安全转向食物、就业和环境安全"[47];国际社会必须致力于实现包括工作安全、收入安全、健康安全、环境安全和免于犯罪的安全等在内的"人类安全"。[48]1995年全球治理委员会(Commission on Global Governance)发表报告《天涯成比邻》(Our Global Neighborhood),呼吁必须从过去把重点集中于国家安全的传统做法扩大到包括人民和全球的安全上来。[49]综合安全观由此形成。

综合安全观的核心主张是,当代世界的安全已不只是传统意义上的军事安全,而是军事安全和政治安全、经济安全、文化安全、社会安全、环境或生态安全、人的安全等的有机结合,即"综合安全"。[50]其中,综合安全观最为强调的就是经济安全和人的安全。经济安全和人的安全是非军事安全中最为人看重的两个方面。

所谓经济安全(Economic Security),有两个层面:首先是经济发展的国内环境结构和体制;其次是参与国际竞争的能力和相应的国际政治保证。经济安全的提出着眼于国家提高在全球化浪潮中的生存能力,以经济实力来弥补和加强政治军事安全。经济安全的基点是经济利益不受损害,经济发展不受威胁。

经济安全的提出反映了金融危机、贸易危机、债务危机、能源资源危机等全球化经济波动所具有的强烈的相关性和杀伤性。民族经济在全球经济面前十分无力,相互依存既使每个国家从投资和贸易中得到好处,同时又使其国内经济暴露在国际投机者面前,极易受到攻击。

经济安全有国内经济安全和国际经济安全两个侧面。前者是指一国的经济体制和秩序是否符合国情,是否正常运转。其中包括金融货币制度、产业结构、资源配置、市场秩序、信息传递和分配机制。后者是指国际经济制度与秩序是否能保障各个国家的经济发展,是否具有迅速而有效的危机管理能力和调节能力。发展水平的不同,对国内经济安全和国际经济安全的需求也不同。对大多数国家来说,加强经济安全的根本途径是:通过不断加强知识资本和技术创新,不断提升产业结构,加强经济法制建设,强化国际竞争能力,同时积极参与国际经济"游戏规则"的制定,确保自身经济利益不被侵犯,同各类国家开展经济合作,以保持和谐的国际经济环境。

所谓人的安全(Human Security),是一种全新的安全观。人的安全并非排斥民族国家意义上的安全,而是从个别与一般、个人与整体的角度来看安全问题,把安全的基点放在一个个具体人的身上,所有个别人的安全有了保证,国家和全球的安全就有了保证。

1994 年联合国开发署在《人类发展报告》中将人的安全概括为七个方面:(1)人的经济安全,即就业的稳定、收入的确保和社会保障的充实;(2)人的粮食安全,即食品和营养的确保;(3)人的健康安全,即医疗服务的充实和改善;(4)人的环境安全,即对洁净饮水的稳定供应和对环境污染的治理;(5)人的人身安全,即阻止对个人的暴力和犯罪;(6)人的社区安全,即把人从民族对立和宗教冲突中解放出来;(7)人的政治安全,即确保基本人权。[51]"人的安全"这一观念正逐步进入到各国公众之中。近几年来全球性禁止对人使用地雷运动的兴起就是一个例证。

概而言之,综合安全观不仅更彻底地摒弃了传统安全观过于重视军事安全的做法,而且更全面地顾及到了各种国际行为体的不同安全需求。它不仅被越来越多的国家接受,甚至已经成为很多制定国家安全保障战略的理论基础。

合作安全观是新安全观的另一种表达,其思想早在 1988 年就已经由美国布鲁金斯学会提出来了。1990 年 9 月,加拿大外长克拉克在联合国大会发言中指出，亚太国家应根据冷战结束和亚太地区安全所出现的新情况，重新定义安全的概念，追求合作安全。他说，合作安全就是在互信基础上开展多边合作，取代以均势为基础的冷战安全观。[52]

合作安全观的实质内容就是主张通过合作谋求安全。安全被看作是一种群体行为，因此应通过地区内所有国家间的合作来实现和维系。首先，合作安全观在承认国家是国际事务主体的同时，也承认非国家行为体在国际事务中的作用。它因此主张，安全合作并不应仅限于国家行为体之间，还应在非国家行为体之间，以及国家与非国家行为体之间展开。而且，各种行为主体之间不论观念是否一致，地位和作用是否匹配，都应参加安全合作。

其次，合作安全观吸收了共同安全观和综合安全观的有益思想，大大扩充了安全合作的内涵，不仅提出要深入探讨军事合作的途径，而且强调要将环境恶化、疾病蔓延、人口问题、跨国犯罪、恐怖活动等全球性问题纳入安全合作的议题。

最后，合作安全观的倡导者认为，安全合作可以通过多种渠道、采取多种形式进行，既可以是官方的，也可以是非官方的；既可以是多边的，也可以是双边的；既可以致力于建立一个有约束力的正式机制，也可以达成非约束性的规范和共识。

总之，合作安全的核心是合作，它强调相互对话、相互包容、相互信任、相互受益。合作安全观的重点不在于界定安全的新内涵，而在于强调实现安全的新途径。这是它区别于共同安全观和综合安全观的一个重要特点。与另外两种安全观一样，合作安全观也日益成为很多国家制定安全战略的重要理论依据。

4. 新安全观与综合安全保障战略

新安全观的提出并没有停留在观念层面，而是不断深入到了政策层面。由于安全观的概念和内涵发生了变化，国家安全战略和政策的转变也就是不可避免的了。综合安全保障战略的提出和推广就是新安全观的实际应用。综合安全保障战略自 20 世纪 70 年代后期提出后，其影响力不断扩大，越来越多的国家采纳了这一战略。

综合安全保障战略是日本率先提出的。众所周知，日本在战后制定了“和平宪法”，声称放弃战争。尽管战后五十多年来，日本军国主义的残余并未被彻底清除，不断有人为侵略翻案，妄图复活东亚共荣圈，但是总体上日本走的是和平发展道路。战后形成的政治格局以及后来日本经济力量的增长决定了日本首先在安全观上有所突破。20世纪70年代初的两次石油危机，使经济对外高度依赖的日本深切地感到，确保能源资源的供给“具有安全保障意义上的重要性”。[53]以此为出发点，日本著名的思想库野村综合研究所于1977年12月提出一份政策报告，首次提出“综合安全保障”的概念。1978年11月，新当选的日本首相大平正芳提出，要把“综合安全保障战略”作为其施政的基本政策之一。他组织了一批专家学者对“综合安全保障战略”作了全面的探讨。据他们的解释，所谓综合安全保障政策就是：日本除了坚持日美安全条约和有节制地建设高质量的自卫队以外，还需要动员经济力量、科技力量、外交力量、文化教育等方面的力量综合地谋求日本的安全。其核心是：日本必须完整地考虑安全，包括危及国家利益的军事威胁和非军事威胁，并保证国家的一切资源可用于促进国家安全。在综合安全保障战略的大框架里，还有能源安全保障、粮食安全保障，大规模地震和危机管理等具体的政策和措施。1980年日本正式把综合安全保障战略定为日本的国策，并成立了以首相为首，外交大臣、大藏大臣、农林水产大臣、通商产业大臣、运输大臣、内阁官房长官、经济企画厅长官、防卫厅长官和科技厅长官为成员的综合安全保障内阁会议。

最先接纳综合安全观和综合安全保障战略的是东盟国家。东盟国家由于经济实力弱小，民族、宗教矛盾尖锐，政治不稳，因此十分认同综合安全观和综合安全保障战略。东盟国家认为，通过推行综合安全保障战略可以拓展东盟国家活动的舞台，提升东盟在国际社会，特别是在亚太地区的地位。

东盟国家还发展了综合安全保障战略。各国都接受了综合安全保障战略这一概念，并根据自身情况有所改造。与日本的“综合安全保障战略”着重于防范外来威胁相比，东盟国家的综合安全保障战略着重于国内稳定。新加坡提出了通过“总体防御”实现“总体安全”的设想，强调通过达成统一的民族认同和经济发展来维护国内稳定。新加坡的“总体防御”包括心理防御、社会防御、经济防御、民防和军事防御五个方面的内容。马来西亚则把反吸毒、反极端宗教主义、打击非法移民、反经济萧条等都列入其综合安全对策的范围。前首相马哈蒂尔指出：“安全并不限于军事能力。国家安全与政治稳定、经济成就及社会和谐密不可分。”[54]

预防外交(Preventive Diplomacy)成为综合安全保障战略的新涵义。1992年和1994年，时任联合国秘书长的加利先后发表了《和平的课题》和《发展的课题》两个报告书。加利指出：“人类社会正站在建立全球规模的综合安全保障体制的出发点上。”他在强调“发展是最为坚固的和平基础”的同时，还指出，由于冷战的结束，国际环境的变化，各国外交的重点应该从以核武器相互威慑为主要内容的"抑制外交"向以维护和平为主要内容的"预防外交"转变。所谓预防外交有三个阶段，即防止当事者之间发生争端，防止争端进一步发展，防止争端的扩大。

近几年来以马来西亚、新西兰和中国为主席国的亚太安全合作理事会（CSCAP）专门成立了综合与合作安全工作组，对综合安全保障战略作了进一步探讨。1996 年该理事会发表《亚太合作理事会关于综合与合作安全第三号备忘录》，再次强调综合安全应该除军事以外，还包括政治、经济、社会和其他问题。这个备忘录还指出了综合安全的七项原则，即综合原则、相互依存原则、合作和共同安全原则、自力更生原则、包容性原则、和平接触原则和好公民原则。《备忘录》还依据这些原则，提出一系列加强综合安全的措施，呼吁各国应大力开展预防外交，和平解决冲突与分歧，要求各成员国的军事力量在本质上应尽可能地保持防御性和非威慑性。[55]

第四节　综合国力竞争的潮流

综合国力竞争是冷战后出现的国际新潮流。但是，综合国力竞争取代军备竞争的必然性却是全球化决定的，是全球化重塑国际关系的重要体现之一。

1. 综合国力理论的兴起

综合国力（Comprehensive National Power）的理论渊源可以追溯到欧洲 17 世纪国势学的创始人德国学者康令（1606—1681），他的国势研究的要素体系已接近于现代综合国力的要素结构。他认为决定国家重要事项的四个因素分别是国家的土地与人口（质料因素）、国体与政体（形式因素）、国家的财政和军事力量（动力因素）、建设国家的目的（目的因素），并且解释了这些要素之间的内在联系。在他之后的学者将他的静态比较研究发展为动态研究，并开拓了一种研究国家政权如何在一定目的和条件下运用这些国力的动力学系统，使国势研究论基本具备了现代综合国力论的雏形。

英国的古典政治经济学创始人威廉·配第（W.Petty，1623—1687），运用数量分析手段对国情国力进行比较研究，成为政治算术学派的重要代表人物。当时的英国正与荷兰和法国进行领土扩张方面的争夺，迫切需要荷兰和法国国情国力方面的统计资料。配第通过对三个国家的现实力量和潜在力量进行分析比较，指出了英国的富强之路，并最终得出英国能够超过荷兰和法国成为世界头号强国的结论。

另一位英国古典政治经济学代表人物亚当·斯密(Adam Smith，1723—1790)，从财政金融实力的角度提出了一种强国致富论——重商财政学派，从财政金融实力的角度提出了一种强国致富论。17 世纪的欧洲战事频仍，能否支付战争开支不仅和实际国力有关，而且还和一国的财政金融实力及有效的信贷体系密切联系。财政金融能力成为衡量一个国家国力强弱的重要指标。斯密于 1776 年发表的《国富论》也因此被视为重商财政学派国力论的代表作之一。

19 世纪末，美国历史学家、地缘政治学者阿尔弗雷德·马汉(Alfred T.Mahan，1840—1914)在其著名的《海军战略》一文中，从地缘政治与战略的角度系统地提出了一种强国称霸学说，将一国凭借其实力夺得制海权作为衡量世界强国的标准，并提出了夺取制海权所必须具备的六项条件(地理环境、自然环境、领土、人口、民族素质及政府机制)。马汉认为，英国之所以能成为当时全球最强大的"日不落帝国"，其原因就是它建立了海上霸权。马汉的这一理论在两次世界大战中均得到了验证，他本人也因此而成为西方近代海权国力论的开创者。

以上是近代综合国力论的发展脉络，从中可以看出，早期的综合国力论偏重于强调军事实力，缺少一种综合运用国家其他各种力量的大战略理念。这种状况在 20 世纪初期得到了突破。

2. 综合国力理论的发展

英国著名军事理论家利德尔·哈特(Liddell Hart，1895—1970)在其《战略论》一书中首先提出"大战略"概念。所谓大战略，就是指通过调节和指导一国或数国的所有资源来实现原来只有诉诸武力才能达到的政治目的的国家战略。其要点是综合运用国家的各种力量，包括国家政治和政策、军事、经济、外交、民族素质、思想、道义以及各种精神因素，来实现国家政策所规定的政治目标。

美国德裔学者、国际政治学大师汉斯·摩根索(Hans Morgenthau，1904—1980)在 1948 年发表的《国家间政治》一书中，对以往的各种综合国力理论进行了系统的研究，并概括了近代综合国力的性质和各种构成要素。摩根索指出，国际政治就是各国间的权力斗争，权力就是对实力的追求。所有的权力斗争都可归结为保持权力、显示权力和扩大权力三种形式。各国为实现各自的国家利益，就必须提高国家实力即综合国力,综合国力是实现国家利益的手段。他还进一步提出一个国家的实力应由三大部分九个要素构成:一是物质因素构成(地理和自然资源);二是人力因素构成(人口、国民性、民心、外交质量和政府质量);三是人物结合因素构成(工业实力和军备)。摩根索十分注重非军事要素在综合国力中的作用,认为其他要素既是对军事要素的必要补充,也是行使军事力量的基础,并且还强调应将综合国力作为一个国家推行其外交政策的基础。[56]摩根索是西方近代和现代综合国力研究的集大成者,他的观点对以后的综合国力理论研究产生了重大影响。

20 世纪 70 年代,科学行为主义在国际关系研究中兴起。国力问题的研究,也由定性研究转向定量研究。国力定量研究的代表是克莱因及其国力方程式。克莱因是政学两栖人物,曾任美国中央情报局副局长、国务院情报与研究司司长,后在乔治敦大学战略和国际研究中心从事教学与研究。克莱因认为,国力有五个基本要素组成。第一基本要素是基本实体,用 C 来表示,即人口和领土;第二基本要素是经济能力,用 E 来表示,即由国民生产总值和产业结构组成;第三基本要素是军事能力,用 M 来表示,即战略核力量和常规兵力;第四基本要素是战略意图,也称战略目标,用 S 来表示,即国家根本利益的体现;第五基本要素是贯彻国家战略的意志,用 W 来表示,即国民凝聚力、政府领导人的能力和效率,国民对国家战略和国家利益关心的程度。克莱因把国力写成以下方程式:

$$P_p = (C + E + M) \times (S + M)$$

重视精神因素是克莱因方程式的鲜明特点。上述方程式中 C、E、M 分别代表基本实体、经济能力和军事能力,是构成国力的物质基础;S 和 W 分别代表国家战略意图及实施国家战略意图的意志,是国力中的精神因素。

克莱因认为,领土、人口、国民生产总值与产业结构、核武器和常规兵力等物质因素是客观存在的,战略目标、国民凝聚力、政府领导人的能力、国民对国家利益和国家战略的关心等精神因素是主观的。客观与主观之间是互为前提的。物质因素能否充分发挥取决于精神因素。光有精神因素,没有物质基础的支撑也是不可能持久的。因此,克莱因对前三项用加法来评价,而把后两项作为前三项的系数来评价,分别将 C、E、M 设定为 100 分、200 分和 200 分,三项相加总和为 500 分,把 S 和 W 均设定在 0.5—1,两个系数总和最高为 2。如各项均满分,即国力为 1 000 分。如果 C、E、M 所代表的物质基础不变,不同的精神因素将计算出不同国力。如 S、W 之和最低仅为 1,那么国力只有 500 分,反之,精神因素系数越高,国力上升也就越高(见图 5-1)。同样的物质基础因不同的精神因素,可形成不同的国力。从这个方程式中,可充分看出克莱因对精神因素,也即一个国家的主观能力给予了高度评价。

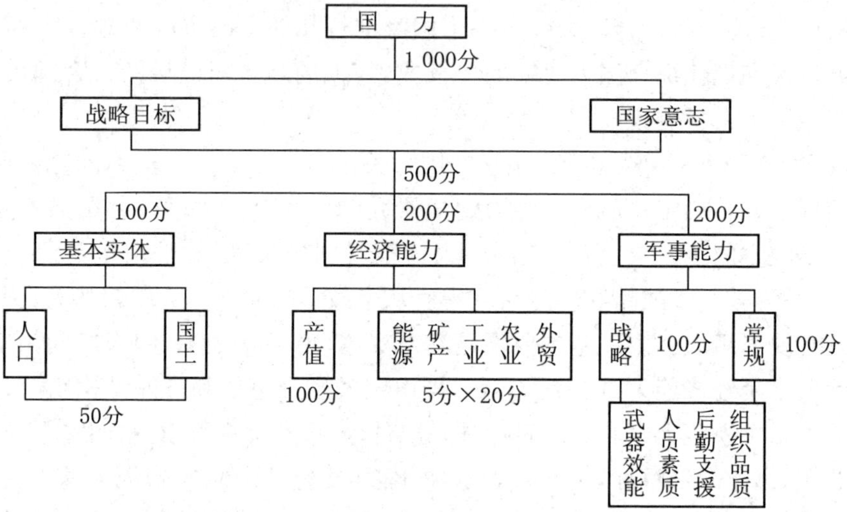

图 5-1 克莱因"国力方程式"得分示意图

资料来源:黄硕风:《综合国力论》,北京:中国社会科学出版社 1992 年版,第 26 页。

日本是经济大国,它对国力中的经济科技因素十分重视。1987 年 5 月,日本经济企划厅组成研究小组对日本的国力进行调查和评价。该研究小组发表的报告书,首次正式使用了"综合国力"一词,为观察分析国力问题提供了一个新视角。该研究报告称,在考虑国力时,要根据国际社会中相互依存不断加深的情况而使用新的国力概念。他们提出国力应该从生存能力、谈判能力和国际贡献能力三个方面综合地评价和计算。所谓生存能力,是当国际上发生危机时国家的生存能力。生存能力由地理、人口、资源、经济能力、防卫能力、国民士气以及与同盟国的友好关系构成。谈判能力是指谈判国根据本国意志行事的能力。谈判能力由军事力量、战略物资、技术和经济力量、外交共同构成。国际贡献能力是指在国际体制中采取主动,通过对国际体制的运行管理来为国际社会作贡献。国际贡献能力是由经济力量、金融力量、科技力量、财政力量、对外政策的一致性和在国际社会的活动能力构成。该研究报告还对上述三种能力分别予以量化,并据此提出了一个综合国力概念和指标模型图。冷战结束后，1995 年至 1997 年，日本经济企划厅研究小组根据形势的变化对综合国力再次作了研究，又提出一个综合国力评价模型。这两个模型的基本概念并无大的变化，所不同的是后一个模型对形成综合国力的七个方面，即基础力量、军事力量、政治力量、经济力量、社会力量、文化力量和信息力量的内涵更加细化。为了方便起见，这里引用该研究小组在 1987 年提出的较为简单易懂的第一个综合国力评价模型，以供参考(见图 5-2)。

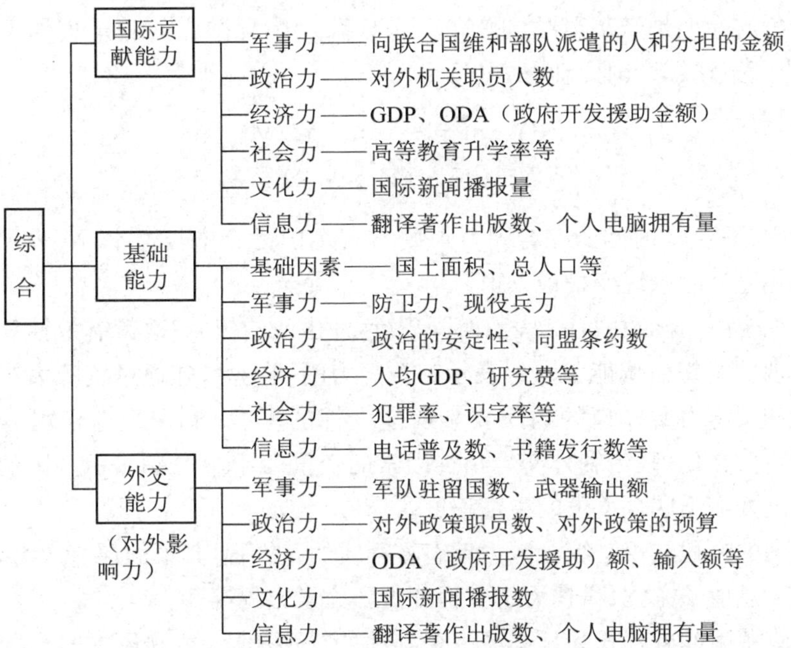

图 5-2　日本经济企划厅综合国力模型

资料来源：[日]经济企划厅综合统计局编：《日本的综合国力》，大藏省印制局 1987 年版，第 31 页。

中国在和平发展的过程中，也把综合国力的提高作为重要的战略目标之一。黄硕风为中国人民解放军军事科学院战略部研究员，是中国研究综合国力问题的代表人物之一，自 1989 年发表《综合国力辨析》以来一直从事综合国力研究，其学术观点被西方学术界广泛引用。黄硕风对综合国力有一个简洁明快的表述。他认为："综合国力，是指一个主权国家生存与发展所拥有的全部实力——

物质力和精神力及其对国际影响力的合力。"[57]他认为，综合国力的内涵是反映一个主权国家所拥有的实在力量。综合国力把国力看成是一个动态大系统，既包含自然因素，又包含社会(人为)因素；既有物质因素，又有精神因素；既是对现有实力的测定，又包括对潜力的估计和将潜力转变成实力的机制。黄硕风认为由于国际社会中相互依存关系的发展，一方面各国综合国力有着很强的竞争性，另一方面又有着明显的互补性。他强调，国际社会中，在国家利益的驱动下，在事关国家生存、发展及国际影响的三个方面，各国既相互依存，又相互竞争。在科技不断进步的条件下，现代战争已成了经济和科技的较量。因此，综合国力综合竞争实际上是经济科技的竞争。黄硕风对综合国力的测定也作了定量研究，提出了下述综合国力动态方程。

$$dY_t/dt = \rho Y_t(1 - Y_t/M)$$
$$Y_t = K_t \cdot (H_t)^a \cdot (S_t)^\beta$$

其中，Y_t 是 t 时间的综合国力函数，ρ 表示国力年增长速率，M 表示国内外环境所能允许的系统变量最大值。

在综合国力函数中，K_t 表示协同程度，即由政治体制、政策有效性和政府效率所体现的组织协调能力；H_t 表示综合国力的硬变量，即通过资源力、经济力、科技力和国防力所体现的物质要素所能发挥的程度；S_t 表示综合国力的加速度，即教育、文化、政治和外交等精神因素的变量；α 和 β 分别表示一国的发达程度和一国处在不同环境下的稳定程度。

上列的方程式仅是综合国力动态方程式的主方程，其下面还有人力子方程、国民生产总值子方程、科技力子方程和国防力子方程等。[58]

同克莱因的方程式和日本经济企划厅的模型相比，黄硕风的综合国力动态方程更加突出了经济和科技因素，更加注重各种因素的相关性以及国力在不同结构中的动态性。

3. 综合国力的涵义与要素

综合国力是指一个主权国家赖以生存与发展所拥有的全部实力及国际影响力的合力。综合国力的构成要素非常复杂，包括自然的和社会的，物质的和精神的，现实的实力和潜力，以及由潜力转化为实力的机制。中国国际战略研究网站公布的截至 2002 年底的全球综合国力排行榜中，将其构成要素划分为以下几类:经济、科技、军事、资源、社会发展、政府控制、外交、经济增长率。从表 5-2 中可以看出,世界排名前 15 位的国家,除俄罗斯外,其余国家的综合国力构成要素中,都是经济实力超过军事实力。

综合国力是一个系统的概念,不是各要素的简单相加,而是各要素相互联系、相互作用所构成的具有一定结构特征和运行规律的有机整体,其功能的状况或水平不仅取决于各构成要素的状况或水平,更取决于构成要素之间的结构比例及其耦合机制。因此,综合国力水平既有可能大于其构成要素之和,也有可能小于其构成要素之和。综合国力还是一个动态的概念,是在系统与外部的交流和系统本身的运动过程中形成的,所以应该系统地、具体地对其进行理解、分析和界定。

表 5-2　2002 年版全球综合国力排行榜

	国　家	经济力	科技力	军事力	资源力	社会发展	政府调控	外交力	年增长率	综合国力
1	美　国	3 194	2 218	2 197	295	529	159	97	2.6%	8 530
2	日　本	2 122	1 390	778	37	390	151	79	1.1%	4 974
3	法　国	1 560	1 263	786	14	397	166	94	2.6%	4 280
4	英　国	1 575	1 076	805	19	378	153	90	2.3%	4 096
5	德　国	1 736	1 077	600	11	398	168	91	2.0%	4 081
6	俄罗斯	578	623	829	312	318	144	97	4.9%	2 901
7	中　国	1 301	349	488	274	233	119	99	7.7%	2 863
8	加拿大	819	230	159	317	408	155	87	3.0%	2 175
9	意大利	725	269	209	30	384	150	84	2.5%	1 851
10	澳大利亚	538	129	114	177	398	138	77	2.4%	1 571
11	巴　西	537	231	155	184	243	101	75	0.4%	1 526
12	印　度	578	209	160	157	183	98	81	5.2%	1 466
13	西班牙	611	173	104	11	357	118	78	2.5%	1 462
14	韩　国	524	128	89	9	354	110	83	5.7%	1 297
15	墨西哥	438	108	94	101	178	96	86	0.8%	1 101

资料来源:中国国际战略研究网。数据资料截至 2002 年 12 月 31 日。

4. 国际竞争性质和形式的变化

综合国力理论早就存在,但综合国力竞争作为国际社会中的潮流则是近年来才出现的,是全球化时代的到来使国际竞争的形式和内容都发生了变化。人们是从下述两方面深切认识到这一点的。

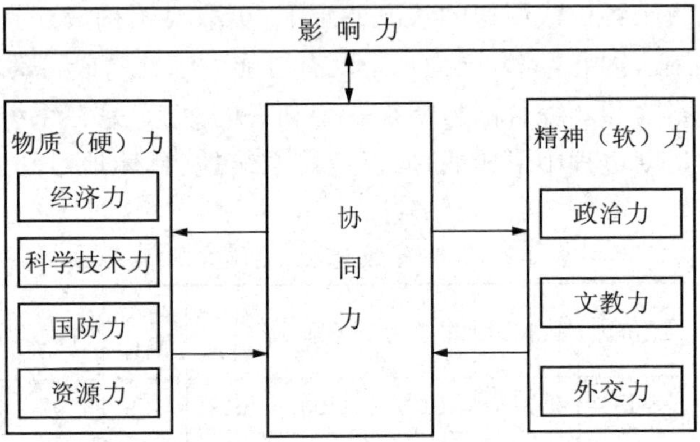

图 5-3 综合国力体系

首先是来自于冷战的教训。东欧剧变和苏联解体的历史过程告诉人们:以军事对抗为主体的国际竞争是没有前途的。一个国家不能正确地解决国内经济发展问题,其军事力量再强大也难免国家解体的命运。冷战期间,美苏之间争夺世界霸权的斗争主要是通过双方的核竞赛和各自控制的两大军事集团的武装对峙来进行的。再加上其中的意识形态因素,双方的军备竞赛更加突出了你死我活的侧面。无论美国还是苏联,其军备负担早已超出了其经济承受能力。“大炮”严重地侵占了“黄油”。由于经济体制和经济基础的不同,美国率先感到了大炮侵占黄油带来的严重后果。20 世纪 80 年代初,里根刚上台之时还颇有信心地称要“以实力求和平”。80 年代中期起,里根就把国家战略重点放到从经济上“重建强大美国”之上。里根强调,促进美国经济的兴旺和不断发展是美国国家利益的基点。在对苏战略上,里根发动了耗资亿万美元的“星球大战”,以从经济上拖垮苏联。1990 年布什上台时,制定了综合运用政治、经济、军事和外交手段来维持美国在全球领导地位的“超遏制战略”,强调要在保持美国军事实力的同时,运用美国的经济科技优势,促使苏联向“政治多元化和自由市场经济”的方向发展。在实施“超遏制战略”的同时,布什政府在国际关系中提出“新思维”的安全战略。布什政府的新思维认为,超负荷的军备竞赛和沉重的海外负担削弱了美国的经济基础和综合国力的发展。当苏联也意识到这一点时,为时已晚。与美国的长期军备竞赛已经使苏联的经济陷入危机,经济困难和人民生活水平下降,从根本上动摇了苏联的政治体制。其苦心经营的强大军事机器无法阻挡国内及东欧各国的自由化浪潮。黄油的缺乏导致了大炮的失灵。前苏联总统戈尔巴乔夫于 1999 年 11 月在柏林墙倒塌 10 周年之际接受日本《读卖新闻》记者采访时坦诚地承认,苏联是被军备竞赛拖垮的。

其次是来自于近几年来频频发生的经济金融危机的教训。上文已经分析,全球化是生产的国际化、金融的国际化和信息的国际化。资金、技术和人员以空前的规模和空前的速度在世界范围流动。生杀予夺均在短时间内发生。驾驭国际经济技术的能力大小成了所有国家生死荣辱的决定因素。谁能因势利导,把游荡在全球的资金、技术为已所用,谁就能发展强盛,反之则落后挨打。1997 年金融危机使东南亚国家经济遭到沉重打击,倒退二三十年。然而美国却从东南亚金融危机中大捞一把,近 5 000 亿美元从东南亚流入美国股市,支持了美国的"新经济"。在两大阵营不复存在的情况下,国家间的竞争将主要以非军事的和平形式展开。经济技术的竞争对国家生存发展的重要性大大上升。

在全球化时代,政治与经济的相互包含性大大增强,衡量一个国家的实力,军事力量当然是一个重要因素,但是其经济发展水平,科技创新能力,体制的合理与政府的效率,乃至文化和民族的凝聚力都是不可忽视的组成部分。克林顿政府的国务卿奥尔布赖特还提出了科技成为外交工具的新观点。她在 2000 年 2 月 21 日的美国科学年会上发表讲话时称,当今时代进入了全球化时代,从微生物到导弹,人类面临的威胁来自地球几乎每一个角落。科学技术在今天的美国外交中和更广泛的全球事务中越来越扮演重要角色。[59]

注 释

[1] [美]罗伯特·赖特:《非零时代》,上海世纪出版集团 2003 年版,转引自向红:《全球化与反全球化运动新探》,中央编译出版社 2010 年版,第 16 页。

[2] 张世鹏、殷叙彝编译:《全球化时代的资本主义》,中央编译出版社 1998 年版,第 106 页。

[3] [美]罗伯特·吉尔平:《全球政治经济学:解读国际政治经济秩序》,杨宇光、杨炯译,

上海人民出版社 2003 年版,第 1 页。

[4] 王逸舟:《当代国际政治析论》,上海人民出版社 1995 年版,第 9 页。

[5] [葡]里斯本小组:《竞争的极限——经济全球化与人类的未来》,中央编译出版社 2000 年版,第 45 页。

[6] 李慎之:《全球化的发展趋势及其价值认同》,载俞可平、黄卫平主编:《全球化的悖论》,北京:中央编译出版社 1998 年版,第 9 页。

[7] [美]斯塔夫里亚诺斯:《全球分裂:第三世界的历史进程》(上册),北京:商务印书馆 1993 年版,第 278 页。

[8] 马克思:《共产党宣言》,《马克思恩格斯选集》第 1 卷,北京:人民出版社 1972 年版,第 253—255 页。

[9] 菲利浦·英格哈德:《政治经济学批判原理》,1993 年巴黎版,转引自王列、杨雪冬编译:《全球化与世界》,北京:中央编译出版社 1998 年版,第 4 页。

[10] 国际货币基金组织:《1997 年世界解决展望》,北京:中国金融出版社 1997 年版,第 45 页。

[11] 王逸舟:《当代国际政治析论》,第 26 页。

[12] 张琳等:《电子代工产业升级路径:基于 iPhone4 价值链的分析》,《商业研究》2013 年第 3 期。

[13] 龙永图:《关于经济全球化问题》,《太平洋学报》1991 年第 1 期。

[14] http://www.people.com.cn/GB/paper85/649/75536.html.

[15] Emarketer, Retail Sales Worldwide Will Top ＄22 Trillion This Year, http://www.emarketer.com.

[16] 薛荣久:《经济全球化的影响与挑战》,《新华文摘》1998 年第 7 期,第 59 页。

[17] 李扬:《国际资本流动利弊论》,《新华文摘》1998 年第 6 期,第 57 页。

[18] [日]星野昭吉、刘小林:《国际关系理论的变化和发展》,北京师范大学出版社 1999 年版,第 119—121 页。

[19]《解放日报》2006 年 2 月 21 日,第 3 版。

[20] [英]安东尼·吉登斯:《现代性的后果》,田禾译,南京:译林出版社 2000 年版,第 56—57 页。

[21] [英]安东尼·吉登斯:《现代性与自我认同》,李康等译,上海:三联书店 1998 年版,第 10 页。

[22] Anthony Giddens, *The Consequence of Modernity*, Cambridge: Polity Press, p.63.

[23] 张佳:《试论詹姆逊文化全球化理论》,《山东社会科学》2015 年第 11 期。

[24] [英]约翰·汤姆林森:《全球化与文化》,郭英剑译,南京大学出版社 2002 年版,第 2 页。

[25] 同上,第 1 页。

[26] 石文卓:《多元还是一元:从国家文化安全视角再读汤姆林森的文化全球化理论》,《天府新论》2013 年第 6 期。

[27] 李凤英:《非领土扩张化:汤姆林森文化全球化理论评析》,《贵州社会科学》2007 年第 4 期。

[28] [英]约翰・汤姆林森:《全球化与文化》,郭英剑译,南京大学出版社 2002 年版,第 302 页。

[29] Taylor, R, *Creating a Better World: Interpreting Global Civil Society*. USA: Kumarian Press, Inc. 2004, p.40.

[30] [美]罗伯特・吉尔平:《全球资本主义的挑战:21 世纪的世界经济》,杨宇光译,上海人民出版社 2001 年版,前言第 12 页。

[31] 同上,第 290 页。

[32] 钮汉章:《恐怖与反恐怖:21 世纪另类战争的理论思考》,《世界经济与政治论坛》2001 年第 6 期。

[33] [美]罗伯特・吉尔平:《全球资本主义的挑战:21 世纪的世界经济》,前言第 6 页。

[34] 向红:《全球化与反全球化运动新探》,中央编译出版社 2010 年版,第 142 页。

[35] http://www.un.org/chinese/News/focus/avianflu22.htm.

[36] 世界卫生组织宣布西非埃博拉疫情结束,新华每日电讯,2016 年 1 月 15 日。http://news.xinhuanet.com。

[37] 联合国难民署:http://www.unhcr.org.hk/unhcr/sc/news_and_updates/news_list/news_details.html?id=1395。

[38] 吴艳洁,"欧洲难民危机:一场深陷良心与能力的挣扎",http://www.thepaper.cn/newsDetail_forward_1370049。

[39] IPCC Second Assessment Report, Climate Change 2001: Synthesis Report-Summary for Policymakers, 2001.

[40] 张建新:《能源与当代国际关系》,上海人民出版社 2014 年版,第 432 页。

[41] 巴黎气候变化大会通过全球气候新协定,新华网,2015 年 12 月 13 日,http://news.xinhuanet.com/world/2015-12/13/c_128524201.htm。

[42] 联合国:《1997 年投资报告》。

[43] 王逸舟主编:《全球化时代的国际安全》,上海人民出版社 1999 年版,第 190—192 页。

[44] 李综主编:《当代资本主义世界经济发展史略》(上册),北京:社会科学文献出版社 1989 年版,第 353 页。

[45] http://www.un.org/chinese/aboutun/prinorgs/sc/sres/99/s1244.htm.

[46] http://www.un.org/chinese/peace/peacekeeping/kosovo/report.htm.

[47] United Nations Development Programme，Human Development Report 1993.

[48] United Nations Development Programme，Human Development Report 1994.

[49] [瑞典]英瓦尔·卡尔松、[圭]什里达特·兰法尔:《天涯成比邻:全球治理委员会的报告》,赵仲强、李正凌译,北京:中国对外翻译出版公司 1995 年版,第 74—89 页。

[50] 王逸舟:《论综合安全》,载《世界经济与政治》1998 年第 4 期;Robert Johansen，"A Policy Framework for World Security，" World Security：Trends and Challenges at Century's End，eds.，Michael Klare and Daniel Thomas，New York：St. Martin's Press，1991，pp.401—424.

[51] [日]添谷芳秀编:《21 世纪国际政治的展望》,庆应义塾大学出版社 1999 年版,第 120—122 页。

[52] 转引自吴鹏:《试论我国亚太地区安全观及发展》,《世界经济与政治》1999 年第 6 期。

[53] 王逸舟主编:《全球化时代的国际安全》,第 191—192 页。

[54][55] 戴维·卡波、保罗·埃文斯:《亚太安全术语,汇编》,第 21 页,转引自楚树龙、彭春艳:《冷战后国际安全理论的发展》,《现代国际关系》1999 年第 4 期,第 29 页。

[56] 参见[美]汉斯·摩根索:《国家间政治:寻求权力与和平的争斗》,徐昕、郝望、李保平译,北京:中国人民公安大学出版社 1990 年版,第 9 章。

[57] 黄硕风:《综合国力论》,北京:中国社会科学出版社 1992 年版,第 102 页。

[58] 黄硕风:《综合国力论》,第 190—191 页。

[59]《解放日报》2000 年 2 月 22 日。

第六章　全球化与国际贸易体系

贸易不仅是各国之间最古老、最重要的经济联系，而且它同战争一样一直是国际关系演进的关键因素。就国际政治经济学而言，国际贸易体制是最重要的研究对象之一。新自由主义相互依存论的奠基者之一理查德·库珀就是从 20 世纪 60 年代的各国贸易关系中捕捉到了相互依存这一重要概念。新现实主义的霸权稳定论者则把一个健全、稳定的国际贸易体制看作是霸权国为稳定国际秩序而提供的公共商品。新马克思主义的依附论者，无论内部如何分歧，都无一例外地对贸易和贸易条件变化作了极其深入的研究，以寻找发展中国家贫穷的根源和探索摆脱贫穷的途径。本章将从宏观和微观两个角度来研究战后国际贸易体制的演变。所谓宏观是分析关贸总协定（GATT）及其后的世界贸易组织（WTO）与战后国际政治的相互关系，所谓微观是分析贸易摩擦对有关国家政治外交的影响。

第一节　国际贸易和国际分工理论的演变

自从亚当·斯密于 1776 年出版《国富论》提倡自由贸易以来，国际贸易理论已有二百多年的历史。其大致的发展又可以分为四种代表性学说，即以斯密和李嘉图为代表的古典贸易理论，以瑞典经济学家赫克歇尔（E. Heckcher）和俄林（Bertil Ohlin）为代表的新古典贸易理论，以汉密尔顿（A. Hamilton）和李斯特（F. List）为代表的贸易保护主义，以美国经济学家克鲁格曼（Paul Krugman）为代表的新贸易理论。对比较优势的界定及变化的分析，是上述四种国际贸易理论的中心问题。

1. 斯密和李嘉图的古典贸易理论

亚当·斯密在《国富论》中指出：国家要获得财富和权力，关键在于经济发展。他认为，经济发展又主要是劳动分工在起作用，劳动分工对经济发展所起作用的大小又取决于市场规模如何。他强调，如果国家对商品交换和市场扩大设置障碍的话，那就意味着拖经济发展的后腿。因此，亚当·斯密主张，凡是企求强大的国家，就必须奉行自由贸易政策。李嘉图在《政治经济学及赋税原理》一书中进一步阐发了自由贸易的主张，并提出比较成本学说为自由贸易提供了理论基础。

斯密提出，国际贸易建立在以自然资源禀赋为前提的绝对优势之上，即出口国拥有的某些自然资源使它能以较低的成本生产出比其他国家更多的产品。但是，工业革命和技术的发展改变了单纯依靠自然资源优势开展贸易的格局。李嘉图天才地看到了各国贸易优势不是建立在自然形成的绝对成本之上，而是建立在产品的相对成本之上。各国优势只是生产那些成本相对较低的商品。即使一个国家在每一种商品的生产上都拥有绝对优势，但它也只是生产其中成本相对更低的商品，而把生产其他商品的机会出让给别国。它只是以生产成本最低的商品去同其他国家进行交换，以使所有国家都能从贸易中得到好处。在李嘉图的比较成本优势理论中有两个重要假设：一是完全自由竞争；二是劳动力是唯一的要素投入，即劳动力的总供给是有限的，要增加某产品的生产，必须把劳动力从另一种产品的生产中抽出来。他写道，在完全自由贸易体制下，每一个国家自然会把它的资本和劳动力投到最有益的地方去。通过促进工业发展，最充分地利用得天独厚的自然资源，有效而经济地配置劳动力来实现专业化大批量生产，通过贸易把比较优势的好处分散到各个国家去。葡萄牙的酒和英国的棉布是李嘉图为论证比较成本优势理论时所举的一个著名的例子。从自然条件来看，葡萄牙的土壤和气候宜于造酒。在劳动力供给有限的情况下，葡萄牙专门生产酒会比它同时生产酒和棉布更为经济有效。同样，英国专门生产棉布而从葡萄牙进口酒更为经济有效。李嘉图所阐发的以比较成本优势为基础的专业化大生产会使世界各国普遍得益的观念长盛不衰。即使在今天，相当多的经济自由主义者仍把此视为国际贸易理论的瑰宝。

2. 赫克歇尔-俄林的新古典贸易理论

赫克歇尔-俄林新古典贸易理论也称 H-O 模型。其最基本的思想是：一个国家的比较优势取决于其所拥有的相对丰裕的数种生产要素的最佳结合。换言之,一国只出口(或进口)那些能集约地利用相对丰裕(匮乏)生产要素的商品。

在李嘉图以后,经济技术的发展使古典贸易理论不得不自我更新。人们发现,有必要对李嘉图的两个假设作扩大的解释。例如,产品出口(进口)必须要考虑运输成本;生产要素除了劳动力之外,还有资本、技术、管理等;劳动力的概念本身已逐渐被人力资本所取代;成本已被重新界定为机会成本,边际效用和一般均衡理论也被引进。人们还发现,生产要素不只是劳动力,还有资本、技术、管理和土地、能源等。产品的生产是多种要素的投入,不同的产品其要素投入比例也不相同。而正是生产要素投入比例的不同,才导致了产品之间比较优势的存在。简单地说,在一定的技术条件下,农产品的生产相对于制成品的生产要投入较多的劳动力和土地,而制成品的生产相对需要投入较多的资本和技术。因此,国土广阔并拥有丰富劳动力资源的国家选择农产品生产就有相对优势,而资本丰富技术发达的国家从事制成品生产较之于前者则有相对优势。简言之,赫克歇尔-俄林理论令人信服地揭示了比较优势究竟从何而来这一根本性问题。此外,赫克歇尔和俄林还注意到了生产要素的流动性和规模效益。他们已经指出:有些生产要素如资本、技术是可以在国际间流动的,生产的规模越大,所获的效益也就越大。

3. 汉密尔顿和李斯特的贸易保护理论

无论是以亚当·斯密和大卫·李嘉图为代表的古典贸易理论,还是以赫克歇尔和俄林为代表的新古典贸易理论,其基点都是主张自由贸易,按市场机制开展自由竞争。他们深信自由贸易会给有关国家带来利益。与此相对立,美国学者汉密尔顿和德国学者弗·李斯特却从保护幼稚产业(infant industry)的角度激烈反对自由交易,他们认为贸易保护也能给有关国家带来利益。

汉密尔顿是美国独立之后第一任财政部长,他于1791年向众议院提出《关于制造商问题的报告》。他在这个报告里提出两个重要观点:一是实行产业政策;二是贸易保护。汉密尔顿认为,一国的外贸政策必须适应其自身经济条件。他主张在美国经济尚未强大之前,应该实行国家干预,通过关税来保护国内市场,促进本国幼稚工业的发展。汉密尔顿提出的政策很快在德国找到了知音。李斯特在其1841年出版的闻名遐迩的《政治经济学的国民体系》一书中指出,英国经济学家的自由贸易理论是强者的理论。李斯特认为,并不存在以比较优势为基础的“天然”国际分工，而且国际分工也不可能一成不变，国际分工仅仅是强国利用已有的经济政治实力造成的历史格局。因此，李斯特认为经济落后的国家应该对幼稚产业部门实行有选择的、暂时性的保护。只有当工业实力上与英国平起平坐之后，才可能有真正的自由贸易。李斯特主张，一国在经济发展不同阶段应采取不同贸易政策。按李斯特划分，各国经济可分为原始未开化时期、畜牧时期、农业时期、农工业时期和农工商业时期共五个阶段。在前三个阶段为了进行原始积累，建立经济基础，应实行自由贸易。进入农工业时期后，为保护本国幼稚工业的建立和发展，应采取保护贸易政策，进入农工商业及最高发展阶段后，本国工业已相当发达，足以同他国竞争，因此可转而采取自由贸易政策。当然，李斯特并不是简单地主张保护一切产业，而只主张保护那些具有潜在比较优势，经过保护能够自立的产业。李斯特还具体提出实行保护幼稚产业的以下四个具体主张：贸易保护应以工业发展为目的；主要通过关税进行保护；保护的重点是对国家经济独立发展有重要意义的处于幼稚阶段的产业；保护期限不宜过长，一般以 30 年为限。

4. 克鲁格曼的新贸易理论

Ⅰ. 新贸易理论兴起的背景

20 世纪 70 年代末、80 年代初，古典贸易理论受到了越来越多的挑战，在这个过程中，新贸易理论在美国兴起，其影响迅速扩大。新贸易理论是对 20 世纪 70 年代经济变化的反应，它的兴起有着鲜明的时代烙印。

首先，它与美国经济形势发生的深刻变化有着密切关系。20 世纪 70 年代以来，美国国际竞争力开始下降，逐渐丧失了在世界经济中的绝对优势地位。当时，日本和欧洲国家却通过政府补贴或保护等手段对高科技产业实行扶持政策，由此在美国引发了一场关于美国是否也应该对自己的目标产业进行扶持的争论。当时的欧共体对农产品的长期补贴政策，使得美国也开始考虑运用补贴或其他优惠政策促使其他国家购买美国而非其竞争对手欧共体的农产品。日本、韩国的汽车和家电业的发展主要得益于政府的产业政策。为了重建美国在世界经济中的绝对优势，美国经济学家开始考虑要么采取对抗性的贸易政策，在政府保护下发展一些支柱产业同日本和欧共体竞争，要么对日本和韩国等新兴工业化国家和地区施加政治压力或展开贸易谈判，迫使其降低在经济领域中的国家干预程度。在这种背景下，里根政府和布什政府在贸易理论、贸易思想上逐步背离了自由贸易原则,开始转向公平贸易和管理贸易。

其次,贸易政策在各国经济中的地位日益上升。以美国为例,1960 年至 1980 年期间,进出口占美国制造业增加值的比重增长了一倍多,这表明国际贸易对美国经济的重要性日益上升,伴随着企业竞争由纯国内性质的问题转变为国际性质的问题,贸易政策也不再被视为仅仅是美国的国内政策,而成为对外经济政策的一部分。美国对国际贸易的依赖性越来越强,从而提高了贸易政策对国内各经济变量的影响力,贸易政策作为达到国内目标和反击外国企业的不公平贸易的手段也越来越具有吸引力。

最后,20 世纪 70 年代以来,产业内贸易和发达国家之间的贸易发展迅速。所谓产业内贸易,是指一个国家在出口的同时又大量进口同一类产品。所谓同类产品,是按国际贸易标准分类(SITC)至少前三位数字相同的产品。比如美国是汽车生产和出口大国,但同时又大量进口日本产的汽车。两者在使用上完全可以相互替代,但是对品牌的追求或对节能的需求又决定了两者是有差别的与相互竞争的。20 世纪 70 年代发达国家和新兴工业化国家(地区)之间的贸易有一半是产业内贸易。至于发达国家相互之间的贸易,自战后起就一直在增加,其增长速度远远超过发达国家与发展中国家之间的贸易。在 20 世纪 70 年代,发达国家相互之间的贸易已成为世界贸易的主体,占世界贸易总量的 60%以上,这一趋势还在发展之中。以比较优势和要素禀赋为基础的传统国际贸易理论已难以对此做出合理解释。正如克鲁格曼所说:"一直可以用来说明 1880 年甚至 1950 年的经济状况的古典自由贸易理论,已不适用于解释 1984 年的世界经济。"这在客观上要求理论界重新思考国际贸易理论,创立新学说。

实际上,早在 1953 年,当美国经济学家里昂惕夫用美国经济来验证赫克歇尔-俄林理论时,就得出了与其正好相反的结论。按赫克歇尔-俄林理论,美国作为世界上最大的资本密集国,应该是出口资本密集商品,进口劳动密集商品。统计资料却表明,美国出口商品的劳动密集度远远高出资本密集度。这一结果引起了人们对赫克歇尔-俄林理论进行质疑。有人认为,赫克歇尔和俄林所强调的要素禀赋及生产要素最佳组合对现代国际贸易来说其实并不重要。保罗·克鲁格曼认为,现代国际贸易已不再是古典理论所设想的和教科书所讲授的那种资本要素丰裕的国家倾向于出口资本密集型产品,有熟练劳动力的国家倾向于出口劳动密集型产品,而不发达国家则出口原材料的格局。

克鲁格曼分析了战后国际贸易模式发生变化的原因:一是存在规模经济即

大量生产的优势，这种优势使国家之间的劳动力分工呈现随机性；二是积累经验所带来的优势，它有时使最初偶然的优势变成了永久的优势；三是技术创新带来的短暂优势，“技术革新是一种很可能会对经济中的其他部门产生重要外溢的活动”。在许多产业中，竞争优势既非源于国家的资源禀赋，又非源于规模经济的静态优势，而只是由公司研究与开发活动所产生的知识和经验所决定的。克鲁格曼从上述三大趋势中引出两个结论。第一，“贸易理论就在于研究国际工业组织”。[1]具体来说，跨国公司企业内贸易已经成为国际贸易主体，研究国际贸易必须要研究企业组织，也即研究跨国公司的经济结构。第二，主权国家所采取的战略性贸易政策制约和左右着国际贸易的发展。这两个结论又共同认为，比较优势是动态流动的，而且是可以人为组合的，是跨国公司和国家政策的产物。经济规模和技术开发对贸易有重大影响。[2]

Ⅱ. 新贸易理论的基本内容

以克鲁格曼为代表的新贸易理论最有意义的创新在于引入了不完全竞争和规模经济理论，从而使国际贸易理论从完全竞争这一假定条件的束缚下解脱出来。新贸易理论认为市场中的不完全竞争才是普遍现象，完全竞争仅是特例。古典贸易理论是建立在市场不会偏离“完全竞争”太远的假设之上的，市场上有许多生产者，每一个生产者力量都很小，不会试图去影响价格或其竞争对手未来的行为。然而，战后以来产业内贸易和发达国家之间贸易的迅速增长说明完全竞争的假设是不合适的，现在相当一部分贸易是由大规模生产的优势、积累的经验和通信技术的创新所决定的，由众多小企业之间展开的原始状况的竞争已经难以看到，而少数几家大型企业之间的不完全竞争却随处可见。例如，大型客机市场基本上由“波音”和“空中客车”两家寡头公司所垄断，每一方都有影响价格的能力，它们做出战略性的行动，以图影响竞争对手的行为。在不完全竞争市场下，产业领域存在着规模经济报酬递增的现象。规模经济是指在产出的某一范围内，市场成本随着产出的增加而递减。规模经济通常有两种表现形式。一种是内在的，即厂商的平均生产成本随着其自身生产规模的扩大而不断下降。另一种是外在的，即平均成本的下降与单个厂商的生产规模不一定有关，但却同整个行业的规模扩大有关。这个理论有力地挑战了古典贸易理论认为规模经济报酬不变的传统观点。由于市场竞争是不完全的，寻租也就成了可能。“租”在经济学中是指某种要素所得到的高于该要素用于其他用途所获得的收益。它可以是某个产业所获得的高于其他相同风险产业的利润率；或者是一个工人所获得的高于其他部门相同熟练程度的工人所能获得的工资。在一些产业，资本和劳动有时会获得比其他产业高得多的回报率，因而经济中存在着战略性部门，就有可能采取战略性贸易政策。关于战略性贸易决策，将在本章第四节具体展开。

新贸易理论以跨国公司为分析单位。跨国公司的海外投资行为使生产要素高度流动于各国之间。跨国公司根据资源全球最佳配置的原则按各国自然禀赋条件来组织生产。一种产品的各个生产环节被分解在不同国家完成。因此，生产过程的每一个环节都需要同上下各个相关联的环节进行交换才能完成最终产品的生产。从技术知识到中间产品，从零部件到最终产品全都成了企业内贸易的内容。跨国公司的生产布局又是以最大限度地减少税收、冲破贸易壁垒和充分利用所在国比较优势为根据的。跨国公司的巨大规模、全球生产布局和随之而产生的企业内贸易，极大地影响了国际贸易格局和全球经济技术的分布。一方面是生产和贸易越来越国际化，另一方面是少数寡头公司能控制一切，对全球经济活动的影响日益增大。在自由竞争资本主义时代，比较优势主要是靠自然条件的优越与否而形成。然而在垄断资本主义条件下，由于跨国公司控制了生产要素的配置和流动，那么它既可以轻而易举地通过直接投资和技术转让来破坏传统的比较优势，从而能够人为地在某些国家创造新的比较优势。战后世界经济的发展一再证明，生产要素通过对外投资和技术转让不断向外扩散，跨国公司的全球经济活动，使某些产品的比较利益迅速地从发达国家转移到发展中国家。

综上所述，新贸易理论是以不完全竞争、规模经济和外部经济为基础的，也因而称为不完全竞争的国际贸易理论。由于市场竞争是不完全的，在某些部门中有重要的“租”存在，国家可以通过政策扶持那些能产生“租”的产业部门获得更大市场份额以此来增加国民收入。若一些产业的资本和劳动获得比其他产业高得多的回报率，政府就有可能通过对该产业采取积极的贸易政策而使本国获得更多的“租”。再者，技术在贸易中的作用越来越显著，技术创新和变革使得某些部门产生有价值的技术外溢，尤其是在具有规模经济效应的部门。“租”和“外部经济”为政府实行积极的贸易政策即战略性贸易政策提供了很好的依据。[3]

第二节　从关贸总协定到世界贸易组织

关贸总协定(GATT)和世界贸易组织(WTO)是战后国际贸易体制的载体。

前者规范了战后初期和冷战时期的世界贸易，后者是冷战结束后国际贸易新格局的反映。

1. 关贸总协定的建立

关贸总协定的全称是关税和贸易总协定，是1948年1月生效的一项关于关税和贸易政策的多边条约，其作用是负责多边贸易谈判，削减关税和非关税贸易壁垒，协调各国在国际贸易方面的权利和义务。

关贸总协定是以战后初期美国霸权为背景而成立的。早在第二次世界大战期间，美国已经开始筹划战后国际经济秩序。扫除英国霸权的残余，控制其他发达国家经济，向广大发展中国家扩展经济势力，是美国考虑战后国际经济秩序的三个基本出发点。为此，美国大肆鼓吹“门户开放”、“经济自由”、“多边体系”等口号，并把这些口号作为其设计战后国际经济秩序的基本原则。美国所设想的战后国际经济秩序由贸易和金融两部分组成。在贸易方面，由国务院牵头，自1943年起游说各国成立以自由贸易为宗旨的国际贸易体系；在金融方面，由财政部牵头，自1941年起与英国一起筹组以自由汇兑固定汇率为特征的国际金融体系。后者以成立国际货币基金组织和世界银行而宣告成功。前者，美国原想成立包括一切的国际贸易组织(ITO)，结果未能成功，只是签订了关贸总协定。

早在20世纪30年代起，美国在全球的经济技术优势已经十分明显，其贸易政策也就从贸易保护转向自由贸易。1934年美国国会通过《贸易协定法令》，授权总统把1930年通过的关税税率降低一半。1945年国会决定将《贸易协定法令》再延长3年，并允许行政当局按自由贸易原则更灵活地运用这一法令。在此前后，美国国务院一再要求英国、法国等其他西方国家在贸易政策上同美国协调一致，大幅度削减关税。1946年2月美国向联合国经济社会理事会提出建议，按上述标准召开世界贸易和就业会议，正式筹组国际贸易组织。但是，饱受战乱的西欧国家困难重重，根本无法回应美国的要求。会议于1947年10月在古巴的哈瓦那举行，但是各国之间在削减关税开展自由贸易上矛盾重重。会议通过的《哈瓦那国际贸易组织大宪章》与美国的期望大相径庭，美国国会拒绝批准，期盼已久的国际贸易组织也就中途夭折。但是，大多数与会国认为，这并不妨碍各国继续就关税问题开展谈判。经过几番周旋折冲，有关国家签订了123项双边减免关税的协议。这些协议再加上《哈瓦那国际贸易组织大宪章》的一些条文结合在一起，构成了一项单独协定，即《关税和贸易总协定》。该协定作为中途夭折的国际贸易组织的一项临时过渡，自 1948 年 1 月 1 日生效，一直存续到 1994 年 12 月 31 日，前后共 47 年。

2. 关贸总协定的基本原则和主要活动

从关贸总协定生效到世界贸易组织成立的 47 年中，先后有 103 个国家和地区加入了这一协定。世界贸易的 90%是在关贸总协定的缔约方之间进行的。[4] 它与国际货币基金组织、世界银行等一起对战后国际经济秩序的形成和发展起了重要作用。

关贸总协定虽然是在美国霸权阴影下成立的，但是它毕竟是有关国家经过谈判而签订，通过多种形式的交涉而不断充实改进的。因此，从其基本原则和一系列贸易谈判的内容来看，仍然在一定程度上反映了大多数国家的利益，对世界经济发展起到了一定的作用。

关贸总协定的基本原则可以概括为以下七条：

(1) 无歧视待遇原则。一缔约国在实施某种限制或放松措施时，不得对其他缔约国实行歧视待遇。

(2) 最惠国待遇原则。即一缔约国在现在或将来给予任何第三国的优惠和豁免，也应给予所有其他缔约方。

(3) 国民待遇原则。即缔约国之间相互保证给对方的公民、法人和商船在本国境内享受与本国公民、法人和商船同等待遇。

(4) 互惠原则。缔约国相互之间给予贸易上的优惠待遇。但是对发展中国家，1965 年关贸总协定增设有关条款，规定发达国家对发展中国家所做出的贸易承诺，不能希望得到互惠。

(5) 透明度原则。各缔约方应该及时公开有关经济贸易的数据、法规、条例以及决定等，以保证贸易的公开与公正。

(6) 关税减让原则。各缔约方要以完全贸易自由化为目标，逐步降低关税。

(7) 取消数量限制原则，即各缔约方要取消一切非关税壁垒，如进出口许可证、配额和外汇管制等。

此外，关贸总协定还规定了解决争端的程序。程序要求缔约方之间发生争端时先行协商，如协商不通，则需提交给全体缔约国共同处理。一般而言，当提交缔约国全体处理时，关贸总协定秘书处会应争端当事国的请求成立一个 3 至 5 人的专家工作小组对案情进行调查，得出结论，然后向理事会提出解决争端的建议，为理事会认可后再提交缔约国全体正式通过形成决议，并监督争端当事国双方执行。

在这些原则指导下，关贸总协定为了实现自由贸易先后发起了八轮贸易谈判。

第一轮谈判于1947年4月至10月在瑞士日内瓦举行。23个与会国就相互削减关税达成123个协议，涉及4 500种商品的贸易关税。关贸总协定本身就是这次谈判的产物。

第二轮谈判于1949年4月至10月在法国安纳西举行，有33个国家参加，新达成双边协议147项，增加关税减让5 000项。

第三轮谈判于1950年10月至1951年4月在英国的托奎举行，有39个国家参加，达成150项双边协议，增加关税减让8 700项。

第四轮谈判于1956年1月至5月在瑞士日内瓦举行，参加国仅28个，又新增3 000项关税减让项目。

第五轮谈判于1960年至1962年7月在瑞士日内瓦举行，有45国参加。这轮谈判又称狄龙回合，就新增4 400项关税减让达成协议。

第六轮谈判于1964年5月至1967年7月在瑞士日内瓦举行。这次谈判又称肯尼迪回合，就6万项关税减让达成协议。这次谈判首次讨论了非关税壁垒问题，通过了第一个反倾销协定。

第七轮谈判于1973年9月至1979年4月在瑞士日内瓦举行。这轮谈判又称东京回合，有99个国家参加，其中有29个非缔约国。这次谈判有两个特点。一是采用一揽子办法，各国减税幅度在25％至33％之间。二是消除非关税壁垒占有重要地位，就海关估价、补贴和反补贴、政府采购、贸易的技术壁垒、进口许可程序等达成协议。

第八轮谈判于1986年9月至1994年4月先后在乌拉圭的埃斯特角城等地举行，最初有103个国家和地区参加，后来增加至125个国家和地区。这次谈判因在乌拉圭开始而通常称为乌拉圭回合。乌拉圭回合与以往七次谈判有所不同。以前只谈货物贸易，而乌拉圭回合则把谈判范围从货物贸易扩大到服务贸易，共有14个议题：关税、非关税措施、纺织品与服装、农产品、热带产品、自然资源产品、总协定条款、多边贸易谈判协议与安排、保障条款、补贴和反补贴、与贸易有关的知识产权、与贸易有关的投资、争端解决和总协定体制的作用。乌拉圭回合原定4年为期，即1990年12月结束，但因议题广泛，各国之间在农产品、纺织品与服装和知识产权等问题上争论激烈，进展缓慢，会议拖延到 1994 年 4 月才结束。

但是，乌拉圭回合在国际贸易体制问题上却有重大进展。1994 年 5 月 15 日举行的最后一次关贸总协定部长级会议上，与会国一致同意建立世界贸易组织作为关贸总协定的继续。1995 年 1 月 1 日，世界贸易组织正式成立。

3. 关贸总协定下的国际贸易

关贸总协定虽然是以自由贸易为宗旨，但冷战决定了这仅仅是西方世界的自由贸易。苏联及其组织的经互会成员国也同西方国家做生意，有贸易往来，但从来没有被纳入关贸总协定的体制。关贸总协定存续的四十多年历史中，主要是调节西方阵营内部的贸易关系，在自由贸易的旗帜下为市场经济国家的贸易提供基础框架，增进其利益。事实表明，关贸总协定确实为稳定西方阵营的内部经济联系作了许多重要贡献。其具体表现是：

在关贸总协定存续的四十多年中，发达国家的平均关税从 1948 年的 36%下降为现今的 4%至 5%，发展中国家的平均关税同期之内也下降到 13%至 14%。[5]

在削减非关税贸易壁垒方面，关贸总协定自 1964 年 5 月的肯尼迪回合开始以来，一直给以巨大关注，制定了一系列守则来对形形色色的非关税壁垒加以约束和清除。在处理国际间贸易纠纷方面，关贸总协定缺乏强制性手段，主要靠有关国家协商解决，但也取得一定进展。四十多年中，先后妥善解决了一百多起贸易争端。除此之外，关贸总协定为各国在经济贸易上提供了谈判和对话的场所，定期汇总各国贸易和投资的数据和相关资料，有利于提高世界贸易的透明度。正是这种多方面的努力，在关贸总协定存续的四十多年中，世界贸易年均增长 80%，超过同期世界经济增长的平均速度。[6]

但是，关贸总协定已经取得的成绩和它所表明的宗旨之间还相差很远，资本主义经济发展不平衡规律从根本上制约着自由贸易宗旨的落实。

首先，主权国家对自身利益的追求推动着贸易保护主义的抬头。上述八次谈判，与其说是关贸总协定为推动自由贸易而采取的主动行为，倒不如说是对防止贸易保护主义蔓延所采取的消极防卫。战后五十多年中，西方经济多次出现危机和萧条，从而引发或增强了许多国家的贸易保护主义，使国际贸易多次出现萎缩。关贸总协定的八次谈判无一例外，都是每当贸易保护主义高涨时，关贸总协定就发动一轮新的谈判以期遏制贸易保护主义的进一步蔓延。而且，谈判越来越艰苦，时间拖得越来越长，从战后初期每轮谈判只有几个月，到七八十年代一轮谈判往往要拖上几年，乌拉圭回合竟先后进行了七八年之久。

其次，美国霸权的衰落使国际贸易体系动荡不安。从 1948 年 1 月关贸总协定生效起到 60 年代，国际贸易发展顺利，各国之间虽有矛盾，但并未酝酿大的变动。然而 70 年代起，随着美国实力的下降，贸易收支日益严重失衡。各国之间，特别是发达国家之间贸易争端愈演愈烈。美国自 1976 年起年年逆差，1980 年至 1984 年平均每年赤字额为 360 亿美元至 690 亿美元之间，1984 年起超过 1 600 亿美元，1986 年至 1987 年每年增加 1 700 亿美元。到 90 年代，美国的贸易赤字超过 2 000 亿美元，1998 年美国贸易赤字竟然突破 3 000 亿美元。与此同时，日本、德国则大量顺差。因此，日美欧之间先后爆发“汽车战”、“家电战”、“超级电子芯片战”等一场又一场惊心动魄的贸易争端。美国国会议员曾为抗议日本的大量倾销，在白宫玫瑰园当众砸毁东芝公司的录像机。自 20 世纪 80 年代后期起，美国频频利用“特别 301 条款”和“超级 301 条款”单方面对日本、德国等进行制裁。

所谓“特别 301 条款”和“超级 301 条款”，是对美国于 1974 年制定的贸易法中第 301 条所作的两项修正。“超级 301 条款”要求美国行政当局于 1989 年起，每年在 4 月 30 日以前提出一份在自由贸易方面做得不够的国家名单并向国会报告，然后在规定的时间内通过谈判，迫使这些国家同意采取相应的开放措施，否则将对这些国家实行报复。“特别 301 条款”是专门针对保护美国的版权、专利和商标等知识产权问题而制定的。其精神与“超级 301 条款”一样，由美国单方面限令对方国家在规定的时间内通过谈判解决纠纷，如对方不能满足要求，美国将对这些国家的对美出口征收高额关税以示报复。

第三，不平等的国际贸易秩序导致了发展中国家在国际贸易中的地位不断下降。虽然关贸总协定一再声称要改善发展中国家贸易条件，并就此通过了不少决议，但是实际情况并不乐观。在 1981 年至 1986 年期间，工业制成品价格平均每年提高 1.2%，而初级产品却年均下降 9.5%。除了价格因素之外，发展中国家在初级产品上的传统整体优势也在丧失。比如，1986 年世界农产品原料出口额为 720 亿美元，占世界出口总额的 3.5%。但是，发展中国家在农产品原料出口中所占的比重却从 1980 年的 27%下降到 1986 年的 21%，发达国家的比重则上升为 63%。同年，世界九大农产品原料出口国中，除第四位和第八位的马来西亚和中国外，其余 7 国依次为美国、加拿大、荷兰、联邦德国、瑞典、澳大利亚和法国。有色金属也是如此，世界九大出口国中，7 个是发达国家。在 1945 年至 1985 年之间，发展中国家在世界初级产品出口中所占份额从 50%下降到 46%。当然，一些新兴工业化国家和地区在世界贸易中的地位上升很快。1987 年亚洲“四小龙”出口额合计已经占到世界出口总额的 7.3%，相当于日本出口的五分之四。[7]但是，广大发展中国家在世界贸易中的地位日益下降，贸易条件不断恶化，这已是不争的事实。

4. 世界贸易组织的框架结构与运作机制

世界贸易组织(WTO)现有 162 个成员(截至 2015 年 11 月 30 日)。中国于 2001 年 12 月正式加入世界贸易组织，成为第 143 个成员。世界贸易组织是关贸总协定的继续和替代，但又是关贸总协定的更新和发展。

第一，世界贸易组织是一个永久性的正式国际组织。上文已经提到，关贸总协定是因战后初期世界经济条件限制，筹建国际贸易组织不果的情况下的一个临时性协定。从法律上讲，关贸总协定只是一个协议，而非国际组织，因此只有缔约方，没有成员国。而且，关贸总协定从来未得到缔约国国内立法机构的批准，也没有建立组织的条款，只维持了一个小规模的事务性机构秘书处。世界贸易组织则不然，它是一个永久性的国际组织，所有成员方加入时均需得到国内(地区内)立法机构的批准。世界贸易组织根据各成员方批准的协议设立了各种总体的和专门的机构。协议规定世界贸易组织具备法人资格。世界贸易组织各成员方按照 1947 年 11 月 21 日联合国制定的《专门机构特征和豁免权公约》给予世界贸易组织官员和各成员方代表为行使职权所需的必要特权和豁免权。

第二，世界贸易组织为国际贸易提供了一般规则，其所遵循的非歧视、更自由、可预见、鼓励竞争等原则为全球贸易发展规定了方向。就宗旨而言，世界贸易组织与关贸总协定是一贯的，旨在促进全球经济发展和福利进步，为此而设定了非歧视原则、自由贸易原则、竞争原则和公正和透明度原则，等等。在对待发展中国家方面，世界贸易组织和关贸总协定一样，既强调贸易的自由化和公正性，又承认对发展中国家实施特殊措施的合理性和合法性。

第三，与关贸总协定相比，世界贸易组织的管辖范围更广泛。世界贸易组织是由《世界贸易组织协议》和附录 1、附录 2、附录 3 和附录 4 共同构成。附录 1 是规定世界贸易组织管辖范围的文件，从中可见，世界贸易组织的职权范围不仅包括传统的货物贸易，即有形贸易，而且还包括新兴的服务贸易和知识产权保护。关贸总协定只处理货物贸易，世界贸易组织是货物贸易、服务贸易和知识产权的三位一体。通俗地说，世界贸易组织是在关贸总协定之上再加上更多的内容。由于科技的进步和全球经济一体化的进展，在1980年至1995年之间，服务贸易异军突起，年均增长率达9.3%，大大超过了同期货物贸易5%至6%的水平。[8]因此，服务贸易及与之相关的知识产权保护将逐步成为国际贸易的主体和发展方向。在乌拉圭回合结束后，关于金融服务、基础电讯服务、海运服务等谈判小组，自1995年4月起就已开始工作。到1999年12月为止，世界贸易组织在短短4年中，已经就服务贸易的主要项目达成了一系列协议，先后达成了《信息技术协定》、《基础电信协定》、《金融服务协定》等，为这些领域的贸易与投资的自由化清除了障碍。

第四，世界贸易组织的强制性争端解决机制将对世界经济的稳定做出独特的贡献。随着国际经济贸易交往的增多，各经济主体之间争端的发生是不可避免的。关贸总协定在此问题上是心有余而力不足。上文已经指出，从根本上来说，关贸总协定只是一个多边贸易谈判的场所和论坛，缔约国之间发生争端时，关贸总协定只能靠当事国之间的磋商来解决。虽然也有缔约国全体会议监督争端解决方案实施的规定，但并无强制手段和强制措施。解决争端的基本原则是磋商，其结果往往是当事国磋商无果引发一场又一场的相互报复，从而使国际贸易中的贸易保护主义不断抬头。世界贸易组织则不同。它在强调当事成员方之间的磋商、谅解、斡旋、调解和调停的同时，还拥有国际经济贸易法庭的功能和各种强制执行的手段。争端解决机构是常设的组织机构，负责成员方之间争端的解决。争端解决机构有权成立专家小组，通过专家组和上诉机构的报告，监督裁决和决议的执行，并根据有关协定授权有关成员中止各项义务。同时，鉴于关贸总协定的教训，世界贸易组织明确了争端解决的期限。在关贸总协定未被世贸组织取代时，许多贸易争端久拖不决，往往持续几年。世界贸易组织则在争端解决的每一个阶段都设立了明确的时限。为加大争端裁决的力度，除设定时限之外，世界贸易组织还引入了“一致同意地反对”原则，这一原则使少数大国凭借经济实力阻挠专家组的成立及其解决方案通过的可能性大大降低。这些做法使世界贸易组织在处理贸易争端上更为平等、迅速和有效。在世界贸易组织成立的头18个月中，争端解决机构就受理了51个争端案件，这相当于关贸总协定存续四十多年中受理争端案件总数的五分之一。[9]截至2015年4月，世界贸易组织已受理了492个争端案件，其中不乏世界贸易强国在解决机构中输官司的案子，这既说明世界经济秩序正从“以实力为基础”走向“以规则为基础”，又充分表明各成员方对世界贸易组织争端解决机制抱有信心。

当然，世界贸易组织也并非完美无缺。一些发达国家利用其在国际经济规则方面的主导权，大搞实用主义和利己主义。世界贸易组织也无可避免地反映了这一国际政治格局的现实。例如，美欧等发达国家是主要农产品出口国，在世界贸易组织禁止出口补贴的原则下，对农产品出口补贴却作为一个例外而予以承认和保护。相反，发展中国家是纺织品主要出口国，世界贸易组织却在取消数量限制的原则下，容忍发达国家继续实行对纺织品进口的配额限制。在 1999 年 11 月 30 日至 12 月 3 日于西雅图举行的世界贸易组织第三次部长会议时，一些发达国家又想把劳工标准、环境标准等塞入新一轮贸易谈判内容之中，从而引起在世界贸易组织中占居多数的发展中国家的不满，认为这是发达国家设置新的非关税壁垒，妨碍发展中国家劳动密集型和资源型产品出口的借口。这次部长会议因此不欢而散。

5. 世界贸易组织的多哈议程

2001 年 11 月 10 日，世界贸易组织第四次部长级会议在卡塔尔首都多哈举行。会议最重要的成果是与会的 142 个成员方部长通过了《多哈宣言》，一致同意自 2002 年 1 月 31 日开始启动世界贸易组织首轮多边贸易谈判，并计划于 2005 年 1 月 1 日前结束所有议题的谈判。同时，决定将此轮谈判称为“多哈发展议程”，这是 GATT/WTO 成立以来第一次将“发展”当作多边谈判的中心议题。发达成员答应开放农业与纺织品市场，并为发展中成员提供一系列特别帮助，以使发展中成员在世界贸易组织谈判中尽早获得实际利益。根据 2003 年 9 月 3 日世界银行的一份评估报告，如果多哈会议的目标得以实现，全世界将增加 5 200 亿美元的收入，其中一半将流入发展中国家，到了 2015 年，它将使 1.4 亿人口摆脱贫困。[10]

《多哈宣言》包含的谈判议题多达 21 个。这些议题既反映了国际社会在新世纪国际经济贸易中的共同关注与诉求，同时也是不同利益集团斗争和妥协的结果。其中，《多哈宣言》对农产品、服务贸易、非农产品市场准入、与贸易有关的知识产权、世贸组织规则、争端解决机制、贸易与环境、贸易与竞争政策、贸易与投资、政府采购透明度和贸易便利化等 11 个议题明确规定了谈判期限。根据《多哈宣言》的工作计划，世界贸易组织在总理事会之下设立“贸易谈判委员会”

（TNC），负责监督谈判进程。贸易谈判委员会下设8个谈判小组具体负责谈判工作。这8个谈判小组分别是：农业谈判小组、服务贸易谈判小组、非农产品市场准入谈判小组、贸易规则谈判小组、知识产权谈判小组、争端解决谈判小组、贸易与环境谈判小组、贸易与发展谈判小组。

多哈发展议程是世界贸易组织成立以来首轮全球多边贸易谈判，但时至今日仍未结束。多哈回合谈判进展缓慢的根本原因在于发达国家和发展中国家意见分歧严重。发达国家力图突出投资自由化规则、劳工权益，并推进服务业的开放，其核心是保护海外投资利益、化解发展中国家的廉价劳动力优势并借机进一步打开发展中国家的市场。对于发展中国家而言，要求发达国家切实履行义务、降低关税、削减农业补贴是当务之急。由于双方分歧巨大，多哈回合谈判迟迟不得进展，其前景不容乐观。甚至有人认为，多哈回合谈判实际上已经失败。

2013年12月7日，世界贸易组织在成立近20年后达成第一个多边贸易协议——“巴厘一揽子协定”。应该看到，无论是多哈回合谈判还是世界贸易组织自身，都不仅仅是减少保护、交换承诺的平台，同样也是设置议程、制定规则、监控执行的机制，加入新的议题对于多边谈判保持“向前看”的意识非常重要。在贸易便利化、物流、信息技术等世界贸易组织成员拥有较多共同关切但同时又涉及较少分歧的领域，如果能够成功地建立和发展相应的诸边协议，对于世界贸易组织在重重困境中保持存在的价值和发展的势头或许不无价值。

2015年12月15日至19日，世贸组织第十届部长级会议在肯尼亚内罗毕举行，会议通过了《内罗毕部长宣言》及9项部长决定，并承诺继续推动多哈议题。但是，国际社会对此表示谨慎乐观，舆论普遍认为，由于各方立场存在严重分歧，多哈回合谈判的前景充满了不确定性。

对多边贸易体制的未来现在有两种版本的预测。一种是世贸组织继续存在，继续斡旋各方，为多哈回合谈判取得实质性的重大进展而努力。另一种是若多哈回合谈判迟迟不能结束，各方虽不至于抛弃多边贸易体制，但肯定会产生失望情绪，转向双边自由贸易协定和区域自由贸易协定（FTA）。

第三节　国际贸易摩擦的政治化

从上两节的叙述和分析中可见，一方面人们在不遗余力地推动自由贸易，另一方面人们看到的现实却是贸易保护主义不断抬头，管理贸易或称贸易管制的范围越来越扩大。尽管在关贸总协定和世界贸易组织的前仆后继的努力下，关税有明显的下降，但现存的非关税壁垒仍名目繁多，其主要形式是进口配额制、自动出口限制、外汇管制、国家垄断进出口、进口许可证、歧视性政府采购、当地产含量规定，等等。[11]因贸易不平衡或为撤除这些非关税壁垒而进行交涉以及因此而形成的贸易争端谈判，几乎成为各国外交当局的主要任务之一。贸易摩擦引起当事国之间重大外交、军事纠纷的事屡见不鲜。20 世纪 90 年代初，美国国会出于对日本对美大量贸易出超的不满，曾一度威胁日本要么每年向美国交纳 200 亿美元至 300 亿美元的“安全税”，要么撤退驻日美军和核保护伞，让日本人自己去保护自己。

因此，国家之间的贸易摩擦是如何政治化的，是国际政治经济学从微观层次研究国际贸易体制的中心课题之一。下面，以日美欧钢铁大战和中美贸易争端为例加以分析。

1. 日美欧钢铁大战

日美欧钢铁战是西方国际政治经济学者经常引用的例子。从这个例子中，可以鲜明地看到国内政治与国际经济、国内经济与国际政治以及国际经济与国际政治之间复杂交错的互动过程。

1966 年美国迫使日本钢铁业实行“对美自主出口限制”。1969 年美国又迫使西欧各国自主限制对美钢铁出口。到 20 世纪 80 年代初，美国对所有国家对美钢铁出口实行“最低进口价格制度”。80 年代末，美国又对全世界各国实施对美钢铁出口配额制。

对钢铁实行广泛而长期的进口限制，既有经济的原因，也有政治的原因。

从经济上看，首先是美国钢铁业技术革新相对落后。与欣欣向荣、技术突飞猛进的信息产业相反，美国钢铁业的革新与进步十分缓慢。美国的钢铁业在 20 世纪 50 年代的产业结构调整中脱颖而出，成为国民经济的主导。当时美国花了巨额投资，建成了以平炉为主体，年产量 1 亿吨的生产体制。可是从 70 年代开始，转炉连浇铸造技术和计算机自动控制技术先后进入钢铁业并占主导地位。后起的欧洲和日本赶上了这一潮流，炼钢能力迅速增强，而刚刚完成大规模技术改造的美国却放慢了引进新技术的脚步。因此，美国钢铁业日益不敌欧洲和日本。

其次是价格垄断。美国钢铁业的价格设定是典型的卡特尔方式。美国钢铁公司(US Steel)是美国钢铁业的龙头,其他公司必须按它的价格水平来设定本公司产品的价格。卖方市场的垄断导致了美国钢铁价格只升不降,大大高于国际市场。

从政治上看,首先是强大的行业工会的存在。美国的工会按行业而组织,各个行业工会均拥有数十万甚至上百万的会员,声势十分浩大。美国钢铁工会与汽车工会是两个最大的工会,在美国政治社会生活中影响巨大。从20世纪50年代到70年代,为了改善待遇,美国钢铁工会经常发动罢工。经常性的罢工使汽车、重型机械等钢铁需求者不得不保持巨大的钢铁库存,从而形成对进口钢铁的潜在需求。1973年,美国钢铁业的劳资双方达成协议,工会答应不再举行罢工,资方则承诺大幅度增加工资。其结果是,70年代起美国钢铁业工人的平均工资是制造业工人的2倍。然而,同一年,进口钢铁的比重已占到15%,从而形成了一方面是工资上涨带动本国钢铁业成本居高不下,另一方面是进口钢铁质优价廉的局面。对美国来说,有两个选择:一是遵循比较优势原则,向欧洲、日本开放国内钢铁市场;二是实行贸易管制,保护本国产业。尽管美国政府一向以自由贸易旗手自居,但在钢铁问题上却因强大工会的存在而不敢轻易触动其经济上的既得利益,不得不采取贸易保护主义做法,出现上述要全世界各国自我管制对美出口的局面。

其次是工会、企业和议员三位一体的利益共同体。自20世纪70年代以来,出于维护既得利益的需要,美国的各大钢铁公司和工会在下列问题上联合采取行动。根据贸易法案不断起诉欧洲、日本钢铁业发动倾销和补贴出口,要求政府依法采取限制进口措施;游说国会;向总统和行政当局施加压力;发动舆论攻势,渲染进口钢铁造成的破产和失业。

最先作出政治反应的是靠钢铁业支持的议员。中西部五大湖地区的宾夕法尼亚州、俄亥俄州、印第安纳州、伊利诺伊州和密歇根州是美国钢铁业集中地,其钢产量占全美钢铁产量的70%。这五个州的参议员、众议员不断向议会提出各种议案,强烈要求管制钢铁进口。这些议案大体上是钢铁公司和钢铁工会为他们拟就的。同时,出于相互支持议案的需要,许多同钢铁业并无直接关系的议员也成了限制钢铁进口的支持者。由钢铁而谷物,由谷物而纺织品,以不同产业母体为背景的议员结成共同阵线和政治联盟,从而使国会中贸易保护主义上升。

第三是国际政治对国内政治的从属性。面对民间企业、工会和议员的共同阵线,总统不能不作出反应。国家整体利益的存在使总统面临着两难选择。全盘接受他们的要求将使美国经济国际竞争力急剧下降,并引发长期的通货膨胀,最终是经济的全盘崩溃。但是,拒不接纳,又将削弱自己的政治基础,一些重要法案将会被议会抵制,弄不好会赔上自己的政治生命下台走人。国内政治的即效性不得不让外交作出牺牲。总统和行政当局在议会内保护主义上升到一定程度后,不得不接受钢铁业的要求,通过外交谈判,动用美国的政治、军事资源来迫使对方同意"自主限制"对美钢铁出口。上文所述如美国以征收安全税来迫使日本减少对美贸易赤字就是典型做法。每当议会选举和总统选举时,贸易保护主义就会甚嚣尘上,占据上风,这几乎成为周期性的循环往复。

2. 中美贸易摩擦

中国实行改革开放政策以来,特别是加入世界贸易组织以后,中国的对外贸易发展迅速,一些拥有比较优势的中国产品进军国际市场,引起了某些西方发达国家的恐慌,西方不仅加强针对中国商品的反倾销调查和诉讼,而且还以种种口实公然把贸易问题政治化,致使"中国威胁论"一时甚嚣尘上。中美贸易摩擦是贸易问题政治化的典型例证。

由于意识形态和社会制度的差异,中美两国之间的贸易关系一直受到国内政治和国际政治的深刻影响。中美贸易摩擦主要体现在三个方面:一是影响双边贸易关系的宏观问题;二是美国关于限制中国出口的相关措施和法律行动;三是关于知识产权保护。这三个方面在不同历史时期又有不同侧重点和不同表现形式。

在宏观政策上,美国历来坚持贸易问题政治化的做法,美国国会在美国给予中国贸易最惠国待遇问题上实行一年一审的不公正政策,中美双方围绕最惠国待遇问题曾多次交锋,直至中国加入世界贸易组织美国参、众两院才通过对华永久性正常贸易关系法案。

在中国出口产品限制方面,美国对华贸易政策主要以限制中国个别产品进口为主,重点是限制中国纺织品进口。随着中国对美纺织品出口迅速增加,美国政府要求与中国政府谈判,签订纺织品贸易协定,扩大美对华纺织品的配额限制,同时还不断增加对中国其他产品的反倾销、特保措施和技术壁垒等。2002年7月24日,美国纺织品制造商协会(ATMI)等美国纺织纤维团体向美国纺织品协会执行委员会(CITA)正式申请对从中国进口的五种已经取消配额限制的纺织服装产品针织布、手套、胸衣、睡衣和行李箱采取防卫措施。此申请是根据纺织品特别保障机制提出的。2003 年 11 月 17 日,美国商务部公布了 CITA 的投票表决结果,支持美国纺织品生产商协会等四个协会的申请,对从中国进口的针织布、胸衣、睡衣等产品实施特别保障措施重新设限。中国纺织品进出口商会代表中国纺织品服装出口业界对美方此举提出强烈抗议,坚决反对美方对中国纺织品出口重新设限。2004 年美国政府再次以中国纺织品进口急遽增加,导致扰乱美国市场为由,宣布自 2005 年起对中国出口的棉袜、化纤袜和毛袜进行数量限制。纺织服装业作为劳动密集型产业,是中国最具有比较优势的行业,因此成为中美贸易摩擦的重灾区。美国限制中国劳动密集型产品的进口,实际上是保护了美国没有比较优势的产业,只有利于美国的弱势产业和群体,虽然体现了"公平",却不利于美国经济结构的进一步调整和经济效率的提高,不利于美国的整体经济福利。美国政府对中国输美纺织服装设限,基本上是迫于国内政治压力或选票需要而做出的决策,是按政治需要行事而不是按贸易利益行事。

随着中美经贸关系的迅速发展,双方在知识产权领域的冲突日益激烈。20 世纪 80 年代中期以来,中美在知识产权问题上多次剑拔弩张,引起世界的广泛关注。1988 年美国政府试图对中国适用"301 条款"。1989 年美国把中国列入观察名单。双方经过磋商,在华盛顿达成了一个《谅解备忘录》,中国政府承诺制定符合国际惯例的版权法,修改专利法以及参加一些保护知识产权的国际公约。1991 年 5 月,美国以中美双方谈判没有在知识产权保护方面取得进展、中国缺乏对美国知识产权充分有效的保护、中国知识产权法律落后、缺乏对不正当竞争的制裁等为由,宣布将中国从美国贸易法"301 条款"的重点观察名单中,升至重点观察国家名单中。双方经过谈判于 1992 年达成协议,签署了《中美关于知识产权保护的谅解备忘录》,这是中美关于知识产权保护问题的第一次交锋。

1993 年美国贸易代表坎特再次宣布将中国列入美国"301 条款"的重点观察国家名单,并在 1994 年 6 月将知识产权谈判同中国复关谈判联系在一起。美国在中美知识产权谈判中提出了十分苛刻的条件,并于 1994 年 12 月 31 日单方面宣布,如果中国在 1995 年 2 月 4 日之前不能满足美方提出的有关保护美国知识产权的要求,将对中国实施贸易制裁。随之又公布了涉及中国对美国价值 28 亿美元的出口商品的报复清单。中国对外经济贸易合作部也于同日公布了对美国的反报复清单。由于贸易报复对中美双方都是不利的,因此双方代表不得不重返谈判桌,经过两轮艰苦谈判,达成了《中美关于保护知识产权的协议》。美方承诺终止对中国的"301 条款"的调查和撤销对中国的报复措施。中方承诺完善相关法律措施，加大对知识产权的保护力度。

1996 年中国再次被美方列为"301 条款重点国家"，由于谈判破裂，美国贸易代表宣布对华进行贸易制裁，公布了价值高达 30 亿美元的初步报复清单，中国外经贸部同日发表抗议声明，并宣布对美实施反报复清单。此后，双方经过一个多月的激烈较量，终于在 1996 年 6 月达成一致，宣布取消针对彼此的贸易报复措施，中美再次化解了一场有关知识产权保护的危机。

近几年来，中美贸易摩擦呈现数量不断增多、范围不断扩大、所涉产品不断升级的特点，其原因是非常复杂的。表面上，中美贸易摩擦与中国出口迅速增加、中美两国贸易法律法规水平不对称、中国出口产品在美国市场上的份额增长过快引起美国失业升高等因素不无关系。但是，中美贸易摩擦的深层原因还是政治问题。

从国内政治来说，中美贸易摩擦常常是美国国内政治压力的产物。由于意识形态和社会制度的差异，对华持强硬态度对获取公众选票有较大作用，因此每当美国大选之年，总统候选人总是争相在贸易问题上做足文章，无端攻击中国的贸易政策，扬言中国将会成为美国最大的贸易逆差国，以便争夺选票。纺织服装行业是美国最不具有比较优势的行业之一，对这个行业的保护会导致美国消费者的福利损失，同时也不利于美国的产业结构调整和升级。但是，美国劳工的选票要比消费者的经济福利重要得多，在中美经贸关系中，政治问题常常压倒经济问题。

从国际政治来说，中美贸易摩擦与"中国威胁论"的泛滥不无关系。所谓"中国威胁论"，是指中国随着经济的发展、实力的增强，将对其他国家的利益和国际秩序提出挑战，从而对亚太地区和世界稳定构成威胁。20 世纪 90 年代以来，中国经济获得了较快的发展，产业结构调整速度加快，对外贸易规模不断扩大，"中国威胁论"也开始在美、英、日、法等国家流行起来，美国成为"中国威胁论"的始作俑者。"中国威胁论"又可分为两大源流：一是"中国经济威胁论"，认为中国经济的高速发展和对外贸易的迅速扩大将对世界经济带来威胁。有些人一再渲染中国出口的增长是在向全世界输出失业。二是"中国军事威胁论"。这种论调以西方权力转移论为基础，从逻辑上得出"经济强大——政治崛起——军事扩张"这一"必然规律"，认为中国在经济上强大起来之后，也会像西方殖民主义和帝国主义国家那样，实行军备竞赛，推行武力扩张政策，从而打破国际现状，威胁西方国家的安全和利益。

近年来,中美贸易摩擦的频度总体上呈上升趋势,但双方又能从战略大局出发,使贸易摩擦始终处于可控状态。2017 年上台的特朗普总统一方面指责中国的出口商品夺去了美国人的工作机会,表示要制裁中国;另一方面又欢迎中国对美国的投资,进一步加深中美经济交流。

3. 贸易摩擦政治化的内在机制

瑞士国际政治经济学学者布鲁诺·弗雷通过对各国之间贸易摩擦的观察,对贸易摩擦政治化的机制作了精辟分析:在各个发达国家内,都存在贸易保护主义的政治市场。贸易保护的需求者是特殊的选民集团、厂商和以特定产业为母体的政党和议员。贸易保护主义的供给者是政治领导人和政府官员。选票和权力是贸易保护主义供需双方交易的筹码,政治权力,特别是外交谈判,是实现供需平衡的途径。这就是贸易摩擦政治化过程的内在机制,同时也是国际政治与国内政治,国际经济与国内经济相互交叉、相互作用的互动机制。[12]

据弗雷分析,作为贸易保护需求者的特定选民集团、厂商千方百计地利用政治体系来获取自己的优势,他们通过院外活动和投入资金来影响政党和议员,左右总统和政府,推动他们在国际关系上作出有利于自己的政治决定。他们为寻求贸易保护而开展的活动,也是一种投入,只不过是非生产性投入。这种投入不会增加货物或劳务的价值,但却是一种最大限度地增加利润的特殊形式。简言之,对某些特定选民集团和企业来说,他们无需去提高国际竞争力就能获得利润最大化。这是因为,院外活动——贸易保护主义法案——特定行业的垄断利润的三部曲使他们可以高枕无忧。而且,特定选民集团组织得越好,其院外活动也就越有效,社会上其他集团也就越是感到这个特定经济行业应该得到关税或非关税保护。贸易保护给这些集团带来的利益越丰厚,成本支出(院外活动费)也就越少。

从某种意义上来说,国际竞争力越差的行业和企业越是对政治外交感兴趣,因为贸易保护主义带来的变化和结果非常明显和直观。它们可以轻易地说服国会和公众,使人们认为,自由贸易会使某些行业生产下降,工人失业;而加强贸易保护会增加本国国民就业,提高本国厂商的产出和利润。每当经济结构转换或出现高失业,贸易保护主义必然会抬头。

弗雷也指出,反对贸易保护、主张降低关税的人和势力是存在的。其主要有以下两类:

一是跨国公司。它有能力在全球市场上作有效竞争，而且母国的贸易保护主义会导致其资本和技术所在国对其活动的限制。但是，跨国公司同时又是贸易保护主义的赞同者，为了维持国内高额利润，跨国公司对关税和非关税壁垒十分感兴趣。因此，跨国公司作为一个整体，对贸易谈判的态度十分暧昧，虽然它从来不从原则上赞成贸易保护主义，但在具体问题上，跨国公司又是提高关税和设置非关税壁垒的极力提倡者。

二是消费者。消费者是坚定地赞成削减关税、废除非关税壁垒的，因为这样使他们以较少的钱购买更多更丰富的商品和劳务。但是，消费者几乎对贸易谈判和贸易政策没有影响力，因为大多数消费者是工薪收入者。其收入的来源只有一个，而支出却分摊在许多不同商品上。不仅大多数商品并不直接与关税有关，而且降低或取消关税引起的失业和收入降低将会影响每个工薪收入者的生活水平。因此，对消费者来说，关税的机会成本是无形的，而且是间接的，根本激发不起他们组织起来为降低关税而开展政治斗争。

根据弗雷对贸易保护主义者的分析，关税是由政治市场的均衡决定的。关税水平和关税的变化，主要是根据政治领导人和政府官员做出的政治决定而确定的。即使是世界上最民主的瑞士，也不会用公民投票的办法直接决定贸易政策。实行贸易保护主义还是自由贸易只是各国议会或总统选举中的一个议题，每个公民既无必要，也无可能去投票赞成还是反对特定的关税及其税率。但是，贸易政策在任何时候都是为国内政治和经济因素所左右的。

对政党和议员来说，对自由贸易感兴趣但高度分散的消费者是无足轻重的，而要求贸易保护的利益集团则可能通过院外活动施展最大影响。特别是执政基础不稳的执政党会充分注意那些有组织的利益集团提出的贸易保护主义要求，以此来拉到选票和得到选举所需的资金。利益集团经常以“投放”选票和金钱来影响政党。特别是组织得比较好的、比较大的利益集团有能力给认真考虑它们愿望的政党以财政支持。因关税增加而受损失的主要是消费者，但他们虽然人多却分散，虽然不满却因收集信息能力差而不掌握全盘情况。尽管一些政党因主张贸易保护而失去一部分消费者选票，但是与它们从利益集团得到的财政补偿相比是微不足道的。在两个或两个以上相互竞争的政党在为上台执政而努力之时，这些政党不得不动用它们所能支配的一切金钱用于竞选。当然，各政党也不能不在金钱和贸易政策上保持一个适当的均衡，以尽可能取得足以上台执政的选票。一般而言，一个政党越倾向于贸易保护，其从特定集团得到的金钱就越多。然而，它同时却疏远或失去了主张自由贸易的消费者的选票。用学术语言来表达的话，政党政治中对贸易政策的最佳均衡应该是资源增值（金钱和特定团体支持等）形成的当选概率的正边际效应与资源流失（对消费者疏远而造成选票流失）造成的负边际效应两相抵消。

行政机构是关税形成的重要行为主体。即使政治领导人在意识形态上反对贸易保护主义，但他仍无可能全部摆脱行政官僚的牵制。这是因为，贸易法案由行政机构制定、提出和执行，贸易谈判由行政官员出面去进行。行政官员的一切行为是在外部约束之下发生的。外部约束的最大参照量，是法律上所规定的行政官员的服务对象中那些最有声望、最有地位、最有影响的人和部门。对农业部官员来说，其行为最大约束来自于农场主。判定行政官员是否能胜任工作，或是否成绩显著，主要是看他所服务对象的利益有无受到损害。虽然议会也会对行政官员施加政治约束，但是，大多数情况下议会需要行政官员来实现自己的目的。再加上行政官员所获信息和所具有的专业知识远比议员全面深入，因此，在复杂的贸易政策上，议会很少直接作出具体决议，而主要靠行政机构来处理。例如，美国国会通过了“超级301条款”和“301条款”，但是何时使用均是商务部和贸易谈判代表处的事。

通过对贸易保护的政治分析，可以清楚地看到，由当事国官员进行的国际贸易谈判只是表层现象，其根源是在于国内政治和经济。贸易摩擦是一个广泛而常见的国际现象，是当前国际关系中突出的问题，但是一国政府是采取贸易保护还是采取自由贸易的决定因素在于国内政治经济利益的分配和调整。

第四节　战略性贸易政策

如果说上述的贸易摩擦政治化是主权国家为了维护自身政治经济利益在国际贸易中采取的被动防御的话，战略性贸易政策则是主权国家在国际贸易领域里为了增进本国经济福利而采取的一种主动进攻。

1. 战略性贸易政策的内容与政治含义

战略性贸易政策（Strategic Trade Policy）是国际政治经济学中的一个重要范畴。战略性贸易政策是指在不完全竞争和存在规模经济的市场条件下，政府积极地应用补贴或出口鼓励等措施对某些特定的产业予以扶持,扩大本国厂商在国际市场上的份额,以期增加本国经济福利和加强在有外国竞争对手的国际市场上的战略地位。简而言之,战略性贸易政策是主权国家运用国家的力量,为建立和形成比较优势而在贸易领域里所作努力的总和。不仅许多发展中国家使用战略性贸易政策来实现其赶超发达国家的目标,不少发达国家也使用战略性贸易政策来重振经济,占领世界经济的制高点。

战略性贸易政策由两大理论组成:利润转移理论和外部经济理论。利润转移理论是战略性贸易政策的主体内容,其首倡者是加拿大不列颠哥伦比亚大学教授詹姆斯·布兰德(James Brander)和芭芭拉·斯潘塞(Barbara Spencer)。利润转移指的是由于寡头竞争的国际市场上存在着因产品价格高于边际成本而形成的超额垄断利润,一国政府可以通过对出口进行补贴,或征收高额进口关税来加强本国厂商在有外国竞争对手的国际市场上的战略地位,从而使利润从国外厂商转移给国内厂商。利润转移理论包括战略性进口贸易政策、出口贸易政策和以进口保护促进出口的政策。[13]

战略性进口贸易政策的核心内容是使用高关税来抽取外国寡头厂商的垄断利润。具体做法是政府对具有竞争性的进口商品征以高额关税,再将关税收入以补贴形式返还给国内相关厂商和消费者。这样做看似没有意义,消费者的福利并不因设置的关税而受到影响,但和没有征收进口关税时相比,厂商的行为却发生了变化。因为如果外国企业因高关税放弃进入该国市场,则国内企业获得或保持在本国市场的垄断地位;如果外国企业仍然坚持进入该国市场,则政府可通过税收方式将进口商品的部分超额利润转移给国内企业,从而提高本国企业的竞争能力。一旦国内企业在本国市场站稳脚跟,即可向原进口国出口,分享其国内市场的垄断利润。[14]同样,战略性出口贸易政策的核心是以出口补贴支持本国寡头厂商扩大国际市场份额。在寡头垄断竞争的国际市场上,政府通过对国内厂商提供出口补贴,可使其降低边际成本,提高在国际市场的份额和利润,同时减少外国厂商的市场份额和利润,由此带来的本国厂商的利润增加有可能超过政府的补贴支持,从而使本国的国民净福利上升。以进口保护促进出口的政策,主要指通过国内市场保护使本国厂商获得规模优势,进而扩大在国内外市场的份额。[15]

战略性贸易政策的另一大理论基础是外部经济理论。该理论认为政府应向特定产业,主要是向高技术产业提供各种补助和支持,使本国厂商最大限度地获得外部经济。外部经济包括技术性外部经济和收益性外部经济。前者指本国厂商从同一产业或相关产业中其他国外厂商的技术外溢中获得技术和知识，后者是指本国厂商从同一产业或相关产业国外厂商的集聚中获得市场规模效应（如低廉的原材料、中间产品、技术工人、专业化服务等）。两种外部经济都能够使厂商提高生产率和降低成本。政府扶持技术密集型产业的意义在于，如果一国政府不对研发成本很高的技术密集型尤其是高科技产业提供补贴和鼓励措施，而外国政府却保护本国的这些部门，可能使该国丧失或减少技术外溢，最终损害该国的国民福利。因此，高技术产业不可能完全依赖私人投资，而需要政府的财政补贴和贸易扶持。比如，美国在技术创新和变革方面的政策是鼓励企业进行像基础性研究一样能在经济中其他部门产生有价值的技术外溢的创新活动。[16]收益性外部经济的意义在于，政府对处于发展初期的具有规模效应的产业进行扶持和保护，可以提高该产业的市场规模效应，扩大市场份额，从而在国际竞争中处于有利地位。

战略性贸易政策具有深刻的政治经济学含义。克鲁格曼把战略性贸易政策称为"积极的贸易政策"。他分析说，这种积极的贸易政策比自由贸易政策更有益于国家。国家可以通过战略性贸易政策来获取少数寡头公司形成的独占利益，从整体上壮大本国的力量，增强国际地位。首先，国家通过各项政策来帮助本国的跨国公司获得规模效益，从而扩大本国的经济总量。其次，因为比较优势是可以人为的，比较优势可以通过利润转移和外部经济，从一个产业外溢到另一个产业。一个部门的知识创新或高额利润可以使其他部门受益，并提高国家的整体技术水平。在技术创新成为国际竞争主要因素情况下，政府不能不去干预贸易，支持和保护本国的跨国公司在具有战略价值意义的技术上的独占优势，从而确保本国在国际竞争中的战略地位。

2. 实施战略性贸易政策的条件与措施

在实施战略性贸易政策时，政府首先要甄别哪些产业具有战略性地位。克鲁格曼认为，具备贸易政策扶持资格的战略性产业应该满足两个条件：一是要存在大量的"租"，即该产业的资本或劳动的回报率特别高；二是要有较强的外部经济效应，从而一旦这个产业获得国际竞争优势，就能有自我加强的趋势。[17]

战略性贸易政策的基本措施是奖出限入。其中，特别重要的途径有三条。一是阻止他国公司进入本国市场，特别要阻止外国的跨国公司进入本国市场，以使本国的企业获得牢固的竞争成本地位。同时，通过补贴等手段确保本国企业的国内市场份额，从而使本国企业获得规模优势。二是支持本国企业的研究开发活动，使本国公司拥有动态的技术优势。三是在国际舞台上运用国家权力，通过威胁、许诺、贸易谈判及其他办法，改变贸易体制，使之有利于改善本国企业在国际市场上的地位，增加赢利机会。然而，战略性贸易政策又是相互作用的。在制定自己的贸易政策时，各国政府必定要注意其他国家的反应或试图影响其他国家的行动。各国贸易政策的相互影响变得至关重要。

战略性贸易政策的实施对象主要是高科技产业。一国的经济技术优势是以各个产业的优势为基础的。因此，对各个产业内规模和技术优势的争夺是国家间经济技术竞争的焦点。为获取特定产业的主导权需要两方面的努力：一是通过产业政策的培育和扶持；二是从贸易角度予以保护。对于前者，即产业政策的有效性尚有争论，而对于后者则无分歧，通过奖出限入来培育和在一定时间内维护特定产业的国际竞争优势已是不争的事实。要强调的是，这里所讲的产业，不是所有的产业，而是特指高科技产业。对高科技产业的保护是战略性贸易政策的主要内容。这是因为高科技产业具备了经济霸权争夺对象的所有条件。首先，高科技产业对国际关系直接产生作用。半导体、大型飞机、尖端通讯器械，不仅对一国的经济增长有着无可估量的潜在贡献，而且直接影响国际政治格局。其次，从贸易角度来说，高科技产业有着明显的学习效应（learning by doing effect）[18]、收益递增和规模经济效益。以半导体为例，其生产过程是一个知识、技术和经验不断积累的过程，知识、技术和经验的积累本身就具有强烈的劳动生产率上升倾向。因此，只要有一个企业以其产品率先打入市场，在学习效应的作用下，其劳动生产率不断提高，以致其他企业很难模仿和赶超。这样，该企业的生产规模越来越大，也就越能不断维持较高的劳动生产率和遥遥领先的市场占有率。美国的英特尔公司就是一个十分明显的例子。自从它开发的奔腾处理器问世以来，几乎无人能望其项背，它的规模不断扩大，产品不断更新，市场占有率不断上升。据估计，现在各类计算机的内储存器的三分之二以上都是英特尔公司的产品。

高科技产业的培育是有风险的。高科技产业的投入十分巨大，非资金、人才均上乘的巨型跨国公司不可。因此，在初期阶段能否就在市场上站稳脚跟是至关重要的。如不能打开市场，往往是意味着一个产业的全盘失败和整个国家的经济技术实力的下降。换言之，一种新产品能否率先进入市场并站住脚，实际上是巨型跨国公司和国家共同谋求经济霸权争夺战的关键。

跨国公司必然成为战略性贸易政策的实施对象。如前所述，当今的国际贸易实际上已经被少数能影响贸易格局和经济资源配置的大跨国公司所主宰。它们不仅能影响商品价格，而且能人为地转移和创造比较优势。这种以跨国公司为主体的不完全竞争的现实世界，“触动着政府为本国经济佼佼者提供支持，并制定出把(超额)利润转到本国跨国公司的战略性贸易政策”。[19]国家和政府不得不动用国家权威为本国跨国公司的高科技产品进军国际市场而努力。因此，尽管从中长期来看，任何产业，包括高科技产业在内，不能靠国家的保护和支持，但是在最初阶段，也即新的优势在形成和凝聚之时，国家的扶持是不可缺少的。

3. 战略性贸易政策中的辅助措施

战略性贸易政策并不局限于国家对国际贸易的管理和调节，往往辅以产业政策、补偿政策以及经济外交一起使用，共同发生作用。

国家运用政权的力量对国际贸易进行管理、调节，是战略性贸易政策的主体。但是从根本上说，贸易只是产业的延伸。贸易上的强势只是产业所具有的内在竞争力的表象。“奖出限入”是战略性贸易政策在进出口层次上的表现。上文已经强调过贸易是以比较优势为基础的。没有相对他国的比较优势，任何奖出限入政策既不可能持久，也不可能产生实效。因此，战略性贸易政策的真正出发点还是产业政策，即在事关国家经济未来的特定领域中，排除竞争，运用政府补贴、市场保护等手段，扶持战略性产业的发展，增强该产业的国际竞争力，扩大国际市场份额，获取相当的经济效益，最终达到提升本国经济福利的目的。

产业政策是由政府出面培育和保护无法通过市场竞争机制来实现快速成长的特定产业。罗伯特·吉尔平指出:“产业政策的目的在于影响经济结构对外部力量作出反应的方式，或努力在产业中承担国际领导的方式。”[20]实施产业政策有两个途径。一是政府出资或从事研发，以某一产业的技术革命来影响国际竞争。战后世界经济的发展已经表明技术优势将决定国际贸易和直接投资的格局。二是为培育新的比较优势而选定一些具体的工业和技术提供财政税收的优惠，促使其迅速成长。战后日本就是从钢铁到家电，从玩具到汽车，扶持了一个又一个产业并获得了惊人的成功。尽管日本的产业政策也有失败的地方，但是，产业政策与贸易政策日益紧密地结合在一起，已经成了世界各国争取国际竞争优势的主要手段之一。

补偿政策是国家为了保证经济产业结构调整顺利进行而实施的社会补偿措

施，其根本目的是维护国家的政治稳定。补偿政策既是产业政策的补充，又是产业政策的保障。在经济活动中，时时处处都有受益者和受损者。国家在倾力扶持某一个和某几个产业时，其他产业必然地相对受损或绝对受损，出现大量企业倒闭、工人失业等不稳定因素。这就要求政府在扶持一部分产业的同时，对相关的受损产业进行救助。当然，政府无法为每一个受损者提供补偿，只能为其中受损失特别惨重的社会集团和阶层提供补偿。补偿的形式是多样的，如职业训练、就业、斡旋、提供社会保障、保证公正社会待遇等。否则，在相互依存日益密切，国际社会中非政府行为主体不断增加的情况下，这些社会集团和阶层得不到应有的补偿将会成为本国对外关系中潜在的不稳定因素。

所谓经济外交，是指“在对外政策上，为实现某国的诸项经济利益而由该国政府动员本国的各种资源用于对外交涉的一种方式”。[21] 简言之，经济外交即是以实现各种经济利益为目的，借助经济手段进行的外交活动。经济外交是相对于政治外交、军事外交而言的。任何主权国家的外交，依照不同的对象在不同的时期都有着或侧重政治，或侧重军事，或侧重经济的现象。有人对经济外交作了进一步的解释，认为经济外交不仅是追求经济利益的手段，而且还被用来弥补其政治上和军事上的弱点，用以追求政治与安全上的利益。

经济外交的主要内容有：

(1) 确定赶超目标对象国，重点打开对象国的市场，积极吸收对象国的投资，用对象国的市场、资金和技术来培育和形成本国的优势，充分享受后发性利益。

(2) 积极加入各种国际经济组织，参与国际游戏规则的制定，开拓有利的国际环境。战后以来，各种国际经济组织林林总总，从而构成国际贸易体系和国际金融体系，这是世界经济正常运转的组织保证。各种国际经济组织都具有制定规则以协调世界经济与各国政治经济利益的功能。它一方面监督各国实行国际社会一致同意的各种规范制度，并对不履行义务、不遵守规则的国家进行制裁；另一方面，又向认真执行规则、履行义务的国家提供有效的支持与援助。因此，加入国际经济组织不仅使本国的经济发展融入国际潮流，而且能通过各种规则的制定来维护和扩大自身在国际贸易、国际投资和国际金融等领域中的权益。

(3) 通过外交谈判努力减少经济贸易摩擦带来的不利因素。国与国之间的经济贸易摩擦、投资纠纷是不可避免的。有的在企业层面谈判解决，有的则非要在国家层面谈判才能解决。国际收支是否平衡是各国政府在国际交往中必须慎重对待的问题。在出现矛盾与冲突时，如何运用外交手段把经济摩擦引起的不利影响限制在最小范围之内是各国政府外交政策的基本任务。强国可以运用政治军事优势来逼迫小国、弱国在经济上让步。反之，小国、弱国也可运用自己在一时一地的局部经济技术优势来谋取政治、军事上的好处。即使在纯经济领域，小国也不是没有施展外交艺术的余地。瑞士以其独特的货币政策使瑞士法郎在国际货币体系中具有十分重要的地位即是一例。

(4) 以发展援助、经济合作开拓出口市场。市场争夺战不只是在发达国家之间展开，而更激烈地在发达国家和发展中国家之间展开。发达国家为了更多地争取到发展中国家的市场，往往把官方援助、经济合作与出口相联系，以前者为后者开道。

(5) 确立经济安保观念，以外交手段确保资源、能源的稳定供应，必要时以牺牲局部政治利益来保证经济安全。

从上述经济外交的定义及内容来看，其涵盖面十分广泛。但是，其核心仍然是运用外交手段来维护主权国家在贸易和投资等方面的经济利益，或利用贸易投资上的某些优势来谋取政治上的利益，两者相辅相成，缺一不可。

4. 战略性贸易政策在亚洲国家的实践

日本是推行战略性贸易政策最为成功的国家。从战后初期经济恢复时期一直到20世纪80年代中期，日本明确以贸易立国为其基本经济战略目标。贸易立国战略，使日本通过贸易和投资两大渠道，不断地建立、形成和维持了新的比较优势，享受到了国际分工带来的巨大利益，成功地克服了日本地少人多的缺陷，变沉重人口压力和严峻的资源压力为丰厚的人力资源和巨大的出口加工能力，从而迅速由战败国崛起为经济大国。

日本贸易立国的基本做法是根据经济发展的需要，对贸易进行管理。虽然其主旨是奖出限入，但在不同时期有不同特点。在20世纪50年代初日本经济恢复时期，日本贸易政策的主要特点是限制进口，同时努力促进出口。当时日本政府以法律形式确立了外汇预算制度，把有限的外汇优先分配给重点产业部门和主要出口企业。外汇预算制度规定所有进口必须经过政府的批准。政府据此从外汇使用和进口数量两方面严厉地限制了与国内正在培育中的“幼稚产业”有竞争关系的产品的进口。与此同时，日本政府建立了贸易振兴会、海外市场调查会、出口优惠融资制度等一系列机构和制度，为日本企业走向海外作了组织、信息和金融等方面的准备。

进入高速增长时期后，日本贸易立国的重点转向导向发展，全力开拓海外市场。在继续限制进口的同时，积极鼓励企业拓展海外市场。在高速增长的十来年时间内，日本政府为振兴出口扶植电子产业而制定的法令、法规有二十多个。对日本的重要产品出口有重要意义的《振兴电子工业临时措施法》、《电气事业法》等都是那时制定和实施的，索尼、日立、松下、夏普等一大批知名国际品牌也就是在那时形成并走向世界的。同时，日本政府还把战争赔偿和对外官方发展援助与推动出口相联系，把提供日本商品和劳务作为向亚洲国家赔偿战争损失的主要手段，明文规定将受援国必须购买日本商品和劳务作为提供官方发展援助的前提条件。20 世纪 70 年代以来，日本国内过剩的钢铁、水泥、机械设备就是通过官方发展援助形式被大量推销到发展中国家市场上去的。

20 世纪 80 年代以后，日本的贸易立国方针受到极大挑战，缓和与各国的经济摩擦成了日本政府的当务之急。一方面在各国压力下不得不向对手开放市场，另一方面从调整出口结构、扩大海外投资这两个角度继续维持其出口优势。调整出口结构是以出口商品高级化、多元化来寻求新的海外市场。海外投资是采取就地生产、就地销售的办法，到出口对象国去巩固和扩大市场。面对巨大国内市场压力，日本政府在同美欧各国的贸易摩擦谈判中，或自我限制出口，以退为进，或采取边缘政策，坚持到谈判破裂前的最后一分钟才做出让步。

对出口的扶持是日本贸易立国战略的核心内容之一。除了为出口企业提供信息服务、优惠信贷等以外，日本政府还公开或不公开地向出口企业提供财政补贴。公开的补贴是指日本政府通过官方出口保险制度向因出口而蒙受损失的企业提供相当于损失额的 80%至 90%的补偿。20 世纪 60 至 70 年代的日本主要出口产品如缝纫机、钢铁、硫酸铜等均得到这种补偿性公开补贴。不公开补贴是指企业从出口退税和双重价格之中得到的好处。据调查，20 世纪 70 年代中期，日本出口企业享受到各种免税待遇共有 26 种，与刺激出口有关的减免税额约占日本减免税总额的三分之一，出口企业靠减免税而增加的收入相当于其法人税额的 17%。[22] 双重价格制度是指，日本政府明文规定允许企业同一产品的内销价格和外销价格可以不同。内销价格在一定时间内必须保持在较高价格水平上，而在国外销售时则可以按低于国内的价格实行倾销。企业可以用出口所得外汇进口一部分国内市场紧缺商品，在国内销售以弥补低价出口损失。1953 年日本国内市场棉纱价格为 66 美元/吨，而国外销售价则为 54.5 美元/吨。1985 年一架同型号的照相机，日本国内售价为 7 万日元，按当时汇率约为 350 美元，而在美国只卖150美元。

制定和实施产业政策，培育战略性贸易出口产业。日本政府产业政策的成功举世闻名，以致相当一段时间内，西方各国挖苦地把日本政府称为“日本株式会社”(日本股份有限公司)，政府完全与企业合为一体。日本政府实施产业政策的基本做法是，根据经济发展需要，在一定时间内选定特定产业，从资金分配、物资供应和研究开发上予以全力支持。在20世纪五六十年代，日本政府培育了钢铁工业。在政府的搭台下，战后初期被分为两个公司的八幡制铁和富士制铁合二为一，成为世界上技术最新、产量最大的钢铁企业，从而奠定了日本最大钢铁出口国的地位。20世纪六七十年代日本政府又重点培育了轿车、数控机床、家用电器等产业，这些产品先后在70年代和80年代成为日本主要出口产品。

在日本之后，韩国、新加坡和中国的香港、台湾学习和发展了日本的基本经济发展目标，进而创造了出口导向经济发展模式，明确提出把出口作为带动国民经济和社会发展的最主要动力的口号，从而把战略性贸易政策推到了登峰造极的地位。在它们成功的影响下，东盟国家也搬用了出口导向经济发展模式。

当然，20世纪90年代以后日本经济步入长达十余年的萧条期，至今尚未完全恢复元气。亚洲“四小龙”和东盟国家也因90年代后期的亚洲金融危机而大伤元气。这里当然有战略性贸易政策及其衍生物的负面效应所致，但更多的是其本身政治、经济等深层次问题所致。

日本和亚洲“四小龙”过去的成功和现今遇到的问题，从正反两个方面告诉人们：在经济全球化迅速发展，相互依存关系不断加深的情况下，政府在经济贸易领域里的作用不是减弱，而是显得更加重要。自由贸易理论和贸易保护主义现实之间的巨大反差提醒人们，贸易带来的利益是客观存在的，但每个主权国家不仅不会自动得到它，也不可能平均分配其利益。利益的实现和分配与国家的作用和能力密切相关。一个国家能否有效地参与国际分工，并从中寻找崛起的机会，主要取决于该国政府能否把经济贸易政策的运用、培育和保持与国情相适应的动态化相结合。

第五节　全球经贸规则重构

全球经贸规则重构是近年来国际贸易发展的新趋势。2008年全球性金融危机对美欧发达国家予以沉重打击,迫使它们重新审视其内外政策,修改重要国际规则。“跨太平洋伙伴关系协定”(Trans-Pacific Partnership Agreement, TPP)是国际经贸规则重构的标志性产物。但是,这一进程并不顺利,一波三折。TPP 于 2015 年 10 月 5 日达成一致,并在 2016 年 2 月 4 日签署协议。在 TPP 即将生效之际,原来积极推动 TPP 谈判的美国,却因政权的更迭而宣布退出 TPP。新任总统特朗普认为,TPP 不利于美国的经济与产业,要求重新谈判。然而,日本等 TPP 参加国却表示,即使美国退出,也要继续推动 TPP 的生效进程。这表明,一方面发达国家主导的全球经贸规则重构取得了重要进展;另一方面全球经贸规则重构又面临着巨大变数。

1. 全球经贸规则重构的背景

从多边贸易体系的历史进程来看,全球经贸规则的制定一直与双边、区域贸易安排有着密不可分的联系。把国内法律转为区域贸易规则、再通过区域贸易规则撬动多边贸易谈判是美国沿用至今的手法。TPP 谈判亦是如此。

从 1930 年开始,美国就开始将国内贸易法转变为国际贸易规则,构建起以自身为核心的关税区;并设置“无差别对待”条款,规定美国与任何国家签订的关税减让的协定,均自动地适用于其他已与美国签订互惠贸易协定的国家。这就是“最惠国待遇”的起源。当时,英国“帝国特惠制”是美国实现全球霸权的最大挑战。美国通过与英国开展双边贸易谈判,拆散“帝国特惠制”,构建国际自由贸易体系。英美双边贸易谈判使英国做出了逐步降低和取消特惠关税的承诺,为美国实现以削减壁垒和最惠国待遇为核心的多边自由贸易计划打下坚实基础。最终美国等 23 个国家于 1947 年 10 月在日内瓦签订关税与贸易总协定(GATT),宣告由美国主导的全球自由贸易体系正式形成。

从关税与贸易总协定转变为世界贸易组织的过程中,美国以北美自由贸易协定谈判影响乌拉圭回合谈判。其中最主要的就是有关知识产权保护和服务贸易准入两大战略诉求被乌拉圭回合谈判最终文件所确认,成为世界上多数国家采用的规则。由此演变而来的世界贸易组织框架下《服务贸易总协定》(GATS)是第一个全球性的涉及金融服务的贸易协定,同时也是继美加自由贸易协定、北美自由贸易协定以后第三个金融服务协定文本,由此可见北美自由贸易协定和《服务贸易总协定》规则的紧密联系。

概言之,美国之所以选择“区域撬动多边”的路径,主要基于三点考虑。一是集团优势。根据集体行动的逻辑，由于区域内部的成员较少，美国的谈判优势相对明显，美国更容易向谈判伙伴推销符合本国利益的规则和法律。二是示范效应。在多边谈判难以取得突破的情况下，选择在一定范围内对新的贸易规则进行“试点”，既有利于美国修正和完善自身的规则制定，又可以向其他国家展示新规则的优势，促进其他国家进行学习和仿效。三是实力政策。众所周知，一国主导国际规则制定的能力与其实力成正比。对美国来说，构建区域贸易集团是一种次优选择，能够作为其在多边谈判的有力筹码。

2. 全球经贸规则重构的内容

传统的高收入国家与中等收入国家间建立的特惠贸易协定形成了以前者为轴、后者为辐的轴辐结构以及以美欧日为核心的等级结构。但随着以金砖国家为代表的新兴经济体的快速崛起及其群体性合作，这一等级结构出现了一定的松动。美欧力图重新主导全球经贸规则制定的种种实践，即重新建立和进一步巩固这一结构的尝试。

尽管美国已经宣布退出，但是 TPP 谈判中所涉及的诸多问题仍是当前国际经贸规则重构的重要议题。

除了传统自由贸易协定所涉及的货物贸易市场准入（关税削减和撤销）和服务贸易之外，TPP 在谈判和最终协定中纳入了大量非关税领域（投资、竞争、知识产权、政府采购等）规则以及诸多新兴议题（环境、劳工等）。亨利克·何恩(Henrik Horn)等学者把工业品、农产品、海关监管、出口税、动植物检验检疫措施、国有贸易企业、贸易技术壁垒、反补贴、反倾销、政府援助、政府采购、与贸易有关的投资措施、货物贸易总协定、与贸易有关的知识产权协定等 14 个领域作为世界贸易组织已经涉及的领域（称为“WTO＋”领域），而将反腐败、竞争政策、环境法规、知识产权、投资措施、劳动力市场规制、资本流动、消费者保护、数据保护、农业、近似立法、音像制品、民事保护、创新政策、文化合作、经济政策对话、教育与培训、能源、金融援助、健康、人权、非法移民、违禁药物、产业合作、信息社会、采矿业、洗钱、核能安全、政治对话、公共监管、区域合作、研究与技术、中小企业、社会事务、统计、税收、恐怖主义、签证与避难等其他 38 个领域列为世界贸易组织尚未涉及的领域（称为“WTO-X”领域）。[23] TPP 涉及了大量“WTO-X”领域，这些领域基本都指向一国的国内规制，也充分反映出美欧作为规制制定的“轴心”力图将自身的规制取向推广至其贸易伙伴。

传统上,国内规制往往是“硬规则”(hard rules),由各国政府执行,而国际规制则多为“软法”(soft law),表现为自愿标准和最佳实践等。尽管包括美欧在内的国际社会自国联以来并不缺乏建立相应机制的努力,但始终未能真正地建立起条约化机制。近年来,美欧等主要经济体在相互监督、规制改革、政策调整的基础上出现了前所未有的规制融合的态势,创造少数国家通用的高标准正在逐渐成为现实。欧盟甚至将美欧规制模式的融合视为一种全球公共产品,认为其系统外溢能够促进多边贸易谈判的后续进展。[24]

3. 全球贸易规则重构的进程

除了 TPP 以外,“跨大西洋贸易与投资伙伴关系协定”(Transatlantic Trade and Investment Partnership, TTIP)、服务贸易协定(TISA),以及欧盟-日本经济伙伴关系等其他双边贸易投资协定谈判也是当前国际经贸规则重构的重要载体。这些谈判的对象各有侧重,但是议题大体一致,谈判指向也十分明确,反映出以欧美为代表的发达经济体在双边、诸边、区域和全球多边的各层次之间相互配合、相互补充、相互支持的战略布局。

TTIP 自 2013 年 7 月在华盛顿开始第一轮谈判以来,截至 2016 年 7 月已经进行了 14 轮谈判,能否预期在 2016 年年底结束谈判,前景似乎并不乐观。此外,2012 年年初,包括美国、欧盟、中国在内的 23 个成员,启动了服务贸易协定(TISA)谈判。这一谈判的成功与否及其协议文本所产生的规则效应不但将牵动服务贸易本身,也将对全球贸易产生深刻影响。

从 TPP、TTIP 的发展脉络、协议文本来看,未来的全球经贸规则将沿着三个方向发展:第一,货物贸易将进一步与环境标准、劳工标准等发达国家占优势的国内事务挂钩;第二,服务贸易与投资保护将是新一轮全球贸易规则制定的核心和重点;第三,否定发展中国家区别对待原则,美国式“市场至上主义”将成为新一轮全球经贸规则制定的基本理念。

由于发展中国家与发达国家在谈判立场上的诸多分歧,全球多边贸易体系进展缓慢,除了 2013 年在贸易便利化方面取得突破外,在许多实质性问题上止步不前,无法推动多边贸易的进一步开放和国际贸易规则的升级。TPP 等“新一代”自由贸易协定带来的“诱惑”与“负担”并存的挑战会使部分发展中经济体更加进退维谷,也有可能不断侵蚀现存机制下对不发达国家的特惠安排。非洲、加勒比、太平洋地区的中小发展中国家将身不由己地受到波及,不得不谋划相应的一体化政策以求应对，对其国内的市场开放和规制改革也提出了更紧迫的要求。

正是在这一背景下，2012 年 11 月，东盟 10 国与中国、日本、韩国、澳大利亚、新西兰、印度等 16 国领导人发表联合声明，宣布于 2013 年早些时候启动“区域全面经济伙伴关系”（Regional Comprehensive Economic Partnership, RCEP）谈判。

截至 2016 年 10 月，RCEP 已经历了 15 轮谈判和四次部长级会议。与 TPP 相比，RCEP 的一个重要目的在于缩小域内发达经济体与发展中经济体之间的差距，为区域更为均衡的发展做出贡献。因此，根据《RCEP 谈判的指导原则与目标》，RCEP 尽管强调在广度和深度上极大地推进现存 5 个“东盟 10＋1”FTA，但仍主张针对各国的不同发展阶段，实施特殊和差别待遇，并试图为东盟最不发达成员提供额外的灵活性。对于那些尚未做好充分准备接纳诸多“WTO-X”条款的发展中国家而言，雄心水平较低的 RCEP 模式至少在短期更具吸引力，也更符合循序渐进的发展需要。

注　释

[1] P.Krugman, *Journal of Development Economics*, 8, pp.149—161，转引自[美]罗伯特·吉尔平：《国际关系政治经济学》，杨宇光等译，北京：经济科学出版社 1989 年版，第 201 页。

[2] P.Krugman, *Journal of Development Economics*, 8, pp.149—161.转引自[美]罗伯特·吉尔平：《国际关系政治经济学》，第 203 页。

[3] [美]保罗·克鲁格曼主编：《战略性贸易政策和新国际经济学》，北京：中国人民大学出版社、北京大学出版社 2000 年版，第 18—19 页。

[4] 此为 1991 年数，见王杰编著：《国际格局与国际组织》，北京大学出版社 1993 年版，第 129 页。

[5] 雷继唐、王文先、史学瀛编著：《关贸总协定与中国改革开放》，天津科技翻译出版公司 1993 年版。

[6] 钟兴国、林忠、单文华：《世界贸易组织：国际贸易新体制》，北京大学出版社 1997 年版，第 12 页。

[7] 李综主编：《当代资本主义世界经济发展史略》（下册），北京：社会科学文献出版社 1989 年版，第 410—419 页。

[8] 吴欣：《融入经济全球化潮流》，《人民日报》2000 年 2 月 1 日。

[9] 王炳才:《与狼共舞:中国加入 WTO》,北京:中国书籍出版社 1998 年版,第 259 页。

[10] 刘光溪主编:《坎昆会议与 WTO 首轮谈判》,上海人民出版社 2004 年版,第 6 页。

[11] 当地含量规定是指一国要求外资企业为当地市场生产的产品中必须包含一定比例的本国生产的部分,有时亦称国产化比率。

[12] [瑞士]布鲁诺·S.弗雷:《国际政治经济学》,吴元湛等译,重庆出版社 1987 年版,第 20—34 页。

[13] 郭克莎:《对中国外贸与贸易政策的评论》,《国际经济评论》2003 年第 5 期。

[14] 陈岩:《不完全竞争与战略性贸易政策》,《世界经济与政治》1996 年第 3 期。

[15] 郭克莎:《对中国外贸与贸易政策的评论》,《国际经济评论》2003 年第 5 期。

[16] [美]保罗·克鲁格曼主编:《战略性贸易政策和新国际经济学》,第 9 页。

[17] [美]保罗·克鲁格曼主编:《战略性贸易政策和新国际经济学》,第 23—24 页。

[18] 所谓"学习效应"是指某个厂商随着生产经验的累积导致平均生产成本(及相应的边际成本)不断下降的现象,也就是说当一个厂商生产得越多,它便会更有效地从事进一步的生产,厂商在它的"学习曲线"上是向下移动的。这种效应主要是由于企业的管理人员和工人随着生产经验的不断累积而带来的各方面效率提高所导致的。

[19] G. Krugman and D. Richardson, "Strategic Trade Policy: A Survey of Issue and Early Analysis," *International Economics*, No.15, 1985.

[20] P.Krugman, *Journal of Development Economics*, 8, pp.149—161;转引自[美]罗伯特·吉尔平:《国际关系政治经济学》,第 241 页。

[21] [日]有贺贞等编:《〈国际政治讲座〉第四卷日本外交》,东京大学出版社 1989 年版,第 157 页。

[22] 赵凤彬、孙才仁、杜笑岩编著:《日本对外经济关系》,北京:中国对外经济贸易出版社 1990 年版,第 90 页。

[23] Henrik Horn, Petros C.Mavroidis and André Sapir, "Beyond the WTO? An Anatomy of EU and US Preferential Trade Agreements," *The World Economy*, Vol.33, No.11, 2010, pp.1565—1588.

[24] European Commission, "Trade, Growth and Jobs, Commission contribution to the European Council," p.6.

第七章　全球化与国际金融体制

国际金融是把现代世界经济与国际政治结合起来的另一股重要力量。同谋求国际多边贸易体制的稳定与开放一样，研究国际金融体系的稳定与效率也是国际政治经济学的基本课题之一。

在新自由主义者看来，国际资本流动是世界政治经济一体化的强大动力，是世界资本主义体系扩大和充满生机的基本因素。国际金融合作加深了各国之间的相互依存关系，同时由于资本的稀缺性，国际金融政治化的现象日益明显。尽管资本输出国和资本输入国都可以从国际资本的有效利用中获益，但债权人出于强势地位，不仅可以迫使对方接受对自己有利的还债条件，而且还可以附加其他政治条件。

在新现实主义者看来，每一种国际货币制度都有赖于特定的政治秩序。国际金融是同霸主国对国际经济政治事务施加的影响密切相关的。霸主国既是国际金融体系的管理者，又是该体系中的主要受益者。霸主国是发展中国家获得资本的主要来源，其货币是全球金融的基础。只有霸主国才能使陷入危机的国际金融体系起死回生。因此，随着霸权国家的兴起和衰落，国际金融货币体系也会发生相应变化。

在新马克思主义者看来，国际资本的投机性和多变性是全球政治经济动荡和第三世界国家贫困的重要根源。国际金融体系有内在的“疯狂、恐慌和崩溃”倾向，造成了发展中国家的债务危机和资本抽逃。对外投资和发展援助包含了对一个国家经济的广泛渗透，进而形成政治经济上全面的主从关系，也即依附关系。股东和债权人经常呼吁本国政府干预其他国家的内部事务。国际金融中的许多活动往往引起政治的和民族主义的激情。[1]

特别值得关注的是：由于新兴经济体的群体性崛起，现有的国际金融体系已经与全球战略力量的基本格局相脱节，没有充分反映新兴经济体的利益和关切，现有的国际金融体系需要进行根本性的改革和重组。

上述内容表达了国际政治经济学各主要理论流派对于国际金融体系的基本观点。本章将从国际金融体系的功能,战后国际金融体系的演变,冷战后国际金融体系的新变化,美元的霸权地位的衰弱,欧元和日元的崛起,人民币国际化,以及国际金融体系正在发生的改革等方面进行分析和阐述。

第一节　国际金融体系的功能

1. 国际金融体系的定义

国际金融体系,亦称国际货币制度或国际货币体系。按美国著名经济学家托马斯·梅耶(Thomas Mayer)等人在《货币、银行与经济》一书中的介绍,国际金融制度是一种结构,在这个结构中"一国居民向另一国居民进行支付"。[2]

通俗地说,国际金融体系是指国际间交易结算时所采用的货币制度,即国与国之间进行支付的一套规定、做法、制度和习惯。

国际金融体系一般包括以下三方面主要内容:

(1) 国际储备资金的确定。为了满足国际间支付的需要,任何一个国家都必须拥有和保持一定数量的为其他国家所承认、接受的货币和资产。这些货币和资产即是国际储备资产。国际储备资产的种类,特别是其中的货币种类,会因国际金融体系不同而不同。在金本位制下,国际储备资金是黄金。在战后布雷顿森林体系下,美元和黄金是国际储备资金。布雷顿森林体系崩溃后,国际储备资金日益多元化。

(2) 汇率制度的确定。要使一国货币的购买力转化为另一国货币的购买力,就必须进行国际间货币交换。汇率即是一国货币与其他国家货币之间进行交换的比价。如何决定和维持这种交换的比价,是采取固定的交换比价还是采取浮动的交换比价,政府是否以及如何干预汇率等,都是汇率制度的内容。

(3) 国际收支的调节方式。国际收支是一国对外货币收入和支出的汇总。一般来说,一国的对外货币收入与货币支出应该相等,即国际收支应处于平衡状态,但是,实际生活中,国际收支往往是失衡的,要么支出超出收入,要么收入超过支出。当国际收支失衡时,就需要政府采取措施来弥补缺口。各国政府采取什么措施弥补缺口，各国之间的政策又应该如何相互协调等，都是国际收支调节方式的研究对象。[3]

2. 国际货币体系的功能

国际货币体系的功能应是促进国际贸易的发展，保证国际资本流动的稳定有效。健全的国际货币体系将是世界经济繁荣和全球相互依存关系发展的基本前提。反之，国际货币体系的崩溃将成为经济大萧条的决定因素，甚至是世界大战的前奏。这已经为历史事实所证明。第二次世界大战是人类历史上最为惨烈的战争。它的爆发在很大程度上就是由 1929 年美国纽约股票市场的暴跌而引起的世界大恐慌的结果。

因此，一个理想的国际货币体系应该是：能够提供足够的国际清偿能力；能使所有人对国际储备资金具有信心；能对国际收支失衡进行有效的调节。

国际清偿能力是指国际货币体系必须供给充足的货币，但又不会造成通货膨胀，从而为国际贸易融通资金，为调整国际收支创造方便条件，并能为各国提供金融储备手段。

国际储备资金的信心是建立在国际货币体系对各国金融储备可能发生的不稳定变动的预防之上的。只要国际货币体系能有效地防止各国金融储备结构的不稳定，人们就会对国际储备资金有信任感，不会用挤兑或抛售等方法对国际储备资金进行冲击，造成世界经济的混乱。

有效的国际调整方式有助于迅速克服国际收支失衡。调整方式主要有三：第一，改变汇率，使货币升值或贬值；第二，国内经济活动的收缩或扩张；第三，政府直接控制对外贸易，严格控制进口和出口。

第二节　布雷顿森林体系的形成

第二次世界大战后国际金融体系的演变，以 1973 年为分界线，大体上可分为两个阶段，即战后初期到 20 世纪 70 年代初的布雷顿森林体系和 1976 年开始的牙买加体系。这两个国际货币体系的交替深刻地反映了战后国际政治格局的变化，可以说这是战后六十多年来国际关系变化的一个缩影。

1. 战后国际金融体系的筹组

第二次世界大战使美国在国际政治经济中取得了无与伦比的优势。然而，英法等西欧老牌资本主义国家却沦为二等国。

在政治军事上，美国的影响遍及全球，西欧和东亚都在美国驻军的控制下。在经济上，美国的实力空前膨胀。在1939年到1944年期间，美国工业产值提高了1.2倍。到1948年，美国的工业产值占到了资本主义世界工业生产总值的56.4％，相当于英国的5倍。美国的出口贸易，也同样从1938年的31.9亿美元增加到1944年的153.4亿美元。1947年美国的出口占西方发达国家出口总值的32.5％，超过西欧所有国家的总和。战争还使美国成为世界上最大的债权国。除美国根据《租借法案》向盟国提供的500亿美元的作战物资之外，各国还大量购买美国的商品和劳务，从而使黄金源源不断流入美国。美国的黄金储备从1938年的145.1亿美元增加到了1945年的200.8亿美元，约占同期西方发达国家黄金储备总额的59％。[4]

相比之下，英国则完全失去了昔日的霸主威风。在政治上，大英帝国的殖民体系正在土崩瓦解，在国际政治的重大问题上不得不看美国眼色行事。在经济上已沦为"破落乡绅"。它的黄金储备从1938年的40亿美元急剧减少到1941年的0.12亿美元。它的海外投资减少了40％，从1938年的230亿美元下降到1945年的140亿美元。战争结束时，英国已从债权国变为债务国，欠美国的租借物资款为210亿美元，对印度、加拿大、埃及和阿根廷等国的短期债务也有140亿美元。但是，尽管破落，英国在国际金融领域里仍有一定的实力，当时的国际贸易中以英镑结算的仍占40％。[5]

以此为背景，美英在战后国际货币体系上的分歧和斗争是必然的、不可避免的。早在第二次世界大战尚在进行之时，美英两国就已经在考虑建立战后国际货币体系，以确立自己的主导权。

美国在1941年上半年就由财政部特别顾问哈里·怀特(H. White)为主开始草拟战后国际货币体系并于年底提出，主张设定盟国间的银行机构和稳定基金组织。1942年3月，在此基础上拟就《联合国家稳定基金与联合国家及联盟国家复兴银行计划草案》(下称怀特计划)。1943年4月美国政府正式公布了这一计划。

怀特计划设想建立两个国际金融机构，一是稳定基金，二是重建与发展银行。但是重点在于稳定基金。稳定基金的基本内容是：第一，设立一个资本总额为 50 亿美元的多边货币稳定机构，由各会员国以黄金、本国货币和政府债券认缴；第二，基金由各国代表组成董事会及其选举的总裁和执行董事管理；第三，董事会成员投票权由两部分组成，一是每个成员都拥有的 100 个投票权，二是由本国政府认缴资金数形成的投票权，按 100 万美元一个投票权计算；第四，基金的资金只用于向处于临时性国际收支赤字的国家提供短期贷款，即只用于纠正暂时性的不平衡；第五，各国货币按黄金定价，汇率固定，只有在纠正"根本性不平衡"并有成员国五分之四投票权赞成时，有关国家才能改变本国货币汇率；第六，拟定一种名为"尤尼他"(Unita)的国际货币，可同黄金互兑，也可在成员国之间流通；第七，各国取消一切形式的外汇管制和国际资本流动的限制。

很明显，美国的计划是以其即将形成的巨大政治经济优势为基础的，它强调黄金的作用，强调基金对各国汇率的控制，主张各国金融全面自由化。

与此相对应，英国也由担任财政大臣首席经济顾问的著名经济学家凯恩斯(Keynes)制定了《国际清算联盟建议书》(下称凯恩斯计划)，并于 1943 年 4 月 7 日，在美国政府公布怀特计划的同一天公布了凯恩斯计划。

凯恩斯计划的主要内容是：第一，成立一个国际清算联盟，创立一种叫班柯(Bancor)的国际货币作为国际结算单位；第二，各国份额按第二次世界大战前三年进出口贸易的平均值计算，但不需要会员国缴纳任何黄金和现款；第三，会员在联盟中开设往来账户，出现国际顺差，可将款项入账，但不能向联盟要求兑换黄金或现款，只能用于购买其他国家的药品和劳务，或对外投资；第四，国际收支逆差国可以按规定的份额向联盟申请透支或借款；第五，国际收支不平衡时，债权国一方主要是从调节国内措施着手解决，联盟对于各国国际收支的监督只能是被动的，债权国和联盟都不能直接干预债务国的国内政策；第六，联盟设在纽约或伦敦，联盟理事会在美英两国轮流举行。

很明显，凯恩斯计划的出发点是在竭力保护债务国的各项权益，防止美国插手其国内事务和它所支配的英镑区，同时又想同美国分一杯羹，共掌战后世界金融的领导权。

1943 年 9 月至 11 月，美英两国代表在华盛顿就战后货币体系正式会谈，并于 1944 年 4 月拟定《未来关于建立国际货币基金的联合声明》。由于实力的差距，凯恩斯计划被理所当然地甩在了一边，会谈的结果是以怀特计划为基础构筑战后货币体系。

2. 布雷顿森林体系的框架

1944 年 7 月 1 日至 22 日，筹组战后货币金融体系的谈判在美国新罕布什尔州的布雷顿森林镇举行。44 个国家代表经过三个星期的讨论，通过了以怀特计划为基础的《联合国家货币金融会议的最后决议书》，以及《国际货币基金组织协定》、《国际复兴开发银行协定》两个附件。这些文件规定了战后国际货币体系的宗旨，决定了其框架及运作机制。因为这些文件均在布雷顿森林镇诞生，战后国际货币体系也就被称为布雷顿森林体系。

鉴于金融在经济中的特殊地位，布雷顿森林体系是战后国际经济制度中最重要的一个。国际货币基金组织和世界银行是布雷顿森林体系的实际载体和支柱，其中又以国际货币基金组织为中心。下面通过对国际货币基金组织和世界银行的简单介绍，来看一下战后初期国际货币体系的基本框架。

国际货币基金组织（IMF）的主要内容可概括为以下五点：

（1）黄金与美元挂钩，各国货币与美元挂钩。各国确认了 1934 年 1 月美国规定的 35 美元 1 盎司的官价，各国政府或中央银行按此官价用美元向美国兑换黄金。美国以外的各国把美元的含金量作为规定本国货币平价的标准，各国货币与美元的汇率可按各国货币的含金量来确定，或不规定含金量而只规定与美元的比价。各国货币含金量的变动超过 10%时，必须得到国际货币基金组织的同意。

（2）实行固定汇率。各国货币对美元的汇率只能在平价上下各 1%左右的幅度内浮动。各国政府有义务通过适当干预外汇市场来保持汇率的稳定。

（3）国际货币基金组织以回购方式提供资金，纠正临时性国际收支失衡。国际收支不平衡时，逆差国可用本国货币向基金组织购买（即借贷）一定数额的外汇，并在规定期限内按规定程序以回购本国货币方式偿还。一次性回购数量不能超过其分摊份额的 25%，借款总额不能超过其份额的 125%。贷款只限用于弥补临时性国际收支逆差，即贸易的经常性项目收支。

（4）认缴份额与投票权同步。基金的资本总额为 88 亿美元，各国分摊的份额的 25%以黄金或可兑换成黄金的货币缴纳，其余部分以本国货币缴纳。每个会员国的固定投票权为 250 票，另按它认缴的份额增加投票权，每 10 万美元增加一票，重大问题须经总投票权的五分之四多数通过。

（5）自由贸易多边兑换。会员国有义务不得限制经常性项目的支付，不得采取歧视性措施，在货币自由兑换基础上实现多边支付。

简而言之，国际货币基金组织的最基本特征是“二挂钩一固定”，即美元同黄金挂钩,各国货币同美元挂钩,以及固定汇率。由于国际货币基金组织在国际金融体系中居于主导地位,因此,也有人把这"二挂钩一固定"看成是布雷顿森林体系的基本特征。

世界银行是世界银行集团的简称。狭义的"世界银行"仅指国际复兴开发银行(IBRD)和国际开发协会(IDA),世界银行集团由国际复兴开发银行、国际开发协会、国际金融公司、多边投资担保机构和国际投资争端解决中心五个成员机构组成。凡是参加世界银行的国家必须首先是国际货币基金组织的会员国。世界银行总部设在华盛顿,在全世界设有120多个办事处。

世界银行成立始初时的任务是帮助欧洲国家和日本在第二次世界大战后的重建。当日本和西欧国家经济恢复,人均国民收入达到一定水平之后,世界银行则完全致力于援助发展中国家。苏联解体之后,世界银行从20世纪90年代初起,世界银行也开始向东欧国家和原苏联国家提供援助和贷款。

长期以来,世界银行通过提供长期贷款和技术协助来帮助众多发展中国家实现经济和社会发展。除财政帮助以外,世界银行还在与经济发展相关的所有领域提供全面的咨询和技术协助,世界银行也因此被人称为"智慧银行"。

世界银行虽然是以援助发展中国家经济社会发展为己任,但是,它是按股份公司的原则建立和运行的。凡是会员国均要认购银行的股份,认购额由申请国与世界银行协商。一般来说,一国认购股份的多少根据该国的经济实力,同时参照该国在国际货币基金组织缴纳的份额大小而定。

会员国认购股份的缴纳方法有两种:

(1) 会员国认购的股份,必须先行缴纳认购股本金的20%。其中的2%要用黄金或美元缴纳,18%用会员国本国的货币缴纳。

(2) 其余80%的股份,当世界银行催交时,会员国用黄金、美元或世界银行需要的货币缴付。

世界银行的重要事项都需会员国投票决定,投票权的大小与会员国认购的股本成正比,与国际货币基金的有关投票权的规定相同。世界银行每一会员国在加入时即可拥有250个基本投票权,在此基础上,每认购10万美元的股本即可增加一票。

3. 布雷顿森林体系与冷战

1947年7月确立的布雷顿森林体系并未马上投入正常运转,直到1958年底才有效地发挥作用。其原因是战后初期，英、法和联邦德国等欧洲国家面临的严重经济困难和全球性的美元荒。为此，美国出于全球战略的需要，实施马歇尔计划，为西欧国家的经济复兴提供了大量的经济援助。美国在全球范围内的军事扩张既医治了美元荒，同时也种下了美元泛滥的种子。

国际货币基金组织与世界银行分别于 1947 年 3 月 1 日和 1946 年 6 月 25 日开始营业。但是，国际货币基金组织和世界银行的正式营业，并不意味着布雷顿森林体系的正式启动。因为西欧国家一时很难治愈战争的创伤，无法承担作为布雷顿森林体系基础的自由汇兑业务。当时在所有成员国中，明确宣布承担自由汇兑的只有美国、墨西哥、危地马拉、萨尔瓦多和巴拿马五国，而其中真正有实力的只有美国一家。英国曾尝试自由汇兑，但是只持续了一个月。1947 年 7 月 15 日宣布允许英镑自由汇兑，8 月 20 日即收回成命。虽然布雷顿森林体系规定了一个期限为 3 年至 5 年的过渡期，但是到 1952 年 3 月 1 日过渡期满之后，欧洲各国仍然无法实现货币的自由兑换。严重的经济困难迫使各国在贸易上实行限入政策，严格管制外汇，以争取得到更多的与黄金等值的美元，改善自己的国际收支。美元荒是战后初期西方发达国家间经济关系的一个突出现象，也是布雷顿森林体系无法运转的主要原因。

马歇尔计划的实施和冷战的升级使欧洲美元荒逐步得以克服。几乎是在对德国法西斯战争取得胜利的同时，美苏之间的矛盾和斗争就趋于激化。从欧洲到中近东，美苏之间不断出现大小不等的直接冲突。1945 年下半年，美苏首先在中近东爆发冲突。苏联废除与土耳其签订的《土苏互不侵犯条约》，要求土耳其归还卡尔斯和阿尔的汗地区，并意欲控制沟通欧亚交通的达达尼尔海峡。美国则于次年 2 月派出一支舰队开往地中海以支持土耳其。接着，苏联又拒绝从伊朗撤走战时的驻军，并在苏占区成立阿塞拜疆自治共和国。美国即支持伊朗在联合国安理会上两次抗议苏联干涉伊朗内政。在欧洲，1946 年 6 月 30 日，在苏联的支持下，波兰工人党取代由各派组成的波兰全国统一临时政府，单独掌握了政权。罗马尼亚、保加利亚也出现同样现象。德国问题也成为美苏对抗的热点，双方由对如何实施对德占领和肃清法西斯残余的争论发展到各自酝酿成立倾向自己的政府。1945 年 9 月，伦敦五国外长会议前夕，美国政府决定发动对苏强硬外交。1946 年 3 月 5 日，丘吉尔在杜鲁门的母校发表了著名的铁幕演说。1947 年 3 月美国的冷战政策——杜鲁门主义正式出笼，遏制战略正式实施。美国领导集团认为“我们严重低估了战争对欧洲经济的破坏”，“欧洲正在衰退”，而“共产党人正在利用欧洲危机，共产主义的进一步胜利将对美国的安全构成严重威胁”，“没有美国的迅速的大量援助……不仅将对世界未来和平与安全产生严重影响，对我国国内经济的影响也是极为严重的”。[6]

在此形势下，马歇尔计划出笼。1947 年 5 月 23 日，以乔治·凯南为首的美国国务院政策设计委员会提出了复兴欧洲的最终方案并得到国务院的批准。它声称，美国只有采取主动，给西欧输血，才能达到遏制苏联的目的。同年 6 月 5 日，美国国务卿马歇尔在哈佛大学接受名誉学位的讲演中，正式宣布美国有意援助欧洲复兴经济，呼吁欧洲各国响应并制定具体计划，让美国据此来决定提供可能的援助。该项计划因此而被称为马歇尔计划。处于困难之中的英法急于得到美国的援助，迅速同西欧 16 国达成协议，向美国提出了 224 亿美元的援助要求。1948 年 4 月 2 日，美国国会决定以逐年审批的方式向西欧提供为期 4 年的复兴援助，在 1948 年 4 月后的 15 个月中首批拨款 40 亿美元。到 1952 年 6 月底，马歇尔计划实施完毕，美国共向西欧提供了 131.5 亿美元的经济援助，其中 90%是赠与，10%是贷款。[7]

尽管马歇尔计划也不能完全满足西欧经济复兴的需要，但是比之国际货币基金组织对西欧经济复兴的作用则要大得多。在 1947 年至 1957 年的十年中，国际货币基金共对 30 个国家发放了 28.86 亿美元贷款，世界银行在 1947 年至 1963 年 6 月共向世界各国提供了 70 亿美元贷款。两者相加也无法与马歇尔计划在短短 4 年内向西欧提供的 131.5 亿美元相比。[8]

大量的美元流入确实对西欧国家恢复国际收支平衡有着积极的作用，但仍然不足以从根本上改变局势。在 1949 年至 1951 年之间，美国不仅对西欧继续维持 18 亿美元至 61 亿美元的贸易顺差，而且对欧洲以外国家也有着 18 亿美元至 31 亿美元的顺差。这意味着，西欧国家很难通过贸易从美国以外的国家获取美元，欧洲美元荒的问题仍未从根本上得到解决。

这时，美国增加驻欧军队为欧洲美元荒带来了新的转机。1949 年爆发了美苏直接对抗的第一次柏林危机，德国由此分裂。北大西洋公约组织成立之后，苏联也组建了华沙条约组织，以美苏为首的两大军事集团的对峙正式形成。美国在欧洲的驻军明显增加，由此带来的防务开支不断上涨。表 7-1 是 1953 年至 1955 年美国在西欧军费开支，表 7-2 和表 7-3 是 1953 年至 1958 年美国在西欧的开支占其海外军费开支的比率。从中可见，1953 年至 1955 年美国驻欧军费开支为 35.54 亿美元，占其同期海外军费开支的 45%。按此比例计算，1953 年至 1958 年美国大约为驻西欧 17 国美军花费了 78.74 亿美元。其中英、法、联邦德国、意大利等 10 个西欧主要国家从中约得 46.32 亿美元。而同期 10 个西欧主要国家对美国的收支逆差仅为 17.58 亿美元。驻欧美军开支对解决欧洲美元荒的作用可见一斑。[9]

表 7-1　美国在西欧军费开支

（单位：百万美元）

	1953 年	1954 年	1955 年
军费开支	859	1 280	1 415
海外购买	311	565	668
经济援助	1 138	1 000	840
总　　数	2 308	2 845	2 923

表 7-2　美国海外军费开支

（单位：百万美元）

1950—1952 年	1953—1955 年	1956—1958 年	合　　计	年　　均
3 803	7 861	9 536	21 300	2 366.7

表 7-3　美国海外军费开支

（单位：百万美元）

	美国海外开支总数		美国在西欧军费开支数额	
	数　额	%	数　额	%
1953—1955 年	7 961	100	3 554	45
按相同比例推及				
1953—1958 年	17 497	100	7 873.6	45

资料来源：王在邦：《霸权稳定论批判：布雷顿森林体系的历史考察》，时事出版社 1994 年版，第 145 页。

当然，不可否认的是，西欧经济自身的重振及其出口竞争能力的恢复是欧洲美元荒得以克服的重要内在因素。但是，没有马歇尔计划和美国在欧洲军费开支的扩大，欧洲国家就难以迅速具有货币自由汇兑和多边支付能力。

1958 年 12 月，英国、法国等西欧十国先后宣布货币恢复自由兑换，布雷顿森林体系由此结束“试营业”,走上了正常运转的轨道。从 1958 年 12 月一直到 1971 年 8 月尼克松宣布新经济政策、废除美元与黄金挂钩为止的 13 年中,美元处于与黄金等同的地位,弥补了国际清偿能力的不足;固定汇率制保持了国际金融市场上汇率的相对稳定,从而促进了世界经济的稳定和发展,加速了国际贸易和国际投资的扩大,西方发达国家出现了前所未有的经济繁荣和社会稳定。

第三节 布雷顿森林体系的动摇

建立稳定的世界经济秩序,防止 20 世纪 30 年代破坏性的经济民族主义,是布雷顿森林体系的基本目标。布雷顿森林体系建立并正常运转之后,人们都以为,在这一体系中一方面各国政府有相当大的自由去确定和实施其国内经济目标;另一方面固定汇率又防止了各国为了一国获利使货币竞相贬值的混乱局面,一旦一国陷入困难,国际货币基金组织将会提供援助。有人为之欢呼说,布雷顿森林体系已经使“国家和市场成功地结合成一体了”。[10]

但是,事实并非如此。实际上布雷顿森林体系从一开始就在不可克服的内在矛盾中运转。“特里芬困境”和 n－1 问题始终困扰着它,并使它最终走向崩溃。

1. “特里芬困境”和 n－1 问题

所谓“特里芬困境”,是耶鲁大学教授、经济学家罗伯特·特里芬(Robert Triffin)在其 1960 年出版的《黄金和美元危机》(*Gold and the Dollar Crisis: The Future of Convertibility*, New Haven: Yale University Press, 1960)一书中所揭示的美元汇兑本位制度的内在矛盾。特里芬认为,在布雷顿森林体系内部,清偿能力的创造机制和国际社会对美元的信心之间存在着根本性矛盾。各国是依靠美国的国际收支赤字来获得清偿能力的,如果美国国际收支保持平衡,各国则断绝了美元的来源,从而引起国际清偿能力的不足。但是,长期的美国国际收支赤字必然会破坏人们对美元的信心。外国持有的美元增加了,如得不到美国持有的黄金的支持和按 35 美元 1 盎司的官价兑换,人们就会对美元丧失信心。对美元信心的丧失就会导致国际货币体系的不稳定。

n－1 问题是固定汇率下各国国内经济政策与国际稳定之间的政治冲突,其核心是布雷顿森林体系调整机制的失灵。这一问题由约翰·威廉姆森(John Williamson)于1983年在《开放经济与世界经济》(*The Open Economy and the World Economy: A Textbook in International Economics*, New York: Basic Books, 1983)中提出。威廉姆森指出,在由n个国家组成的货币体系中,任何一个n—1国家都可以自由改变它的汇率,但是只有一个国家,即作为定值标准的n国不能改变它的汇率,因为它的货币是与所有其他国家货币挂钩的本位货币。但是,如果所有国家,包括本位货币国,为了加强自己的竞争优势或为了某种国内政策目的而改变货币汇率,那么相互之间就会发生冲突。

在战后初期,由于美国经济力量的强大,美元一直是中立和稳定的。而且,美国从对抗苏联的需要出发,使其国内经济利益服从于国际政治利益,允许西欧、日本根据自己的国内经济情况改变汇率。在战后初期,布雷顿森林体系所具有的调整机制实际是美国允许其他国家自由改变其货币同美元的比值。

但是,20世纪60年代末70年代初,美国经济实力的相对下降使美国改变了其对盟国汇率政策的"宽厚的忽略"。由于越南战争升级和当时约翰逊政府建设没有失业的"伟大社会计划",美国滥发货币,使美元充斥国际金融市场。由于经济相互依存的发展,美国国内的通货膨胀通过固定汇率被转嫁到其伙伴身上。尼克松上台后的新经济政策又使美国的通货膨胀大量释放。西方发达国家被迫在国内经济政策和国际货币体系稳定之间作出选择。它们要么全面管制对外贸易和外汇,要么放弃国内经济稳定。前者有可能重蹈战前30年代大危机的覆辙;后者则使政权不稳。布雷顿森林体系中的所有西方发达国家都面临着国家目标和国际秩序之间的潜在冲突。

2. 布雷顿森林体系的危机

"特里芬困境"和n—1问题所揭示的矛盾在战后初期并不突出。如前所述,当时是全世界美元荒,美国不用担心其国际收支赤字。但是,随着冷战的升级和西欧、日本经济的恢复,美国的实力在下降,优势在减少。朝鲜战争、越南战争、美苏军备竞赛以及美国国内政策的需要,使世界经济由美元荒变成美元灾,美国的通货膨胀带动了全球性的通货膨胀。

据统计,1946年至1949年,美国海外军费开支每年平均为6亿美元。20世纪50年代初朝鲜战争期间,美国的年平均海外军费开支增至16亿美元。越南战争期间的1965年至1970年,又上升为42亿美元。再加上对海外投资的不断增加，美国国际收支日益恶化，1950 年至 1969 年的 20 年内，国际收支逆差为 435 亿美元，1970 年至 1972 年的三年内再增 398 亿美元，合计超过 800 亿美元。[11]以往，美国国际收支逆差靠贸易顺差来弥补。但由于西欧、日本经济的恢复，美国商品的国际竞争力下降，自 1971 年以来美国对外贸易也出现逆差。一般国家在国际收支出现逆差时，需用黄金来抵偿。由于布雷顿森林体系确定的美元与黄金挂钩的特权地位，美国可以用美元来支付国际收支逆差。因此，上述 800 亿美元的国际收支逆差，大部分构成美元短期债务，大量美元流入外国政府、企业和私人手中。有些国家就动用自己手中的美元向美国兑换黄金，从而引起美国黄金大量外流，1968 年美国黄金储备不足以支付海外拥有美元的 40%。伦敦、巴黎和苏黎世黄金市场爆发了战后空前规模的抛售美元、抢购黄金的美元危机。美国不得不宣布不再支持在自由市场上以 35 美元兑换 1 盎司黄金的价格。到 1971 年美国的黄金储备已下降到 110 亿美元，而同期的短期债务达 551 亿美元。[12]在此情况下，1971 年 8 月 15 日，尼克松宣布实行新经济政策，停止美元兑换黄金，并增收 10%的进口附加税。同年 12 月 18 日和 1973 年 2 月 13 日，美元连续两次对黄金贬值 7.89%和 10%。美元对黄金的比价从原来的 35 美元兑换 1 盎司，下降到 42.22 美元兑换 1 盎司。这表明布雷顿森林体系的基本原则已经动摇。

为了拯救布雷顿森林体系，美国和国际货币基金组织曾采取了一系列行动，如动员英国、法国、联邦德国、意大利、瑞士、荷兰和比利时七国，在 1960 年成立黄金总库，集体平抑黄金价格。但由于市场对美元信心日益动摇，黄金价格有升无降，1968 年黄金总库被迫解散。此外，1962 年美国还同主要西方国家议定过"互惠贷款协定"，意在借用西欧国家货币来化解美元危机，但均未有成效，美元危机愈演愈烈。

在一片混乱之中，1972 年 7 月，国际货币基金组织成立"国际货币体系改革和有关问题委员会"(简称 20 国委员会)，研讨从根本上解决美元危机的办法。经过两年的激烈争论，1974 年 6 月 20 日，20 国委员会达成协议公布了一份《改革大纲》。同年 9 月，国际货币基金组织根据这份大纲成立了以改革国际货币体系为己任的临时委员会，并在牙买加首都金斯敦召开会议，讨论通过了建立新的国际货币体系框架结构的《牙买加协议》。至此，布雷顿森林体系名存实亡。

第四节　牙买加体系下的金融动荡

浮动汇率是牙买加体系的基本特征。国内自主权战胜了国际秩序的稳定。国际货币体系越来越不稳定，金融动荡威胁着全球经济和各国经济。

1. 牙买加体系的框架结构

牙买加金斯敦会议决定的新的国际货币体系，实际上是以美元为中心的多元化国际储备和浮动汇率体系。在牙买加体系中，黄金的国际货币地位趋于消失，美元仍居于储备货币体系的首位，但其地位不断削弱。

牙买加体系的主要内容是：

(1) 黄金非货币化。取消黄金官价，各国中央银行可按市价自由进行黄金交易，废除黄金的货币职能，让黄金成为单纯商品。国际货币基金组织成员国不再负有相互之间用黄金支付的义务。国际货币基金组织所拥有的黄金分批出售或让会员国购回。

黄金逐步退出国际货币体系虽然削弱了国际货币体系的基础，但也在一定程度上弱化了发达国家对国际货币体系的控制。由于经济发展不平衡，黄金日益集中在少数发达国家。1983 年，五分之四的黄金集中在发达国家手中。如继续恢复金本位制，绝大多数发展中国家将因黄金储备不足而无法有效参与国际货币的管理，只有少数发达国家在国际货币体系中起支配作用。但是因黄金的退出而引起的问题同样十分严重，全世界只剩下纯粹的而且是天生不稳定的美元本位制了。虽然新创设的特别提款权将会加大作用并有取美元而代之的倾向。但是，事实上，美国货币政策仍然可以不受约束地以美国国际收支赤字的形式投放到国际货币体系中，国际货币体系的清偿能力忽而过大，忽而过小，引起各国周期性的经济动荡。

(2) 浮动汇率合法化。即无论是固定汇率，还是浮动汇率，或两者并存，国际货币基金组织成员国都可以自由选择。成员国只需与国际货币基金组织合作并受其监督来保证有效的汇率安排，寻求汇率稳定。但是，成员国不能用操纵汇率的办法来阻止对国际收支进行有效调节或获取不公平竞争利益。当世界经济重趋稳定，并有 85％以上的总投票权同意，仍可恢复固定汇率。

所谓浮动汇率，并非是听任各国完全按自己的利益决定汇率，仍需要各国协商和国际货币基金组织的监督和认可。从根本上来说，牙买加体系所决定的浮动汇率是有管理的浮动汇率，其作用也是双重的。一方面，各国可根据各自的经济政策目标，及时调整汇率，以避免国际收支严重失衡。如国内出现高度通货膨胀、国际收支逆差时，可通过改变汇率来改善国际收支而不必在国内施行紧缩政策。另一方面，汇率频频变动，不利于国际贸易和国际投资的长期安排。在经济高度相互依存的情况下，一国为了改善自己的相对地位而调整汇率必然会影响或侵犯其他国家的经济福利乃至政治稳定。一国通过本国货币贬值来加强出口商品的竞争力，实际上是在向其贸易对象国输出失业，从而导致两国关系紧张。

（3）特别提款权（Special Drawing Right）国际储备货币化。逐步提高特别提款权的国际储备货币地位，以使其最终取代黄金和美元成为主要国际储备货币。成员国之间和成员国同国际货币基金组织之间可以自由进行特别提款权交易，国际货币基金组织一般账户所持有资产一律以特别提款权计价表示。国际储备资产的多样化使各国在一定程度上减轻了对美元的过度依赖，在调节外汇储备的货币组合方式上获得相对的自由。

扩大特别提款权的作用，并使其取美元而代之的设想是好的，但是，实际上又是行不通的。首先，特别提款权是一种虚拟的世界货币，它不像黄金那样本身具有价值，也无美元所代表的政治经济实力，一旦国际关系发生剧变，极有可能成为废纸。其次，特别提款权只是一种记账单位，不能作为流通手段用作国际贸易和投资中的支付，只能用于国际货币基金组织内部成员国之间及成员国和基金之间的国际结算与相互转让。第三，特别提款权分配不均，四分之三为主要发达国家所有。第四，特别提款权发行有限，在整个国际储备中所占比例过小，1970年至1972年，所有特别提款权只占当时世界黄金外汇储备的3%，到1983年也只占整个外汇储备的4%。[13]如只以特别提款权作为主要储备资产，将立即产生清偿能力不足的问题。

此外，牙买加体系还修订了国际货币基金组织的基本份额，将原先的292亿特别提款权单位增加到390亿特别提款权单位。同时，扩大对发展中国家的资金融通，设立“信托基金”以优惠条件向发展中国家提供援助，解决其国际收支困难。

从上述内容来看，金斯敦会议只是宣布了一种国际货币制度的结束，并不标志着一种新制度的开始。虽然，它确实为汇率制度提供了最大的弹性，但仅仅只是对国际货币体系变化了的现状的追认，而未就清偿能力、信心和调整机制作任何安排。而这三项恰恰是一个健全的国际货币体系所必需的。因此，不少人认为，牙买加体系是一种“没有制度的体系”。

正如罗伯特·吉尔平指出，这种“没有制度的体系”造成了如下三大后果：一是货币反复无常的波动，尤其是美元和日元之间汇率的剧烈波动；二是赤字国家与盈余国家和地区间的高度不平衡；三是美日两国经常试图操纵货币价值来增强本国工业的国际竞争力或达到其他一些经济目的。[14]利率和汇率的动荡刺激了国际金融资本的跨国投机活动，而后者又成为金融危机的重要原因。在布雷顿森林体系崩溃以后的三十多年中，全世界一共发生了100次金融危机，其中平均每8年发生一次全球性的重大危机，墨西哥、韩国、印尼、泰国、俄罗斯、巴西、阿根廷、土耳其等国均深受其害。

2. 20世纪80年代的全球债务危机

以发展中国家债务危机形式表现出来的国际收支全面失衡是牙买加体系的第一个产物。据世界银行《1985年世界发展报告》对90个发展中国家所做的抽样调查，发展中国家经常项目收支逆差，1973年为91亿美元，1980年为680亿美元。到1985年底，发展中国家外债已高达9 700亿美元。[15]而且越来越多的国家无力偿还债务。1980年只有6个国家要求延期偿债，1981年增加到32个，1983年增加到40个。美国《时代》杂志于1984年1月1日发表专文，哀叹“历史上从来没有这么多国家欠这么多的钱，而偿还的希望又如此渺茫”。

发展中国家债务危机形成的原因是多方面的，其中主要有：

首先，美元的大量外流使欧洲美元市场成为世界借贷中心。20世纪70年代中期起，为了刺激国内经济，美国一再降低利息，增发货币。60年代美国的国际收支每年均为20亿美元至40亿美元，70年代上升到200亿美元至300亿美元。同时，石油输出国组织因能源价格上涨所获收益后存入欧洲金融机构的美元也大量增加。1975年世界上非银行的私人美元储备余额为1 300亿美元，1985年上升到8 000亿美元。国际资本市场游资充斥进一步推动了一些发展中国家的政策失误，大量借款，盲目投资，结果负债超出偿债能力而不能自拔。

其次，20世纪80年代里根上台后，美国经济政策由扩张转入紧缩，利率上扬。由于发展中国家的债务大多是浮动利率并按美元计价，美国的紧缩政策不但从国际市场上“虹吸”了大量游资，并使发展中国家利息负担增加到不可忍受的地步。当时的三大债务国巴西(负债额为990亿美元)、墨西哥(负债额为970亿美元)、阿根廷(负债额为480亿美元)面临破产的边缘。它们的债务和出口收益之比从130%上升到200%,“从1976年到1982年,利息在出口收益中的百分比增加了一倍多,即从10%提高到20%以上,阿根廷和巴西分别达到和接近50%”。[16]拉美国家债务的一半以上是从美国的银行里借出来的。当它们为了还债而想对美国出口更多商品时,里根政府的紧缩政策却对发展中国家的商品关上了市场的大门。

发展中国家的债务危机即将触发一场会毁灭整个国际金融大厦的金融恐慌。债务问题的迅速发展成为国际政治问题。美国对此深感忧虑,迫切要求国际货币基金组织出面监督债务国紧缩经济,调整结构,尽快作出还债安排。债务国政府则认为如按国际货币基金组织的要求去做,无疑是“政治上的自杀”,失业增加和社会福利的削减将破坏国内政治稳定。这样,围绕着债务问题产生了一系列严峻的国际问题,例如,如何在债务国、跨国银行和债权国之间分担债务调整的代价;是债务国的挥霍浪费造成了债务危机,还是债权国的自私自利造成了债务危机;由于美国的财政政策是加重债务危机的祸首,是否应该由美国承担调整国际收支失衡的全部代价;等等。

美国在各方压力之下,提出“贝克计划”和“布雷迪计划”。“贝克计划”建议债务国、债权国和国际大商业银行进行三边磋商,通过经济发展而不是以经济紧缩为代价来解决债务问题。“贝克计划”要求跨国银行和多边金融机构联合向最困难的国家提供官方资金,但这类贷款需要与国际货币基金组织的条件相结合。同时,通过多边谈判进行债务重组,利用债务转换、债务交换及债务回购等方式切实减轻债务国的负担。鉴于“贝克计划”收效不大,1989年3月,美国财政部长布雷迪提出了“布雷迪计划”。“布雷迪计划”的核心是债务国和债务银行通过降低利率或削减本金的方式实行债务减免。这一系列计划和方案的出台使债务危机得到了局部的缓解,但其根源问题仍未得到彻底的解决。

3. 20世纪90年代的地区性金融危机

20世纪90年代后,牙买加体系内在的不稳定性进一步凸显,地区性的金融和货币危机接连出现。如1991年英国的货币危机、1992年欧洲汇率机制的危机、1994年墨西哥等拉美国家的金融危机、1995年的美元危机、1997年东南亚的金融危机、1998年俄罗斯的金融危机、1998年和1999年巴西的金融动荡等。

其中，尤以墨西哥金融危机和东南亚金融危机最具代表性，包括亚洲“四小龙”等新兴工业化国家和地区在内的发展中国家和地区普遍遭受沉重打击。

1994年末，墨西哥爆发严重的金融危机。1982年和1987年，先后两次爆发债务危机和经济危机后，墨西哥政府曾积极引进外资，努力降低通货膨胀，扩大开放，一度被视为拉美推行新自由主义的成功典范。但由于在反通货膨胀过程中人为压制比索汇率，导致汇价扭曲，比索币值被高估，其产品和劳务的国际竞争力大受影响，加入北美自由贸易区后墨西哥国内市场又不得不进一步开放，贸易逆差剧增。1994年12月，墨西哥政府突然宣布比索大幅贬值并实行浮动汇率制，造成美元抢购风潮，比索汇率和股市暴跌，资本大量外逃，外汇储备大幅流失，金融市场一片动荡。为了给新近成立的北美自由贸易区树立良好的国际形象，也为了防止出现传染整个拉美地区的“龙舌兰效应”，克林顿政府积极提供资金援助，甚至不息动用“外汇平准基金”作为贷款保证金。同时，国际货币基金组织、国际清算银行等国际机构也施以援手，共向其提供了40亿美元的银行担保和近500亿美元的资金援助。尽管如此，阿根廷、巴西、智利等拉美国家仍受到不同程度的波及。

1997年爆发的东南亚金融危机是20世纪90年代持续时间最长、波及范围最广、后果最为严重的一场地区性金融危机。危机始于泰国。1997年6月，以索罗斯量子基金为首的国际投机者在外汇市场大量抛售泰铢，引起泰铢暴跌。泰国中央银行被迫取消泰铢与美元事实上的钉住汇率，实行自由浮动汇率。此举又引起国际投机者的投机浪潮，泰国国内大量金融机构被迫关闭，失业人口剧增，物价飞涨。经济震荡导致政府政治不稳。泰国新政府只得全盘接受国际货币基金组织的要求，紧缩经济，厉行节俭，才得到约160亿美元的财政援助。

国际投机者们在击倒泰铢之后转而向菲律宾比索发起进攻。菲律宾中央银行动用大量外汇予以干预，无奈力弱不逮，比索汇率一路下跌。马来西亚也不能幸免。在国际投机者的轮番冲击下，林吉特汇率大幅下滑，股市也损失过半。据统计，这场金融风暴使马来西亚经济倒退了十年，“由富人变成了穷人”。印度尼西亚败得更惨。据世界银行估算，这场金融危机使每天只靠1美元生活的印尼穷人由原来的11%增加到20%，全国失业人口上升至1 350万人。[17]经济恐慌还进一步演变为政治和社会动乱，印尼首都雅加达出现暴力骚乱并迅速蔓延至全国，统治了印尼三十多年的苏哈托总统宣布辞职。但是政治动荡仍未彻底平息，东帝汶宣布脱离印尼正式独立，国内两大宗教势力伊斯兰教和基督教之间的冲突也仍在激化。

亚洲“四小龙”中表现最为出色的韩国，在东南亚金融危机的冲击下，其经济隐患同样暴露无遗。自 1997 年 9 月韩国第八大企业集团起亚集团被法院冻结财产以后，汉城股市和汇市不断下跌。韩国政府尽管采取了一系列应急措施，但均未奏效，不得不分别向美国、日本、国际货币基金组织，乃至这场金融危机的始作俑者之一量子基金求救。经过一再讨价还价，国际货币基金组织出面援韩，但提出了十分苛刻的条件，要求韩国政府紧缩开支，调低经济增长率，压缩经常项目逆差；收紧银根，修订韩国中央银行法；开放国内金融市场，重建金融体系等。国际货币基金组织甚至不顾国际惯例和外交礼仪，不仅要求韩国政府作出以上承诺，而且要求金大中等三位总统候选人和国会议长“画押担保”，才正式同意向韩国提供 570 亿美元的援助。金大中愤而宣布协定签字日的 12 月 3 日为韩国的“国耻日”。

对于东亚金融危机根源的解释众说纷纭，大致可以归为以下三类。[18]第一种解释将其视为资本主义发展的必然结果，认为这次危机不过是传统金融危机的现代版和高科技版，其消极影响又因国际货币基金组织的重大失误而大大加重。第二种解释将主要责任归咎于东亚国家自身的经济和政治政策，如“裙带资本主义模式”、长期存在的“道德风险”等因素，这种观点主要在国际货币基金组织和美国财政部内流行。第三种解释将金融危机归咎于美国财政部和以索罗斯对冲基金和跨国银行为代表的美国金融利益集团，其代表人物是以马来西亚总理马哈蒂尔为首的东南亚国家领导人及以巴格瓦蒂(Jagdish Bhagwati)为代表的部分西方学者。应该说，东亚金融危机的爆发是内外原因共同作用的结果。这既与东南亚国家国内市场和资源有限、产业结构失调、过度投资和泡沫经济泛滥、汇率制度和金融监管存在缺陷等内部因素息息相关，也不乏境外投机游资冲击、国际产业结构调整、国际贸易结构变化等外部因素的影响。东南亚金融危机为新兴工业化国家和地区的经济发展再一次提供了教训和警示。

金融和货币危机的频繁爆发，使人们看到了 20 世纪 90 年代金融自由化进程的种种弊端。随着浮动汇率大行其道、国际游资暗流涌动、金融衍生工具层出不穷、虚拟经济急剧发展，金融体制尚不健全、政府调控和管理手段相对缺乏的发展中国家正日益受到动荡的国际金融形势的严峻考验。

国际货币基金组织在 20 世纪 90 年代末之后迫于各方压力，在诸多领域进行了改革和调整。例如，通过设立“临时信贷限额”(Contingent Credit Lines)、

"补充性储备贷款"(Supplement Reverse Facility)等措施,加强对发展中国家的金融援助,放宽贷款条件限制;加强政策透明度;通过收集和评估成员国在货币政策、财政政策、银行监督等方面的数据,加强金融监管和危机预警能力;通过增加储备资产,增强危机应变能力;强化与私营金融机构、投资者等其他金融主体的交流和沟通;等等。此外,国际货币基金组织与欧盟、"东盟 10+3"等地区性金融和货币一体化组织的合作和互补也在不断加强。在经济全球化的背景下,国际货币基金组织正从一个金融汇率制度的协调机构转变为全球经济的主宰。国际货币基金组织既是全球化的重要推动者,又因其重重弊端而成为反全球化的重要创造者。

4. 2008 年的全球性金融危机

当代资本主义的一个基本特点就是金融经济与实体经济关系的颠倒。目前金融经济与实体经济已经完全脱节,金融投资的总量和作用已经大大超过了与实体经济应有的比例。一旦把这种严重超量的金融投资作为整个国民经济活动的基础,那么,金融经济的过热、大量投机气泡的形成最终将导致金融经济和实体经济的大面积崩溃。这是全球性金融危机的最直接的原因。

战后初期,美国曾一度占有全球产值的一半,在这种强大的经济实力基础之上,建立了美国金融霸权,其中最突出的是美元霸权,这种霸权地位体现为:美元是美国的货币,同时也是权威性的世界货币;美元占世界货币储备总量的 65%以上,美国政府拥有印刷美元的垄断权,可以任意发行美元。在战后布雷顿森林体系时期,美元的发行必须要有黄金储备作后盾。金本位时期有多少黄金,才能发行多少美元;布雷顿森林体系时期,美元发行的数量也要受美国拥有多少黄金储备的限制,所以美国不能任意发行美元。自 1971 年废除布雷顿体系向自由汇率过渡之后,美国政府正式摆脱了这个限制。[19]

20 世纪 90 年代以后,由于美国依仗着苏联解体形成的"一超多强,美国独大"的战略地位,在全球各地为所欲为,很快耗尽了冷战结束带给美国的"红利",经济发展出现停滞。美国在生产贸易方面的霸权地位日益削弱的情况下,试图凭借金融霸权继续维持自己的经济霸权地位,利用最先进的现代金融技术,吸引世界各国资本流入美国,负债经营,超前消费。

2008 年的全球性金融危机源于美国极端不负责任的财政金融政策。为了维持全球霸主地位所需的经济实力,从 2007 年 8 月开始,美联储决定向金融体系注入巨额流动性以增加市场信心。从2007年9月至2008年,美联储的降息举措已经达到六次之多,联邦基准利率由5.25%下降到2.25%,下调幅度达到了57%。同时美联储也多次降低了贴现率,贴现率由原来的5.75%降到2.5%。[20]货币的宽松政策使美国股市得以维持在高位运行,市场出现虚假的繁荣。

在美国,住房抵押贷款大多被证券化了,即将非标准化的住房抵押贷款集中起来,细分为标准化的有价证券后,出售给包括一些金融机构在内的广大投资者。美国的商业银行发放了一种次级抵押贷款,即将借款人的信用等级划分为"优级"(Prime),"次级"(Subprime)和介于二者之间的"次优级"(Alter-native A, Alt-A)三类。优级贷款市场面向信用额度等级较高、收入稳定可靠的优质客户;次级抵押贷款市场面向收入证明缺失、负债较重的客户,因其信用要求程度不高,许多借贷者不需要任何抵押和收入证明就能贷到款,故风险较高,其贷款利率通常比一般抵押贷款高出2%至3%。2001年至2005年,受低利率的货币政策影响,美国的房地产市场高度繁荣,美国人购房的热情急升,由于易得性,次级抵押贷款市场也得到迅猛发展。到2006年,在美国全部抵押贷款构成中"非优级"的比重高达46%,其中次级为21%,次优级为25%。[21]房地产相关的金融机构因此出现大量不良资产。

美国房贷两大巨头——"房利美"和"房地美"直接持有和担保的按揭贷款和以按揭贷款作抵押的证券由1990年的7 400亿美元爆炸式地增长到2007年底的4.9万亿美元。房利美和房地美是以房贷证券化为主业的两家特殊金融机构,分别成立于1938年和1970年,它们由私人控股,但受美国政府支持,被称为"政府授权企业"(Government Sponsored Enterprises, GSE),其主要业务是在美国住房抵押贷款二级市场收购贷款,并通过向投资者发行机构债券或证券化的抵押贷款债券,以较低成本集资,赚取利差。

自2006年第二季度起,美国房市大幅降温,房价下跌,市场流动性降低,购房者难以将房屋出售或者通过抵押获得融资。受这些因素影响,大量"次贷购房者"无法按期还贷,次贷危机逐步显现。随着美国房市泡沫破裂,投资者为规避高风险债券,纷纷将投资转向有政府担保背景的"两房"。[22]仅2006年上半年,"两房"就吃进了次级贷款市场2 728亿美元中25%的份额,房利美的次级贷款在其总资产中的比例高达15%。"两房"为了自保,通过资产证券化将"次贷"转换成债券在市场上发售,吸引投资银行等金融机构来购买,而投资银行利用"精湛"的金融工程技术,再对其进行分割、打包、组合并出售。在这个过程中,最初一元钱的贷款逐步被放大为几元甚至几十元的金融衍生产品，从而加长了金融交易的链条，以至于最终没有人再去关心这些金融产品真正的基础价值。

随着房价进一步下跌，“两房”经营中遇到了“寒流”，先后出现巨额亏损。2008年2月，房利美宣布2007年度亏损21亿美元，同年第二季度房地美也出现8.21亿美元亏损。巨额亏损导致“两房”股价大幅下跌，房利美和房地美的股价在2007年底处于40美元和34美元左右的水平，到2008年7月11日，分别跌至10.25美元和7.75美元。[23]世界两大顶级投资银行雷曼兄弟和美林证券，以及世界上最大的保险公司美国国际集团(AIG)等持有大量“两房”债券的金融机构大面积亏损。美国财政部和美联储被迫接管“两房”。紧接着，总资产高达1.5万亿美元的雷曼兄弟和美林证券被迫申请破产保护。总资产高达1万亿美元的AIG也难以为继，美国政府以保护公众总利益为由被迫接管AIG，并向其注入大量公共资金以稳定市场。全球性金融危机由此拉开帷幕。

这场金融危机带给美国的冲击是巨大和深远的。一位站在纽交所前留影的希腊游客对记者说：“‘9·11’摧毁的是两座看得见、摸得着的摩天大楼，而这次的金融危机造成的却是美国人对未来信心的丧失，这要比世贸大厦倒塌更加可怕。再高的大厦倒塌后都可以重建，但信心一旦被毁却需要很长时间才能恢复。”[24]

格林斯潘也被迫承认，这是一场百年一遇的危机。而且，这场危机已经演变成席卷美国、日本、欧洲和广大发展中国家的全球金融危机。[25]美国金融市场的动荡导致大量短期资本流出美国，进而对美国国际收支平衡造成压力，引起美元贬值，美元的贬值又进一步弱化了美元在国际货币体系中的声誉和影响力，导致美国在国际金融体系中的地位进一步下降。同时，美联储为了拯救金融危机所采用的持续降息措施为其他国家带来通货膨胀压力。在经济增速放缓的前提下，导致全球经济陷入滞胀困局。[26]金融危机对世界经济最直观的影响表现为：

第一，全球财富大幅缩水。以股市为例，世界各国股市在2008年和2009年均大幅下挫。2009年3月2日，道琼斯指数跌至6 763.29点，创下1997年4月25日以来的最低收盘水平，同时也是该指数自1997年10月以来首度跌破7 000点关口，较2007年10月9日创下的14 164.53点历史新高，跌幅达到52.25%。

第二，投资和消费萎缩。2008年第四季度，在30个高收入国家中有27个的相关数据显示，投资活动平均下滑了4.4个百分点(按年度比计算下降了16.5个百分点)。

第三，金融危机使得全球生产和贸易大幅下降。实体经济中，受影响最明显的是生产和贸易。受金融危机的影响，2008 年 10 月美国制造业活动指数大幅收缩，降到 26 年来最低点。[27] 欧元区制造业活动指数同期也跌至创纪录的低点，欧元区三个主要经济体的产出量、订单数及就业率均下降，欧元区采购经理人指数(PMI)降至 41.1，是指数建立 11 年来的最低水平。[28]

第四，全球经济失衡。包括发达国家与发展中国家经济发展的失衡，以美国为首的发达国家过度消费与以亚洲国家为代表的新兴市场经济国家过度储蓄，国际收支失衡，全球外汇储备体系的失衡，尤其是新兴市场国家的巨额外汇储备和美国庞大的经常项目逆差之间的关系，这种失衡导致了大量寻求保值、增值的外国资本源源不断地涌入美国，形成了一种极其不稳定的均衡。[29]

2008 年 9 月以后，美国次级抵押贷款引发的金融危机逐步扩散到了欧洲。为了防止危机继续扩大，欧洲各国的政府和中央银行纷纷开始出手援救陷入危机之中的金融体系。自 2008 年 10 月以来，欧洲央行已七度降息，累计降幅 3.25 个百分点，至 1%。时任欧洲央行行长特里谢表示，在货币政策举措之外，还将采取进一步措施提振全球市场流动性。欧洲央行还通过拍卖机制向欧元区注入美元和欧元的流动性措施，尽数满足银行的资金需求，使银行不必担心现金短缺。2009 年 5 月 7 日，欧洲央行表示原则同意购买 600 亿欧元资产担保债券，逐步迈向“非常规手段”以缓解欧元区经济的紧张形势。[30]

由于经济增长下滑和财政支出增加，导致部分欧洲国家出现主权债务危机，引发了新的市场动荡。2009 年 4 月，爱尔兰出现财政困难；2009 年 10 月 20 日，希腊政府突然宣布，2009 年财政赤字占 GDP 比例将超过 12%，是欧盟允许的 3%上限的三倍多，其主权债务危机就此浮出水面。2009 年 11 月 9 日，葡萄牙政府表示 2009 年财政赤字占 GDP 的比例从原来的 5.9%上调到 8%，也是远高于 3%的上限，引起国际社会的广泛关注。2009 年 12 月 8 日，惠誉将希腊信贷评级由 A－调至 BBB＋，前景展望为负面；标准普尔和穆迪也随即宣布下调希腊主权评级。2010 年 1 月 11 日，穆迪警告葡萄牙政府，若不采取有效措施控制赤字将调降该国债信评级，随即整个欧盟都受到了债务危机困扰，包括比利时这些外界认为较稳健的国家，以及欧元区内经济实力较强的西班牙，都预报未来三年预算赤字居高不下，导致市场被悲观情绪笼罩，欧元大幅下跌，欧洲股市暴挫。[31] 各国政府被迫紧急应对，比利时富通集团(Fortis)、英国布拉德福德—宾利银行(Bradford & Bingley)、冰岛国民银行(Land sbanki)、荷兰国际集团(ING)、德国住房抵押贷款银行(Hypo Real Estate)都因美国金融危机冲击造成的资金缺口和破产威胁相继接受政府注资和国有化。冰岛的外债规模为国内生产总值(GDP)的四倍,人均负债25万美元,国家财政破产。英国、爱尔兰等国经济遭受重创,投资和消费需求大跌,出口下降,实体经济受损,国民经济陷入衰退(表7-4)。[32]

表7-4　欧盟27国金融危机前后主要经济数据对比

	2006年	2007年	2008年	2009年	2010年
GDP,年增长率(%)	3.2	2.9	0.7	−4.2	1.0
国内需求,年增长率(%)	3.1	2.9	0.7	−4.0	0.4
私人消费,年增长率(%)	2.2	2.0	0.8	−1.7	0.1
政府消费,年增长率(%)	2.0	1.9	2.3	2.0	1.0
总投资,年增长率(%)	6.1	5.9	−0.4	−11.4	−2.0
财政预算占GDP比重,盈余+/赤字−(%)	−1.4	−0.8	−2.3	−6.8	−7.2
公共债务,占GDP比重(%)	61.4	58.8	61.6	73.6	79.6
失业率,占劳动人口(%)	8.2	7.1	7.0	8.9	9.8
就业,年增长率(%)	1.5	1.7	0.9	−2.0	−0.9
工业生产指数*,年增长率(%)	4.87	4.08	−1.85	−14.98	—

资料来源:丁纯:《金融危机冲击下的欧洲经济:表现、成因与前景》,《欧洲研究》2010年第4期,第39页。

2014年第二季度以来,欧洲经济开始复苏,但增长速度低于预期水平。据最新统计和预测,2016年德国经济增长率将略高于2015年,为1.8%或1.9%,2017年则有可能超过2%。身为欧洲第二大经济体的法国,自2012年以来经济增长一直徘徊在0.3%的水平。而意大利和西班牙自欧债危机爆发以来一直处于衰退的阴影中。2014年,法国的经济增长率仍在0.4%的水平徘徊,意大利经济仍未摆脱负增长,衰退0.4%。[33]如表7-5所示,从2013年第三季度至2015年第二季度,欧洲各国经济增长速度继续呈现一定的差异。[34]欧洲经济发展依旧面临一些挑战和不确定性:新兴经济体经济下滑、全球贸易增长停滞引发的外部需求下降、地缘政治风险、金融市场存在的不确定性、低通货膨胀率以及希腊经济陷入新一轮下滑带来的波及效应等影响不容忽视。

表 7-5　欧洲国家 GDP 环比增长速度

单位:%

时间 国别	2013 年		2014 年				2015 年	
	第三季度	第四季度	第一季度	第二季度	第三季度	第四季度	第一季度	第二季度
比利时	0.4	0.2	0.4	0.1	0.3	0.2	0.4	0.4
德国	0.4	0.3	0.7	−0.1	0.2	0.6	0.3	0.4
爱沙尼亚	0.9	1	0.9	0.4	0.3	1.5	−0.6	0.7
爱尔兰	4.7	−1.4	1.7	1.2	2.1	1.0	2.1	1.9
希腊*	−0.4	−0.1	0.9	−0.1	0.9	−0.2	0.1	0.9
西班牙*	0.1	0.3	0.3	0.5	0.5	0.7	0.9	1
法国	−0.1	0.2	−0.2	−0.1	0.2	0.1	0.7	0
意大利	0.1	0	−0.2	−0.2	−0.1	0	0.4	0.3
塞浦路斯	−0.5	−0.7	−0.5	−0.2	−0.8	−0.2	1.2	0.5
拉脱维亚	1.4	0.8	0.5	0.5	0.5	0.5	0.4	1.2
立陶宛	1.1	0.8	0.5	0.8	0.5	0.7	−0.5	0.7
卢森堡	0.2	−0.9	4.1	−0.2	2.2	2.2	0.7	—
马耳他	0.3	0.2	1.1	0.9	1.4	1.3	0.8	1.1
荷兰*	0.4	0.5	−0.4	0.6	0.4	0.9	0.6	0.1
奥地利	0.1	0.3	0.3	−0.3	0	−0.2	0.7	0.1
葡萄牙	−0.1	1	−0.5	0.5	0.2	0.4	0.4	0.4
斯洛文尼亚	0.4	1.4	0.2	1.1	0.7	0.4	0.7	0.7
斯洛伐克	0.6	0.6	0.5	0.6	0.7	0.7	0.8	0.8
芬兰	0.4	−0.3	−0.5	0.2	−0.1	−0.1	0	0.2
欧元区(19 国)	0.2	0.2	0.2	0.1	0.3	0.4	0.5	0.4
保加利亚	0.7	0.6	0.1	0.3	0.4	0.4	0.9	0.5
捷克共和国	0.3	1.4	−0.2	0.6	0.5	0.5	2.4	1
丹麦	0.7	0.2	0.2	0.2	0.7	0.3	0.5	0.2
克罗地亚	−0.3	−0.5	0.2	−0.4	0.4	0	0.2	0.7
匈牙利	1	1	0.7	1.2	0.6	0.7	0.7	0.5
波兰	0.9	0.7	1	0.7	0.9	0.8	1	0.9
罗马尼亚*	0.8	1.2	0.2	0.2	1.3	0.9	1.4	0.1
瑞典	0.8	0.8	0.5	0.7	0.3	1.2	0.6	1.1
英国	0.7	0.4	0.9	0.9	0.7	0.8	0.4	0.7
欧盟(28 国)	0.4	0.3	0.3	0.3	0.4	0.5	0.5	0.4

资料来源:王洛林、张宇燕:《2016 年世界经济形势分析与预测》,社会科学出版社 2015 年版,第 47 页。

在经济衰退和复苏阶段，政府为改善预算收支状况所做的努力，不管是削减开支，还是增加税赋，必然要以抑制消费为代价。市场经济条件下，如果国内消费难以有效复苏，投资和内需就会受到制约，经济的复苏就会受到影响。美欧债务危机不断升级，引发了国际金融市场的大动荡和对全球经济会否陷入二次探底的担忧。[35]

2008年国际金融危机之后，国际组织的政策协调成效并不明显，特别在维护金融稳定、恢复金融秩序与保持经济增长方面更是如此。在2014年11月举行的二十国集团（G20）首脑峰会上，各方承诺在未来五年内将G20整体GDP由目前预测水平提高2%以上。但总体来说，具体实施效果不容乐观，IMF和世界银行等国际经济组织倡导的改革则一拖再拖。各国货币政策措施分化严重。美国于2014年10月完全放弃量化宽松政策；欧元区和日本仍在加大宽松政策力度。另据世界银行统计，世界能源、非能源价格均连续三年下跌，分别下跌7.2%和4.6%。其中，农产品价格下跌3.4%，肥料下跌11.6%，金属和矿产下跌6.6%。粮农组织食品价格指数2011年全年平均为202点。其中，谷物价格跌幅最大，谷物价格指数年平均为192点，比上年下降12.5%。[36]

毫无疑问，这次国际金融危机表明，目前的国际金融监管无法适应以美元为主体的金融市场全球化和自由化的现状，而且国际金融体系的重建还将面临多重利益的漫长博弈过程。[37]

第五节　国际货币体系中的美元霸权

萨缪尔·亨廷顿在其《文明的冲突与世界秩序的重建》一书中曾列举了西方文明拥有的压倒性优势的十四个方面，其中第一个方面便是“拥有和操纵着国际金融系统”，第二个方面是“控制着所有的硬通货”，第五个方面是“主宰着国际资本市场”。[38]金融霸权对于美国霸权体系形成和护持的重要性可见一斑。美国以其遍及全球的政治军事优势造成了美元在国际货币体系中的特殊地位，而这种特殊地位又推动了美国在全球政治军事的扩张。对此，罗伯特·吉尔平有一个很中肯的评论。他说，自从第二次世界大战以来，美国对国际金融的主宰，对于它同时保持对全球的政治领导地位和国内繁荣非常重要。如果美国在国际金融体系中不是具有举足轻重的作用，它原本无法在亚洲打两场战争，无法维持在西欧的强大地位,也不可能在20世纪80年代既保持了庞大防务设施,又没有大大降低美国人民的生活水准。美国利用它对全球金融事务的影响,一直能付得起称霸所需要的开支,维持国内虚假的繁荣和掩盖它的政治和经济实力相对下降造成的后果。[39]

美国的金融霸权是其政治、经济、军事、文化强势在国际金融领域的具体体现,其根本还在于美国的综合国力和全球战略。从战后国际货币体系的演变来看,布雷顿森林体系和牙买加体系尽管在形式和内容上有很大的不同,但是美元始终处于霸主地位这一点却没有变化。特别是20世纪80年代中后期以后,美国霸权在经过"间歇性"衰落后逐渐复苏,通过一系列的金融自由化改革,恢复并增强了金融业的竞争能力,激活了资本市场,重新掌控了全球金融命脉。

1. 美元是政治货币

在布雷顿森林体系的形成中起重要作用的美国财政部长摩根索早就宣称:政治上的联合国与经济上的布雷顿森林体系"是一把剪刀上的两个刃"。[40]事实果然如此。如果对此从政治上作出分析的话,前述"特里芬困境"是一个切入口。

"特里芬困境"不仅揭示了布雷顿森林体系在经济上的内在矛盾,而且还揭示了作为该体系基轴货币美元所具有的政治属性。在布雷顿森林体系中,美国以外的成员国是靠美国国际收支的赤字来获得国际清偿能力的。那么,美国国际收支赤字又从何而来呢。从上文可见,有两个来源:一是美国在海外的驻军及包括军援在内的相应开支;二是美国贸易的逆差。从1946年至1970年,美国政府预算中直接军费开支共计1.1万亿美元,平均每年450亿美元,超过第二次世界大战期间的平均数。[41]20世纪80年代中期以后,美国虽然没有在全世界卷入大规模战争,但是军事开支仍占预算的三分之一以上,占国内生产总值的比重由1979年的4.8%上升为1986年的6.5%以上。这成为财政赤字的主要来源。[42]20世纪90年代初,美国财政赤字和贸易赤字达到2 000亿美元。克林顿上台后,财政赤字逐渐得到弥补,并略有盈余。然而,贸易赤字仍然有升无降。小布什执政后的2002年至2004年,美国财政赤字分别为1 578亿美元、3 748亿美元、4 128亿美元,另据美国商务部统计,2003年美国经常项目逆差达到5 307亿美元,相当于国内生产总值的4.8%。双重赤字长期居高不下成为美国经济的重要特征。

美国军费开支所形成的国际清偿能力,实际上是美国、西欧、日本及其他盟国之间的一项"不言自明的交易"。美国学者本杰明·科恩(Benjamin J.Cohen)在其1973年出版的《帝国主义问题:支配与依存的政治经济学》(*The Question of Imperialism*: *The Political Economy of Dominance and Dependence*, New York: Basic Books, 1973)中指出，西欧和日本之所以接受和容忍美国国际收支赤字并向它融通资金，在战后初期主要是经济问题，因为它们需要美元。20世纪60年代以后形势变化了，西欧和日本经济日益强大，它们继续接受美国国际收支赤字则主要是出自政治原因。它们通过持有以国际收支逆差形式而外流的美元购买美国政府债券，向美国提供"贷款"，以使美国有能力继续维持在苏联外围地区的驻军，为西欧和日本提供政治安全。同时，由于西欧和日本默认并在经济上支持了美国在海外"擅自行动"的特权，美国也对西欧和日本在美国市场上的扩张表示宽容。

在这样一种货币格局中，美元的特殊地位扩大了美国在经济和政治上的特权，使它在执行外交政策或管理国内经济时无需顾虑它的国际收支平衡问题。法国总统查尔斯·戴高乐曾尖锐地批评说，美国人随心所欲地印刷美元，以便在越南打一场殖民战争，尽量买进外国公司，并为美国在欧洲和世界其他地方的政治霸权提供资金。

布雷顿森林体系演变成牙买加体系之后，这场"不言自明的交易"并没有消失，而是有了新的发展。石油美元被纳入美国的全球战略就是一个很好的例证。从1972年至1980年，石油输出国组织成员国的出口收入从143.7亿美元上升到2 750亿美元。1980年它们的海外净资产达到3 431亿美元。[43]一般认为，沙特阿拉伯、科威特等石油输出国组织成员将其大笔盈余投放到欧洲美元市场，然后经过国际大商业银行的中介流向石油贸易赤字国和国际金融市场。实际并非如此。许多石油输出国的大部分盈余投资在美国，以购买美国政府债券的形式进了美国财政部的账户。这样就可以使美国有可能动用沙特阿拉伯等重要盟友的石油收入来改善其国际地位。1990年的海湾战争，美国借打击伊拉克扩张之名完完全全地控制了中东的石油，把苏联势力排挤殆尽，取得了在中东和谈的主导权。然而，为美国这场战争付账的却是沙特阿拉伯等国的石油美元和西欧、日本的贸易盈余。

2. 美元的特殊地位

布雷顿森林体系的核心是"二挂钩一固定"，即美元同黄金挂钩、其他国家货币同美元挂钩和固定汇率。"二挂钩"使美元由此成为国际货币体系中的基本计价单位、支付手段和储备手段。美元成了世界货币，其他各国货币则处于从属地位。“一固定”又使美国成了全世界的中央银行，美国的货币政策左右和影响着世界各国的经济。

布雷顿森林体系崩溃后，美元不再与黄金等值，固定汇率也不复存在。但是美元作为国际主导货币的地位仍然没有变化，随着金融业的集中和金融技术的迅速发展，美元在世界经济中的重要性反而更为突出。

在布雷顿森林体系存续的30年中，美国的金融业依据美元在国际货币体系中的特殊地位，率先完成了其国际化过程。因此，尽管美国的政治经济实力相对衰落，但国际金融业却向美国高度集中。据联合国跨国公司中心统计，拥有5个或5个以上的海外银行机构多数股权的跨国银行，在1975年有80余家，其中美国22家，英国、日本各10家，法国7家，加拿大、联邦德国各5家，意大利、澳大利亚和新西兰各4家，瑞士、荷兰、比利时各3家，其他国家和地区8家。[44] 1976年美国10家最大跨国银行吸收的国际存款为1 130亿美元，占其存款总额的45.2%，即其存款中有近一半是来自海外。1980年，美国5家最大跨国银行海外贷款余额占其贷款的比重分别是：花旗银行为63.8%，大通曼哈顿银行为42.3%，美洲银行为35%，汉诺威信托公司为48.2%，摩根信托保证公司为52.1%。从1972年至1976年，美国大银行利润的一半来自海外。[45]此外，由于通讯等高新技术的发展和美国金融产品的不断推陈出新，再加上美国完善的社会基础设施，国际金融业务的重心也出现向美国特别是向纽约集中的趋势。形象地说，纽约国际金融中心是由有形和无形两大部分组成的。

从曼哈顿区南端的巴特利公园沿百老汇大街北行，不多远就可在人流、东河和楼群中看到一幢六根大石柱擎起门庭的灰色大厦，这就是鼎鼎大名的纽约证券交易所，它前面那条折向东河的窄街，便是闻名于世的华尔街。华尔街及其附近，汇集着近百家本国银行、几百家外国银行的分支机构，还有几十家投资银行和其他众多的金融机构，这些世界上实力最强的金融寡头组成了有形的纽约金融中心。首先，纽约联邦储备银行是这个中心的核心，它实际上起着美国中央银行的职能。其次，是美国大商业银行。总行设在纽约的大商业银行只有十几家，但它们都是实力雄厚的私人垄断金融机构，其资产占全国商业银行资产总额的一半以上。第三，外国银行设在纽约的分支机构是另一支强有力的金融力量。最后，在纽约的其他金融机构还有主要从事证券买卖的投资银行，从事各种专业信贷的联邦信贷机构，以及私人养老基金、互助储蓄银行、人寿保险公司等长期资本的主要供应者，二级市场上则以纽约证券交易所和美国证券交易所为主，其中纽约证券交易所经营全美国80%以上的证券交易。[46]

冷战结束后,美国认为"自由资本主义"取得了完全的胜利,进一步在政治、经济、军事等方面推行其单极化战略,以维持美国主导的国际金融体系。在这个体系中,美元作为中心,依然扮演着重要的角色。

第一,各国汇率软钉住美元,为这一体系提供了相对稳定的中心货币。吉列尔莫·卡尔沃(Guillermo Calvo)和卡门·莱因哈德(Carmen Reinhart)2002年曾运用155个国家的月度数据,对这些国家货币的汇率制度进行了研究。他们的研究发现:真正对美元实行浮动汇率制度的货币只有欧元、日元、英镑和瑞士法郎等少数几个国家,大多数国家实行的是钉住美元的汇率制度。

第二,美国通过经常项目赤字向世界经济的运行提供了流动性。美元作为国际交易手段、国际支付手段和国际储备资产,在世界经济的运行中被广泛使用,美元的供给不仅仅要满足其国内的流动性需求,也要满足世界对国际流动性的需求。国外居民得到美元流动性的重要途径,就是对美国保持贸易顺差。反过来说,美国通过其经常项目赤字,向世界提供了流动性。必须指出的是,美国经常项目出现赤字并长期持续,在多数情况下并不表明美国经济走向衰弱,相反,在多数情况下,它倒是说明世界经济依然在围绕着美国在运行。

第三,作为"世界金融市场",美国的金融市场事实上为亚洲及其他新兴市场经济国家提供了有效的资金使用的场所。亚洲国家金融市场体系不发达,投资渠道受到各种限制。市场分割与投资工具的缺乏,使亚洲国家的高储蓄不能有效在本国直接转化为投资。金融全球化和美国发达的金融市场体系则为亚洲国家的高储蓄找到收益率较高和较便利的投资对象。正是在这个意义上,美国的金融市场长期扮演着"世界金融市场"的角色。[47]

从汇率制度来看,现在世界上通行的主要有五种汇率制度,即单一货币钉住制度、多种货币钉住制度、有管理的浮动汇率制度、完全浮动汇率制度和其他汇率制度。无论是单一货币盯住制度还是多种货币盯住制度,在很大程度上是通过钉住美元来确定汇率的。随着经济全球化和区域一体化的深入,世界各国也在不断根据自身实际,逐渐调整和完善各自的外汇制度。如2005年7月21日起,中国开始实行以市场供求为基础、参考一篮子货币进行调节、有管理的浮动汇率制度。人民币汇率不再钉住单一美元,形成更富弹性的人民币汇率机制。马来西亚中央银行也于当晚宣布进行汇率制度调整,对其货币林吉特实行有管理的浮动汇率机制。但是,只要美国的综合国力特别是经济实力没有剧烈变动,美元的货币锚作用在相当长的时期内还将继续存在。

3. 美元的“溢出效应”

美元作为一种霸权货币，需要美国承担相应成本，如美国货币管理当局必须执行稳定而连贯的货币政策和财政政策；必须避免提供清偿能力与保证其货币信用之间的冲突（即“特里芬困境”）；必须随时准备作为国际金融危机的最后贷款人帮助国内外的银行和金融机构摆脱困境；必须具备广阔、有深度并且不存在资本管制的金融市场，尽可能地降低交易成本等。[48]相对于需要承担的成本和责任，美元霸权给美国带来的政治经济收益更为巨大。首先，在政治上，美国在制定和执行内政外交时拥有较大的自由度。其次，从经济利益来看，一方面美国作为基准货币的发行国可坐享可观的铸币税收入；另一方面美国还可以通过操纵美元利率或汇率的变动，无偿占有他国经济增长的成果或者转嫁本国危机。在联邦政府经常项目赤字和财政赤字一路飙升的情况下，美国仍能凭借“绿色的纸片”成为国际投资的一方乐土和全球商品和服务贸易的理想目的地。无怪乎有人认为，美国利用美元的这一“溢出效应”，滥发纸币，已使美元成为一种“合法的伪钞”。

长久以来，国际储备货币由于其全球使用便利、货币政策主导性、铸币税、国际治理霸权等优势成为各国货币金融发展的重要目标，各币种占比高低也是衡量其国际地位的重要标志。在布雷顿森林体系中，美国主要是靠固定汇率来转嫁其通货膨胀，制约其他国家的货币金融政策。转变为牙买加体系之后，固定汇率这座沟通美国经济与他国经济的有形桥梁被拆毁了。但是，由于各国手中均不同程度地拥有美元，相当一部分国家经济对美国市场的依赖性很大，因此美国经济的走向对各国至关重要。美国利率的高低，往往左右着相当一批国家的经济情况。美国利率调低，预示着美国经济趋于膨胀，吸纳国外商品能力加强；反之，则意味着对美出口的减少。这就直接或间接地影响到许多国家的贸易收支和经济增长目标的设定。

根据国际货币基金组织的官方外汇储备货币构成数据库（COFER），主要国际货币在全球外汇储备中的份额变化情况如表 7-6 所示。从表 7-6 中可知，美元是全球外汇储备中最重要的货币，其比重虽然相对有所下降，但仍领先位居第二的欧元两倍以上。欧元的比重逐年上升，但金融危机后出现了下降趋势，目前约占全球外汇储备的四分之一强。日元和英镑的比重远低于美元和欧元，而瑞士法郎的比重几乎可以忽略不计。[49]

表 7-6　主要国际货币在全球外汇储备中的份额(1999—2011 年)

单位:%

年　份	美　元	欧　元	日　元	英　镑	瑞士法郎
1999	71	17.9	6.4	2.9	0.2
2000	71.1	18.3	6.1	2.8	0.3
2001	71.5	19.2	5	2.7	0.3
2002	67.1	23.8	4.4	2.8	0.4
2003	65.9	25.2	3.9	2.8	0.2
2004	65.9	24.8	3.8	3.4	0.2
2005	66.9	24	3.6	3.6	0.1
2006	65.5	25.1	3.1	4.4	0.2
2007	64.1	26.3	2.9	4.7	0.2
2008	64.1	26.4	3.1	4	0.1
2009	62.2	27.3	3	4.3	0.1
2010	61.9	26.5	3.3	4.1	0.1
2011	61.4	26.0	3.6	4.0	0.1

资料来源:张幼文等:《开放升级的国际环境》,上海社会科学出版社 2013 年版,第 182 页。

同时,由于金融业与通讯的结合,计算机技术广泛用于金融领域,金融商品层出不穷,成千上万亿美元的资金迅速在全世界各地周转,金融投机和金融风险空前增大,金融与实体经济日益分离。据估计,2016 年全球 GDP 总额约为 50 万亿美元,但是全球各大金融机构持有的金融衍生品达 1 500 万亿美元左右。这样一个头重脚轻的金融大厦,只要其中一个环节出现问题,就会在顷刻之间崩塌。如果说,历史上资本主义的经济危机主要是由物质产品的生产过剩带来的,那么,在金融业高度发达的今天,金融产品依靠信用形成毫无节制的供给能力,是新的历史条件下全球金融危机产生的重要根源。[50] 国际清算银行的数据显示,2013 年 4 月美元在全球外汇市场交易量中占比为 18.9%,达到 1.263 万亿美元,[51] 2015 年 4 月,美国外汇市场上的报告交易商、银行或其他交易商、其他金融机构和非金融企业的市场份额分别为 34%、18%、39%、9%。美国外汇交易包含了绝大多数货币对。2015 年 4 月,外汇交易的币种主要为欧元兑美元、美元兑日元、英镑兑美元、加元兑美元等，日均交易量分别为 2 927 亿美元，占比 28%；1 508 亿美元，占比 14%；1 064 亿美元，占比 10%；977 亿美元，占比 9%。[52]

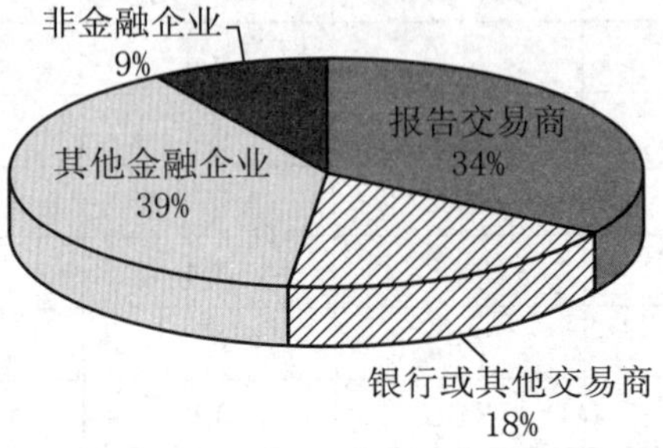

图 7-1 美国外汇市场参与主体结构

数据来源：2015 年 4 月 FXC 外汇市场半年调查报告，转引自徐苏江：《英美及我国外汇市场结构的比较分析》，《新金融》2016 年第 1 期，第 22 页。

目前，美元在 17 个国家和地区的平均日外汇交易中占 85.9%，其中最低的丹麦也达 71%，是无可争议的第一大国际货币。欧元在 17 个国家和地区的平均日外汇交易中占 38.6%，已经确立了第二大国际货币的地位。日元虽然占据了第三的位置，但主要是在日本的外汇交易中使用率很高，在其他各国中使用率均不高，日元的国际货币地位并不巩固。英镑和瑞士法郎在传统上也被视为国际货币，不过它们的使用范围远远低于美元和欧元。如英镑，即使在英国本国的交易比例也只有 17.8%，而瑞士法郎除在瑞士、丹麦和德国外，在其他国家的比重均低于 10%。

4. 以美国为中心的"游戏规则"

这里讲的"游戏规则"，也即调节国际政治经济利益的原则、准则及其秩序。谁掌握了制定"游戏规则"的主导权，谁就能以较少的代价获得最大的利益。国际货币基金组织和世界银行是现今国际货币体系的两个载体。事实表明，这两个组织的主导权均在美国手中。

美国对这两个组织"游戏规则"的主导表现在以下两个方面：

第一，国际货币基金组织建立在旧的国际经济秩序结构之下，肩负维护美元作为主要国际外汇储备货币霸权地位的使命。其组织结构由美国和欧盟控制，是资本主义世界经济体系的支柱。例如国际货币基金组织的总裁来自欧洲已经成为不成文的约定。更重要的是根据国际货币基金组织的规则,重要提案需要获得85%以上的投票才能通过,这让拥有16.79%份额的美国在重大议题上具有"一票否决权"。当美国实行一些政策,例如量化宽松货币政策,国际化其国家债务时,国际货币基金组织维护美元霸权的使命和"一票否决权"的规则使其沦为美国操控的工具,在控制美国的国际收支赤字、治理全球性的通货膨胀上显得无能为力。与此同时,国际货币基金组织的份额无法反映各国经济总量在世界经济中的权重。发展中国家在其中的投票权不但没有提升,反而被不断削弱和稀释,与其在国际经济中的地位变化是不相称的。[53]例如,在国际货币基金组织的投票权由其所持基金份额的大小决定,基金组织的重大决策需要有85%以上的多数票赞同才能通过,而G7等少数发达国家就掌握着40%以上的投票权,仅美国一家的投票权就超过了15%,所以,少数发达国家在国际货币基金组织拥有绝对的发言权,而广大发展中国家的声音十分微弱,在国际货币基金组织中的权利微不足道。[54]

第二,直接出面干涉国际货币基金组织事务。最典型的是在韩国遭到东南亚金融危机的袭击不得已向国际货币基金组织求援时,美国为了扩大其在韩国的经济利益,横插一手。据韩国媒体引述的韩国财政部官员和总统府官员的讲话,在韩国政府与国际货币基金组织的谈判中,美国有位财政部副部长也参加了谈判,而且所扮演的角色颇可玩味,韩国实际上是在和美国政府谈判。美国在谈判中提出要求韩国简化美国资本进入韩国的手续等一系列不当条件和苛刻要求。当时的韩国财政部长林昌烈说:"我们必须承认,就算国际货币基金组织的工作小组及总裁通过有关经济援助计划,如果美国不支持的话,要通过国际货币基金组织理事会一关将有很大的困难。"[55]

5. 欧元的诞生与发展

单一的货币联盟一直是欧共体追求的目标。早在1969年12月,欧共体首脑会议决定指定卢森堡首相皮埃尔·维尔纳领导专家小组起草建立欧洲经济货币联盟的实施计划。维尔纳小组的最终报告于1970年10月提交部长理事会,在这一报告的基础上,欧共体部长理事会于1971年3月决定在欧共体内分阶段实施经济和货币联盟计划,计划用十年达到目标。由于20世纪70年代初布雷顿森林体系崩溃,国际金融危机频发,欧洲各国又普遍陷入"滞涨"之中,该计划中途夭折。1978年12月,欧共体首脑又在布鲁塞尔达成协议,决定建立欧洲货币体系，创建欧洲货币单位埃居(ECU)，用于区域内结算；实行成员国联合浮动汇率制度；逐步建立欧洲货币基金；加强对区内货币的干预和调节。1986 年 5 月通过了《欧洲一体化文件》，旨在建立商品、资本、劳务和人员自由流动的欧洲统一大市场，此时，发行单一货币取代各国货币已是势在必行。1989 年 4 月，以欧共体执委会主席德洛尔为首的研究小组向欧共体理事会提交了题为《关于欧洲共同体经济货币联盟的报告》，即《德洛尔报告》。该报告建议分三个阶段建成经济货币联盟。根据这一报告，欧共体理事会于 1989 年 6 月决定开始经济货币联盟的第一阶段。1990 年 12 月，关于经济货币联盟和政治联盟的政府间会议召开。1991 年 12 月，欧共体成员国首脑会议通过了《马斯特里赫特条约》(简称马约)。随着马约规定的实现欧洲政治经济一体化的进程进入第三阶段，1999 年 1 月 1 日欧元终于问世。2002 年 1 月欧元纸币和硬币开始流通。

欧元的诞生在欧洲经济一体化进程中具有里程碑意义，标志着欧洲统一的思想正在逐渐变成现实。从更广泛的意义而言，这是人类历史上第一次不是倚靠战争或者强权，而是通过协商制定的一整套制度将国家主权象征的货币统一起来。欧元的诞生、欧元区的建设，将从不同的方面加快欧洲一体化进程：(1)扩大和强化欧盟中央的权力。使用单一货币缩小了欧盟国家之间进行贸易与金融的交易成本，促进欧洲统一大市场的发展，消除了欧元区国家贸易交往中的汇率风险。同时，欧盟通过集中成员国的货币主权并建立相应的超国家组织机构，从本质上强化了欧盟的超国家性质，其“溢出”效应不容忽视。为了使超国家机制能够更好地发挥功能，必然要求在欧盟层面上具有更有效率的机制保障，这就进一步促进了欧洲经济一体化的发展，并为欧洲一体化目标的实现奠定了重要基础。(2)提高欧元区国家间的相互依赖性。在欧元全面流通之后，欧元区国家使用共同货币使得欧元区国家价格透明度明显增大，产生了一个纯粹的、高效的经济一体化市场，为欧元区国家带来规模效应和效率的提高。欧元推动了新欧洲(转轨经济体)和老欧洲(发达经济体)相互融合，形成欧洲整体力量与模式的融合，更有利于欧洲成为多极化世界的一极。(3)加强欧元区国家民众对欧盟的认同感。要把欧洲真正建设为一个紧密联系的共同体，不仅需要一定的经济基础和政策协调，还需要一种观念上的建构——共同体意识的培养。这种共同体意识主要来源于成员对于该共同体的成员观念，即它们都意识到自己是共同体的一分子，认同这种共同体成员的身份。因此，欧盟的进一步发展需要用一种超国家的集体认同感、超越民族认同的界限，加强欧洲人的归属感和身份意识，从而为一体化提供“动力性的作用”。[56]

欧元的产生对国际货币体系的现有机制产生了冲击，对美元在国际货币体系中的主导地位提出了挑战。通过制定执行统一的货币政策和建立统一的欧洲市场，欧元作为国际货币的作用会不断加强，欧洲中央银行的政策行为将具有更大的国际含义。欧盟的金融货币政策对其伙伴国产生影响和作用越来越大，首先作用到的是与欧盟有密切贸易和金融联系的中东欧国家、地中海和非洲等国。欧元作为国际货币，与美元和日元的竞争将对国际经济货币体系产生深远的影响。[57]

欧元与美元的竞争实质上是欧美之间以经济为基础的实力较量，这种状况将在今后很长的时期内继续存在。美元地位的确立与美国政治、经济、军事、文化、外交的统一和金融领域的权力分不开，而目前欧元作为国际货币的基础主要体现在经济和金融规模的相加，力量尚显不足。同时，欧元并不是一个主权国家的货币，尽管其可以欧元区实力为基础，但毕竟不像美元那样有整个国家实力作为支撑。欧元区或欧盟不是一个完全的政治一体化组织，欧洲央行也不是一个具有完整的最后贷款人权力的组织。这意味着欧元比美元更容易遭遇信心问题，这也是许多学者最为担心的问题之一。

2016 年 6 月 23 日，英国举行了脱欧的公民投票，同意脱欧的占 51.9%，共 1 570 万人，超过了同意留欧 48.1%的 1 458 万人，正式开启了英国脱离欧盟的进程，从而给本来就已经不稳定的欧元添加了更多不确定因素。英国是欧洲最强的国家之一，同德国、法国一起是支撑欧盟和欧元的三根台柱子之一。从总人口来看，英国总人口 6 488 万，占欧盟总人口的 12.76%，仅次于德国和法国；从经济总量来看，英国 GDP 占欧盟的 17.56%，仅次于德国；从对外贸易来看，英国对欧盟对外进口的贡献高达 14.5%，对出口的贡献达 11.6%，也仅次于德国。英国脱欧将可能使欧盟自由贸易进程放缓，进而给增长乏力、通胀低迷的欧洲经济带来不确定性，欧元存在巨大的下行压力。但是，法国和德国接连采取新措施，加强外交政策和防务合作，进一步推动共同市场的深化，以此让全世界相信，欧元仍有生命力。

第六节　国际金融体系改革的走向

第二次世界大战后国际金融体系运转至今已有 70 余年。在此期间，世界经济格局发生了深刻的变化。然而在金融领域，美元仍是主要的国际储备货币，发达国家仍在国际金融机构治理结构中处于支配地位，经济格局与金融权力之间形成明显的错配，造成国际金融体系的不稳定和不平等。因此，实现储备货币多元化、重组和增设多层级的国际金融机构，是未来国际金融体系重建的核心内容。这其中，扩大人民币作为国际货币的功能，提升中国在全球金融治理中的地位，参与创建新的多边金融机构，既符合以中国为代表的发展中国家和新兴经济体的利益，也顺应新的国际经济格局。[58]

1. 国际金融体系的变革

2008 年国际金融危机以其影响范围之广、危害程度之深震惊了世界；同时，国际金融危机进一步暴露了现行国际金融体系的制度缺陷，从而引发了国际社会的认真思考和广泛讨论。[59]

首先，美元继续行使国际储备货币的职能，但是却不承担国际储备货币的义务。在布雷顿森林体系瓦解之后，从表面上看美元的统治地位似乎是被削弱了，而实际上在与黄金脱钩之后，美元仍然在全球发挥着国际储备货币、价值尺度、交换手段的功能。从统计数据看，2005 年美国的国内生产总值占世界的份额不到 30%，但是美元在世界储备货币中所占比重却从 1997 年的 56%上升到 65%；美元在全球外汇交易中的比重从 54%上升到 62%；美元在全球贸易结算中的比重也从 58%上升到 65%，这种支配地位，说明全球已经从战后的黄金—美元本位变为准“美元本位”。其优势在于，不论美元是强是弱，都很少能挫伤美国经济。在美元不断贬值时，美元资产的国外持有者即使想抛掉美元也很少有更多的选择，因为各国央行持有大量的美元储备，但可供转换的资产由黄金到石油和有色金属，都不足以同如此巨额的美元储备相置换。把美元储备大规模变为其他币种也是不可能的。[60]因此，美元币值坚挺与否不仅直接影响着各国美元储备资产的价值，同时也影响着大宗商品如黄金、石油的价格走势。美元在国际价格体系中的强势表现，源于美元在国际金融体系中的垄断地位，作为主要的国际交易结算货币，全球外汇市场中约 85%以上为美元相关交易，海外持有的美元现钞比重约为 65%。美元的垄断地位成为导致汇率市场系统性风险的根本原因，而以美元作为中心储备货币使得全球储备货币体系面临着越来越大的系统性风险。[61]

其次，美国人把持国际货币基金组织的局面继续存在。从表面上看，一般都是欧洲人出任国际货币基金组织的总裁(见表 7-7),实际上美国对总裁人选的控制无以复加。2011 年 5 月,时任国际货币基金组织总裁的多米尼克·施特劳斯·卡恩突然被控涉嫌性侵饭店女服务员,过了两年多以后美国警方又出面宣布是一场误会。[62]法国政治家、曾担任法国政府住房部长的布丹一针见血地说:“我认为很可能有人给卡恩设了陷阱,而他偏偏就掉进去了。”因为在卡恩的努力下,国际货币基金组织对美国等发达国家的监督也有所加强,对基金和国际货币体系的改革也提出了有利于发展中国家的建设性方案。[63]

表 7-7　IMF 历任总裁一览表

任　　期	姓　　名	国　籍
2007 年 11 月 1 日—2011 年 5 月 19 日	多米尼克·斯特劳斯-卡恩	法　国
2004 年 5 月 4 日—2007 年 11 月 1 日	罗德里戈·拉托	西班牙
2004 年 3 月 4 日—2004 年 5 月 4 日	安妮·克鲁格	美　国
2000 年 5 月 1 日—2004 年 3 月 4 日	霍斯特·克勒	德　国
1987 年 1 月 16 日—2000 年 2 月 14 日	米歇尔·康德苏	法　国
1978 年 6 月 17 日—1987 年 1 月 16 日	雅克·德拉罗西埃	法　国
1973 年 9 月 1 日—1978 年 6 月 17 日	约翰内斯·维特韦恩	荷　兰
1963 年 9 月 1 日—1973 年 9 月 1 日	皮埃尔-保罗·施韦泽	法　国
1956 年 12 月—1963 年 5 月 5 日	皮尔·雅各布森	瑞　典
1951 年 8 月—1956 年 10 月	伊瓦·鲁思	瑞　典
1946 年 5 月—1951 年 5 月 6 日	卡米尔·格特	比利时

作为现行国际金融秩序的组织机构与规则载体,国际货币基金组织和世界银行的不平等性主要体现为基于认缴额制度的决策机制融资规则,因此,发展中国家寻求建立国际金融新秩序的重点就是改革国际金融组织的决策机制和融资制度,国际货币金融体系,尤其是国际货币基金组织的运转亦成为南北争论最重要的焦点之一。根据国际经济新秩序的原则与目标,发展中国家寻求改革国际金融组织决策机制的目的就是推动发展中国家在平等的基础上充分参与国际金融组织的决策。例如,美国当初设计认缴额与投票权挂钩的目的就是确保美国在国际金融组织中的主导权,虽然国际货币基金组织与世界银行的认缴额分配经历了数次调整,但以美国为首的发达国家始终占据着认

缴额优势，从而决定性地掌控着国际货币基金组织与世界银行的决策权。世界银行的认缴额分配是与国际货币基金组织相匹配的，因此，发达国家同样控制着世界银行的决策权。不难看出，基于认缴额分配的加权投票权原则是发达国家主导控制国际货币基金组织与世界银行的制度基础，发达国家不可能在此问题上轻易让步。[64]

2008年国际性金融危机爆发之后，为了共同应对这场20世纪30年代以来最为严重的经济衰退，促进全球经济复苏，主要国家展开了一系列政策协调与合作的努力。其中最为重要的是召开了发达工业国家和新兴国家领导人共同参加的二十国集团峰会。2008年华盛顿金融市场和世界经济峰会召开以来，二十国集团峰会已经召开了十多次，讨论主题也从最初为应对紧迫的金融危机而相互协调经济刺激方案，发展到讨论国际金融体系改革方案（见表7-8）。

表7-8　G20峰会关于国际金融体系改革的主要内容

	关于国际货币体系改革的主要内容
华盛顿峰会 2008年11月 14—15日	1. 加强监管机制，审慎监督和风险管理，对国内监管体系进行透明评估 2. 推动布雷顿森林体系下国际金融机构的改革，以反映世界经济权重变化的格局，增强其合法性和有效性，新兴经济体和发展中国家应该享有更大的发言权和代表权 3. 扩大吸收新兴经济体加入金融稳定论坛（FSF）
伦敦峰会 2009年4月 1—2日	1. 将IMF可用资金提高2倍，至7 500亿美元；支持增发2 500亿美元的特别提款权（SDR）份额；支持多边发展银行提供至少1 000亿美元的额外贷款；确保为贸易融资提供2 500亿美元的支持 2. 建立金融稳定理事会（FSB），取代金融稳定论坛 3. 加强国际金融机构建设，承诺落实2008年4月达成的IMF份额和发言权改革方案及2008年10月达成的世界银行改革方案
匹兹堡峰会 2009年9月 24—25日	1. 建立高质量资本，减弱经济顺周期性，所有G20的主要金融中心在2011年前实施《巴塞尔协议Ⅱ》，加强对场外衍生品市场的监管 2. 承诺各方将注资超过5 000亿美元，用于扩大IMF新借款安排机制 3. 承诺向新兴市场和发展中国家转移5%以上的IMF份额；向发展中国家和转型经济体转移3%以上的世界银行投票权
多伦多峰会 2010年6月 26—27日	1. 提出金融部门改革的四根支柱：强有力的监管框架、有效监管、处置系统性机构、透明的国际评估和同行审议 2. 提出通过公开、透明、择优的进程遴选国际金融机构负责人和高层管理人员，增加来自新兴市场国家的比例 3. 提出建立一个更加稳定和更富弹性的国际货币体系

（续表）

	关于国际货币体系改革的主要内容
首尔峰会 2010年11月 11—12日	1. 将超过6%的IMF份额转移到有活力的新兴市场和发展中国家 2. 加强对影子银行、大宗商品衍生品市场的监管 3. 建立一个更加稳定、更具弹性的国际货币体系，进一步巩固全球金融安全网
戛纳峰会 2011年11月 3—4日	1. 特别提款权的货币组成将在2015年甚至更早时进行再评估 2. 增强金融安全网，支持IMF推出新的预防流动性额度 3. 同意采取全面措施避免出现金融企业"大而不能倒" 4. 强化多边监督，整合双边监督，改进IMF监督工具箱，充实多边监督报告和溢出效应报告，加快全面执行IMF的2010年份额和治理结构改革方案
洛斯卡沃斯峰会 2012年6月 18—19日	1. 重申构筑有效的全球性与区域性金融安全网的重要性 2. 再次重申将会在2012年IMF及世界银行年会前全面实施2010年IMF份额改革，将在2013年1月前完成IMF份额计算方式的全面检查，在2014年1月前完成下一轮份额总检查 3. 承诺将进行金融部门改革，加强普惠金融
圣彼得堡峰会 2013年9月 5—6日	1. 重申2010年IMF份额与治理改革方案的重要性和紧迫性 2. 就份额公式达成一致，在2014年1月前完成第15轮份额总检查 3. 重申戛纳峰会通过的关于IMF与区域金融安排合作的一般原则，强调应加强合作，同时维护各机构的职能和独立 4. 呼吁IMF研究如何将全球流动性指标更广泛地纳入监督工作中 5. 承诺按照各国均同意的时间表落实《巴塞尔协议Ⅲ》 6. 对金融稳定理事会监管影子银行的简要路线图达成一致
布里斯班峰会 2014年11月 15—16日	1. 将致力于保持一个强有力、以份额为基础、资金来源充足的IMF 2. 公开督促美国尽快批准落实2010年IMF改革方案，如果到2014年底仍无结果，将要求IMF在现有工作基础上做好下一步采取其他措施的准备 3. 加强对金融领域监管以避免新一轮金融危机出现，呼吁监管机构取得更实质的进步，更迅速落实已商定的G20金融衍生品市场改革 4. 同意更新后的影子银行监管路线图

资料来源：转引自李蕊：《二十国集团与国际货币体系改革》，《国际展望》2015年第3期，第69—70页。

从上表可见，二十国集团峰会就改革和重组主要的国际经济组织——世界银行和国际货币基金组织达成了基本共识。例如，在2010年11月二十国集团首尔峰会上，领导人正式同意将货币基金组织的资金总额增加到7 500亿美元左右，并向发展中国家转移6%的投票权，同时将欧洲发达工业国在货币基金组织执行董事会的两个席位让给发展中国家。[65]

目前，世界经济结构进入深度转型调整期，全球经济格局正在重新塑造，世界政治经济新秩序正在形成中，[66]具体的表现有：

第一，金砖国家的经济实力和发展潜力令人瞩目。以金砖国家为代表的新兴经济体国家对世界经济的影响正从边缘向中心迅速迈进。伴随占据全球主要人口和GDP增速前几位的重要经济体的迅速崛起，世界经济重心正出现从西方向亚洲、非洲、拉美的发展中国家转移的趋势。作为一支迅速崛起的全球经济重要力量，金砖国家必然要面对全球经济共同问题，必然要参与到全球经济共同治理中来。[67]

第二，2014年，在巴西举行的第六次金砖国家领导人福塔莱萨峰会上正式签署成立新发展银行协议。按照预定时间表，金砖银行筹备组将于2015年5月前后进驻上海，开始实际筹建，2016年5月宣布开业。新发展银行，是“做实”金砖合作的标志性产物，人们一般把新发展银行称之为金砖银行。金砖银行问世的意义，不只意味着国际金融体系又多了一家新的成员，也不只意味着广大新兴经济体和发展中国家又多了以基础设施建设为主的融资渠道。金砖银行的成立和运行，是以金砖国家为代表的广大新兴经济体和发展中国家推动国际体系转型的具体行动，参与全球治理的一个新起点。[68]

第三，2012年6月，金砖国家领导人在墨西哥G20峰会期间举行非正式会晤，首次提出要各国财长和央行行长们探索设立金砖国家外汇储备库(应急储备安排)的可能性。2013年3月27日，金砖国家领导人德班峰会明确，“建立一个‘自我管理’的应急储备安排具有积极预防效果，将帮助金砖国家应对短期流动性压力，提供相互支持，并进一步加强金融稳定。这也将作为一道额外的防线，为补充现有国际外汇储备安排、加强全球金融安全网作出贡献。我们认为在符合各自国内法律和具有适当安全保证的条件下，建立一个初始规模为1 000亿美元的应急储备安排是可能和共同期待的”。在俄罗斯圣彼得堡举行的G20峰会期间，金砖国家领导人明确外汇储备库初始规模1 000亿美元中各成员国的出资比例。其中，中国出资410亿美元，为最大的股东，巴西、俄罗斯、印度各出资180亿美元，南非出资50亿美元。金砖外汇储备库属于“自我管理”性质，即由金砖各国的央行分别划出一定数量的外汇储备建立共同的储备基金，再由该储备基金签署协议委托各成员国在非危机时期分别管理各自的出资，在危机发生时集中用于短期资金救助。因此，金砖外汇储备库实为金砖国家将于危机时期相互帮助的出资承诺，而不必实际出资，本质上类似于“多边货币互换协议”。发生金融危机时，危机国按约定汇率用本币购买外汇储备库的可用额度，约定时期结束时再赎回本币。虽然外汇储备库初始规模并不大，但对金砖各成员国维护金融稳定来说仍具有十分重要的意义，其实质是实现了金砖各成员国之间的共同担保，有利于遏制投机者的恶意炒作行为，平抑资本市场波动，防范金融风险。外汇储备库并不一定要得到使用方为成功，其存在本身便是一个威慑和防御。[69]

第四，2009 年 4 月的 G20 伦敦峰会决定，将原本由发达国家设立并主导国际金融监管制度制定和实施的机构——金融稳定论坛(FSB)成员国范围，扩大至包括中国在内的主要新兴经济体国家，并更名为金融稳定理事会。巴塞尔委员会的成员国也同样扩大至所有 G20 成员国，还吸收了新加坡、中国香港等国际金融中心。这些改革标志着由发达国家长期主导国际金融监管制度的局面有所改变，以中国为代表的新兴市场经济体开始广泛地、实质性地参与金融监管的国际标准制定过程。[70]

2. 人民币国际化

2015 年 12 月 1 日，国际货币基金组织宣布将人民币纳入特别提款权(SDR)货币篮子(简称“入篮”)，2016 年 10 月 1 日正式生效。人民币成为继美元、欧元、英镑和日元之后加入 SDR 的第五种货币，在“篮”中权重为 10.92%，超出日元和英镑，这也是第一个被纳入 SDR 篮子的新兴市场国家货币。一国货币成为国际货币必须满足两个要求：一是货币可自由兑换，二是该国须有强大的经济实力。人民币“入篮”既是对我国一系列具有重大意义的改革的肯定，也是对我国经济发展的认可，同时正式拉开了“人民币国际化”的大幕。[71]

人民币“入篮”是人民币国际化的标志性产物。在人民币“入篮”以前，中国已经在汇率形成机制改革等方面做了大量的工作。

1994 年以前，中国先后经历了固定汇率制度和双轨汇率制度。1994 年，随着汇率并轨，中国开始实行以市场供求为基础的、有管理的浮动汇率制度。在亚洲金融危机中，中国主动缩小人民币汇率浮动区间，坚持人民币不贬值，塑造了一个负责任大国的形象。2003 年以后，国际社会要求人民币大幅升值和中国开放资本市场的呼声不断高涨。2005 年 7 月 21 日起，中国政府根据主动性、可控性和渐进性三大原则，开始实行以市场供求为基础、参考一篮子货币进行调节、有管理的浮动汇率制度。人民币汇率不再盯住单一美元，其货币篮子中包括美元、欧元、日元等 11 种货币，人民币汇率形成机制更富弹性(见表 7-9)。

表 7-9　2013—2014 年中国汇率相关政策

时　间	主 要 内 容
2013 年 2 月 7 日	国家外汇管理局发布《关于境外上市外汇管理有关问题的通知》，其中包括：以登记管理为核心，大幅简化业务手续和审核材料；规范境外上市企业境内股东增持（或减持）其境外股份的资金汇兑等业务。
2013 年 3 月 1 日	中国证监会、中国人民银行和外汇管理局发布《人民币合格境外机构投资者境内证券投资试点办法》：1.扩大试点机构类型。境内商业银行、保险公司等香港子公司或注册地及主要经营地在香港地区的金融机构将可以参与试点。2.放宽投资范围限制，允许机构根据市场情况自主决定产品类型。3.明确了 RQFII 投资范围和持股比例等相关要求，简化了申请文件。
2013 年 5 月 5 日	外汇管理局发布《关于加强外汇资金流入管理有关问题的通知》：1.加强银行结售汇综合头寸管理。2.加强对进出口企业货物贸易外汇收支的分类管理。
2013 年 5 月 13 日	国家外汇管理局发布《外国投资者境内直接投资外汇管理规定》：1.进一步简化并整合了外商直接投资所涉及的外汇登记、账户开立与使用、资金收付及结售汇等环节和政策。2.我国 FDI、ODI（境外直接投资）外汇管理以登记为主的政策框架基本形成。3.借助近期推出的资本项目信息系统，强化了直接投资项下资金流出入的统计监测。
2013 年 6 月 1 日	国家外汇管理局发布《关于改进海关特殊监管区域经常项目外汇管理有关问题的通知》：1.区内机构可将具有真实、合法交易背景的出口收入存放境外。2.区内机构可以根据其真实合法的进口付汇需求提前购汇存入其经常项目外汇账户。3.简化区内机构货物贸易付汇、结汇、外汇管理。
2013 年 7 月 5 日	国务院发布《国务院办公厅关于金融支持经济结构调整和转型升级的指导意见》：1.将逐步开展个人境外直接投资试点，进一步推动资本市场对外开放。2.创新外汇储备运用，拓展外汇储备委托贷款平台和商业银行转贷款渠道，综合运用多种方式为用汇主体提供融资支持。3.将改进外债管理方式，完善全口径外债管理制度。4.以推进贸易投资便利化为重点，进一步推动人民币跨境使用，推进外汇管理简政放权，完善货物贸易和服务贸易外汇管理制度。
2013 年 7 月 18 日	国家外汇管理局发布《服务贸易外汇管理法规》。
2013 年 7 月 20 日	中国人民银行发布《关于进一步推进利率市场化改革的通知》：1.取消金融机构贷款利率 0.7 倍的下限，由金融机构根据商业原则自主确定贷款利率水平。个人住房贷款利率浮动区间不作调整。2.取消票据贴现利率管制。3.取消农村信用社贷款利率 2.3 倍的上限。

（续表）

时　　间	主　要　内　容
2013年8月21日	国家外汇管理局发布《合格境内机构投资者境外证券投资外汇管理规定》：1.合格投资者包括但不限于商业银行、证券公司、基金管理公司、保险机构、信托公司等。2.合格投资者可以自有资金或募集境内机构和个人资金，投资于法规及相关部门允许的境外市场及产品（银行自有资金境外运用除外）。
2013年10月9日	国家外汇管理局宣布：17家第三方支付公司获试点跨境外汇结算牌照，角逐跨境电商外汇兑换业务市场。这是年初在5个城市展开试点后，首批正式发放的试点牌照。
2013年12月2日	中国人民银行发布《关于金融支持中国（上海）自由贸易试验区建设的意见》，其内容包括：1.创新有利于风险管理的账户体系；2.探索投融资汇兑便利；3.扩大人民币跨境使用；4.稳步推进利率市场化；5.深化外汇管理改革。
2013年12月5日	国家外汇管理局发布《对外金融资产负债及交易统计制度》：1.申报主体涵盖境内银行业、证券业、保险业和其他从事金融中介业务的机构法人、境外金融机构境内主报告分支机构和其他指定机构。2.申报内容从以往仅涵盖对外金融资产和负债存量，扩展为全面涵盖对外金融资产和负债存量及流量，并涵盖其他相关国际收支交易。3.申报频度从目前的季度提高至月度。
2013年12月16日	国家外汇管理局发布《关于调整人民币外汇衍生产品业务管理的通知》：1.简化外汇掉期和货币掉期业务准入管理；2.增加货币掉期业务本金交换形式；3.支持银行完善期权业务定价和风险管理。
2014年1月24日	国家外汇管理局发布《关于进一步改进和调整资本项目外汇管理政策的通知》：1.简化融资租赁类公司对外债权外汇管理；2.简化境外投资者受让境内不良资产外汇管理；3.进一步放宽境内机构境外直接投资前期费用管理；4.进一步放宽境内企业境外放款管理；5.简化境内机构利润汇出管理；6.简化个人财产转移售付汇管理。
2014年2月28日	国家外汇管理局发布《中国（上海）自由贸易试验区建设外汇管理实施细则》：1.简化区内主体和境外之间经常项目交易单证的审核，直接投资外汇登记的手续，率先在全国实行外资企业外汇资本金意愿结汇，赋予企业结汇选择权，规避汇率风险。2.取消相当部分的债权债务行政审批的手续，促进了跨境融资的大幅度便利化。3.在改进外债风险管理的前提下，赋予微观主体更多的境内外融资的自主选择权。

(续表)

时　　间	主　要　内　容
2014年3月3日	放宽上海自贸区外汇结算管制：1.外国投资者(包括风投和私募股权公司)将获准使用兑换为人民币的资本购买中国境内公司的股权。2.外企不得将人民币投资于证券市场，除房地产投资公司外不得购买非自用物业。3.将自贸区内企业的境外外汇放款上限由其所有者权益的30%上调至50%。
2014年3月15日	中国人民银行宣布扩大人民币汇率浮动幅度：银行间即期外汇市场人民币兑美元交易价浮动幅度由1%扩大至2%。
2014年4月26日	国家外汇管理局发布《跨国公司外汇资金集中运营管理规定(试行)》：1.创新跨国公司账户体系。允许跨国公司同时或单独开立国内、国际外汇资金主账户。2.进一步简化单证审核。3.便利跨国公司融通资金。国际外汇资金主账户与境外划转自由，没有额度控制；在规定的外债和对外放款额度内，国内、国际账户内互联互通，便利企业内部调剂资金余缺。

资料来源：周宇：《金融转型：深化汇率改革优化贸易结构》，载张幼文、黄仁伟主编：《中国国际地位报告(2014)》，人民出版社2014年版，第158—159页。

国际金融危机爆发后，为了避免本币升值对出口产生更大压力，稳定市场预期，2008年第三季度起我国再度收窄了汇率浮动区间，维持了人民币名义汇率的基本稳定，窄幅横盘长达22个月。2010年6月19日，重启人民币汇率形成机制改革，逐步对汇率市场常态式干预、放宽了市场准入，并扩大了波动汇率的波动幅度。然而，原本参考一篮子货币的价格形成机制又回到以盯住美元为主。2010年6月起，人民币兑美元汇价从6.83元/美元升至6.1元/美元。随后，人民币汇率逐步进入有限度的双向波动的市场区间。2015年8月，中国人民银行发表《关于完善人民币兑美元汇率中间价报价的声明》，宣布完善中间价定价机制，将中间价定价权由央行转移至市场，同时下调人民币兑美元中间价约1.9%。中间价报价机制的完善使中间价弹性增大，也相应提升了即期汇率的波动性。弱化了人民币汇率盯住美元的安排，逐渐做到与美元脱钩，防止在汇率走势及货币政策制定上出现被动局面。[72]

人民币的跨境结算是人民币国际化进程中的另一个决定性的因素。

2009年，我国颁布《跨境贸易人民币结算试点管理办法》，这标志着跨境贸易人民币结算试点计划正式启动，并率先在上海、广州和深圳等城市展开，这意味着人民币国际化进程迈开了重要一步。2010年6月，人民币跨境贸易结算试

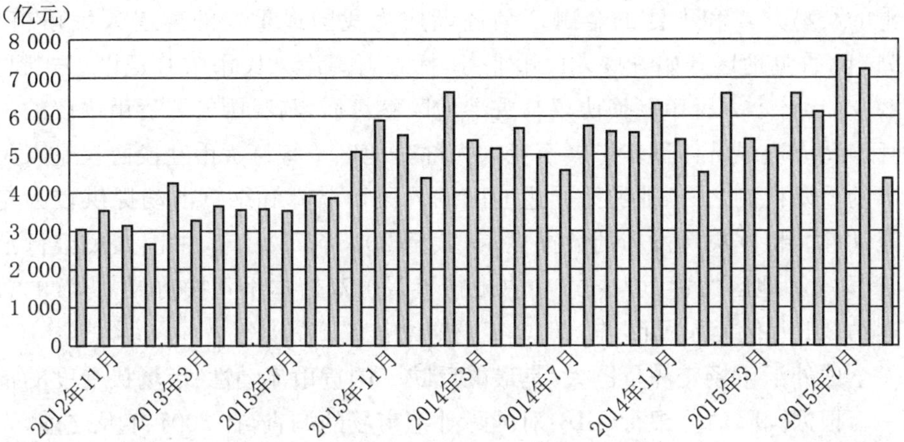

图 7-2　跨境贸易人民币业务结算金额(当月值)

资料来源:Wind 资讯数据库。

点范围有所扩大,覆盖 20 个省市区;2011 年 8 月,人民币贸易结算范围继续扩展,覆盖全境;2013 年 3 月,贸易结算主体扩展到全国范围内所有从事经常贸易的企业。截至 2015 年上半年,人民币跨境贸易结算业务发生额达到 3.37 万亿元,[73]业务范围不断扩大,业务规模持续扩展。

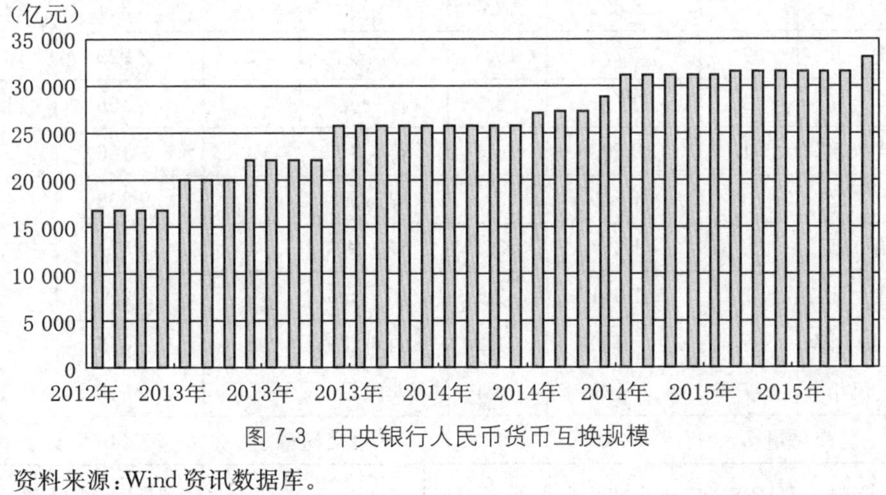

图 7-3　中央银行人民币货币互换规模

资料来源:Wind 资讯数据库。

中国香港地区是我国最早的离岸人民币中心,凭借其发展成熟的金融体系、完善的交易方式和丰富的金融产品逐渐成为我国最重要的离岸人民币市场。2004 年，香港地区开始开展人民币业务，标志着离岸人民币中心建设正式起步。继 2008 年首个人民币互换协议与香港地区签订后，与我国签署货币协议的国家(地区)从周边经济体逐步扩展至亚太大部分地区。签订货币互换协议是人民币流出的重要机制之一，能够为周边地区的人民币清算和结算活动提供较为充足的流动性。根据央行发布的数据显示，截至 2015 年 5 月末，中国人民银行已与 32 个国家和地区的货币当局或中央银行签署了双边本币互换协议，协议的总规模达约 3.1 万亿元人民币，较 2013 年同期增长了 57.5%。[74]

全球外汇市场交易量巨大，是最能反映一国货币流动性、市场接受度的指标之一。根据国际清算银行(BIS)对国际外汇市场的调查，在 2007 年及之前，人民币交易量占比均未超过 0.5%。但自 2010 年始，人民币交易量迅速上升。从表 7-10 中的数据可以看到，人民币在 2010 年初时还未进入前十名，到 2013 年初已经成为全球交易量第九大货币。[75]

表 7-10　BIS 对全球外汇市场主要货币交易量的统计

2010 年 4 月				2013 年 4 月			
货　币	排　名	日均交易量(亿美元)	占比(%)	货　币	排　名	日均交易量(亿美元)	占比(%)
美　元	1	16 890	42.4	美　元	1	23 261	43.5
欧　元	2	7 776	19.5	欧　元	2	8 929	16.7
日　元	3	3 777	9.5	日　元	3	6 156	11.5
英　镑	4	2 563	6.5	英　镑	4	3 156	5.9
澳　元	5	1 509	3.8	澳　元	5	2 308	4.3
瑞　郎	6	1 267	3.2	瑞　郎	6	1 377	2.6
港　元	7	1 051	2.6	加　元	7	1 221	2.3
瑞典克郎	8	470	1.2	墨西哥比索	8	676	1.3
人民币	17	171	0.4	人民币	9	598	1.1
总交易量		39 810		总交易量		53 446	

资料来源：BIS:《三年一度的央行外汇市场调查报告》，2013 年 4 月为目前的最新数据，转引自彭兴韵等:《人民币国际化的最新进展与未来发展》，载黄河主编《一带一路与国际合作》，上海人民出版社 2015 年版，第 41 页。

总之，经过多年努力，人民币国际化的输入输出机制已较为多元化，国际支付清算网络基本形成，人民币在跨境贸易和直接投资结算、人民币国际支付、国际外汇市场交易、海外存量和储备货币使用中都取得了一定的积极进展，在国际贸易、资本流动性方面的影响力日渐增强。当然，人民币的进一步"国际化"还面临着许多问题。例如，货币的国际化不是单纯的金融实力，而是大国在政治、军事、技术等方面综合国力的对弈。对于当前乐享铸币税的美元等国际货币来说，绝不会甘心将已经占领的市场拱手相让。一些国家肯定会充分卡住"人民币国际化"的通路，用这张牌在国际政治对话中增加自己的筹码。可见，中国实现人民币国际化还存在一些障碍，条件还不成熟，人民币国际化的步伐不宜过快，要与中国经济社会发展的进程相一致。[76]

3. 亚投行和国际金融体系改革

在当前的国际金融危机中，发展中经济体是地地道道的弱势群体，无力抵挡发达经济体的凌厉攻势。作为国际产业链下游的经济体，它们的经济发展市场依赖发达经济体，技术依赖发达经济体供给，产业升级依赖发达经济体，资金来源依赖发达经济体，无力对抗发达经济体的危机转嫁，只能被动接受发达经济体的危机转移，在发达经济体改变了的经济环境中被动应付。发达经济体内部消费市场萎缩以及加快进军海外市场的反危机政策不仅使新兴经济体国际市场萎缩，而且要让出部分国内市场。国际市场空间分割呈现明显的"跷跷板效应"，新兴经济体在发达经济体剩余的国际市场中被动调整自己的经济政策，在外贸出口市场份额面临巨大缩水压力下，新兴经济体经济景气度降低。[77]所以，为改变这种由国际金融体系结构造成的不平等，中国和其他新兴经济体强烈希望打破现行国际金融体系长期由发达国家主导的不公平局面，在改革国际金融体系的过程中扩大自身话语权和代表权。[78]

在此背景下，亚洲基础设施投资银行(Asian Infrastructure Investment Bank, AIIB，亚投行)应运而生。其直接动因是"一带一路"倡议的提出。"一带一路"倡议经习近平主席正式提出之后，出现了全球范围内的"一带一路"热。为了支撑"一带一路"建设，中国又提出了筹组亚投行的倡议，不仅"一带一路"沿线60多个国家和经济体群体响应，争当亚投行的股东，而且非"一带一路"沿线的经济体(包括美国的盟国)也争当亚投行的股东，不顾各种阻力，用参与建设的方式为"一带一路"投下赞成票。[79]截至2017年6月，亚投行的成员增至80个国家(地区)，超过拥有来自67个国家和地区成员、由日美主导的亚洲开发银行。

从亚投行的定位、运作特点及其与其他国际金融机构的互动来看，亚投行给现有的多边国际金融机构带来了新的竞争，但与此同时也创造了更多的合作平台。对现有国际经济体系的治理来说，亚投行带来新的竞争有助于该体系的调整和改革，而双方的合作则有助于国际公共产品的提供。[80]国际舆论还强调，亚投行不是取代现有机制，而是对它们的有益补充。

除了亚投行以外，上文提及的金砖国家合作建立的新发展银行（即金砖银行）也是国际金融体系改革的重要象征之一。

注 释

[1]［美］罗伯特·吉尔平：《国际关系政治经济学》，杨宇光译，北京：经济科学出版社1989年版，第138—139、342页。

[2]［美］托马斯·梅耶、詹姆斯·S.杜森贝里、罗伯特·Z.阿利铂：《货币、银行与经济》，洪文金、林志军等译，上海三联书店、上海人民出版社1995年版，第26页。

[3] 一般认为国际货币体系由储备资产的确定、汇率制度和国际收支调节方式组成，但托马斯·梅耶等人认为，还应包括外汇市场的组织。参见托马斯·梅耶等：《货币、银行与经济》第5编第26章。

[4] 美国商务部：《美国历史统计》，华盛顿，1961年，第565页，转引自李综主编：《当代资本主义世界经济发展史略》（上），北京：社会科学文献出版社1989年版，第157页。

[5] 樊亢等：《主要资本主义国家经济简史》，北京：人民出版社1973年版，第100页。

[6] *Foreign Relations of the United States*, Washington DC: Government Printing Office, 1947, Vol.Ⅲ, p.230, 225, 231.

[7] 袁明、朱明权：《国际关系史》，北京大学出版社1994年版，第320页。

[8] 国际货币基金组织：《国际金融统计》第25卷，1972年，第12页。

[9] 王在邦：《霸权稳定论批判：布雷顿森林体系的历史考察》，北京：时事出版社1994年版，第145页。

[10]［美］罗伯特·吉尔平：《国际关系政治经济学》，第155页。

[11] 李综主编：《当代资本主义世界经济发展史略》（上），第375页。

[12] 李综主编：《当代资本主义世界经济发展史略》（上），第234—235页。

[13] 李综主编：《当代资本主义世界经济发展史略》（下），第199页。

[14]［美］罗伯特·吉尔平：《全球资本主义的挑战：21世纪的世界经济》，杨宇光等译，上海人民出版社2001年版，第120页。

[15] 李述仁：《关于国际货币制度改革的展望》，载《当前国际金融与国际贸易论文集》，中国金融出版社1986年版，第68页。

[16] [美]罗伯特·吉尔平:《国际关系政治经济学》,第 355 页。

[17] 关于东南亚金融危机的各项经济数据均引自桐川编著:《人民币可以说不》,北京:中国城市出版社 1998 年版,第 6—74 页。

[18] [美]罗伯特·吉尔平:《全球资本主义的挑战:21 世纪的世界经济》,第 146—152 页。

[19] 张世鹏:《关于全球金融经济危机的若干思考》,《国际政治研究》2009 年第 2 期,第 80—81 页。

[20] 刘佩佩:《美联储降息的多米诺效应》,《中国金融家》2008 年第 5 期,第 96 页。

[21] 杜厚文、初春莉:《美国次级贷款危机:根源、走势、影响》,《中国人民大学学报》2008 年第 1 期,第 49—50 页。

[22] 安国俊、王峰娟、安国勇:《美国"两房"危机分析及启示》,《中国货币市场》2008 年第 10 期,第 32—33 页。

[23] 卫建国、黄磊:《美国"两房"危机:根源及启示》,《会计之友》2009 年第 11 期,第 105—106 页。

[24] 黄河、任翔、华琼飞:《对后危机时代中美经贸关系的思考》,《复旦国际关系评论》2012 年第 11 辑,第 77—78 页。

[25] 赵志君:《世界金融危机与中国宏观经济走势》,《经济学动态》2008 年第 12 期,第 58 页。

[26] 何亮:《当前全球性金融危机的来由和发展趋势研究》,《经济经纬》2009 年第 2 期,第 138—139 页。

[27] 张海鱼等:《全球金融危机对中国经济的影响》,光明日报出版社 2010 年版,第 31—33 页。

[28] 从政、俞倩:《全球制造业大衰退——金融危机"蜇伤"实体经济核心》,《第一财经日报》2008 年 11 月 10 日。

[29] 高文杰:《全球金融危机成因的综合反思》,《财经理论研究》2013 年第 5 期,第 12 页。

[30] 张海鱼等:《全球金融危机对中国经济的影响》,第 45 页。

[31] 陈西果:《欧洲主权债务危机爆发的原因、影响及启示》,《武汉金融》2010 年第 5 期,第 21 页。

[32] 丁纯:《金融危机冲击下的欧洲经济:表现、成因与前景》,《欧洲研究》2010 年第 4 期,第 38 页。

[33] 李罡:《复苏之路仍不平坦的欧洲经济》,《当代世界》2015 年第 5 期,第 66—67 页。

[34] 王洛林、张宇燕:《2016 年世界经济形势分析与预测》,社会科学出版社 2015 年版,第 47 页。

[35] 苏渝晴:《如何看待美欧主权债务危机对世界经济的影响?》,《红旗文稿》2011 年第

17 期,第 38 页。

[36] 国家统计局国际统计与信息中心:《世界经济增长动力不足》,《中国物流与采购》2015 年第 6 期,第 46—47 页。

[37] 孙杰:《全球金融危机对欧洲经济的影响》,《欧洲研究》2009 年第 1 期,第 23 页。

[38] [美]萨缪尔·亨廷顿:《文明的冲突与世界秩序的重建》,周琪等译,新华出版社 2002 年版,第 75 页。

[39] [美]罗伯特·吉尔平:《国际关系政治经济学》,第 344 页。

[40] [日]野林健、大芝亮、纳家政嗣、长尾梧:《国际政治经济学入门》,有斐阁 1997 年版,第 79 页。

[41] 战后帝国主义编写组:《战后帝国主义经济》,上海人民出版社 1972 年版,第 148 页。

[42] 李综主编:《当代资本主义世界经济发展史略》(上),第 287 页。

[43] 李综主编:《当代资本主义世界经济发展史略》(上),第 157 页。

[44] 联合国:《跨国银行》,1981 年纽约版,第 27、31 页。

[45] [美]所罗门兄弟公司:《美国跨国银行》。

[46] 陈琦伟:《纽约国际金融中心》,《国际金融研究》1984 年第 1 期,第 14 页。

[47] 闫小娜:《全球经济失衡与美元的地位》,《中国金融》2006 年第 16 期,第 64—65 页。

[48] [荷]塞尔维斯特尔·C.W.艾芬格、雅各布·德·汉:《欧洲货币与财政政策》,向宇译,中国人民大学出版社 2003 年版,第 248—251 页。

[49] 张幼文等:《开放升级的国际环境》,上海社会科学出版社 2013 年版,第 180 页。

[50] 郑新立:《建立多元制衡的国际储备货币体系》,《全球化》2014 年第 8 期,第 14 页。

[51] 姜晶晶、孙科:《基于动态面板数据的国际储备币种结构影响因素分析》,《金融研究》2015 年第 2 期,第 70—71 页。

[52] 徐苏江:《英美及我国外汇市场结构的比较分析》,《新金融》2016 年第 1 期,第 22—23 页。

[53] 高勤:《国际货币基金组织:继续辉煌还是走向衰落?》,《国际融资》2015 年第 1 期,第 24—25 页。

[54]《国际货币基金组织改革》,《经济研究参考》2006 年第 49 期,第 13 页。

[55] 桐川编著:《人民币可以说不》,中国城市出版社 2010 年版,第 73 页。

[56] 陈妍:《欧洲的抉择——欧元的诞生与欧元区建设》,《经济视角》2011 年第 2 期,第 56 页。

[57] 陈妍:《欧洲的抉择——欧元的诞生与欧元区建设》,第 56 页。

[58] 高海红:《国际金融体系重建》,《世界经济与政治》2015 年第 3 期,第 4 页。

[59] 舒建中:《国际经济新秩序:历史与现实》,南京大学出版社 2013 年版,第 314 页。

[60] 饶雨平:《美国如何利用国际储备货币发行国地位操控世界经济》,《山西煤炭管理

干部学院学报》2009 年第 4 期，第 15 页。

[61] 黄薇：《全球经济治理之国际储备货币体系改革》，《国际金融研究》2012 年第 12 期，第 17 页。

[62] 沈臻懿：《卡恩性侵案背后的“罪与罚”》，《检察风云》2011 年第 12 期，第 36 页。

[63] 李小晓：《谁害了卡恩？》，《中国经济周刊》2011 年第 5 期，第 65 页。

[64] 舒建中：《国际经济新秩序：历史与现实》，南京大学出版社 2013 年版，第 114—115 页。

[65] 曲博：《金融危机背景下的中国与全球经济治理》，载朱立群等：《全球治理：挑战与趋势》，第 120—121 页。

[66] 权衡、虞坷：《金砖国家经济增长模式转型与全球经济治理新角色》，《国际展望》2013 年第 5 期，第 23 页。

[67] 权衡、虞坷：《金砖国家经济增长模式转型与全球经济治理新角色》，第 24 页。

[68] 樊勇明、贺平：《“包容性竞争”理念与金砖银行》，《国际观察》2015 年第 2 期，第 1 页。

[69] 朱杰进：《金砖国家合作机制的转型》，《国际观察》2014 年第 3 期，第 70—71 页。

[70] 刘福寿：《国际金融监管改革最新进展及其思考》，《国际金融》2011 年第 2 期，第 8—9 页。

[71] 刁莉、朱琦：《从日元国际化历程看人民币入“篮”》，《群言》2016 年第 1 期，第 30 页。

[72] 李萌、赵栩：《人民币汇率形成机制市场化改革的现状和对策》，《宏观经济管理》2016 年第 1 期，第 56—57 页。

[73] 数据来源于中国人民银行。

[74] 数据来源于中国人民银行和 Wind 资讯数据库。

[75] 彭兴韵等：《人民币国际化的最新进展与未来发展》，载黄河主编：《一带一路与国际合作》，上海人民出版社 2015 年版，第 40—42 页。

[76] 张肃：《人民币国际化的障碍及突破》，《经济纵横》2011 年第 7 期，第 79 页。

[77] 徐长春：《2014 年度金砖国家经济形势分析与展望》，载《国际经济分析与展望（2014—2015）》，北京：社会科学文献出版社 2015 年版，第 142—145 页。

[78] 张谊浩等：《金融危机下中美欧货币政策博弈研究》，《国际经贸探索》2011 年 1 月 12 日，第 68 页。

[79] 徐长春：《全球治理博弈视角下的“一带一路”》，载黄河主编：《一带一路与国际合作》，第 57 页。

[80] 陈绍锋：《亚投行：中美亚太权势更替的分水岭？》，《美国研究》2015 年第 3 期，第 17 页。

第八章　全球化与区域经济合作

随着生产、金融和技术在全球范围的组合配置，世界经济的各种力量有了新的发展和整合，区域经济合作成为全球化在地理上向前推进的主要表现形式。区域经济合作以双边、多边合作机制为基础，关注于区域、次区域的协调和融合。作为增强相互依赖的一种集体努力，区域经济合作“增强了有关行为体的自身重力，使自己在全球化的浪潮中不至于被挟卷而难以自主地随波逐流”。[1]

全球化是一个矛盾的统一体，它既有集中化的趋势，又有分散化的倾向。在资本和生产、金融和技术等生产要素全球自由流动，全世界成为“地球村”的同时，各种区域性的经济合作组织不断涌现。这就是全球化的辩证法。经济全球化和区域经济合作虽然在表现形式上一个是集中化、单一化，另一个是分散化、多元化，但本质上是相一致的。正是全球化浪潮的出现才使各个区域性经济合作日渐活跃，也只有经过区域经济合作的稳步推进才使全球化不断深化。全球化是区域经济合作的发展趋势，区域经济合作则是全球化的现实展开。

第一节　欧洲经济一体化

在当今世界上的各类区域经济合作中，以欧盟为代表的欧洲一体化是合作程度最高、组织形式最为严密、进展最快，而且经济合作与政治联合结合得最好的一个。尽管 2016 年 6 月英国宣布退出欧盟，法国、德国等主要欧洲国家仍然坚定地支持欧洲一体化进程。

1. 欧洲经济一体化的进程

欧洲一体化可以追溯到 1952 年成立的欧洲煤钢联营。当时法国、比利时、卢森堡、荷兰、联邦德国和意大利六国组成了欧洲煤钢共同体。共同体对内取消煤炭与钢铁的关税和进出口限制，协调两项产品的运费、价格及生产过程，对外实行统一关税和共同贸易政策。

欧洲煤钢共同体运转顺利，产生极大的溢出效应。因此，上述六国在1957年3月签订《罗马条约》，组成欧洲经济共同体（亦称西欧共同市场）。该条约规定，六国实行经济一体化政策，即成员国之间实施贸易自由化，建立工业品的关税同盟和实行共同的农业政策，并建立共同机构和共同体预算来具体推进一体化措施。《罗马条约》在1958年1月1日生效的同时，欧洲原子能联营成立。1967年7月，上述欧洲经济共同体、欧洲煤钢共同体和欧洲原子能联营三个机构合并成为欧洲共同体。新成立的欧洲共同体建立了自己的议会（欧洲议会）、法院（欧洲法院）以及部长理事会、执行委员会和欧洲理事会等政治经济一体化的协调和执行机构。

欧洲共同体成立后在横向一体化和纵向一体化上不断深入。从成员国数量的增加来看，欧盟（欧共体）历经数次扩大。随着克罗地亚于2013年7月1日加入欧盟，目前欧盟共有28个成员，阿尔巴尼亚、马其顿、黑山、塞尔维亚、土耳其等国也正积极等待进入欧盟。欧盟占到全球人口的7%，其经济总量在2014年接近14万亿美元，超过美国，对外贸易占到全球的近20%。

与此同时，成员国在政治、经济、安全、外交等诸多领域的一体化进程中也破浪前行。1986年5月，欧洲共同体12个成员国签署了《欧洲一体化文件》，决定组建以成员国之间的商品、资本、劳务和人员自由流动为主要内容的欧洲统一大市场。1993年1月1日，欧洲大市场开始运作。1991年12月，在荷兰马斯特里赫特举行的欧共体12国首脑会议就《政治联盟条约》和《经济与货币联盟条约》，即所谓“马约”达成协议。这是欧洲一体化的一个重要里程碑，标志着欧洲从经济联合走向政治联合。“马约”为欧洲的政治经济一体化规定了三个阶段：第一阶段于1990年7月1日开始，主要任务是加强统一大市场的建设工作，加强经济和货币政策的协调，取消外汇管制，允许资本自由流动，所有成员国都纳入欧洲货币体系的汇率机制并实施相同的波动幅度。第二阶段自1994年1月1日开始，意在建立欧洲货币局，为建立欧洲中央银行、实现统一货币做准备，逐步缩小汇率波动幅度，促进埃居的使用并扩大其功能。第三阶段从1997年1月1日开始，主要是建立欧洲中央银行体系，将成员国货币之间的汇率固定下来，货币主权由成员国向联盟转移。“马约”之后，1992年欧共体各国又签署《欧洲联盟条约》,决定不仅在经济方面,而且在安全、外交和法律方面实现一体化。欧洲共同体的称谓也随之更名为欧洲联盟。1999 年 1 月 1 日,欧盟的单一货币欧元成功发行,并逐渐在国际货币体系中站住脚,欧洲中央银行成立后也渐渐步入正轨。2009 年 12 月 1 日,《里斯本条约》正式生效,欧盟设置了新的欧洲理事会主席、欧盟外交和安全政策高级代表。

在欧共体、欧盟之外,欧洲自由贸易联盟也是欧洲一体化的重要方面。欧洲自由贸易联盟成立于 1960 年 1 月,由英国、丹麦、挪威、瑞典、瑞士、奥地利和葡萄牙等非欧共体成员组成。该联盟的成员因英国、丹麦、葡萄牙等国加入欧共体而几经变动。1972 年欧共体和该联盟决定成立欧洲自由贸易区,到 1977 年 7 月完全取消区内的工业品关税,在西欧形成了有 17 个成员国、3.5 亿人口、贸易总额占世界贸易总额 25%的世界最大自由贸易区。1992 年 5 月,欧共体和欧洲自由贸易联盟签订了《欧洲经济区协定》,决定在这两大组织成员国之间也实现商品、资本、劳务和人员的自由流动。欧洲一体化进程由此形成三个同心圆组成的政治经济联合。如图 8-1 所示,欧共体,也即欧盟是核心,欧洲自由贸易联盟是紧密层,正处于经济转型期的苏联东欧国家、中欧国家和南欧国家则为外圈。

随着欧盟的不断扩大,欧盟进入了一个新的发展时期。如何尽快缩小新老成员之间的差距,使形式一体化向实质一体化迈进;如何有效化解民族性和一体化之间的矛盾,从对外一致性向区内一体化深入;如何解决经济增长、农业补贴等紧迫的现实问题等,都成为欧洲一体化新的发展阶段所面临的严峻挑战。2008 年国际金融危机之后,部分挑战非但没有得到妥善解决,而且以债务危机、难民危机、乌克兰危机等新的形式全面爆发。

2016 年 6 月,英国公投宣布决定脱离欧盟后,又有传闻说意大利也可能步英国的后尘,酝酿"脱欧"从而使欧洲一体化的前景面临前所未有的阴影。长期以来作为区域合作"标杆"和"示范"的欧洲将何去何从,整个世界都在拭目以待。

2. 欧洲经济一体化的三大支柱

欧洲经济一体化先后经历了区域经济合作的主要五种形态,即自由贸易区、关税同盟、共同市场、经济联盟和完全的经济一体化。这其中,维系合作、推动联合的主要有关税同盟、共同农业政策和单一货币三大支柱。单一货币即欧元已经在战后国际金融体制与美元霸权章节中有所涉及,这里主要介绍关税同盟和共同农业政策。

关税同盟是欧洲政治经济一体化的起点,并从煤炭、钢铁两种产品逐步扩大到所有的工业品贸易。无论是煤钢共同体还是统一大市场,关税同盟是始终如一的,对外筑起统一的关税壁垒,从而促进了区域内贸易的扩大并抵制了外来商品对区域内工业品生产销售的冲击。

共同农业政策是欧洲一体化的重要特点。其主要内容是:(1)通过价格对区内外农产品生产进行调节。欧共体设有目标价格、干预价格和门槛价格。目标价格是农产品生产者可能得到的最高价格,每年由部长理事会审定一次,以保护消费者利益;干预价格是生产者可获得的最低价格,以保护农民利益;门槛价格是外来农产品最低进口价格,以保护区内农产品不受外来冲击。(2)设立共同农业基金,用于农产品出口补贴、干预性收购和规避汇率风险、改进生产手段、提升农业生产结构等。欧洲一体化的推动者把共同农业政策始终置于重要地位,不仅是因为农业是关系国家安危的基础产业,而且把它作为平衡成员国内部利益的主要手段之一。由于历史原因,在西欧国家中,德国、卢森堡、比利时等国的工业实力和发展水平要高于法国等国。法国则农业较为发达,是农产品净出口国。关税同盟的实施,德国等国是最大的受惠者。因此,共同农业政策的实施相对倾斜于法国,平衡了因关税同盟带来的利益不均。可以说,关税同盟和共同农业政策是欧洲一体化进程中使有关国家的利益冲突从"零和游戏"向"双赢"转变的极其重要的一环。

3. 欧洲一体化的动因

迄今为止欧洲一体化进程已有超过半个世纪的历史,基本上按部就班,循序渐进。为什么在欧洲,而不是在世界其他地方首先出现这种政治经济联合与趋同的势头呢?最直观的原因可能是欧洲各国,特别是西欧各国相近的种族、历史和文化,以及不相上下的经济发展水平。然而,再作仔细分析,原因就不止这些了。其中主要的还有:

Ⅰ. 强烈的政治联合推动了经济相互依存的深化

战争与和平是各国政治家思考的永恒主题,也是国际政治的中心问题。历史上的欧洲战乱不断。经过对常年战乱的深刻反省,有人提出消灭战争最好的办法是将民族国家结成欧洲联邦。这种思潮不只是学者独有,而且走出了书斋,以康德的民主和平论和第一次世界大战后的理想主义等形式表现出来。德国是两次世界大战的祸首。第二次世界大战后，如何处置德国问题，是欧洲各国普遍关心的问题。大多数欧洲政治家认为，只有建立“欧洲联邦”或“欧洲邦联”，使德国成为欧洲的一员，才能一劳永逸地解决德国问题，从而赢得欧洲的和平和安宁。1946 年 9 月 19 日丘吉尔在瑞士苏黎世发表的演说就是对这一想法的表白。丘吉尔说：“如果所有欧洲国家能联合起来，它的三四亿居民就会通过一个共同遗产带来的成果而获得任何界限、任何边界都无法限制的繁荣昌盛、灿烂光辉和幸福生活。欧洲大家庭或起码是欧洲大家庭中的绝大多数成员应该弃旧图新，重新建立他们之间的关系。”[2] 在这股思潮推动下，法国发挥了欧洲一体化的领导作用。当时的法国外长罗贝尔·舒曼提出了欧洲煤钢联营的设想。舒曼在 1950 年 5 月提出该项计划时宣称，法国积极组织欧洲六国煤钢联营“基本上是为了和平而采取的行动……此行动将改变欧洲形势，以期形成一个稳定团结的欧洲、巩固的欧洲。”[3]

除德国问题之外，战后苏联在欧洲部署重兵与美国争夺霸权以及美国对欧洲国家的欺凌也都是欧洲国家加强政治合作推动经济联合的重要原因。

Ⅱ. 超国家机构的超前指导是欧洲一体化的重要保证

欧洲一体化从 1952 年的欧洲煤钢共同体开始，经过 1957 年的西欧经济共同体、1967 年的欧洲共同体，到 1992 年的欧盟各个阶段，其超国家协调机构越设越多，功能越来越全面。从制定个别产品的统一关税和进行生产协调的欧洲煤钢高级权力机构(High Authority)，到统筹商品、资本、劳务和人员自由流动的欧盟委员会，从《欧洲统一法》(1987 年 7 月 1 日)到欧洲法院，从欧洲议会到部长理事会、中央银行，欧洲一体化的各种超国家机构一应俱全，几乎可以同主权国家的各种政府机构相提并论。建立超国家机构有利于协调各成员国之间的利益冲突，并排除或弱化一体化进程中个别国家的牵制和干扰，尤其是这些超国家机构提出许多前瞻性的计划和设想，推动着欧洲一体化的健康发展。例如货币一体化计划，在 1971 年 2 月，即欧洲经济共同体、欧洲煤钢共同体和欧洲原子能联营三者刚合并为欧洲共同市场不久，欧共体专门委员会就提出了建立欧洲货币联盟的基本方针和原则。1989 年 4 月，即在提出建设欧洲大市场设想后的不久，又由当时的共同体委员会主席雅克·德洛尔(Jacque Dolors)再次对建立欧洲货币联盟作“提前设想”，再次修订充实欧洲货币联盟计划。1991 年底，欧洲大市场尚未正式启动，欧共体首脑会议又签订“马约”，决定了实现经济与货币联盟的时间表。引人注目的是，这种超前设想和引导不只是原则和口号，而且有具体的计划、步骤和指标。在建设欧洲大市场中，欧共体共提出了 300 项指令（后调整为 279 项）。这些计划、步骤和指标的提前公布，有助于各国根据自身情况及时按统一标准作调整，从而减小了各国在一体化过程中利益冲撞的频率和力度。

Ⅲ. 主权国家的政治妥协是欧洲一体化的润滑油和黏合剂

从根本上讲，一体化是政治经济上相互依存加深的必然趋势。但是，国家之间的相互妥协是一体化顺利进展所必不可少的。一位欧洲政治家说过一句非常深刻的话。他说：一个可能的欧洲要好过一个理想的欧洲。正是本着如此共识，欧洲一体化过程中，政治上的妥协性和包容性十分突出。英国作为欧洲大国之一，它一方面要同美国保持特殊关系，另一方面又不愿被排除在欧洲联合之外，因此 20 世纪 70 年代在加入欧共体问题上，90 年代在欧元创始问题上，始终处于进退维谷的尴尬境地。但欧洲一体化的进程也并未因此而中断。再如，法德两国虽为世仇，却是战后欧洲一体化的两大主要推进国。在一体化进程中，法德两国利益时常相互抵触，但从未出现散伙罢休的态势。2008 年国际金融危机后，正是法德两国的强有力合作和相互妥协，才使欧盟避免分裂，重新获得了恢复和发展的势头。这“两驾马车”的引领和牵拉作用在今后相当长时间内对欧洲一体化的方向、速度和深度仍至关重要。

欧洲各国在一体化问题上政治妥协的意愿和技巧，充分表现在欧盟及其前身的各类超国家机构的选址上。欧盟委员会设在小国比利时首都布鲁塞尔，欧洲议会设于法德边境的法国一侧的小镇斯特拉斯堡，欧洲中央银行则坐落在公认的欧洲金融中心德国的法兰克福，可以说每一个机构的选址都浸透了欧洲政治家们的智慧和心血。作为超国家机构，必然要涉及成员国主权某种程度的让渡和共享，因而特别敏感。然而，超国家机构的设置又是必要的，因为这是区域经济合作的具体象征和载体。唯一的办法是政治妥协，在章程的制定、人员的构成以及地址的斟酌上都必须要照顾到各国的地位、荣誉和愿望。在一体化进程中，有影响有实力的大国作出较一般成员国更大的牺牲和贡献也是必需的。80 年代后期和 90 年代初欧盟急剧扩大时，西班牙、葡萄牙、希腊等南欧经济发展水平较差的国家的进入，确实使德国、法国等富国在财政、市场和就业等方面增加了困难。统计表明，葡萄牙的人均国民收入只有德国的 35％。[4]但是，法、德等富国并没有因此而放弃一体化的进程，也没有过多地要求穷国作出更多的承诺。

2016 年 6 月英国决定退出欧盟之后，欧盟的反应也是十分冷静的，一方面欧盟对英国退欧表示失望和不满；另一方面欧盟同时又表示继续同英国保持良好的合作关系，希望不要因为英国退欧而影响欧洲一体化的历史进程。

当然，政治妥协是以共同利益为基础的，较多的政治经济贡献可以从区域经济一体化的深化中取得回报。

第二节　北美自由贸易区

由美国、加拿大和墨西哥组成的北美自由贸易区（NAFTA）于 1992 年 8 月 12 日达成协议，1994 年 1 月 1 日正式生效。同以部分国家主权的让渡为特征、以政治联合为最终目标的欧洲一体化相比，北美自由贸易区仅仅是减免关税的自由贸易区而已，在经济一体化的五种形式中处于较低的水平。但是，由于美国的政治影响和经济实力，其国际政治经济影响并不亚于欧洲一体化。2017 年 1 月，特朗普就任美国总统以后，要求与加拿大、墨西哥重新谈判 NAFTA，这给已经运行了二十多年的北美自由贸易区带来巨大冲击。

1. 北美自由贸易区的筹组及其主要内容

北美自由贸易区组建过程是分两步走的。第一步是 1988 年 1 月 2 日美国同加拿大订立《美加自由贸易协定》；第二步是 1987 年至 1992 年美国、墨西哥和加拿大三国之间的谈判。

由于历史、文化和社会背景等原因，美加两国在生产、贸易和投资交流等方面关系密切，但是双方正式的经济贸易协定仅限于 1965 年签订的《美加汽车协定》。由于加拿大的汽车业大部分已同美国企业合资合作经营，这一协定没有实际意义。为了防止美国国内日益高涨的贸易保护主义的危害，1985 年 3 月，加拿大总理马尔罗尼在就职后首次访美时，向里根总统提出两国实现自由贸易的建议。双方经过磋商，很快于 1987 年 10 月达成协议，并于 1988 年 1 月 2 日正式签署了《美加自由贸易协定》。

1988 年 12 月，萨利那斯就任墨西哥总统，他积极主张推进经济改革与开放，在《美加自由贸易协定》刺激下，墨西哥提议同美国开展自由贸易。1991 年 6 月，美国、加拿大和墨西哥正式启动了北美自由贸易区谈判。由于墨西哥与美加两国在经济技术水平上的巨大差异，人们普遍预料，这场谈判将是旷日持久的。然而，美、加、墨三国实际只用了 14 个月便克服了分歧，于 1992 年 8 月 12 日签订了《北美自由贸易区协定》。经过三国政府的努力，该《协定》分别于 1993 年 6 月和 11 月获得了各自议会的批准。1994 年 1 月 1 日北美自由贸易区正式启动。

《北美自由贸易区协定》文本由《协定》正文，原产地规则，美、加、墨三国撤废关税时间表三个部分组成。《协定》正文由 8 个部分 22 章 296 条文共计 567 页组成，可谓内容丰富。其主要内容是以下四点：

(1) 市场准入。市场准入包括关税、非关税壁垒的撤废和进口限制措施两个方面。在关税和非关税壁垒撤废方面，根据三国的承诺和时间表，分为三类：第一，大部分产品的关税自《协定》生效起立即废除；第二，一部分产品的关税在 5 年至 10 年内逐步取消；第三，特定的某些敏感产品在 15 年内取消。但是，美、加之间以 1999 年为限，所有产品关税全部取消。在进口限制方面，原则上取消和禁止一切形式的进口限制，但是，农产品、汽车、纤维和能源作为特例仍允许成员国根据情况禁止进口或限制进口。在取消区内一切形式关税和非关税壁垒的同时，对来自区外的产品和劳务一如既往征收关税。

(2) 原产地规则。为了保护真正的区内产品的自由流动，北美自由贸易区设置了原产地规则。被认定为北美自由贸易区的原产地产品的有四类：从原材料到生产全部是来自区内和在区内完成的；原料来自区外，但加工是在区内完成的产品；销售价格的 60％以上或其成本的 50％以上的价值是在区内创造的产品或来自区外的原料只占销售价格 70％的产品；某些特殊商品如汽车的本地产零部件比率必须达一定水平，《协定》生效时本地生产比率 50％，以后逐年调高，1998 年为 56％，2002 年为 62.5％。又如电子产品只要关键零部件是区内生产的即可视为北美原产地产品，纤维产品只要使用的纱和纤维是区内产的也可视为北美原产地产品。

(3) 投资、金融和知识产权的区内国民待遇。对区内的相互投资原则上废除出口义务、零部件国产化义务和技术转让义务，美、加、墨三国相互给予对方投资以最惠国待遇。金融业也是如此，但墨西哥作为发展中国家在金融业上可享受许多例外特权。墨西哥可以继续限制美、加对墨金融业投资的持股比率，但持股比率需逐年提高，如银行业的外资持股比率 1994 年为 8％，1999 年提高到 15％，证券业从 12％上升到 20％，保险业从 6％到 12％。知识产权也都相互享受区内国民待遇。著作权、录音权为 50 年，商标权最少为 10 年，专利权最少为 20 年。

（4）环境保护。一般认为《北美自由贸易区协定》是环境保护问题上具有划时代意义的协定。在《协定》文本正文的第一章中，把环境保护列为建立北美自由贸易区的目的之一。在有关各章中明确写入：要优先遵循有关环境保护的各项国际条约，在农业和植物卫生上要执行比国际标准更严格的标准。《协定》还特别指出美、墨双方要分阶段地改进边境地区的环境质量，解决现存的或正在萌生的环保问题。

2. 北美自由贸易区与美国全球战略

北美自由贸易区的成立和发展确实是以经济上的互补为基础的，但是不可否认其中也隐含着美国全球战略的因素。

（1）多轨经贸战略的重要环节。20世纪80年代以来，美国在战后初期所拥有的压倒性经济科技优势已被严重削弱，许多产业的国际竞争力如造船、钢铁、半导体、电视机乃至汽车等先后落后于日本和西欧。经济实力的下降极大地动摇了其在全球范围的政治霸权和军事扩张。从里根、布什到克林顿无不把恢复美国的国际竞争优势视为重振政治霸权的先决条件，为此采取了“多轨经贸战略”。所谓多轨经贸战略，是指美国不仅在全球多边贸易谈判中，而且在地区性、双边性贸易谈判中采取主动，甚至不惜采取单边行动来阻止和击退任何对美国经济科技的挑战。在多边贸易谈判中，美国先是在关贸总协定（GATT），而后在世界贸易组织（WTO）中采取攻势。一方面对来自西欧、日本的所谓不公正贸易进行反击，以捍卫本国贸易为名在GATT乌拉圭回合和WTO的多边谈判中强烈要求其他国家对美开放市场；另一方面把金融、信息、电讯等服务贸易、与贸易有关的知识产权（TRIP）、与贸易相关的投资（TRIM）等美国经济中的强项视为多边贸易谈判的“新领域”，主导制定有关游戏规则，以把其他国家经济中这些新增长点纳入美国的掌控之中。在双边经贸关系上，美国采取的方针是尽一切可能打进对方市场，为此它以反对贸易保护主义为名，不惜单方面使用贸易法案“301条款”和“超级301条款”来制裁和威胁对方。北美自由贸易区则是美国多轨经贸战略中地区级别的行动，意在与欧洲的一体化和亚太经济合作相抗衡。曾任美国国务卿的克里斯托弗明确指出，只有“既有双边手段，也使用地区性手段和多边手段的灵活外交”，才能使美国政治经济优势免受来自西欧日本那些有竞争力的对手带来的消极影响。[5]

（2）推进拉丁美洲经济一体化的基础。拉美是美国传统上的“后院”。在全球经济一体化的推动下，传统的商品出口和资本输出已经不能适应美国和拉美国家之间关系发展的需要。为了加强经济上的相互依存、政治上的密切合作，早在1990年6月，美国总统布什就提出了关于地区贸易、减免债务和增加投资的“美洲经济合作和计划”。这个计划有三项主要内容：一是关于拉美自由贸易区的构想。以当时正在谈判之中的美、加、墨三国的北美自由贸易区为起点，逐步吸收中南美洲国家参加，最终形成北起阿拉斯加、南至火地岛的“整个西半球大联合”。二是美国与西欧、日本共同出资15亿美元，成立美洲开发银行(IDB)以促进资本流动自由化，推动拉美国家对外资开放。三是积极落实“布雷迪计划”。布雷迪计划是1989年时任美国财政部长的布雷迪提出的关于处理拉美国家债务问题的计划，其中心内容是削减或豁免美国官方对拉美国家的债权。尽管拉美国家起初对布什关于推动拉美经济一体化的建议大多持谨慎观望态度，但是，在相互依存日益深化的大背景下，拉美国家也出现了联合自强的趋势。1990年6月，中美洲统一市场计划获得通过。1991年7月，“中美洲—委内瑞拉自由贸易圈”达成框架协议。同年7月和9月，墨西哥分别与委内瑞拉、哥斯达黎加和智利达成建立自由贸易圈的协定。1992年1月，安第斯集团自由贸易区正式建立。中南美国家的这些行动激起了美国对建立拉美经济圈的更大热情。1994年11月，经克林顿倡导，在美国迈阿密召开了有34国领导人参加的美洲国家首脑会议。会议同意把北美自由贸易区扩大到中南美，在2005年以前结束关于成立拉美自由贸易区(FTAA)的谈判，但这一目标时至今日尚未实现。

(3) 美国主导的经济互补实体。美、加、墨三国组成的北美自由贸易区是一个不等边的三角。首先，美加之间的特殊关系进一步发展。先于美、加、墨三国自由贸易区协定而订立的《美加自由贸易协定》涵盖面远比《北美自由贸易区协定》广泛，它是包括了劳务、投资和人员自由流动在内的全面经济一体化协定。加拿大进出口的75%以上是对美贸易。《协定》实施后，美国对加拿大商品出口达840亿美元，比生效前的1989年增长18%。美国对加拿大投资也一样，1990年为12亿加元，比1989年的1.48亿加元增加了7倍。[6]其次，在美国和墨西哥之间，美国的主导地位更为鲜明。协定生效后，墨西哥人均收入每增加1美元，其中就会有15美分用来购买美国的商品和劳务。对墨出口不仅扩大了美国商品市场，而且有助于缓和美国国内的失业问题。据估计，美国每向墨西哥出口10亿美元商品，即可创造2.2万个就业机会。墨西哥和加拿大同是美国能源主要供应国，美国进口的电力和天然气全部来自加拿大，相当部分的石油供应来自墨西哥。墨西哥承诺根据协定有条件地对美开放石油开采权。这样,在世界主要产油区中东和平进程起起伏伏、前苏联的中亚地区局势不稳的情况下,美国从北美自由贸易区中获得了稳定的能源供应,从而直接加强了美国对中东外交和对俄罗斯外交的主动权。北美自由贸易区的建立,还使长期困扰美、墨两国政府的非法移民问题有所缓解。长期以来,两国之间的经济社会发展水平的差异吸引千百万墨西哥劳工甘冒生命危险非法越境进入美国打工谋生。大量非法移民的涌入一方面填补了美国某些部门的人手不足;另一方面也造成吸毒犯罪等许多社会治安问题。美、墨两国政府为此多次交涉,动用了一切可以动用的手段,均未能有效地解决墨西哥的非法移民问题。墨西哥政府为解决此问题,曾在美墨边境地区墨西哥一侧设立加工出口区,以吸引美国投资,阻止非法移民进入美国,但因关税和出口义务等限制收效不大,前来投资的美国企业寥寥。北美自由贸易区生效后,关税减免和区内国民待遇吸引了大量美国企业南迁墨西哥,从而使墨西哥经济有所发展,就业机会增多,有效地减少了非法移民。环境问题是美、墨在磋商中的难点。美国一再指责墨西哥的环保标准过低,是美墨边境环境污染的主要原因。在《协定》正式外交磋商结束后,美国政府强行要求以补充协议的形式对环境保护标准、劳动条件以及争议裁决机制作新的规定,要求墨西哥作出更多的承诺。

当然,美国的主导和在谈判中的强权并不意味着北美自由贸易区对加拿大和墨西哥一无是处。加拿大和墨西哥从这个自由贸易区中得到巨大的好处也是客观事实。在美国商品大量进入加、墨两国的同时,加、墨两国的商品也在涌入美国市场。尤其是对墨西哥而言,其经济稳定性大大提高。1998 年墨西哥发生金融货币危机,美国立即从国际货币基金组织和本国拿出 600 亿美元用于稳定墨西哥的外汇市场和证券市场,从而使墨西哥经济免于崩溃。

综上所述,北美自由贸易区是美国、加拿大和墨西哥三方各有所得的区域合作机制。但是,美国的新总统特朗普却把它称为“历史上最差的贸易协定”,他认为正是这个协定使得美国流失了近 200 万个工作岗位,为此特朗普要求重新谈判协定的内容。可以预见,美、加、墨三国将会进行漫长而艰巨的谈判。

3. 美洲自由贸易区的进展

除了《北美自由贸易区协定》以外,美国还希望建成一个囊括整个拉丁美洲国家,形成“从阿拉斯加到火地岛”的美洲自由贸易区(FTAA)。

1994 年 12 月，克林顿总统向 33 位美洲国家首脑发出倡议，召开迈阿密峰会，拉美国家作出了积极反应。

迈阿密峰会是 27 年来美洲国家元首的首次会晤。各国首脑就创建美洲自由贸易区的原则性问题达成了共识，发表了《原则宣言》，提出美洲各国将通过谈判建立美洲自由贸易区。克林顿在迈阿密峰会上建议把类似里根总统和布什总统提出过的美洲自由贸易区的单方面建议作为西半球所有国家领导人一致承诺的正式文件。克林顿称，"北美自由贸易区协定是朝着建立一个新型的国际社会迈出的重要的第一步，它基于共同的民主价值观之上，以商品、劳务和资本的自由交换为纽带，致力于促进人权并保护共同的生态环境"。[7]这次会议启动了建立美洲自由贸易区的工作计划，包括成立 12 个工作组（working group）开展前期谈判、建立从技术上支持谈判的三方委员会（Tripartite Committee）。首脑还同意将召开 4 次部长会议以推动谈判。

在迈阿密峰会上，各国首脑原则上同意在美洲自由贸易区的框架内逐步取消贸易和投资壁垒，承诺"在世纪末取得目标的具体进展"，并"不迟于 2005 年"结束 FTAA 协定的谈判，该协定将"建立在已有的次区域和双边安排基础上"，帮助创建更加一体化的西半球市场。

1995 年 6 月 30 日，美洲 34 国贸易部长在美国丹佛举行会议，讨论建立美洲自由贸易区的若干关键问题。会议讨论了在现有区域性及双边基础上建立美洲自由贸易区的途径，通过了《联合宣言》，决定：(1)研究有关现有小地区和双边协议基础上创建美洲自由贸易区的各种建议，力争在 2000 年取得具体进展；(2)考虑到各国的发展水平和经济规模的巨大差异，将积极寻求各种措施，创造机会，使小经济体（Small Economies）实现一体化，并提高其发展水平；(3)成立有关市场准入、海关手续和原产地规则的谈判工作组。

1998 年 4 月，各国首脑再度齐集圣地亚哥，正式宣布进行西半球贸易谈判。圣地亚哥会议产生了几个重要成果：第一，它批准了一项涵盖商品和服务贸易以及投资等各方面的综合性的谈判议程。随后建立了 9 个小组制定规则和处理市场准入。另外还为一些小经济体建立了专门的磋商小组，以确保 FTAA 谈判各方的大多数要求都能反映到工作组。从 1998 年 9 月起，在迈阿密正式启动自由贸易区谈判。第二，谈判有计划地进行，以便使大国和小国、富国和穷国在谈判中共担义务。各国同意轮流担任谈判的领导，每 18 个月召开一次会议。最重要的是，美国和巴西被安排共同主持最后阶段的谈判。第三，圣地亚哥峰会要求谈判者达成一项商业便利化倡议，在 1999 年 11 月多伦多部长会议上通过，并在谈判进行期间执行。多伦多会议采取 18 项措施改善海关管制透明度和便利海关清算程序。

由于缺乏共识，各国离 2005 年设定的建立美洲自由贸易区的目标渐行渐远，在美洲经济一体化的道路上仍然面临着许多矛盾和不确定因素。

除了以美国为主导的美洲自由贸易区以外，在拉美还有好几个地区经济一体化组织，其中最重要的有两个。一个是成立于 1969 年 5 月的安第斯共同体(简称安共体)，成员国有玻利维亚、哥伦比亚、厄瓜多尔、委内瑞拉和秘鲁。另一个是南方共同市场(简称南共市)。南共市建立于 1991 年 3 月，1995 年 1 月 1 日正式运行，其最初成员国有阿根廷、巴西、乌拉圭和巴拉圭，2005 年 12 月委内瑞拉又加入其中。2015 年 12 月，南共市举行第 49 届首脑会议，会后发表的联合声明表示，各成员国将进一步深化经济合作，促进共同发展。

安共体的全称是安第斯国家共同体(COMUNIDAD ANDINA DE NACIONES, CAN)，由哥伦比亚、秘鲁、委内瑞拉、玻利维亚和厄瓜多尔南美五国在 1969 年正式成立。但是，近年来安共体内部出现分裂倾向。起因是小布什执政时期为了推进美洲一体化计划，美国先后同包括安共体成员国哥伦比亚和秘鲁在内的 9 个拉美国家签署了自由贸易协定。这引起了许多原来对筹组美洲自由贸易区一事持消极态度的拉美国家的警觉和不满。一向同美国唱对台戏的古巴、委内瑞拉更是公开表示，在哥伦比亚、秘鲁两个安共体成员国与美国签署自由贸易协定后，委内瑞拉总统查韦斯在 2006 年 4 月 22 日正式致信安共体，要求退出该组织。同一天，安共体的另一个成员国——玻利维亚新任总统莫拉莱斯也暗示，安共体内部某些国家有“去一体化”倾向。同年 4 月 29 日，古巴国务委员会主席卡斯特罗、委内瑞拉总统查韦斯和玻利维亚总统莫拉莱斯齐聚古巴首都哈瓦那，签署了关于玻利维亚正式加入“玻利瓦尔美洲”的协定以及旨在加强三国经济合作的《人民贸易协定》。三国签署这两份文件，预示着拉美的经济一体化进程出现了新的变数。

“玻利瓦尔美洲”计划是委内瑞拉总统查韦斯于 2004 年首先提出的，呼吁建立一个横跨整个拉美的自由贸易区，以对抗美国主导的“美洲自由贸易区”计划。查韦斯的建议得到了古巴的欢迎。2005 年，古巴和委内瑞拉签署了合作协议，“玻利瓦尔美洲”计划进入实质阶段。玻利维亚的加入更具有标志性意义。莫拉莱斯总统在协定签署后说：“如果说过去先是一个国家，之后是两个国家，那么现在我们已经有三个国家一起来捍卫拉美人民的利益！”[8]

第三节　亚太经济合作

亚太经济合作是指亚洲太平洋地区的国家和地区之间的相互经济合作与联合。对亚洲太平洋地区的理解不同使亚太经济合作有两种概念，广义的概念指包括拉美、太平洋诸国在内的环太平洋经济合作；狭义的概念指西北太平洋沿岸国家和地区的经济合作。一般意义上的亚太经济合作是指后者，即西北太平洋国家和地区之间的经济合作。具体来说，这一地区的国家（地区）包括北美、东北亚、东南亚以及太平洋的主要国家和地区。狭义的亚太经济合作又以亚太经济合作部长级会议（APEC）为代表。

1. APEC的由来与发展

APEC是1989年11月由澳大利亚总理霍克提议而成立的。首次会议在澳大利亚的堪培拉召开，发起国有日本、美国、加拿大、澳大利亚、新西兰、文莱、印度尼西亚、马来西亚、泰国、菲律宾、新加坡和韩国共12个国家。这次会议的召开，标志着亚太经济合作由民间转向官方、由议论转向实施。

APEC每年都举行部长级会议。在历次部长级会议中，1991年3月的汉城会议为APEC明确定性，规定了亚太经济合作的基本方向。会议通过的《汉城宣言》把APEC的目的和任务归纳为以下四点：(1)为本地区人民的共同利益持续发展经济，为世界经济增长作出贡献；(2)为了推进区域内经济合作和全球范围的经济合作，积极推动商品、劳务、资本和技术的自由流动，努力扩大因经济上相互依存而带来的积极的经济利益；(3)不局限于亚太地区，而且推进同全世界各国各地区之间的多元贸易合作；(4)与关贸总协定基本原则相一致，积极排除妨碍商品和劳务贸易与投资的各种障碍。

1993年的西雅图会议是APEC历史上一个重要事件，主要体现在两点：第一，根据克林顿总统提议，召开了首次成员国（地区）首脑非正式会晤，并使之制度化，以后每年召开一次。这反映了有关国家对亚太经济的高度重视，标志着APEC不只是一个高级政府官员讨论具体合作事宜的机构，而且是成为各国首脑们共同筹划亚太经济合作发展方向的最高层次的合作推进机构。第二，墨西哥、智利、巴布亚新几内亚的加入，使亚太经济合作从西北太平洋扩展到南美，呈现出向环太平洋经济合作圈发展的势头，从而使亚太经济合作更具有多样性和包容性。

1994年在印度尼西亚召开的第六次部长级会议和第二次非正式首脑会晤也在APEC历史上留下了浓重的一笔。会议通过的《茂物宣言》为亚太经济合作发展制定了一系列具体目标和时间表。会议提出：亚太经济合作应该沿着贸易投资和经济技术合作两个基本方向展开，形成贸易、投资和经济技术合作三位一体协调发展的合作态势。其后的大阪会议和菲律宾会议为落实《茂物宣言》又提出一系列行动纲要和指针，为三位一体的经济合作制定了具体规划。

1998年的吉隆坡会议是在东南亚金融风暴中召开的。这次会议上，改革国际金融体制、加强金融监管与合作成为会议主题，中国在这次会议上因重申人民币不贬值和强烈主张推进亚太国家之间经济技术合作而引起广泛关注。这次会议还决定接纳俄罗斯、秘鲁和越南为成员。至此APEC的成员增至21个。

2001年的上海会议是首次在中国召开的APEC会议。此次会议之后，反恐、人类安全、可持续发展、反腐败等议题逐渐进入APEC会议的议题之中，这也表明其成员之间的交流和合作正在逐步深入和拓展，不再局限于经贸领域。

2012年在俄罗斯召开的APEC会议上，在中俄等国的推动下，APEC成功完成环境产品的关税减免谈判。围绕环境产品的谈判在世界贸易组织框架下开展十余年而未果，而APEC率先达成共识，这从一个侧面展现出APEC机制新的生命力，也是对其“清谈馆”等批评的最好回应。

2015年中国第二次承办APEC会议，会议决定启动亚太自由贸易区进程，批准了《亚太经合组织推动实现亚太自由贸易区路线图》和《亚太经合组织互联互通蓝图》。同时，会议支持中方起草并通过的《北京反腐败宣言》，拓展了反恐、气候变化、大规模流行性疾病、自然灾害等一系列全球性问题的合作新领域。

2. 亚太经济合作的特点

亚太经济合作最重要的特点，有以下三个方面：

Ⅰ. 以多样性为前提的对话协商型合作机制

如前所述，欧洲一体化和北美自由贸易区是靠多边条约、协定和共同产业政策、关税同盟联结起来的，由超国家机构、多边仲裁机构运作和维护的制度化经济合作。以双边或多边条约为主要形式的各种法律规定了经济一体化的发展方向、实施步骤、利益调节和争端斡旋。这是欧洲和北美地区各国之间经济技术水平大致相同、文化历史背景比较接近使然，也是这些国家议会制的必然延伸。亚太地区则不同，这一地区汇集了东方与西方两种文明，包容了世界最主要的宗教。其社会形态各异，经济发展水平相差很大，既有实行资本主义的典型议会制度，如美国、日本，也有实行社会主义制度的中国，还有实行君主制的文莱，以及其他不同类型的社会制度。从经济科技发展水平来说差异更大，美国、日本的人均国民生产总值是印尼等国的数十倍。再加上宗教、人文社会上的差异，按一个统一的标准或范式来推进经济合作是不可能的。因此，APEC 自成立以来就把尊重差异性作为开展经济合作的基本原则，寻求把多样性化为经济合作动力的途径。

以此为背景，APEC 主要是一个对话协商机构而非区域合作的载体。APEC 的宗旨明确规定，任何决定和原则必须是全体一致形成的共识。任何事都可以拿出来讨论，任何成员方都有同等的发言权和决定权。APEC 的部长级会议不拥有类似欧共体部长理事会的权限，它所通过的决议也不具有强制力量，其首脑会议也仅限于非正式会晤。在可预见的将来，APEC 也不会筹组类似欧洲议会、欧洲法院以及北美自由贸易区的仲裁机构等超国家机构。《茂物宣言》、《大阪行动计划》、《马尼拉指针》等提出的贸易投资自由化时间表也只是一种综合了各国意见和意愿的指导性文件，与欧共体为筹建大市场提出的 300 项指令和为参加欧元创始国所应具备的条件是不可同日而语的。

民间机构的广泛参与是对话协商型合作的又一重要组成部分。在官方的 APEC 成立之前，民间经济合作机构就发挥了重要的推进作用。其历史可追溯到 20 世纪 60 年代。当时，在日本学者小岛清的提议下，日本、澳大利亚和美国、加拿大等国经济界人士就组成了太平洋盆地经济合作会议（APBC），后来在日本首相大平正芳和澳大利亚总理弗雷泽的推动下成立了官产学三位一体的太平洋经济合作会议（PECC）。APBC 和 PECC 直到现在仍在活动，成为 APEC 的重要补充。许多设想和建议先在 APBC 和 PECC 内酝酿、讨论之后才提交到官方的 APEC，成为各成员的共识。

Ⅱ. 以市场机制为基础的全方位开放机制

欧盟各国和北美三国都是高度市场经济化的国家。但是在区域经济合作中，它们都不约而同地采取了关税同盟、共同产业政策、宏观经济政策协调乃至单一货币的政策和措施。相比之下，APEC 成员之间都不存在关税、产业政策、货币等任何制度化的联合和同盟。联结 APEC 各成员的是投资和贸易两大纽带，一切都是市场机制在起作用。在投资里面官方发展援助是有的，但只占极小一部分，绝大多数的投资是私人直接投资。至于贸易，是在比较优势原则下展开和扩大的。在20世纪80年代中期亚太经济合作刚刚兴起时，人们曾以欧共体模式看待之，把推动合作的主要希望放在各有关国家和地区的政府身上，期望有关国家和地区的政府在区域内资本流动、贸易规则和关税优惠上有所作为。但是，经济发展水平的不平衡和社会文化的多样化很快使这种希望成为泡影。即使在APEC成立以后，各成员国和地区的政府（或行政当局）所能做的也只是思考如何调整各自的政策，改善投资环境，以吸引（输出）更多的私人资本，以及如何使本国和本地区的自然资源优势或人力资源优势在贸易中更多更强地体现出来。APEC作为一个松散的合作组织，既无可能也无必要去讨论和制定统一的关税、就业和货币政策，只能实事求是地充分发挥市场机制在区域经济合作中的作用。

以市场机制为基础的合作，决定了APEC的开放性和包容性。人们常常用域内贸易比重来衡量一个地区的开放程度。2013年，欧盟和北美自由贸易区的域内贸易比重分别为63.8%和41.1%，而APEC则高达66.2%。但是，考虑到亚太地区经济发展水平的巨大差异，以及APEC各成员与美、日两国贸易的特殊性，亚太经济合作中的区域内贸易比重就有了新的意义。

亚太经济合作的开放性主要表现为以下两个方面：

一是对非APEC成员的开放。亚太经济合作是多个集团的相互开放而组成的：东盟成员与非东盟成员之间的合作、亚太经合组织成员与非成员之间的合作。前者为APEC所体现，后者为以亚欧首脑会议（ASEM）为体现。在APEC内部设有东盟、东盟外长扩大会议和东盟与中、日、韩对话等多种形式的组织和对话场所。亚欧首脑会议则是APEC与欧洲一体化相联结的政治途径，通过首脑会议的形式把欧洲、亚洲和北美三大区域经济合作连成了一片。

二是对内部的开放。在推进亚太经济合作的总目标下，不仅成立了着眼于整个区域合作的APEC，而且还存在各种类型的次区域合作，如包括日本、韩国、中国和俄罗斯的环日本海合作构想；中、日、韩之间的渤海湾合作构想；包含印度尼西亚、菲律宾、新加坡、马来西亚在内的“金三角”；马来西亚倡导的东亚经济合作会议，等等。这些次区域合作构想和形式作为APEC的补充，一起成为区域经济合作的推进力量。

Ⅲ. 以发展中国家为主体的多层次动态赶超机制

雁行模式曾是在20世纪80年代中后期解释和指导亚太经济合作的时髦理

论。该理论是由日本学者赤松要发明、经小岛清和山泽逸平的解释和发挥而创立的。雁行理论的核心是上文介绍过的雷蒙德·弗农的产品周期理论。赤松要从发展中国家的角度来解释这一理论。把发展中国家从发达国家引进新产品和新技术作为起点，经过国产化，满足了国内需求之后再将此产品和技术输出为终结，然后重新以引进的新产品和技术为新起点形成周而复始螺旋式上升的循环。发展中国家的产业结构在此循环中不断升级换代。如果对此过程以弧线相连，一个又一个新产品从引进、国产化、输出的过程，便呈现出一个又一个简笔画中的大雁。多个大雁在同一幅构图上，按经济发展水平排列，循序跟进，犹如一群南归的大雁。雁行模式便是由此而来。

小岛清和山泽逸平等人在赤松要的基础上，从发达国家和发展中国家之间的投资与技术转让角度进一步扩大了雁行发展理论。他们指出，就经济技术发展水平而言，整个亚太地区，美国和日本处于最顶层；其次是亚洲"四小龙"，即亚洲新兴工业化国家和地区；再次是东盟；底部是亚太其他国家和地区等。这种多层次的经济技术结构，通过一层一层的投资和技术转让，出现共同向前发展，自动扶梯式的区域性产业结构升级态势。

作为一种理论假设，雁行模式无可厚非。但是，它对亚太经济合作的实态描述不够完善，有重大缺陷。它只看到了经济发展中的外来因素，缺乏对各层次发展中国家的内在动力的观察。对层次强调过头，而对动态性赶超机制未能作出理论概括。

亚太经济合作的实态是：在 20 世纪五六十年代，日本确实是靠美国跨国公司带来的资金和技术、销售网络而迅速崛起。在 70 年代，也主要是美、日两国跨国公司对亚洲"四小龙"和东盟提供资金、技术和市场。但是，80 年代中后期情况发生了变化。首先是亚洲"四小龙"的地位和作用有了变化，不仅仅是被动地接受资金、技术和市场，它们也开始向外投资，转让技术，开放市场，吸纳一部分产品。其次，中国改革开放进程加快，参与到亚太经济合作中，使亚太地区的资金、技术和市场分布发生了重大变化。中国不仅大量吸收美、日和亚洲"四小龙"的资金、技术，而且也吸引东盟国家的投资。与此同时，中国也向外投资，在大量出口的同时也大幅度地开放国内市场。这样亚太地区的资金技术和市场出现前所未有的双向交流。第三，由于泡沫经济造成日本经济"失去的 10 年"，在资金和技术上对亚太经济的拉动力明显下降，中国经济技术实力的相对上升以及东南亚金融危机造成的韩国、东盟元气大伤等因素，雁行发展理论已经明显不能适用。此外，以经济全球化为背景，有能力并有意愿向亚洲国家提供资金技术和市场的不只是日本，还有美国和其他欧洲发达国家，亚洲国家在产业升级上有相当的自主选择性。这也是雁行发展理论失灵的一个重要外部原因。

简而言之，亚太经济确实是有层次的，但又是有动态性的、相互赶超的。发达国家在资金、技术和市场上确实居领先地位。但是，发展中国家，特别是中国这样的社会主义发展中国家所具有的内在经济增长机制和赶超能力也是不可低估的。多层次动态性的赶超，是亚太经济合作的最适当写照。

3. 亚洲区域经济合作的新进展

以APEC为中心的亚太区域一体化合作是一种自主的、松散的开放型合作。以市场为导向、以利益为纽带的非制度化的运作模式和不涉及主权的决策方式，固然在一定程度上适应了这一区域合作在地理上的泛化和主体成员的多层次性，但也使区域经济合作难以在短时间内能够取得实质性的进展。有鉴于此，近几年来，以双边经济合作协定(Economic Partnership Agreement, EPA)或自由贸易协定(Free Trade Agreement, FTA)为代表的贸易合作，以及以双边货币互换协定为基础的货币金融合作成绩斐然。下面分而述之。

Ⅰ. 金融货币合作势头持续上升

1997年的东南亚金融危机成为东亚各国在货币领域开展制度性合作的催化剂，各国都不同程度地认识到建立区域金融防卫机制、切实减轻对美国和国际货币基金组织的依赖、有效增强集体力量的重要性和紧迫性。

1997年9月，在东南亚金融危机爆发短短两个月之后，日本政府便在国际货币基金组织和亚洲开发银行会议上提出了建立"亚洲货币基金"(AMF)的设想，但由于时机尚不成熟，没有得到亚洲各国和美国的认同。1998年10月，日本以大藏相宫泽喜一的名义提出"新宫泽构想"(New Miyazawa Initiative)，倡导建立总额为300亿美元的亚洲基金用于对遭受亚洲金融危机影响的国家的中长期和短期资金需求。东亚各国、美国、国际货币基金组织对此均表示支持。1999年10月，马来西亚总理马哈蒂尔在东亚经济高峰会议上提出建立"东亚货币基金"(EAMF)的构想。11月，"东盟10＋3"峰会在马尼拉通过了《东亚合作的共同声明》，同意进一步加强金融、货币和财政政策的对话、协调和合作。2000年3月，"东盟10＋3"财政和央行副手会议决定将这一会晤机制化，并建立东亚地区自援助和相互支持机制。5月，"东盟10＋3"财长会议在泰国清迈签署了

《清迈倡议》(Chiangmai Initiative，CMI)，决定增加东盟货币互换机制的资金规模，并在“东盟10＋3”范围内建立双边货币互换协议网，向面临短期国际收支问题的国家提供资金援助，以增强本地区的金融稳定性。《清迈倡议》签订以后，《东盟互换协议》(Asian Swap Arrangement，ASA)和《双边互换网络和回购协议》(Network of Bilateral Swaps and Repurchase Agreements，BSA)均取得了实质性进展。到2014年7月，按照《清迈倡议》确定的原则框架，各国开展的货币互换协议的总规模已经达到2 400亿美元。

2003年以后，东亚地区金融货币的合作开始向亚洲债券市场建设深化。2003年6月，“东亚及太平洋地区中央银行行长会议组织”(EMEAP)与国际清算银行(BIS)合作成立了总额为10亿美元的亚洲债券基金一期(Asian Bond Fund 1，ABF1)。该基金由EMEAP各经济体从其官方储备中出资建立，用于投资EMEAP成员(除日本、澳大利亚和新西兰以外)发行的一揽子主权和准主权美元债券，以增加该类债券的流动性，由此推动其他投资者进入亚洲债券市场。2004年12月，亚洲债券基金二期(ABF2)出台。该基金分为“泛亚债券指数基金”(Pan-Asian Bond Index Fund，PABIF)和“债券基金的基金”(Fund of Bond Funds，FBF)，可向私人部门开放，将有利于市场自我发展良性机制的形成。

2015年12月，亚洲基础设施投资银行(AIIB)的成立把亚太地区的金融货币合作推向了新的高潮。AIIB拥有57个意向创始成员国，是首个由中国倡议设立的多边金融机构，为亚洲的基础设施建设互联互通和经济一体化作出了新的贡献。在此之前的2014年12月，中国政府建立了名为“丝路基金”的中长期开发投资基金。这都为新一届中国提出的“丝绸之路经济带”和“21世纪海上丝绸之路”(“一带一路”)倡议的落实和推进奠定了坚实的机制基础，也为亚太地区的金融货币合作注入了新的动力。

Ⅱ. 自由贸易区谈判不断扩大

由于TPP、RCEP、亚太自由贸易区等对亚太区域经济合作产生全局性影响的谈判和合作机制已经在本书第六章“全球化与国际贸易体系”中作了介绍和分析，此处不再重复。本节主要介绍双边或次区域的自由贸易区谈判。

根据亚洲开发银行的统计，截至2015年8月，亚洲地区的自由贸易协定已达到282个(2000年为55个)，其中148个已经签署，62个正在谈判中，另有67个已经被提出。在亚太地区，向世界贸易组织通报的自由贸易协定已经有近60个(表8-1)。

表 8-1 亚太地区已经生效的自由贸易协定(FTA)

名　称	实施时间	内容	名　称	实施时间	内容
亚太贸易协定	1976 年 6 月 17 日 2002 年 1 月 1 日	G	东盟—日本	2008 年 12 月 1 日	G 和 S
澳大利亚—巴布亚新几内亚	1977 年 2 月 1 日	G	日本—菲律宾	2008 年 12 月 11 日	G 和 S
澳大利亚—新西兰	1983 年 1 月 1 日(G) 1989 年 1 月 1 日(S)	G 和 S	中国—新加坡	2009 年 1 月 1 日	G 和 S
东盟自贸区	1992 年 1 月 28 日	G	美国—秘鲁	2009 年 2 月 1 日	G 和 S
北美自由贸易区	1994 年 1 月 1 日	G 和 S	秘鲁—智利	2009 年 3 月 1 日	G 和 S
加拿大—智利	1997 年 7 月 5 日	G 和 S	澳大利亚—智利	2009 年 3 月 6 日	G 和 S
智利—墨西哥	1999 年 8 月 1 日	G 和 S	秘鲁—新加坡	2009 年 8 月 1 日	G 和 S
新西兰—新加坡	2001 年 1 月 1 日	G 和 S	加拿大—秘鲁	2009 年 8 月 1 日	G 和 S
日本—新加坡	2002 年 11 月 30 日	G 和 S	日本—越南	2009 年 10 月 1 日	G 和 S
中国内地—中国香港	2003 年 6 月 29 日	G 和 S	东盟—韩国	2010 年 1 月 1 日(G) 2009 年 5 月 1 日(S)	G 和 S
新加坡—澳大利亚	2003 年 7 月 28 日	G 和 S	东盟—澳大利亚、新西兰	2010 年 1 月 1 日	G 和 S
美国—新加坡	2004 年 1 月 1 日	G 和 S	秘鲁—中国	2010 年 3 月 1 日	G 和 S
美国—智利	2004 年 1 月 1 日	G 和 S	新西兰—马来西亚	2010 年 8 月 1 日	G 和 S
韩国—智利	2004 年 4 月 1 日	G 和 S	中国香港—新西兰	2011 年 1 月 1 日	G 和 S
美国—澳大利亚	2005 年 1 月 1 日	G 和 S	秘鲁—韩国	2011 年 8 月 1 日	G 和 S
泰国—澳大利亚	2005 年 1 月 1 日	G 和 S	秘鲁—墨西哥	2012 年 2 月 1 日	G 和 S
东盟—中国	2005 年 1 月 1 日(G) 2007 年 7 月 1 日(S)	G 和 S	智利—马来西亚	2012 年 2 月 25 日	G
日本—墨西哥	2005 年 4 月 1 日	G 和 S	日本—秘鲁	2012 年 3 月 1 日	G 和 S
泰国—新西兰	2005 年 7 月 1 日	G 和 S	韩国—美国	2012 年 3 月 15 日	G 和 S
韩国—新加坡	2006 年 3 月 2 日	G 和 S	马来西亚—澳大利亚	2013 年 1 月 1 日	G 和 S
TPSEP(TPP 前身)	2006 年 5 月 28 日	G 和 S	新西兰—中国台北	2013 年 12 月 1 日	G 和 S
日本—马来西亚	2006 年 7 月 13 日	G 和 S	智利—越南	2014 年 1 月 1 日	G

(续表)

名　　称	实施时间	内容	名　　称	实施时间	内容
智利—中国	2006 年 10 月 1 日(G) 2010 年 8 月 1 日(S)	G 和 S	新加坡—中国台北	2014 年 4 月 19 日	G 和 S
智利—日本	2007 年 9 月 3 日	G 和 S	中国香港—智利	2014 年 10 月 9 日	G 和 S
日本—泰国	2007 年 11 月 1 日	G 和 S	韩国—澳大利亚	2014 年 12 月 12 日	G 和 S
日本—印尼	2008 年 7 月 1 日	G 和 S	加拿大—韩国	2015 年 1 月 1 日	G 和 S
文莱—日本	2008 年 7 月 31 日	G 和 S	日本—澳大利亚	2015 年 1 月 15 日	G 和 S
中国—新西兰	2008 年 10 月 1 日	G 和 S	韩国—新西兰	2015 年 12 月 20 日	G 和 S

注①:此处的亚太地区是指 APEC 的 21 个成员所涵盖的范围,包括澳大利亚、文莱、加拿大、智利、中国内地、中国香港、印度尼西亚、日本、韩国、马来西亚、墨西哥、新西兰、巴布亚新几内亚、秘鲁、菲律宾、俄罗斯、新加坡、中国台北、泰国、美国、越南。

②:G 代表货物领域的协议,S 代表服务领域的协议。

③:根据世界贸易组织网站统计,http://rtais.wto.org/UI/PublicAllRTAList.aspx。

目前,亚太经济合作呈现出以下三个特点:

第一,双边自由贸易协定的网络不断发展。从表 8-1 可以看出,亚太区域内部的双边自由贸易协定编织的网络已日臻完善。与此同时,域内国家与域外国家之间签署的“跨区域”或“区域间”自由贸易协定也层出不穷。

第二,中日韩是亚太自由贸易区建设的核心力量。除了三国与东盟各自签订的自由贸易协定之外,2015 年,中日韩自由贸易区谈判进程加速,借助中日韩领导人会议重开的东风,时隔三年五个月,中日韩经贸部长会议再度召开。之前,2014 年 5 月,中日韩投资协定已正式生效。在 TPP 影响力日益扩大的背景下,亚太各国有理由在考虑区域多样性和复杂性的基础上,实现 TPP 与 RCEP 的共容共存,最终实现高水平的、更具包容性的亚太自由贸易区,在此过程中,中日韩自由贸易区无疑是地缘政治和地缘经济的重要基石。

第三,次区域合作蓬勃兴起。大湄公河次区域经济合作、图们江开发计划等成为推动亚太合作的新形式、新路径。在一定意义上,这也是域内国家克服领土争端、外交纠纷、政治摩擦等现实问题,在特定区域和领域内“先行先试”推进区域一体化的成功实践,具有重要的示范意义。

第四,覆盖全域的亚太自由贸易区是亚太经济合作的总体发展方向。目前,亚太经济合作出现了以中日韩、东盟 10+3 国自贸区谈判为核心,大湄公河次区域经济合作、图们江开发计划为两翼,RCEP 和 TPP 为桥梁的发展势头。尽管上述各类型的合作各有侧重、各具特色，但是其精神和极终目标却是惊人的一致。无论哪种形式的合作和制度性安排，都是为了通过人、钱、物的自由流通，实现资源配置的最优化。这就是2010年横滨APEC部长级会议倡导建立亚太自由贸易区(Free Trade Area of the Asia-Pacific, FTAAP)的内在动力和根本原因。

注 释

[1] 陈玉刚:《国家与超国家——欧洲一体化理论比较研究》,上海人民出版社2001年版,第143页。

[2] 顾关福编著:《战后国际关系史》,北京:时事出版社1998年版,第212页。

[3] 陈朝高:《欧洲一体化与世界》,北京:时事出版社1999年版,第7页。

[4] 伍贻康、周建平主编:《区域性国际经济一体化的比较》,北京:经济科学出版社1994年版,第176页。

[5] [日]野林健、大芝亮、纳家政嗣、长尾梧:《国际政治经济学入门》,有斐阁1996年版,第176页。

[6] 伍贻康、周建平主编:《区域性国际经济一体化的比较》,第161页。

[7] [美]亨利·基辛格:《美国需要外交政策吗?——21世纪的外交》,胡利平译,北京:中国友谊出版公司2003年版,第102页。

[8] 刘滢:《拉美政治经济格局的新变化》,《工人日报》2006年5月3日。

第九章　全球化与跨国公司

跨国公司是经济全球化的物质形态，是资金、技术、管理经验等经济资源全球最佳配置的重要载体。一大批拥有巨额资金、掌握先进技术和管理技能的公司打破国界，实施跨国经营，在全球范围内组织生产和销售，这既是经济全球化背景下国际相互依存日益加深的结果，又成为全球化不断深化的重要推动力。本章将回顾战后跨国公司的发展历程、剖析当代跨国公司的主要特征、评述跨国公司研究的各种理论、比较国际政治经济学三大流派对跨国公司的不同看法。

第一节　跨国公司的发展

所谓跨国公司，按联合国贸发会议的定义，是由母公司及其国外(境外)分支机构组成的法人或非法人企业，也就是在两个或两个以上的国家(地区)里拥有并管理经济单位的公司。在大多数情况下，它是由一个公司通过对外直接投资，在数个国家的制造业、农业和采矿业或服务业里取得经济单位的所有权和管理权，在其海外的子公司或其他生产经营活动机构中，母公司的股份一般不少于10%。

跨国公司最先是发达国家的对外资本输出，主要是私人海外直接投资的产物。在第二次世界大战以前，已经有跨国公司出现。1913年英、美、法、德四个主要资本主义国家的资本输出总额大约为380亿美元，1914年至1938年之间，这些国家的企业分别在海外建立了1 441家子公司。当时跨国公司向海外扩张的主要动因是出于对殖民地、半殖民地的控制。例如，1914年英国对外直接投资余额为200亿美元，其中70%投向英属殖民地及其势力范围。[1] 1913年美国制造业的187家垄断组织总共拥有海外企业116家，1937年增为715家。[2]跨国公司的真正崛起和壮大还是在第二次世界大战之后。

1. 战后跨国公司的发展

第二次世界大战以后，英、法、德的对外直接投资急剧减少，而美国的对外直接投资却节节攀升。在此背景下，跨国公司于20世纪60年代在美国兴起，20世纪70年代以后欧洲和日本迅速发展，其间不少发展中国家的企业也开始迈出国门。可以说，战后至20世纪70年代初，跨国公司的发展实际上是指美国跨国公司的发展。1945年美国的对外直接投资余额为170亿美元，1960年达到319亿美元。至20世纪60年代后期，全世界跨国公司的总数为7 276家，拥有国外子公司和分支机构近27 300家，其中，美国的跨国公司无论在规模上还是在全球化程度上均独占鳌头。1969年，美国的跨国公司大约生产了总值为1 400亿美元的商品，超过了除美国和苏联以外的任何一个国家的国民生产总值。1983年美国跨国公司的进出口分别占到美国出口总额的75%以上，进口的50%以上。跨国公司的发展使美国的经济触角渗透到世界各地，在20世纪80年代初，美国商用机器公司(IBM)个人计算机的860美元成本中，有625美元是美国的跨国公司在海外子公司及相关企业承担的。[3]1985年世界最大的100家大工业企业中，美国占了52家。

20世纪70年代中后期起，随着西欧、日本经济迅速恢复并逐渐接近美国，欧洲和日本的跨国公司也壮大起来。美国一家独占的跨国公司格局被打破，形成了美日欧三足鼎立的局面。在20世纪80年代，列入世界500强的西欧跨国公司的数量增加了25%，营业额超过10亿美元的西欧跨国公司的数量增加了7倍。日本在1960年的海外直接投资余额仅为5亿美元，但是到了1989年其海外直接投资余额高达1 544亿美元，崛起了一大批如索尼、松下、日立、夏普、丰田、NEC等人们耳熟能详的巨型跨国企业。整体而言，在这一时期发达国家的跨国公司仍占据绝对优势。从1945年到1978年，发达国家的对外直接投资从510亿美元增加到6 000亿美元，33年间增长了10.8倍，年均增长率为7.8%，跨国公司数量也由1949年的512家发展到1978年的10 727家。[4]

发展中国家跨国公司的出现是战后跨国公司发展的重要特征之一。1970年至1972年发展中国家年均对外直接投资额仅为4 300万美元，1978年至1980年增至6.82亿美元，1986年至1990年又增至56亿美元。[5]而据联合国贸发会议《2004年世界投资报告》的最新统计，发展中国家作为一个整体在2000

年至2003年间年均对外投资额为596亿美元，截至2003年其对外直接投资存量已达到8 587亿美元。发展中国家的跨国公司大多集中在韩国、新加坡等新兴工业化国家和中国台湾、香港地区。这些发展中国家的跨国公司大多以欧美国家为目的地，一方面以此打开欧美市场，另一方面也是为了通过发达国家的产业转移，引进先进技术以实现本国的产业结构升级。

2. 当代跨国公司的特征

从1991年至2015年，联合国贸发会议共编撰和发表了25部《世界投资报告》(World Investment Report)，从每年度报告的副标题中，可以一窥当今对外直接投资和跨国公司的发展趋势及其阶段性特征。这些副标题分别是：

对外直接投资中的三位一体现象(1991年)
跨国公司是增长的发动机(1992年)
跨国公司是国际化生产的组织者(1993年)
跨国公司、就业和工作场所(1994年)
跨国公司与竞争力(1995年)
投资、贸易与国际化政策安排的一般考察(1996年)
跨国公司、市场结构和竞争政策(1997年)
趋势与决定因素(1998年)
对外直接投资与发展的挑战(1999年)
跨境并购与发展(2000年)
促进连锁关系(2001年)
跨国公司与出口竞争力(2002年)
作为促进发展的对外直接投资政策:国内与国际的透视(2003年)
转向服务业(2004年)
跨国公司与研发活动的国际化(2005年)
来自发展中和经济体和转型经济体的外国直接投资(2006年)
跨国公司、采掘业与发展(2007年)
跨国公司与基础设施挑战(2008年)
跨国公司、农业生产与发展(2009年)
低碳经济投资(2010年)
国际生产和发展的非股权形式(2011年)

制定新一代投资政策框架(2012 年)

全球价值链:投资和贸易促进发展(2013 年)

投资于可持续发展目标:一项行动计划(2014 年)

重构国际投资机制(2015 年)

从以上副标题中可以发现冷战结束后跨国公司发展的一些重要特征:

(1) 最近 20 年来,全球范围内企业界正在进行一场静悄悄的革命——跨国公司向全球公司转型。经济全球化潮流推动下,企业界的变化最引人注目的是跨国公司(Transnational Corporations)向全球公司(Global Corporations)的转型。简要地说,跨国公司是在两个或两个以上国家建立分支机构,由母公司统筹决策和控制,从事跨国界生产经营活动的经济实体。全球公司则是跨国公司全球化发展的新阶段,它们拥有全球战略、建立全球管治结构和承担全球责任。与一般跨国公司相比,全球公司全球化程度大大提高,其跨国指数(海外资产、海外销售和海外雇员与总资产、总销售和总雇员比例的平均数)超过 50%。由于主要收入、主要资产均来自海外,全球公司经营重心在海外,其发展战略、管治结构和理念文化更注重全球,形成了全球经营的思维模式和经营模式。[6]

(2) 跨国公司战略技术联盟地位不断上升。根据美国国家基金会出版的《科学与工程学指标 2010》(Science and Engineering Indicators 2010》显示,自 1980 年至 2006 年,全球共建立了 13 308 个技术联盟,年均增长率为 7.4%。特别是自 21 世纪以来,企业间的技术联盟保持着年均近 10%的增长率。在 2006 年建立的 898 个企业间的技术联盟中,以高新技术为代表的生物科学和信息技术联盟分别为 526 和 206 个,占到了总数的 81.5%。[7]

(3) 美国仍然稳居首位。在 2015 年度《财富》世界 500 强公司中,美国公司占据 128 席,其中按年度运营收入计算,超市连锁巨头美国沃尔玛公司以 4 856.51 亿美元的年营业额居于榜首,埃克森美孚和雪佛龙分别占据第 2 位和第 3 位。与此同时,日本和欧洲的发达国家的跨国公司在全球市场中的统治地位仍无可撼动。当然,新兴工业化国家和发展中国家的跨国公司也呈现上升势头。以中国为例,2015 年共有 106 家企业入围《财富》500 强。

(4) 跨国公司的规模进一步扩大。当今许多跨国公司的资产和年销售额已经远远超过世界上绝大多数国家的国民生产总值。2015 年在 200 个在国外有最为活跃的大型跨国公司中,埃克森石油公司的附加值名列榜首(630 亿美元),它在国家和跨国公司经济实力排名中位居第 45 名,稍低于智利(710 亿美元),

但高于巴基斯坦(620亿美元)。跨国公司中名列第二的是通用汽车公司,它的附加值为560亿美元,经济实力排名第47位,高于秘鲁、阿尔及利亚、新西兰和捷克。另一些跨国汽车公司(例如福特公司和戴姆勒-克莱斯勒公司)以及英国石油公司等,它们的经济实力也远远超过了越南、科威特和古巴等发展中国家。

(5)国际影响扩大。随着国际分工的进展,国籍、工种和疆界对跨国公司来说不再是组织全球生产的障碍,反而成为其权衡各国各地的相对优势,决定去何国何处投资、合理配置生产要素的重要依据。尽管跨国公司与主权国家间谁占据主导的争论永远不会停息,但跨国公司在国际政治、经济事务中话语权不断增长已确实是不争的事实。一方面,母国政府往往采取各种政策措施鼓励和支持跨国公司扩大对外投资,如减免税收负担、提供研发支持、出面与他国政府进行政策协调等;另一方面,投资对象国即东道国,特别是一些发展中国家为了吸引外资,往往不得不对跨国公司网开一面,在税收、环保、劳工待遇等领域实施各种超国民待遇。

(6)跨国公司之间的兼并和收购日益激烈。这场并购风始于20世纪80年代末,其特征是竞争对手之间的恶意收购逐渐减少,优势互补的强强联手不断增多。从行业上来看,并购浪潮几乎遍及所有行业,其中又以通信业、金融业首当其冲。出于追求规模效益、减少营运成本、获得互补性资产、增加技术垄断和市场份额、规避商业周期风险、构筑全球一体化的生产网络等原因,许多昔日互为敌手的跨国公司纷纷携手结盟。在经济全球化背景下,研发成本上升、各国政府逐步放宽对企业跨国并购的管制、资本市场的活跃等因素也为跨国公司的并购创造了条件。1997年美国波音公司和麦道公司合并成为世界上最大的航空公司。1998年,世界最大互联服务商美国在线公司出资42亿美元收购了网景通讯公司。同年4月,美国花旗银行同旅行者集团宣布将通过巨额交易实现两者合并,组成世界上最大的金融服务公司。美国国民银行公司和美洲银行公司也宣布将合并组成美国最大的商业银行,资产总计5 700亿美元。1998年5月,德国最大的工业集团戴姆勒—奔驰公司和美国第三大汽车公司克莱斯勒公司宣布合并。6月,AT&T以480亿美元的巨资将美国有线电视公司收入门下。8月,英国石油公司宣布出资500亿美元购买美国阿莫科公司。12月,美国埃克森公司出资800亿美元收购美孚石油公司成为世界第一大石油公司。2000年,英国沃达丰电信公司以1 900亿美元并购德国曼内斯曼电信公司。2005年,日本第二大金融机构三菱东京金融控股集团与日本第四大金融机构日本联合金融控股集团宣布全面合并，合并后的总资产接近190万亿日元，从而一举超过美国花旗集团，成为世界最大规模的金融机构。从表9-1和表9-2可以看出当今世界跨国并购数额巨大、交易频繁。

表9-1 2013—2014年跨国并购的行业分布

单位：百万美元

产业/行业	出售额		购买额	
	2013年	2014年	2013年	2014年
总量	**237 516**	**274 549**	**178 870**	**228 389**
第一产业	**39 337**	**27 842**	**−14 302**	**−920**
采矿、采掘和石油业	37 897	25 975	−14 553	−1 178
制造业	**84 807**	**152 185**	**80 051**	**128 229**
食品、饮料和烟草	19 708	30 534	25 278	34 340
化工和化学制品	19 232	23 611	4 822	25 172
制药、化学和生物制品业	742	44 058	20 443	45 165
计算机、电子、光学制品和电子设备	10 753	24 247	11 808	14 877
服务业	**113 373**	**94 522**	**113 121**	**101 081**
贸易	7 406	28 483	−2 067	23 551
信息和通信	29 273	−73 170	22 476	−87 172
金融和保险业	9 077	29 728	64 197	100 908
商务服务业	35 799	65 929	22 220	28 260

资料来源：联合国贸易与发展组织：《世界投资报告2015》，南开大学出版社2015年版，第84页。

表9-2 2013—2014年跨国并购的地区/国家分布

单位：百万美元

地区/国家	出售额		购买额	
	2013年	2014年	2013年	2014年
世界	**237 516**	**274 549**	**178 870**	**228 389**
发达经济体	**165 726**	**201 150**	**165 726**	**201 150**
欧洲	35 455	24 853	112 622	169 943
北美	84 976	125 234	40 618	13 485
其他发达国家	45 296	51 063	12 487	17 722
日本	44 872	37 906	2 576	3 947

（续表）

地区/国家	出售额		购买额	
	2013 年	2014 年	2013 年	2014 年
发展中经济体	**62 869**	**58 789**	**20 335**	**25 703**
非洲	2 288	1 670	−8 953	−8 317
亚洲和大洋洲	55 463	48 988	9 609	16 072
中国	37405	24 353	6 201	2 385
印度	1 883	−880	3 346	5 327
拉美和加勒比地区	5 118	8 131	19 678	17 949
转型经济体	**1 682**	**−251**	**−7 191**	**1 536**

资料来源：联合国贸易与发展组织：《世界投资报告 2015》，南开大学出版社 2015 年版，第 85 页。

3. 全球价值链、国际生产网络和全球供应链

所谓国际生产链，是指原本在一个国家内部完成的生产过程，在经济全球化和自由贸易的推动下，转化为延伸到若干个国家甚至更大地理范围内的行业内生产分工体系，涉及研发、设计、生产、加工、组装、运输等各个环节，并形成一个内部组件分工协作、生产运输环环相扣的完整链条。国际生产链不是一种简单的国际生产分工关系，也不是一个企业生产经营活动的单纯的国际生产布局，而是由一家或若干家跨国公司主导、涉及多国企业参与，产业内部分工达到高度精细复杂程度，产品内部分工成为主要国际分工形式的一种全球性生产分工体系。国际生产链的背后是国际产业的整合、分工和重组，是国际产业投资和产业内贸易活动的高度繁荣，也是许多国家在同一产品的生产或同一产业的发展上更加紧密相连、相互依存的典型反映。与国际生产链相关的还有几个概念，包括全球价值链、全球生产网络、垂直专业化生产、离岸外包生产、全球供应链等，其中，最为常见的是全球价值链、国际生产网络和全球供应链这三个概念。[8]

美国哈佛大学的迈克尔·波特(Michael E.Porter)首创价值链的概念，他在其名著《竞争-优势》中认为，价值链是指一种商品在创造过程中所经历的从原材料到最终产品的各个阶段，不断地创造价值、为顾客服务的一系列工艺过程。在迈克尔·波特研究的基础上，学者们又提出了全球价值链(Global Value Chains，简称 GVC)的概念。GVC 从价值链的角度分析了经济全球化的过程，

它提供了一种基于网络的、用来分析全球化生产的地理特征和组织特征的分析方法，揭示了全球产业的动态性特征。与国际生产链的概念相比，全球价值链的分析视角立足于价值的分割与价值生成模块，着重反映的是不同国家在价值分割过程中的不同地位与相互关系。国际生产网络（Global Production Network）也是一个被广泛应用的概念，反映不同国家在同一产品中所建立的分工与协作关系。与国际生产链在含义上最为接近的是全球供应链（Global Supply Chains）的概念，这一概念反映的是一个国家的一个或若干个企业生产的产品即是另一个国家的一个或若干个企业生产的供应品，对生产原料和中间产品的供应已经从一国的地理范围扩展到全球地理范围。[9]

跨国公司的全球经营战略是其区别于国内企业的根本特征之一。跨国公司以全世界市场为角逐目标，在世界范围内实施生产力配置，充分利用各国的优势，以保证总公司的最佳经济效益。全球经营战略的意义在于，使得跨国公司拥有统一性、灵活性和有效性，享有资源和商品销售的全球统一调配的好处，最有效地使用人、财、物和技术，达到全球一体化的效果。[10]

全球一体化是以全球价值链、国际生产网络和全球供应链为载体的，在这一链式系统中，初级产品、中间产品、最终产品和服务的交易在被分割且分散在各国的生产工序中进行。其中，全球价值链通常由跨国公司协调，投入和产出的跨界交易在其子公司、合同伙伴及正常供应商的网络中进行。当前，全球约60%的贸易为中间产品和服务贸易，这些中间产品和服务在不同阶段被纳入供最终消费的产品和服务生产进程，今天其价值超过20万亿美元。生产工序的分散化和工序中生产任务和生产活动的国际分工催生了无国界的生产系统。这些生产系统可以是有顺序的链条或是复杂的网络，它们的范围可能覆盖全球或是区域。例如，大多数发展中国家越来越多地参与到全球价值链中。发展中国家在全球增加值贸易中所占份额从1990年的20%增加到2000年的30%，今天已经超过了40%。但是，许多较贫困的发展中国家仍在努力进入除了自然资源出口之外的全球价值链。区域价值链的联系常常比全球价值链的联系更加重要，特别是在北美、欧洲以及东亚和东南亚。在转型经济体、拉丁美洲和非洲，区域价值链相对欠发达。直接外资存在的规模相对于其经济体规模而言较大的国家，在全球价值链中的参与程度往往较高，而且往往会通过贸易创造较多的国内增加值（见图9-1）。[11]

在国家一级，从全球价值链贸易中创造的国内增加值相对于本地经济规模而言可能会相当大。在发展中国家，平均来看，增加值贸易对各国GDP的贡献

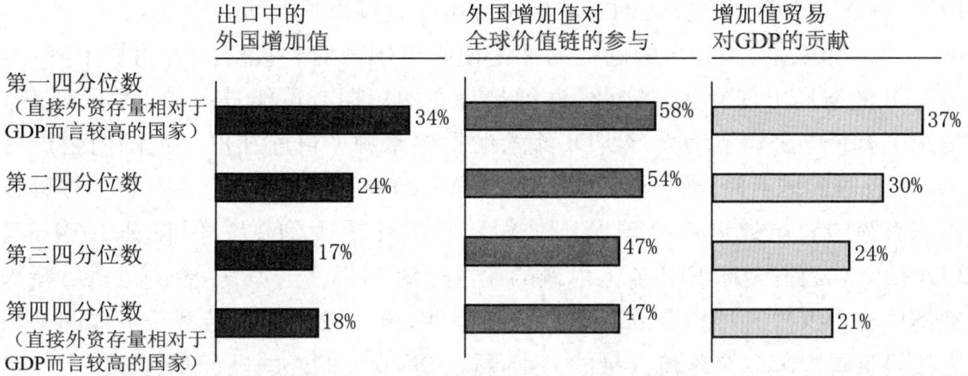

图 9-1　2010 年按相对于 GDP 的内向直接外资的四分位数列出的关键增加值贸易指标

资料来源：贸发会议，《2013 年世界投资报告》。

率约为 30%，而在发达国家，这一比例为 18%。参与全球价值链与人均 GDP 增长率呈正相关。在全球价值链参与程度增长最快的经济体，人均 GDP 增速要高出平均水平约两个百分点。此外，参与全球价值链往往可促使发展中国家创造就业机会和实现更高的就业率增长，即便参与全球价值链取决于出口中的进口含量。从长期来看，全球价值链可以成为发展中国家增强生产能力的一个重要途径，包括通过技术转播和技能培养，为产业升级开创机会。不过，全球价值链的潜在长期发展收益不是自动获得的。参与全球价值链可能导致在一定程度上依赖狭窄的技术基础和加入跨国公司协调下的价值链，从事有限的增加值活动。[12]

4. 新兴经济体国家跨国公司

20 世纪 90 年代以前，发达国家对外投资的年流出量一直占全球年流出量的 82%以上。2000 年，西方发达国家对外直接投资的流出量达到创纪录的 10 463 亿美元，占全球流出量的 90.9%。其中，美国在国际投资的拓展中一直占有最重要的地位，巩固了整个发达国家在国际投资存量和流量中所占的主导地位。1992 年，美国对外投资额为 390 亿美元。1993 年，增至 690 亿美元。2003 年，增至 870 亿美元。2004 年，达到 2 520 亿美元。另据美国《财富》杂志 2008 年的统计，全球共有 30 个国家的企业入围 2008 年世界 500 强企业，正在成为国际投资的主要力量。其中美国有 189 家，日本 107 家，紧随其后的是法、英、德分别为 39、36、34 家等。由此可见，2008 年之前，美、日、欧作为全球最为发达的经济体系，对外投资规模最大，发展水平最高，世界 500 强企业主要产生于这些国家，体现了当时西方发达国家主导全球国际直接投资流动的特点。[13]

2008 年以来，国际金融危机的冲击使欧美国家对外投资能力明显下降，全球 FDI 的格局出现一些新变化，这种趋势在中短期有可能进一步加强。首先，各国国有跨国公司成为全球 FDI 流入的重要来源。目前在世界范围内至少有 650 家各国的国有跨国公司，这些跨国公司的海外分支机构有 8 500 家。尽管各国国有跨国公司数量占全球跨国公司数量的比重不到 1%，但在 2010 年，其 FDI 投资总额占全球 FDI 流入总额的比重达到 11%。[14]其次，金融危机后新兴经济体成为世界直接投资的新力量。2010 年，流入发展中和转型经济体的外国直接投资首次超过全球流入量的一半，排名前 20 位的外国投资东道国中有一半是发展中或转型经济体。最后，新兴经济体在对外投资的流出中也日渐重要。2010 年，新兴市场国家跨国公司对外直接投资流出量增长 21%。与之形成鲜明对比的是，发达国家跨国公司的对外投资只有其 2007 年高峰时期的一半。目前，新兴市场国家跨国公司对外投资的流出量已占全球外国直接投资流出量的 29%。在全球前 20 位投资国(母国)之中，新兴市场的跨国公司占据 6 个席位。在全球 7 700 家跨国公司(MNCs)中，新兴经济体国家跨国公司的数目已超过 2 000 家。[15]2014 年发展中国家以及转型经济体跨国公司(EMNCs)对外投资持续增长，发展中经济体跨国公司对外投资共计 4 680 亿美元，较上年增长了 23%，而其占全球 FDI 输出的比重也从 2007 年的 13%上升至 35%。发展中经济体之间的对外直接投资存量增长了三分之二，从 2009 年的 1.7 万亿美元增长至 2013 年的 2.9 万亿美元。[16]

新兴经济体国家跨国公司是指来自新兴经济体、进行对外直接投资和在一个或多个国家从事价值增值活动并对跨国界经营活动进行有效控制的国际化企业。[17]尽管新兴经济体国家的跨国公司在来源国、所选择的产业、竞争优势、目标市场和国际化路径等方面表现出较高的异质性，但学者们通过对比较成功的新兴经济体国家跨国公司进行研究，发现其共同特征是政府在企业跨国经营中扮演重要角色：新兴经济体国家在对外投资逐渐扩大的基础上，对传统的国有经济进行了股份制改革，在一些具有战略意义的行业形成了一批由国家控股的大型国有企业(State Owned Enterprises)，这些国有企业又被称之为"国家控制实体"(State Controlled-Entities)，已成为国际直接投资(Foreign Direct Investment)领域的生力军，并在对发达国家市场的并购行为中呈现出明显的资产寻求动机(Asset-seeking Motives)(见表 9-4)。

表 9-3　全球以及来自发展中和转型经济体的前 100 强非金融 MNEs 的国际化统计

单位：10 亿美元；千人；%

变量	全球前 100 强跨国公司					发展中与转型经济体前 100 强跨国公司		
	2012 年	2013 年	2012—2013 年变化%	2014 年	2013—2014 年变化%	2012 年	2013 年	2012—2013 年变化%
资产								
国外	7 942	8 249	3.9	8 266	0.2	1 506	1 632	8.4
国内	5 421	5 759	6.2	5 581	－3.1	4 025	4 403	9.4
合计	13 363	14 008	4.8	13 847	－1.1	5 531	6 034	9.1
国外比重	59	59	－0.5	60	0.8	27	27	－0.2
销售额								
国外	5 885	6 053	2.9	6 132	1.3	1 690	1 806	6.8
国内	3 072	3 263	6.2	3 101	－5.0	2 172	2 415	11.1
合计	8 957	9 316	4.0	9 233	－0.9	3 863	4 221	9.3
国外比重	66	65	－0.7	66	1.4	44	43	－1.0
就业								
国外	9 831	9 562	－2.7	9 599	0.4	4 103	4 226	3.0
国内	7 106	7 135	0.4	7 211	1.1	6 493	6 688	3.0
合计	16 937	16 697	－1.4	16 810	0.7	10 596	10 914	3.0
国外比重	58	57	－0.8	57	－0.2	39	39	0.0

资料来源：联合国贸易与发展组织：《世界投资报告 2015》，南开大学出版社 2015 年版，第 21 页。

表 9-4　1987—2005 年来自发展中经济体和转型经济体的公司在石油和天然气行业所实施前 8 位跨国并购交易（按销售额排名）

目标公司（国家）	收购公司（国家）	销售额（百万美元）	并购的股份（%）	增加的储备（百万桶）	年份
Petro Kazakhstan（加拿大）	CNPC（中国石油）	4 141	100.0	503	2005
Nelson Resources（加拿大）	Lukoil（俄罗斯卢克石油公司）	2 000	100.0	/	2005
Maxus Energy（美国）	YPF SA（阿根廷国家石油公司）	1 844	100.0	209	1995

(续表)

目标公司（国家）	收购公司（国家）	销售额（百万美元）	并购的股份（%）	增加的储备（百万桶）	年份
Egyptian LNG(埃及)	Petronas（马来西亚国家石油有限公司）	1 766	35.0	/	2003
Sakhalin-1 consortium（俄罗斯）	ONGC（印度石油天然气公司）	1 700	20.0	460[a]	2001
Perez Companc SA（阿根廷）	Petrobras（巴西国家石油公司）	1 028	58.6	730	2003
Greater Nile Petroleum（苏丹）	ONGC（印度石油天然气公司）	768	25.0	281[b]	2003
Reposl-YPF' oil field in Indonisa	GNOOC（中国海洋石油总公司）	592	100.0	360	2002

注：a 总储量为 2 300 百万桶，根据所并购的股份 20%折算得到增加的储备。

b 总储量为 1 124 百万桶，根据所并购的股份 25%折算得到增加的储备。

资料来源：UNCTA，跨国并购数据库（www.unctad.org/fdistatistics），增加的储备通过不同渠道的报刊媒体统计及相关公司网页。

西方学者普遍认为，这些“国家控制实体”（SCEs）由于资金规模巨大，背后有庞大的国有资产做支撑，因此一般都在国内市场上居于垄断者的地位，成为国家在战略性行业的利益代表。主权国家可以根据国家战略或国家利益的需要，组建若干个足以影响全球竞争的大型跨国公司，参与相关行业的国际竞争。这些国有跨国公司不仅得到政府的资金支持，还能得到政府在政治和外交等方面的支持。无需讳言，这些公司由于涉及主权国家的安全和战略利益，因此透明度相对比较低，很少披露其资产结构、投资动机、投资行为以及投资收益等细节。[18]

例如，俄罗斯面临着非常突出的“权力壁垒”限制竞争的问题。俄罗斯政府不断加强对战略性资源的控制，从政府对经济调整的干预逐渐走向国家垄断。普京上任伊始就表示，与经济增长速度直接有关的重要任务之一是继续对所谓自然垄断的大公司进行改革。在俄罗斯，有相当多的观点认为，由于当今世界中跨国公司成为全球经济最重要的经济主体，因此俄罗斯也应该组建大型公司。对俄罗斯现有的垄断组织，如天然气工业公司、俄罗斯统一电力股份公司等做理智而全面的权衡就会认识到，诸如此类的大型公司不仅能够将俄罗斯经济从危机中解脱出来，还可使其跻身于世界先进行列。诸如阿巴尔金等经济学家们强调，应该把俄罗斯自然垄断组织视为民族骄傲，它们在世界经济中有许多方面是无与伦比的。他们提议，在经济改革中不应采取简单的非垄断措施将大型公司化整为零，而应调整国家与上述大型公司之间的关系，促进俄罗斯大型工业集团的发展，因为它们能够提高产品在国内外市场上的竞争能力。[19] 2004 年 8 月，普京签署命令限制对 549 家具有战略意义的大型企业的私有化。2004 年 9 月，普京批准俄罗斯天然气垄断企业——天然气工业股份公司和 100%国家控股的俄罗斯石油公司合并，组建俄罗斯能源领域的"航空母舰"。2007 年 4 月，普京在其国情咨文中明确倡议，到 2008 年 5 月，大约用一年左右时间，在俄罗斯集中建立起 6 个规模庞大的国家集团公司，每个集团公司均由专门的联邦立法确定章程和任务，并被赋予振兴俄罗斯经济、实施国家重大建设工程以及发展高新技术产业的重任。俄罗斯石油公司和天然气公司相互持股，俄罗斯石油公司成为天然气工业股份公司下属的子公司。[20]

早在 20 世纪 70 年代末期，巴西已建成了 654 家国有企业，其中有 198 家为联邦政府所有。联邦政府所有的企业遍布巴西各个经济领域，不少企业成为巴西最大的企业。[21]由于国有企业是巴西政府实施政治经济战略的重要部门，其在巴西政治生活中发挥着重要影响力。因此，巴西政府对国有企业也有很大的照顾。国有企业不少管理人员来自政府部门，如巴西石油公司的总裁就来自军方与政界高层。[22]巴西政府作为国有企业的所有者，通过选派董事会成员掌握控制国有企业的重要的经营决策。这种决策的结果主要以计划指导、公共和基础部门投资及国有企业管理经营等方式来体现，因而决策对当事人的影响和推动程度是随政府的计划能力、投资能力和经营管理能力的加强而增大的。政府通过企业制定和执行经济发展计划，建立和增强国家资本主义经济成分，以形成资本主义条件下的有计划的市场经济体制。[23]

韩国也早在 20 世纪 60 年代到 90 年代短短的几十年时间里，从一个农业国转变为新兴工业化国家，其速度之快为资本主义发展史上所少见。在亚洲，除日本外，唯有韩国拥有世界一流的企业集团，它们支撑着韩国的经济发展。被称为"财阀企业"的 30 家大企业集团主宰着国家的经济命脉，掌握着大多数的原料、技术、动力和交通，控制着出口产品的生产和国内市场供应，对社会经济的发展起着决定性的作用。韩国经济的起飞是与企业集团的发展壮大同步进行的，而企业集团的发展壮大是在政府的直接扶植下进行的。[24]这种政府与民间的密切合作关系是韩国经济高速发展的一个关键因素，其中主要是政府与企业的合作。在确立了以经济增长为首要目标的方针后，韩国政府迫切需要得到企业的配合，而企业的发展也需要政府的帮助。企业追求利润必须与国家的经济发展目标一致，这种共同利益，使得政府与企业之间形成了合作关系。[25]

南亚的印度在相当长的一个时期内主张建设“社会主义类型的社会”，强调计划经济，重视国营企业（Public Sector Undertakings）。尼赫鲁曾把国营企业誉为“现代印度的神庙”。

1947 年印度独立以后，通过接收英印当局遗留的资产，印度政府对一大批私营企业实行国有化改造，在一系列五年计划中重点投资新建国企以及大量引进外援资金和技术，印度国营企业迅速成长起来。同时，印度产业政策明显向国营企业倾斜，规定一大批重要产业只能或主要由国营企业经营，限制私营部门与之竞争，从而使国企逐渐在国民经济中占据主导地位。到 20 世纪 90 年代，国企研究垄断了印度石油天然气、重型机械工业、金银铜铅锌等矿业、船舶、铁路车辆制造业、新闻纸生产以及铁路航空运输等一批行业。[26]印度政府很注意支持公营企业和公营金融机构向海外投资，发展海外合资企业，为国家社会经济发展服务。为加强统一领导，印度政府在政府商业部下设立海外工程开发委员会，由商业部、外交部、财政部、工业部、技术发展总局和公司事务部等机构派代表参加，负责批准、管理和审查一切有关海外合资企业的事宜；同时在外交部下增设经济司，以加强对海外合资企业的管理。[27]

5. 跨国公司与国际直接投资规则

众所周知，规则就是约束或激励行为主体行动的规范，而所谓国际经济规则也就是在国际范围内约束不同的行为主体活动的规范。这些不同的行为主体包括国家、国际组织、企业或个人。国际经济规则是国家、个人、企业之间从事国际经济活动时需要共同遵守的制度或规则。[28]

例如，随着当代世界科技革命推动下国际分工的深化，全球跨国公司进入了一个迅猛增长的轨道。在 20 世纪 60 年代，已有 1 万多家大大小小的跨国公司拥有和控制了全球范围内 9 万多家分支机构。美国是 500 家最大的产业公司的总部，数量最多，其次是日本（111），英国（43），德国（32）[29]。目前，全球跨国公司总数已达 78 817 家，共有海外分支机构 794 894 家，在全球贸易、投资、研发中占有日益重要的支配地位，在世界贸易中所占份额超过 70%。[30]这预示着跨国公司将进入一个新的扩张期。同时，这些跨国公司也将在经济全球化中扮演更为重要的角色，对民族国家的经济生活产生多方面的重大影响。产生这些影响的原因主要在于随着国际政治经济越来越相互依存，这些跨国公司在某种程度上积累了相当的政治权力。[31]正如查尔斯·金德尔伯格(Charles P. Kindleberger)阐明的那样："跨国公司变得越来越国际化，比一国政府更快捷地制定出合适的政策来影响国际经济规则，以至于有的民族国家政府甚至认为自己已经丧失了国家的若干主权。"[32]

近几年来，随着世界新兴国家群体的崛起以及欧美国家债务危机的爆发，以美国和欧盟为首的发达国家启动并主导了一系列贸易和投资谈判，其中最主要的有2008年美国加入并主导的"跨太平洋战略经济伙伴关系协定"(Trans-Pacific Strategic Economic Partnership, TPP)谈判。根据奥巴马政府的设想，TPP的出台就具有"不完全是由经济利益所驱动的，而是出于政治考量"的特征。在2010年1月中国—东盟"10+1"启动的背景下，TPP的扩大，显然增加了针对中国的含义。体现了以抗衡中国影响力上升为主要目的的政策取向。即美国强调以TPP和APEC的结合为平台，既要应对以中国和印度等新兴经济体增长为主体的"亚洲变革"，又要加强与昔日军事盟友的关系，以达到美国主导亚太经济事务，影响东亚一体化进程的目的。[33]因此，TPP是美国重返亚洲、实现其战略再平衡的一个重要载体，客观上造成了东盟国家的分裂，也与中国等国在市场开放、规则制定、地区权力结构等方面形成一定程度的利益角逐，2013年3月11日，美国总统国家安全事务助理汤姆·多尼伦(Thomas E. Donilon)在一场概述重视亚洲政策的演讲中强调，TPP将成为美国重构亚太经济规则的核心举措。

2013年，美国与欧盟启动跨大西洋贸易和投资伙伴关系谈判(TTIP)，以及美国2012年提出的双边投资协定范本(Bilateral Investment Treaty, BIT)，随着这些谈判的逐步深入和部分框架协议的达成，新的国际经济规则已初露端倪：[34]

一是推行更高标准的贸易自由化。美国作为TPP谈判中最为强势的主导者，始终根据自身利益掌控TPP扩容的规模与速度，并将其作为奥巴马政府随时灵活应对国内外政治经济形势变化的一项战略性政策工具。TPP谈判的不断扩容已经作为美国实施"新亚洲政策"的重要途径，其目的在于向世界表明亚洲对于美国的国家利益极其重要，美国仍将介入该地区的事务，并将继续巩固其在亚太地区的政治经济主导权。而在适当时机选择适当的扩容对象则是为了满足美国引导未来区域经济一体化“制度建设”的诉求。依靠这种“要质量而不要速度”的“宁缺毋滥”战略，美国将逼迫其他亚太区域经济一体化机制跟进实施更高标准的贸易自由化，从而产生更强的全球战略意义和示范价值。[35]

二是积极推进投资自由化。美国启动BIT项目主要基于一系列经济、法律和政治角度的考量：经济方面主要是想通过BIT项目保护美国投资免于歧视待遇、外汇管制和征收等威胁；法律方面主要是想通过BIT项目弥补习惯国际法在保护外资方面的不足；政治方面则是因为美国政府需要向美国国会和美国企业表明其保护海外投资的决心和态度。[36]

三是更加强调竞争性中立原则。2011年以来，美国就多次在各种政治、经济和外交活动中讨论“竞争中立”原则，并在经济合作与发展组织（OECD）、联合国贸易和发展会议（UNCTAD）等国际组织中推动竞争中立框架（Comparative Neutrality Framework，简称CNF）的推广和落实，使得“竞争中立”原则引起广泛关注。“竞争中立”的概念可以追溯到20世纪70年代，最早由澳大利亚提出，是指“政府的商业活动不得因其公共部门所有权地位而享受私营部门竞争者所不能享受的竞争优势”。[37]美国认为，自2004年到2008年初，跻身“福布斯世界2000强企业”的企业中有117家是来自金砖国家的巴西、俄罗斯、印度和中国的国有企业，面对全球经济新趋势，美国副国务卿罗伯特·霍马茨（Robert D. Hormats）直言不讳地表示：国有企业借助背后的政府支持，无需提高自身的生产效率或研究创新能力便能在美国市场或第三国市场获得竞争优势，因此美国有必要采取应对措施以消除这一竞争优势。在罗伯特·霍马茨看来，不同经济体之间国有企业占优的市场冲击了私营企业占优的市场，所以世界贸易需要再平衡。在多边框架下，美国借助经济合作与发展组织（OECD）这个政府间平台推动竞争中立概念的普及，试图在竞争中立框架的具体规则中加入更多限制国有企业竞争优势的条款；在双边框架下，2011年签署的《美国—新加坡自由贸易协定》则针对国有企业单独制定了大量高标准的限制条款；近期公布的《欧盟与美国就国际投资共同原则的声明》在呼吁美欧摒除经济保护主义情绪、提供一个开放和非歧视的投资环境的同时，不忘宣称双方政府将共同致力应对来自受益于国家力量的商业企业的实质挑战。在美国强势主导的TPP谈判中，国有企业问题也理所当然地成为多边讨论与博弈的重要话题。TPP协定设置国企条款开创了在多边自贸协定中涉及不同经济体间国有企业与私营企业竞争问题的先河，美国借道TPP为国有企业参与国际竞争制定规则的意图已经十分清晰。[38]

关注近年趋势可以发现,"加强约束"的比例越来越高,新投资保护主义早在金融危机之前便已抬头。2003年以来,各国频繁推出与投资相关的监管或限制措施,投资保护主义不断发酵升级。2007年金融危机之后,投资保护主义更是肆无忌惮。一方面,国际投资保护主义倾向日趋严重,不仅有正式的法律约束和政策限制,还有非正式的行业潜规则和社会文化抵制,再加上最新出现的社会责任等未知因素,投资保护主义的形式层出不穷。另一方面,国际投资保护主义制度化的发展倾向逐渐清晰起来,各国不断推出并逐步完善针对外来投资的政策和法律体系,投资保护步入法制健全的规范化发展阶段。根据《世界投资报告》的统计资料,2003—2010年,投资保护主义倾向的政策变动比例达到21.7%,在2010年更蹿升至历史最高值32.2%,也就是说2010年有将近1/3的政策变动带有投资保护主义的倾向。

第二节　跨国公司理论

简单地说,跨国公司理论就是对跨国公司的发生和发展、生产和经营、绩效评估以跨国公司对全球政治经济影响等内容进行研究所采用的理论及其方法。跨国公司理论产生于20世纪60年代,先后出现了垄断优势理论、产品生命周期理论、内部化理论、边际产业扩张理论、垂直一体化理论等理论流派。20世纪70年代后期,有人试图对上述流派进行整合,从而形成了跨国公司的一般理论。20世纪80年代以后,跨国公司理论进一步深化、分化,出现了许多新的观点和理论分支。这些主要从经济学的角度对跨国公司理论作简要介绍,有关跨国公司对国际政治经济的影响将在下一节里予以分析论述。

1. 垄断优势理论

1960年,斯蒂芬·海默(Stephen Herbert Hymer)在其博士论文《民族企业的国际化经营:一项关于对外直接投资的研究》中首次提出了垄断优势理论。[39]海默通过对美国对外投资的实证分析指出,对外直接投资不同于一般意义上的金融资产投资,因而证券投资理论对对外直接投资并不适用,必须以垄断优势理论来解释。垄断优势理论以市场的不完全性作为理论前提,注重对微观层次的企业行为和行业组织结构特征的分析。该理论认为,由于关税和非关税壁垒、政府对价格和利润的管制、少数寡头企业的存在等因素,国际和国内市场,特别是技术和知识市场存在不完全性。因此,跨国企业可以充分利用其垄断优势通过对外直接投资获取超额利润。

垄断优势理论认为,跨国公司的垄断优势包括控制专利、生产秘密、管理技能和市场技能等因素而产生的技术优势,规模经济等工业组织优势,利用过剩的管理资源的优势,利用廉价资本和投资多样化的优势,利用特殊原材料的优势等,其中最核心的优势在于技术和知识。这些优势的存在使得市场门槛提高,竞争者无法或难以进入,从而使跨国公司保持其垄断地位。其他学者也对垄断优势理论的完善和发展作出了贡献,如金德尔伯格(Charles Kindleberger)的核心资产论、约翰逊(Harry G.Johnson)的占有能力论、凯夫斯(Richard E.Caves)的产品差异能力论、尼克博克(F.T.Knickerbocker)的寡占反应论等,从而使垄断优势理论形成了较为完整的体系。但垄断优势理论尚停留在静态分析,不能解释为何不具备垄断优势的发展中国家企业和中小企业也到境外投资,也不能解释为何企业拥有寡占技术优势不能通过有偿的技术转让或出口来获得潜在的收益,而非得到境外投资等问题。

2. 产品生命周期理论

雷蒙德·弗农(Raymond Vernon)于 1966 年提出了“产品生命周期理论”,[40]其后克鲁格曼(Paul Krugman)把产品生命周期的概念引入了南北贸易模型。[41]产品生命周期理论的基本内涵是:每一种技术或产品的进化要经过生命史的三个阶段:引进或创新阶段;逐渐成熟阶段;标准化阶段。经济发展水平的提高和技术的进步使技术从一个国家向另一个国家扩散以及比较优势在各国之间相应地转移,从而引起贸易和国际分工格局的变化。

一般而言,产品生命周期的第一阶段往往见诸工业发达国家。这些国家内的大企业由于国内市场巨大、资源充裕、技术领先,在开发新产品和新工艺上拥有相当大的比较优势。在产品创新阶段,为了最大限度地贴近市场和消费者,适时改进产品质量和功能,也由于市场需求的价格弹性较小,区位选择对产品成本的影响不大,这时的生产集中在国内最为有利。然而,随着国内市场的相对饱和,发达国家的大企业就必须向海外拓展市场。当国外需求增大而对方国家又以高关税和其他非关税壁垒来抵制其产品进入时,再加上技术扩散的因素,发达国家的大企业在国外生产商品不仅是可行的而且是必需的了。在第二阶段，即在成长或成熟阶段，生产的重心往往移向经济技术水平相差不大的其他发达国家。由于退出行业的高转换成本和企业生产的惯性、防止技术泄密等因素，在这一阶段跨国公司仍在国内维持一定的生产。在第三阶段，制造工艺已经标准化之后，产品的性能、样式和技术开始稳定，随着模仿产品的出现，企业的寡占优势已不复存在。为了适应激烈的价格竞争和降低产品成本，大企业把生产制造中心转移到经济技术水平差距较大的发展中国家，利用它们低廉的劳动成本和税收优惠等政策进行加工制造。然后再通过其海外分公司，以企业内贸易形式把产品销往其他国家或返销本国，而发达国家已经放弃了这种产品的生产，腾出人力物力从事新的产品开发。

第二次世界大战以后，技术发明和扩散的速度明显加快。发达国家增强了研发创新能力，同时也获得了向全球经济扩散其影响的新手段。通过不断增加对外直接投资，跨国公司把高度标准化了的产品和技术同相对低廉的劳动力和自然资源结合，从而促成了国际贸易的迅速扩大和全球分工体系的形成。产品周期理论为这一变化提供了有力的解释。这一理论正确地指出了工业技术的发展已成为国际经济蓬勃发展的重要决定因素，解释了跨国公司把国际贸易和国际生产相结合的奥秘。但它也存在若干缺陷，如研究局限于制造业，不能解释其他类型的境外直接投资，固定不变的生产函数假设过于僵化，对于某些跨国公司一开始就在国外研发、生产和销售新产品等现象也难以自圆其说，等等。

3. 内部化理论

内部化理论也称为市场内部化理论，主要由英国学者巴克利（Peter J.Buckley）与卡森（Mark Casson）及加拿大学者拉格曼（Allan M.Rugman）提出。1976年，巴克利和卡森在其合著的《跨国公司的未来》中系统地阐述了内部化理论。[42]该理论仍然以市场的不完全性作为理论分析的前提，但与海默的垄断优势理论不同，它强调市场的不完全性如何使企业将市场上的买卖关系变为企业内部的供需关系，从而取得和保持垄断竞争优势。

内部化理论借用了科斯（Ronald H.Coase）创立的交易成本理论，将其用于对企业跨国经营行为的分析。内部化理论认为，中间产品市场上的不完全竞争是导致企业内部化的根本原因。所谓中间产品，不仅包括资金、半成品、原材料，更为重要的是专利、技术诀窍、市场商誉、管理技能和市场信息等知识产品。内部化理论的论证逻辑是：追求利润最大化是跨国公司运行的根本目的，而由于中间产品市场存在不完全性，企业在进行交易时需支付额外成本，为此企业不得不将管理和经营活动置于本公司内部，当这种内部化超越国界时就产生了跨国公司。内部化将为跨国公司带来诸多好处，如企业内部的经营活动得以协调和统一、企业可以确定商品和服务的价格和质量从而降低交易费用和交易风险、企业可以减少核心技术泄密的概率、企业得以减少因贸易壁垒等原因而造成的外贸波动、通过“转移价格”可以使企业的税收支出最小化等。内部化理论同样存在不足。如有学者指出，对外直接投资只是商品经济发展到一定阶段的产物，而企业的内部化优势是商品经济产生后就已存在的，这表明内部化优势并非是境外直接投资的初始动力。

4. 边际产业扩张理论

1977年，日本学者小岛清提出了边际产业扩张理论。[43]边际产业扩张理论加强了对宏观经济因素和国际分工原则的分析，将赫克歇尔—俄林的资源禀赋原理用于对对外直接投资的分析，因而也称为比较优势理论。该理论认为，海默的垄断优势论和弗农的产品生产周期理论都是建立在垄断优势基础之上的，只能解释美国型跨国公司的对外投资行为，并不具有普遍意义。通过对美国和日本对外直接投资的比较分析，小岛清发现两者存在诸多不同。比如，美国的跨国公司大多属于具有比较优势的制造业部门，而日本的对外直接投资主要集中于资源密集型和劳动力密集型产业，也就是日本即将失去或已经失去比较优势的产业；大型企业是美国从事对外直接投资的主体，而日本的对外直接投资则以中小企业为主，所转让的技术也多为适用技术，比较符合投资国的生产要素结构及水平；美国对外直接投资是贸易替代型的，也就是说某一行业对外直接投资的增加将减少其出口，相反，日本的对外直接投资是贸易创造型的，对外直接投资与对外贸易呈互补关系，即对外直接投资的增加将促进国际贸易额的扩大。

因此，边际产业扩张理论认为，对外直接投资应该从投资国已经处于或即将处于比较劣势的产业（边际产业）依次进行。这些处于比较劣势的部门主要指零部件生产、装配等劳动密集型部门。通过这种对外投资，投资国的标准化技术、雄厚资金与投资对象国的廉价资源相结合，创造出对投资国原有比较优势的一种补充。小岛清的边际产业扩张理论与关于日本产业转移的“雁型模式”密切相关，成为指导日本对外经济扩张的重要理论。

5. 国际生产折衷理论

1977 年,英国里丁大学教授约翰·邓宁(John H.Dunning)发表了著名论文《贸易、经济活动的区位和跨国企业:折衷理论探索》,提出了国际生产折衷理论。[44]1981 年,他在《国际生产和跨国企业》一书中对这一理论作了进一步的阐述。[45]邓宁认为,早期的跨国公司理论,无论是运用产业组织理论的垄断优势理论,还是强调投资和贸易相互影响的产品生命周期理论和边际产业扩张理论;无论是强调中间产品市场不完全性的内部化理论,还是研究对外直接投资区位选择的区位理论均各有所长,但需要加以折衷和综合。于是,邓宁提出了 OLI 范式,把跨国公司对外直接投资的原因归结为其拥有的三大特定优势,即所有权优势(Ownership Advantage)、区位优势(Location Advantage)和内部化优势(Internalization Advantage)三个要素。

所谓所有权优势,是指跨国公司拥有的各种资产及其所有权形成的特定优势,它主要包括原材料优势、技术优势、企业规模优势、组织管理优势、市场销售优势等。所谓内部化优势,是指跨国公司将其拥有的资产及其所有权内部化过程所产生的特定优势。内部化的根源在于外部市场的不完全性。所谓区位优势,是指跨国公司在对外投资的区位选择上拥有的特定优势,包括自然禀赋优势和投资环境优势,前者就是自然赋予的区位资源,也称作"李嘉图禀赋",后者包括制度环境、市场结构、政策法规等人为优势。[46]所有权优势是跨国公司对外直接投资的内在必要条件,区位优势是外在必要条件,内部化优势是实现这两个优势的载体和手段,三者合力作用,促使企业选择对外直接投资而非出口、发放许可证等方式开展国际竞争。

1981 年,邓宁又在折衷理论的基础上提出了投资发展路径理论(The Investment Development Path)。[47]通过实证分析邓宁发现,一国的人均国民生产总值与其净对外投资额(Net Outward Investment)之间呈现高度的正相关关系,从而从动态的角度解释了一国对外直接投资与否、规模如何与其经济发展水平息息相关。

6. 垂直一体化理论

美国学者保罗·克鲁格曼(Paul Krugman)于 1981 年提出了垂直一体化理论,用以解释以扩大市场份额为目的的跨国兼并浪潮。[48]所谓垂直一体化投资,是指跨国公司为实现其内部一些生产的产品成为另一些生产工厂的投入而进行的投资和资源配置。这一理论认为,在许多情况下,在国外生产经营的成本不是低于而是高于本国的生产成本。为了改变海外生产不如直接出口的状况,跨国公司对国外子公司的控制,除了持有一定比例的股权之外,还必须具有某种"补偿优势",即"本公司特有的优势",如技术专长、管理方法或规模效益,从而使跨国公司在其他国家开展生产经营时能获得垄断利润,并能使它有效地同东道国的公司进行竞争。

垂直一体化投资有四个环节。(1)生产经营活动各个环节的内部化。跨国公司把生产过程的所有环节,从原料和零部件产品的提供到成品的定价都置于总部的直接控制之下。(2)对技术开发利用的控制。由于研究开发成本上升,跨国公司要尽可能地维持技术垄断地位,延长技术的独占使用时间,以从中获得最大收益。(3)比较优势的合理组合。尽可能利用通讯和运输的便捷,根据各国各地的比较优势来组织全球性生产。(4)规模效益。通过一体化获得规模效益,力争有效地影响母国、东道国乃至整个世界的经济格局,使之有利于自身的发展。

垂直一体化理论要求跨国公司把生产的各个环节放在全世界不同的地方,寻找生产成本更低、税收更加优惠的国家和地区进行对外直接投资。其结果是,就生产而言,由产业部门间分工向同一产业部门分工、由产品分工向生产过程分工发展;就国际贸易而言,中间产品贸易取代最新产品贸易,企业内贸易取代国家间贸易。人们把这些新的发展趋势,称之为"新跨国公司主义"。

20世纪80年代以后,研究跨国公司的理论学者一方面对上述传统跨国公司理论进行进一步的修正和完善,另一方面针对跨国公司发展的新情况和新问题,提出了更多微观和中观的跨国公司理论,如战略管理理论、国际企业战略联盟理论、战略选择权理论、创新比较优势理论、中小企业国际化理论、跨国公司海外研发理论、国家竞争优势理论、关于发展中国家跨国公司发展的小规模技术理论等。除了传统的经济收益分析之外,政治、文化、社会等因素也逐渐融入跨国公司的理论研究之中。

第三节 跨国公司的政治哲学

战后跨国公司的发展产生了一系列重大的政治后果,对外直接投资和生产全球化既促进了由相互竞争的民族国家构成的国际社会的相互作用,又与之产生了一系列碰撞和冲突。琼·斯佩罗曾指出,跨国公司与民族国家之间存在着三个潜在的政策和利益冲突领域:一是跨国公司与国民经济的效率、增长及福利问题;二是跨国公司与国家控制经济的能力问题;三是跨国公司干预国家政治过程的问题。[49]也正是在这些问题上,现实主义、自由主义和以依附论为代表的新马克思主义对于跨国公司与民族国家的相互关系存在着不同的解读。

1. 现实主义的"民族国家主导论"

罗伯特·吉尔平认为,"尽管跨国公司在国际经济事务中举足轻重,但民族国家依旧在唱主角","在民族国家和跨国公司政权的斗争中,优势仍在民族国家那边"。[50]

首先,跨国公司的经济实力与母国的政治权力是相互补充而非彼此对立的。在阐述国际政治经济学基本理论时已经指出,权力不仅来自政治影响和军事力量,而且还来自经济实力。全球化时代,国际竞争力不只是属于个别企业,而且构成一国的权力基础。当最有发展潜力的企业把持了具有战略意义的商品和劳务,并在国际上保持这种垄断地位时,这个企业的母国也就在国际上取得了影响甚至左右其他国家的手段。因此,从根本上说跨国公司是其母国的国际地位和权力影响的经济基础。跨国公司通过它的投资和生产经营活动使世界各地相互联系和依存的程度不断加深,形成了你中有我、我中有你的态势,其母国的政治军事影响也就随之而扩散出去,反过来,政治军事强权又保护、巩固和扩大了跨国公司在国内外的经济技术垄断优势。因此,跨国公司与母国之间在经济政治方面具有明显的互补性。

举例来说,战后美国的政治霸权是建立在其压倒优势的经济科技力量之上的,而这种压倒优势又是由数以万计的跨国公司所提供的。美国的跨国公司将其商品和劳务出口所得和海外分支机构的红利所得源源不断地汇回美国本土,从而使美国政府有能力从海外购进商品,支付海外驻军费用,努力维持国际收支平衡。跨国公司还是显示和拓展美国政治影响、生活方式、意识形态等"软实力"的重要途径,麦当劳、迪士尼、可口可乐等美国公司及其知名产品已成为后者的化身。

其次,跨国公司的母国的战略考虑和政治需要常常是决定其经济行为的主要因素。跨国公司的母国也往往对符合其对外战略的经济行为予以全方位的支持。现实主义认为,“公司战略和行为的许多基本差异反映了各国在制度结构、经济政策和社会关注的重点上的差异”,“每家跨国公司都是其国内总部的独特产物,反映了它的社会、经济和政治价值观念”。[51]这一点不仅是在发达国家的跨国公司身上,而且在发展中国家的跨国公司身上也有强烈的体现。尽管政府一般并不干涉跨国公司的日常经营,但每当涉及关系国计民生的重大决策时,跨国公司的背后总会出现政府的身影。例如,2010 年美国谷歌公司因内容审查问题与中国政府交涉,声称不满中国政府推行的过滤和屏蔽部分网站的政策,宣布拟关闭谷歌中国网站。针对谷歌扬言退出中国一事,美国官方高调介入并直指中国政府,一个跨国公司在东道国的经营问题在美国官员的话语下演变成中美双边的“网络自由与管制”议题。在这场由一家跨国公司引发的中美摩擦的角力中,一起商业纠纷最终上升到美国总统、国务卿、议长等高层集体发力向中国进行“围剿”的国际政治斗争。很显然,谷歌事件实际上反映了美国的互联网战略,即美国利用其目前在互联网技术、资金、市场的巨大优势,向别国进行政治推销、商业推销、文化推销,来谋取美国的政治利益、商业利益和文化利益。

再如中美之间的光伏贸易战,实际上是双方以贸易形式在国际能源领域展开的对新能源、新战场的争夺。2011 年美国有 4 家光伏企业倒闭,其中包括获得奥巴马政府大力支持、得到联邦 5 亿美元贷款担保的 Solyndra LLC,奥巴马政府因此饱受共和党的谴责,美国国内的法律人士要求奥巴马政府严厉对待中国的光伏企业。同年 10 月,德国光伏巨头 SolarWorld 美国分公司及其他六家光伏企业向美国国际贸易委员会和美国商务部提出反倾销和反补贴调查诉讼申请。美国商务部借机开展反倾销和反补贴的“双反”调查。2012 年美国商务部和国际贸易委员会相继做出最终裁定,认定中国向美国出口晶体硅光伏电池及组件存在倾销行为,将征收 31%—250%的反倾销关税。此次裁决影响到 59 家中国太阳能公司,将直接断送中国 10%的光伏出口市场。这场光伏贸易战,名为反倾销和反补贴,实为美国打压中国光伏产业,从战略、贸易和技术标准等方面对中国的新能源发展进行遏制,以确保美国在未来战略产业方面的领先地位。

最后,无论是在母国还是在东道国,跨国公司作为一个行为主体并不能为所欲为,而要受到种种约束。主要的约束来自内外两方面。外部的约束来自主权国家的法律法令。战后以来巨型跨国公司被逐出投资国甚至被强行国有化的事例并不少见。因此,不少跨国公司近年来努力塑造“热衷环保”的良好公众形象,如作为全球第五大石油公司的荷兰皇家壳牌石油公司(Shell)曾因污染环境而备受抨击，但近年来该公司不但与全球环境贷款设施（GEF）实施联合项目，通过联合国渠道向发展中国家提供援助，还与秘鲁的非政府组织密切配合建立环境敏感度探测基地，并有意开发再生能源产品。此外，日本电气公司、英国联合利华公司、美国宝洁公司、美国陶氏化学公司、美国杜邦公司、美国强生公司等知名跨国公司也积极与非政府组织在环境保护方面开展广泛的合作。[52]内部的约束来自于跨国公司对利润的追求，只有它的国际活动符合长远经济利益并能支付得起所需成本时，才有可能动用其资源从事国际政治中的冒险。否则，任何跨国公司是不会主动介入国际政治的。从这两点上说，跨国公司受到诸多掣肘，远不是与主权国家棋逢对手的平等竞争者。

2. 自由主义的"国家主权销蚀论"

国家主权销蚀的观点是苏珊·斯特兰奇首先提出来的。她从其创立的安全、生产、金融和知识四种结构性权力说出发，认为跨国公司掌握了生产结构中的三个关键因素，即技术、资本和销售网络，"意味着跨国企业可以与国家一道对民族和全球经济发展进程发号施令"。[53]

首先，经济的全球化把权力从国家转向市场，从政府转向企业。特别是冷战结束以后，经济发展成为世界各国的头等大事，经济的好坏成为评价各国领导人政绩高低、判断政权能否维持的关键。发展经济本身就是政治，经济实力的大小强弱直接关系到国家主权的完整和尊严。政府只是一个国家的看门人。要赢得别国对其权威的承认和尊重，没有强大的经济是不可能的。由于关系到国计民生的跨国公司的存在，某些国际政治和国际经济现象之间往往出现表面的背离。如 1999 年查韦斯总统上台后，委内瑞拉和美国的政治关系行同水火，美国甚至直接参与了旨在推翻查韦斯政权的军事政变，查韦斯本人也成为全球知名的"反美斗士"。尽管如此，委美之间的经济关系特别是石油贸易仍如火如荼，美国的埃克森美孚石油公司和委内瑞拉国家石油公司（PDVSA）的合作项目并未受影响。两国的跨国石油公司为维系这种"政冷经热"的关系起到了重要作用。一方面，美国是委内瑞拉的第一大贸易伙伴和最大投资国，每天自委进口 150 万桶原油，约占美原油进口总量的 15%，美孚等石油巨头在委内瑞拉有着巨大的经济利益。另一方面，委内瑞拉的石油业是其支柱产业，占到其国内生产总值的近三分之一、出口收入的近 80%以及超过半数的政府收入。[54]作为美国的第七大投资国，委内瑞拉所属的西特戈石油公司在美拥有 8 家炼油厂、1.4 万个加油站，汽油销售占到全美市场将近一成，还是美国市场上最大的沥青生产者。[55]

在市场经济条件下，没有一批能到国际上竞争的强大企业，这个国家是难以自立于世界民族之林的。因此，母国政府同本国的跨国公司讨价还价，东道国政府与前来投资的跨国公司之间的权力制衡都是现代国家政治的题中应有之义。雷蒙德·弗农也认为，跨国公司在国际市场上的纵横捭阖已使“主权国家陷入困境”。[56]大前研一(Kenichi Ohmae)更是将这一观点发挥至极致，提出了“民族国家终结论”。他认为投资(Investment)、工业(Industry)、信息技术(Information Technology)、个人消费者(Individual consumer)这四个“I”是如此重要，已使国家疆界趋于销蚀。[57]

其次，跨国公司已经成为国际关系中重要的非国家行为主体。跨国公司本身是经济组织，但它往往又以政治方式行事。在跨国公司与主权国家谁为谁服务这个问题上，自由主义与现实主义的不同之处在于，前者强调跨国公司的巨大能量和主动姿态，促使甚至迫使本国政府为其提供隐形或是显性的服务，后者则更多地强调政府重视跨国公司的作用，主动为其出谋划策、奔走效劳。

举例来说，沃尔玛、惠普、IBM、通用、波音、杜邦等美国大型跨国公司在美中关系的跌宕起伏中多次展现积极的身影。从呼吁取消对华经济制裁到支持给予中国最惠国待遇，从推动中国加入世界贸易组织到人民币汇率之争，这些跨国公司通过行业组织、院外游说等方式对美国行政和立法机构施加了巨大影响，最大限度地争取和维护各自的利益。再如美国墨西哥湾原油泄漏事件。2010 年 4 月 20 日，英国石油公司在美国墨西哥湾租用的钻井平台“深水地平线”发生爆炸，导致大量石油泄漏，酿成一场经济和环境惨剧。美国政府证实，此次漏油事故超过了 1989 年阿拉斯加埃克森公司瓦尔迪兹油轮的泄漏事件，是美国历史上“最严重的一次”漏油事故。英国石油的态度非常明确，愿意支付因漏油事件带来的损失，但是美国人期待的谢罪不在该公司考虑范畴之内。面对压力，英国石油公司的自信比起很多国际大国来毫不逊色，这是因为它坚信其会获得政治上的支持。果然，在事件后的两个月，新任首相卡梅伦和克莱格副首相唱起了双簧，首相宣称要和美国总统奥巴马电话商谈此事，并承诺一定协助英国石油公司清理油污的行动；副首相警告美国的激烈态度可能引起英国反弹，两国应竭力避免“扩音机外交”的发生。英国政治人物和主流媒体也群起响应，宣称美国对英国石油的态度“恶劣、情绪化且反英”。英国政府表态一出，实际上使墨西哥湾漏油事件进入了一个新的发展阶段，不仅英国石油公司的股票应声回涨 7%，借力打力的手法使一场由管理不善带来的环境灾难变成了政治性的国家间关系问题。这肯定与美国平民严惩英国石油的初衷背道而驰，英国石油公司在环境保护方面所犯的错误，与高盛公司在欧洲主权债务危机中的角色一样极不光彩，但英国石油公司的资产占到英国 GDP 的 10%，1/7 的英国人用养老金买了它的股票，相对于其强大到足以和国家博弈的能力而言，在它犯了重大错误并造成英国持股人巨大损失后，英国政府反而要出面为它护航、分担成本而非惩罚它。

最后，自由主义者认为，在跨国公司与母国和东道国的角逐中，跨国公司无疑占了上风。一方面，跨国公司要以世界市场作为其运作的舞台，以经济要素的最佳配置为追求目标，因此它们要竭力超越国界限制，脱离政治控制。[58]另一方面，由于信息缺乏、法律漏洞、管理疏忽、政策局限、地理隔离等原因，跨国公司的大规模跨国界活动易于逃脱母国和东道国的控制。特别是对东道国政府来说，巨型跨国公司常通过威胁撤资、解雇工人、停止生产等手段向其施压，迫使其修改政策和法规。据美联社报道，2006 年 1 月 6 日，全球第二大石油公司美国雪佛龙公司(Chevron)遭到尼日利亚村民的起诉。作为非洲第一大产油国，尼日利亚的南部产油区常年动荡不安，为争取石油利益和自治独立，当地的一些分裂分子和武装组织时常袭击产油设施并绑架外国员工。尼日利亚政府不得不对其进行武装镇压，而作为该国最大的石油开采公司和投资商，雪佛龙公司被认为曾对尼日利亚政府施加压力并提供资金援助，扮演了不光彩的角色。又如，在 2014 年的美欧俄制裁战中，虽然西方政府纷纷采取措施对莫斯科进行孤立，以惩罚它对乌克兰的侵略，但埃克森美孚(ExxonMobil)、BP 等西方石油巨头选择各自与俄罗斯石油业首屈一指的国企 Rosneft(俄油)签约，合作开发油气资源，与制裁“唱反调”。这些跨国公司还通过公开和私下的方式抵制增加制裁，其中包括在股东会议上表明意见，还有在华盛顿的游说活动。

3. 依附论的“民族国家边缘化论”

依附论将发达国家的跨国公司视为“当代帝国主义的细胞”，认为其发展将造成中心国家对边缘国家剥削和控制关系的进一步深化。

首先，从产业转移角度来看，依附论认为，无论是产品周期理论还是垂直一体化理论，生产制造中心的转移是跨国公司跨国经营的中心内容。依附论强调，对发展中国家而言，尽管来自发达国家的生产制造型直接投资对促进本国经济起飞起到了一定的作用，但是其生产制造中心的转移是有层次的，是以技术垄断和内部利润控制为前提的。随着高新技术产业逐渐成为发达国家的主导产业，传统的劳动密集型产业（如纺织服装类产业）、低端资本密集型制造业（如中低档汽车制造）和低端技术密集型制造业（如消费类电子和计算机外设制造）加速向发展中国家转移。发达国家在将发展中国家变成它的加工组装基地和制造车间的同时，仍然可以掌握着核心技术和市场渠道，并通过转让技术专利等手段取得所得利润的绝大部分。因此，发展中国家被置于产品生命周期的后期、技术开发的边缘以及消费的外围的状况并没有多少改变。比如，日本索尼公司在决定其电器产品的生产流水线是否向外转移时，曾有过一条明确的"100 美元原则"，即凡售价不满 100 美元的低档电器产品才可放到东南亚或其他地方生产。可以说，在市场全球化浪潮中，新的国际分工造成技术层次的相对固定化：发达国家进行产品和技术创新，发展中国家进行产品和技术模仿。生产制造中心随着产品和产业机构的升级换代而不断从"中心国家"转向"半边缘国家"，再从"半边缘"转向"边缘国家"，犹如自动扶梯一样虽然大家都在上升，但始终是有层次地先后运转。

其次，与上述观点息息相关的是，"大资本的利益是多国公司运转的决定因素"，"国际资本通过它的企业单位（跨国公司）的活动，获得越来越广泛的剥削和攫取人类生产力的权利"。[59]用阿明的话来说，"在跨国公司周围存在着中心国家的一张利益网，在这些利益中有一个休戚相关的公分母"。[60]在依附论者看来，跨国公司的"无政府增长"一方面大多局限在发达国家之间，对资本求贤若渴的发展中国家反而很少得到考虑；另一方面，即便到发展中国家进行直接投资，跨国公司的增长模式也具有"极不合理性和反动性"。跨国公司往往将能耗巨大、污染严重、生产条件恶劣的产业转移到发展中国家。2015 年的巴西溃坝事件就是一个典型例子。当时，巴西米纳斯吉拉斯州一座铁矿的两个尾矿坝发生决堤，废水、泥沙和矿渣倾泻而出，总量达到大约 6 000 万立方米。周边村庄遭冲毁和掩埋，有毒废物污染土地和河流，污染带长达 80 公里，直至大西洋。两个州受到波及，大约 25 万人的饮用水供应中断。生物学家初步估计，受到污染的淡水河及沿岸生态需要至少 10 年才能恢复。这座铁矿属于澳大利亚必和必拓公司和巴西淡水河谷公司合资的萨马科公司。因此，依附论者大声疾呼，饱受跨国公司之害的社会各阶层应组成一个广泛的反对阵线。这一阵线不但应该包括失业和半失业的无产阶级，也应该包括面向本国国内市场的资本家、中间阶层和小资产阶级中的右派，以及受到深入到农村的国际资本扩张损害的寡头阶层。

注 释

[1] 王逸舟主编:《全球化时代的国际安全》,上海人民出版社 1999 年版,第 190—192 页。

[2] 李综主编:《当代资本主义世界经济发展史略》(上),北京:社会科学文献出版社 1989 年版,第 353 页。

[3] 罗伯特·吉尔平:《国际关系政治经济学》,杨宇光等译,北京:经济科学出版社 1989 年版,第 269、288 页。

[4] 彭迪云、甘筱青:《跨国公司发展论:跨国公司的成长与中国实施"走出去"战略研究》,北京:经济科学出版社 2004 年版,第 23 页。

[5] 王逸舟主编:《全球化时代的国际安全》,上海人民出版社 1999 年版,第 194 页。

[6] 王志乐:《全球公司——跨国公司发展新阶段》,《全球化》2015 年第 11 期。

[7] 樊增强:《跨国公司发展的新趋势和新特点》,《中国流通经济》2013 年第 9 期,第 70 页。

[8] 徐康宁、郑义:《国际生产链的解构及其对中国经济的影响》,《国际经济评论》2011 年第 4 期。

[9] 徐康宁、郑义:《国际生产链的解构及其对中国经济的影响》,《国际经济评论》2011 年第 4 期。

[10] 任淮秀:《国际投资学》,北京:中国人民大学出版社 2011 年版,第 116 页。

[11] UNCTAD:《世界投资报告 2013 年》,北京:中国财政经济出版社 2013 年版,第 22—23 页。

[12] UNCTAD:《世界投资报告 2013 年》,北京:中国财政经济出版社 2013 年版,第 22—23 页。

[13] 彭瑞财:《中西方投资国际拓展比较与对策研究》,《学术问题研究》2009 年第 2 期。

[14] 田素华、罗黎军:《国际直接投资发展趋向、障碍与对策:2008—2012》,《财经科学》2012 年第 7 期。

[15] 参见联合国贸发会议:《2011 世界投资报告》,北京:经济管理出版社 2011 年版。

[16] 本刊编辑部:《解读 2015 年世界投资报告》,《国际经济合作》2015 年第 7 期。

[17] LUO Y D, TUNG R L. International Expansion of Emerging Market Enterprises: A Springboard Perspective. *Journal of International Business Studies*, 2007, 8(3):481—498.

[18] 宋玉华、李锋:《主权财富基金的新型"国家资本主义"性质探析》,《世界经济研究》2009 年第 4 期。

[19] 田春生:《俄罗斯"国家资本主义"的形成及其特征》,《经济学动态》2010 年第 7 期。

[20] 王伟:《俄罗斯的国家集团公司:建立与运行》,北京:中国社会科学院俄罗斯东欧中

亚研究所《俄罗斯东欧中亚国家发展报告(2009 年)。http://euroasia.cass.cn/chinese/Produc-tion/Yellowbook2009/,转引自:田春生:《俄罗斯"国家资本主义"的形成及其特征》,《经济学动态》2010 年第 7 期。

[21] Victor Bulmer- Thomas, *the Economic History of Latin America since Independence*, New York: Cambridge University Press, p.344.

[22] 黄琪轩:《产权的政治与巴西"经济奇迹"的中断》,载 2012 年上海第三届国际政治经济学论坛论文集《新兴经济体与国际关系》。

[23] 叶祥松:《巴西国有企业管理体制及其启示》,《财经科学》1996 年第 6 期。

[24] 减跃茄:《韩国政府与企业的关系及其启示》,《经济改革与发展》1998 年第 8 期。

[25] 孙燕铭:《政府干预在东北亚经济发展中的作用》,《世界经济与贸易》2010 年第 6 期。

[26] 于海莲:《印度国营企业的发展与改革》,《当代亚太》2001 年第 11 期。

[27] 文富德:《印度企业"走出去"的政策与做法》,《南亚研究季刊》2003 年第 4 期。

[28] 李向阳:《国际经济规则的实施机制》,《世界经济》2007 年第 12 期。

[29] Frederic S.Pearson and J.Martin Rochester, *International Relations: The Global Condition in the Late Twentieth Century*, 3d ed.(New York: McGraw-Hill, 1992), p.468.

[30] 同上,第 48 页。

[31] 弗雷德里克·皮尔逊、西蒙·巴亚斯里安著:《国际政治经济学:全球体系中的冲突与合作》,杨毅等译,北京大学出版社,第 301 页。

[32] Charles P.Kindleberger, *American Business abroad: Six Lectures on Direct Investment*(New Haven: Yale University Press, 1969), pp.207.

[33] 周忠菲:《从 APEC 到 TPP——美国区域政策新动向》,《中国经贸》2010 年 12 月刊。

[34] 赵春明"经济全球化新形势下我国开放型经济新体制的构建",《中国特色社会主义研究》2014 年第 1 期。

[35] 李文韬:《美国掌控 TPP 扩容的真实意图及中国的应对之策》,《南开学报》(哲学社会科学版),2015 年第 1 期。

[36] 单文华、张生:《美国投资条约新范本及其可接受性问题研究》,《现代法学》2013 年第 5 期。

[37] 张琳、东艳:《国际贸易投资的新变化:竞争中立刷的应用与实践》,《国际贸易》2014 年第 6 期。

[38] 毛志远:《美国 TPP 国企条款提案对投资国民待遇的减损》,《国际经贸探索》2014 年第 1 期。

[39] Stephen Herbert Hymer, *The International Operations of National Firms: A*

Study of Direct Foreign Investment, Cambridge, Massachusetts: MIT Press, 1976.

[40] Raymond Vernon, International Investment and International Trade in the Product Cycle, *Quarterly Journal of Economics*, 80, 1966, pp.190—207.

[41] Paul Krugman, A Model of Innovation, Technology Transfer, and the World Distribution of Income, *Journal of Political Economy*, 87, 1979, pp.253—266.

[42] Peter J. Buckley & Mark Casson, *The Future of the Multinational Enterprise*, New York: Holmes & Meier Publishers, 1976.

[43] 小岛清:《海外直接投资论》,ダイヤモンド社 1977 年版。

[44] John H.Dunning, Trade, Location of Economic Activity and the MNE: A Search for An Eclectic Approach, *The International Allocation of Economic Activity*, Ohlin Bent-Hesselborn Per-Oven-Wijkman Per Magnus, eds., London: McMillan, 1977, pp.395—418.

[45] John H. Dunning, *International Production and the Multinational Enterprise*, London: Allen & Unwin, 1981.

[46] 江小涓、杜玲:《国外跨国投资理论研究的最新进展》,《世界经济》2001 年第 6 期。

[47] John H.Dunning, Explaining the International Direct Investment Position of Countries: Towards a Dynamic or Developmental Approach, *Weltwirtschaftliches Archiv*, 117: pp.30—64, 1981.

[48] Paul Krugman, Intra-Industry Specialization and the Gains from Trade, *Journal of Political Economy*, 89, 1981, pp.959—973.

[49] Joan E.Spero, *The Politics of International Economic Relations*, New York: St. Martin's Press, 1981, pp.109—119.

[50] 罗伯特·吉尔平:《全球资本主义的挑战:21 世纪的世界经济》,杨宇光等译,上海人民出版社 2001 年版,第 169、179 页。

[51] 罗伯特·吉尔平:《全球政治经济学:解读国际经济秩序》,杨宇光、杨炯译,上海人民出版社 2003 年版,第 317、218 页。

[52] 朱素梅:《全球环保领域中的跨国公司及其环境外交》,《世界经济与政治》2000 年第 5 期。

[53] [英] 苏珊·斯特兰奇:《全球化与国家的销蚀》,转引自王列、杨雪冬编译:《全球化与世界》,北京:中央编译出版社 1998 年版,第 114—117 页。

[54] Central Intelligence Agency, *CIA World Fact 2005*, Washington, D.C, 2005.

[55] 刘宏:《委内瑞拉与美国停止军事交流》,《人民日报》2005 年 4 月 27 日。

[56] Raymond Vernon, *Sovereignty at Bay*, New York: Basic Books, 1971.

[57] Kenichi Ohmae, *The End of Nation State: The Rise of Regional Economics*, New York: The Free Press, 1995.

[58] [美]罗伯特·吉尔平:《国际关系政治经济学》,杨宇光等译,第 17 页。

[59] [巴西]多斯桑托斯:《帝国主义与依附》,杨衍永、齐海燕等译,北京:社会科学文献出版社 1999 年版,第 67、329 页。

[60] [阿根廷]普雷维什:《外围资本主义:危机与改造》,苏振兴、袁兴昌译,北京:商务印书馆 1990 年版,第 194 页。

第十章　全球化与发展中国家

在当今的国际社会中，发展中国家是数量最多的国际行为主体。即使把韩国、新加坡等新兴工业化国家排除在外，按最保守估计，全球发展中国家也有140多个，占联合国成员国总数的80%以上。发展中国家在国际政治和世界经济中的地位和作用不容低估。国际政治经济学创始人之一的罗伯特·基欧汉曾指出，当今世界政治的实质是贫富问题、生死问题。[1]特别是在经济全球化进一步发展的今天，一方面是以金砖国家为代表的新兴经济体群体性的崛起；另一方面是不公正不合理国际经济秩序使得发展中国家的经济社会发展承受着较大风险和代价，发展中国家的许多正当权益得不到保护，发展中国家的关切和诉求被漠视，有些最为贫困的发展中国家甚至面临着被边缘化的危险。在经济全球化日益发展的情况下，如何建立合理公正的国际经济新秩序及其相应的全球治理结构，是广大发展中国家和发达国家必须共同面对的问题和挑战，无论对发展中国家，还是对发达国家，都必须直接面对这一现实课题，并做出艰难的选择。因此，本章从发展中国家的角度来论述全球化及其影响。

第一节　战后争取建立国际经济新秩序的斗争

资本主义经济制度的确立过程，就是资本主义建立世界市场并形成世界殖民体系的过程。工业革命完成之后，殖民主义足迹已经遍布各大洲的主要地区。在第一次世界大战以前，各主要资本主义国家的强弱，几乎是以其所占殖民地的多少来衡量的。作为自由竞争时代最强大的资本主义国家，英国拥有55个殖民地，其面积是本国的100倍，人口是本国的9倍。西方发达国家以坚船利炮打开了落后国家的大门之后，将落后国家的政治经济置于自己的完全控制之下，形成了落后国家在政治上丧失主权，经济上依附宗主国的局面。第二次世界大战以后，风起云涌的民族解放运动使殖民体系土崩瓦解。一批又一批的殖民地、半殖民地挣脱枷锁取得了政治独立。虽然，战前宗主国通过殖民统治直接进行经济掠夺的现象已不复存在，但是，殖民统治形成的依附格局并没有从根本上得到改变，其突出表现是不合理的国际经济秩序仍然严重束缚着发展中国家，使其继续处于被发达国家剥削与欺凌的地位。少数发达国家控制着国际经济主导权，继续对发展中国家进行政治操纵和经济掠夺。依附格局继续存在的原因，仍然在于殖民经济时代所形成的发达国家高度现代化的工业科技体系和发展中国家单一的经济之间不平衡的国际分工、国际贸易和国际金融体系。不打破这种依附格局，发展中国家的政治独立就无法得到保证。发展民族经济，巩固政治独立，不仅要靠本国生产能力的提高，而且还取决于对旧有国际经济秩序的改造。因此，反对不公正的国际经济秩序必然成为发展中国家巩固政治独立的重要任务。

冷战结束之前，发展中国家主要沿着两条主线开展反对不公正的国际经济秩序的斗争。一是在不结盟运动带动下的南南合作；二是以联合国贸易和发展会议为框架的南北对话。前者是发展中国家为巩固政治独立而进行的经济自助努力，后者是发展中国家为维护自身经济利益而同发达国家展开的政治斗争。

1. 不结盟运动和南南合作

不结盟运动是20世纪60年代初兴起的，是发展中国家不甘充当超级大国的附庸，维护国家独立的政治选择。70年代以后，随着经济问题在国际政治中的分量逐渐加重，不结盟运动越来越重视国际经济秩序的改革，强烈主张通过南南合作，即发展中国家之间的相互帮助来最终达到建立公正合理的国际经济秩序的目标。

20世纪50年代后期，美国和苏联为争夺世界霸权而相互军事对峙的格局已经形成。广大发展中国家特别是刚刚取得独立的亚非拉发展中国家对此十分忧虑，担心冷战将使它们再度沦为大国的政治附庸和经济属国。以此为背景，原南斯拉夫的铁托、印度的尼赫鲁和埃及的纳赛尔提出了不结盟的政治主张。1961年9月，25个发展中国家首脑会聚贝尔格莱德召开了第一届不结盟首脑会议，从而使不结盟运动作为一支独立的政治力量走上了国际政治舞台。从1961年9月起到2003年2月，不结盟运动先后召开了13届首脑会议，成员国由最初的25个发展到116个国家(含观察员国)，中国于1992年9月正式成为该运动的观察员。

受当时政治气候的影响,不结盟运动成员最初主要强调争取和平,反对战争,反对参加大国军事对峙的政治军事同盟,维护国家主权和独立。但是,广大发展中国家很快就认识到,政治独立与经济自主是紧密相连的,在反对大国的战争威胁和武装干涉的同时,必须争取一个稳定和相对有利的国际经济环境。因此,1964 年召开的第二届不结盟首脑会议发表的《和平与国际合作纲领》就提出了重建世界经济体系的口号。这是发展中国家第一次以政治宣言的形式提出建立国际经济新秩序的斗争目标。从 1970 年 9 月在赞比亚首都卢萨卡召开的第三届首脑会议起,不结盟运动对经济问题的关注日益强烈。这次会议通过了《关于和平、独立、发展、合作和国际关系民主化的卢萨卡宣言》和《关于不结盟运动和经济发展宣言》等决议,在强烈反对美苏干涉发展中国家内政、武力颠覆合法政权的同时,提出了发展中国家要推动区域经济一体化,促进相互合作,开展"集体自力更生"的口号。1973 年 9 月于阿尔及尔召开的第四届首脑会议明确把建立国际经济新秩序与反霸权一起作为不结盟运动的基本纲领。这标志着南北关系已经成为国际政治斗争的中心,不结盟运动成为国际上反对不合理的国际经济秩序的主要力量。进入 20 世纪 80 年代以后,随着发展中国家经济状况的恶化,不结盟运动首脑会议对经济问题更为关注,先后通过了《经济宣言》、《经济行动合作纲领》、《集体自力更生宣言》等文件,强调要依靠自己的力量,通过发展中国家的联合自强来改变国际经济中的不平等状况,增强对发达国家的谈判地位,最终建立公正合理的国际经济秩序。冷战结束后,不结盟运动的政治色彩进一步淡化,经济问题更加突出。1995 年 10 月举行的不结盟第 11 次首脑会议通过的《最后宣言》,强调发展是当今世界的主题,是实现和平的保证,明确主张在冷战后应以建立国际经济新秩序作为不结盟运动的基础和行动纲领。2003 年 2 月在马来西亚首都吉隆坡召开的第 13 次不结盟运动首脑会议,是在冷战结束后,尤其是"9·11"事件后发展中国家最重要的一次聚会。会议发表了《最后文件》、《吉隆坡宣言》和关于伊拉克、巴勒斯坦问题的声明,推出了加强该运动未来运作的措施。

南南合作最早可以追溯到 1955 年召开的万隆会议。万隆会议确定了南南合作"磋商"的原则,促进了原料生产国和输出国组织的建立,提出了在发展中国家间实施资金和技术合作,因此被认为是南南合作的开端。20 世纪 60 年代初形成的不结盟运动和 77 国集团是南南合作的两个最大的国际组织,它们通过的一系列纲领性文件,为南南合作规定了合作的领域、内容、方式与指导原则。1976年发展中国家在墨西哥城召开了第一次讨论南南合作的会议,提出要通过南方国家之间次区域性、区域性和区域间的经济一体化来推进南南合作。同年,联合国有关机构设立了发展中国家经济合作委员会,具体协调南南合作。1979年发展中国家为在联合国框架下推动南北对话而成立的77国集团发表了《阿鲁沙集体自力更生纲领和谈判纲要》,具体拟定了南南合作的目标、内容和措施。

据以坦桑尼亚前总统、不结盟运动的领导人尼雷尔为首的南方委员会提出的报告书《对南方的挑战》(The Challenge to the South: The Report of the South Commission, the South Commission, 1990),南南合作的目标和主要内容是:建立明确的南方意识,即各个发展中国家政府和人民对南南合作有明确的支持和承诺;开发南方人力资源,充分利用发展中国家的教育、科研机构,培育人才,推进合作研究和交流;金融合作,优先注意充实和加强区域级和次区域级的结算和多边支付安排、出口信贷、债务,合理安排债务偿还,成立南方银行等以缓解发展中国家的资金困难;贸易优惠,建立和扩大发展中国家全球贸易优惠制度,并以由此而产生的便利来推动一切形式的南南合作;稳定初级产品价格,改善发展中国家的贸易条件;企业合作,在双边和多边、次区域级或区域级促进发展中国家企业间的合作,发展南方国家相互之间投资和技术转让;粮食安全,南方国家开展农产品加工和粮食生产方面的联合研究和合作生产,优先满足缺粮的发展中国家需要;科技合作,以不结盟运动和第三世界科学院为中心,确立和推行一项在核心领域中协调发展中国家科研的计划;区域合作,加强现有优惠贸易安排,取消贸易和外汇管制,配合以区域性投资计划,促进南方国家的区域性经济合作组织的发展;向北方国家和国际社会表明,南南合作是有利于世界经济整体发展的。[2]

在此推动下,20世纪七八十年代曾一度出现过南南合作的高潮。当时的合作主要在下述四个方面展开:

(1) 贸易合作。发展中国家之间的相互贸易由1970年的20.2%上升为1981年的27.3%。发展中国家比较集中的亚、非、拉三大区域的区域内贸易有了相当的增长。

(2) 资金合作。主要体现在1970年以后石油输出国组织对其他发展中国家提供的优惠性贷款和赠款。据经合组织统计,从1970年至1980年的10年中,石油输出国组织对其他发展中国家的贷款和赠款共达485亿美元。[3]

（3）技术合作。发展中国家在相互转让技术、出售专利、开展技术咨询和培训上取得不少成绩。例如，中国向非洲发展中国家大量输出了沼气利用、淡水养鱼、针灸麻醉等简便实用的技术。

（4）区域合作。20 世纪七八十年代发展中国家先后建立了近百个区域性经济合作组织，其中比较著名的有亚洲的东盟、中东的阿拉伯共同市场，拉丁美洲的安第斯条约集团、中美洲共同市场、南方共同市场，非洲的大湖国家经济共同体、西非国家经济共同体等。这些区域性南南合作组织，在区域内建立合资企业或联合企业，增强集体自力更生的能力。除了区域性合作外，南方国家还在国际贸易中针对发达国家有意压低原料价格的企图，建立多种原料出口国组织，统一价格政策，维护自身利益。

20 世纪 70 年代至 80 年代末，发展中国家团结自救、合作自强的努力取得重大进展。西非经济共同体、拉丁美洲经济体系、南部非洲发展协会、海湾合作委员会、南亚区域合作联盟等发展中国家谋求经济合作，增强集体自力更生能力的区域性经济组织相继建立。1982 年，首届南南合作会议在印度新德里召开，1983 年和 1989 年先后在北京和吉隆坡召开南南合作会议，这三次会议是南南合作的重要里程碑。南南合作的实质，是面对不平等的南北经济关系，实行联合自强，共同发展。自从 1978 年通过《布宜诺斯艾利斯行动计划》以来，在联合国的支持、引导下，在各成员国的积极参与和推动下，南南合作蓬勃发展，并取得了很大的成果。1996 年至 2006 年间，全球南南合作贸易额增长了 3 倍，达到 2 万亿美元。亚洲生产的产品进入非洲地区，“这些价廉物美的产品使很多非洲人第一次有能力购买家用电器”。1995 年至 2005 年间，非洲国家向亚洲国家出口的工业原料也在不断攀升，非洲与其他发展中国家的贸易额增长了 4 倍多。

2008 年国际金融危机以来，发展中国家之间的合作方式和内容正在发生诸多新的变化。新兴国家的群体性崛起与外交政策的新调整对南南合作产生了重大影响，使南南合作超越了过去国家之间互通有无的传统互助模式，开始涵盖贸易、金融、产能乃至全球治理领域的多元化合作。[4] 此外，以联合国为代表的国际组织也成为助推南南合作的重要力量。在此背景下，如何在新的历史条件下创新南南合作模式已经成为推动新时期南南合作的重要内容。[5]

在此背景下，2015 年 9 月 26 日，中国国家主席习近平和联合国秘书长潘基文在纽约联合国总部共同主持召开南南合作圆桌会。会议是在联合国发展峰会举行期间和 2015 年后发展议程刚刚通过的重要时刻举办的一次重要会议。南非总统祖马、埃及总统塞西、赞比亚总统伦古、乌干达总统穆塞韦尼、厄瓜多尔总统科雷亚、尼日利亚总统布哈里、巴基斯坦总理谢里夫、马来西亚总理纳吉布、萨摩亚总理图伊拉埃帕、孟加拉国总理哈西娜、丹麦首相拉斯穆森等国家元首和政府首脑及联合国秘书长潘基文、联合国开发计划署、世界银行、国际货币基金组织、世界贸易组织、联合国粮农组织、联合国亚太经社会等国际组织负责人出席。

圆桌会议指出，南南合作是发展中国家联合自强的伟大创举，是平等互信、互利共赢、团结互助的合作，帮助我们开辟出一条崭新的发展繁荣之路。伴随着发展中国家整体力量提升，南南合作必将在推动发展中国家崛起和促进世界经济强劲、持久、平衡、包容增长中发挥更大作用。习近平主席在圆桌会议上就新时期南南合作提出以下建议：

一要致力于探索多元发展道路，坚持走自主选择、具有自身特色的发展道路，彼此分享治国理政成功经验，把能力建设作为重点，挖掘增长潜力，破解发展难题。

二要致力于促进各国发展战略对接，要发挥各自比较优势，加强宏观经济政策协调，推动经贸、金融、投资、基础设施建设、绿色环保等领域合作齐头并进，提高发展中国家整体竞争力。

三要致力于实现务实发展成效，要以互联互通、产能合作为突破口，集中力量做成一批具有战略和示范意义的旗舰和精品项目，产生良好经济、社会、环境效应，为南南务实合作增添动力。

四要致力于完善全球发展架构，要推动全球经济治理改革，巩固多边贸易体制，扩大同发达国家沟通交流，构建多元伙伴关系，打造各方利益共同体。

2. 77国集团和南北对话

与发达国家的对话是发展中国家在经济上联合自强的同时，为争取建立国际经济新秩序所作的政治和外交努力。

77国集团是发展中国家在联合国框架内同发达国家进行谈判而形成的。1964年3月在广大发展中国家要求下，联合国召开了以加强贸易在经济发展中作用为宗旨的第一届贸易与发展会议（UNCTAD）。1964年12月第19届联大通过决议，决定把联合国贸易与发展会议作为联合国的常设机构之一，以协调各国的贸易政策和发展政策。决议还决定成立贸易和发展理事会，作为贸发会议的执行机构，总部设在日内瓦。著名阿根廷经济学家普雷维什出任首任秘书长。

目前,联合国贸发会议共有192个成员。联合国贸发会议每四年召开一次全体大会,到2004年已召开了11次大会。

联合国贸发会议是联合国框架内南北对话的发端和最主要的场所。1964年第一届联合国贸发会议的召开,使发展中国家代表第一次有可能在国际讲坛上强烈要求发达国家消除对初级产品的贸易壁垒和歧视,对发展中国家实行贸易普惠制。由于与会的发达国家持消极态度与反对意见,在会议临近结束时,77个发展中国家为了在今后的会议中能以"同一个声音说话",采取联合行动,以增强同发达国家的谈判地位而组成了77国集团,发表了《77个发展中国家联合宣言》。《宣言》不但谴责发达国家在国际贸易中的剥削和掠夺,而且表示了改变旧的国际经济秩序和建立一种"完全符合加速发展需要的国际贸易体制"的决心,强调它们要为此增加彼此之间的接触和磋商,协调立场,确定共同目标和制定联合行动计划。77国集团没有常设机构,一直以部长会议的形式在联合国历次贸易与发展会议及其他相关重大会议之前相互磋商、统一认识、制定斗争目标,并在会议期间采取联合行动。经过多年努力,77国集团已经成为发展中国家以联合国讲坛为政治舞台,利用集体力量,维护自身经济利益,推动南南合作和南北对话的主要力量和象征。到2005年为止,该组织已经扩大为131个国家,但仍然沿用77国集团的名称。

1964年第一届联合国贸易与发展会议的召开和77国集团的成立,拉开了发展中国家与发达国家之间南北对话的帷幕,南北对话成为联合国议程中的重要问题。20世纪70年代初,77国集团提出"一揽子建议",把南北对话的范围扩大到原料、贸易、发展、技术转让和国际金融等各个领域,从而使发展中国家在南北对话中处于主动地位。1974年4月第六届特别联大通过了77国集团起草的《关于建立国际新秩序的宣言》及其《行动纲领》。这两份文件实际是对发展中国家自20世纪60年代以来在国际经济领域斗争的总结,系统地阐述了争取国际经济新秩序的目标和内容,是发展中国家对南北关系的一份纲领性文件。77国集团在这两份文件中明确主张发展中国家将在所有国家公正、主权平等、相互依存、共同利益和合作的基础上同发达国家进行谈判,以纠正现有的不合理的国际经济秩序,为发展中国家的经济发展创造较为有利的国际环境。1974年的第29届联大又通过了《各国经济权利与义务宪章》。这份文件有力地促进和推动了南北双方关于改革国际经济秩序的谈判和对话。[6]

在77国集团强有力的推进下,联合国框架内的南北对话有所进展并获得具体成果。世界贸易与发展会议先后通过了旨在稳定初级产品价格，促进初级产品在产地加工的“初级产品综合方案”，制定了保护发展中国家海运利益的《班轮公会守则》和《海上货物运输公约》，推动了关贸总协定对发展中国家的出口实行普惠制，设定了发达国家官方援助最低标准等。此外，联合国其他有关机构在发展中国家的坚持下，制定了有利于发展中国家自主开发和利用海洋和海底资源的《海洋法公约》，制定了保护发展中国家权益的《跨国公司行动守则》等。

其中，“初级产品综合方案”对发展中国家改善贸易条件有着极其重要的意义。“初级产品综合方案”也称“初级产品综合计划”。这一方案是 77 国集团在 1976 年 5 月第四次联合国贸发会议时提出的，其目的是通过稳定初级产品的价格，确保发展中国家的贸易收入。初级产品综合方案的主要内容是：以香蕉、可可、咖啡、铜、锡、棉花、橡胶、铁矿石、砂糖、茶叶、大米、肉制品等十几种商品为对象；为了稳定国际市场中上述十几种商品的价格，由生产国和消费国共同出资成立“初级产品共同基金”。77 国集团提出此方案后，美国等表示反对，认为是“人为的市场干预”。但是北欧国家同意为共同基金出资，法国虽然反对把十几种商品全部列为价格稳定对象，但对成立共同基金一事原则上表示同意。在各方压力下，美国也改口变为有条件地支持，提出以资源开发为重点，以民间方式出资成立国际资源银行。由于各方意见不一，1979 年 3 月在日内瓦举行了“初级产品共同基金”专题谈判会。经过一番周旋折冲，南北双方达成协议，把原来的“初级产品共同基金”一分为二，分成旨在缓和初级产品库存压力的融资基金和诸如香蕉等无法有大量库存的生鲜食品研究开发融资基金。前者金额为 4 亿美元，后者为 3.5 亿美元。经 1979 年 5 月在马尼拉召开的第五届联合国贸发会议的确认，最终于 1982 年 3 月底，上述两项初级产品融资基金正式开始运作。“初级产品综合方案”的成立，对于以出口初级产品为主的发展中国家来说，其经济权益得到相当的保证，避免了国际市场大起大落的冲击，减少了发达国家低价收购的压力。

在联合国框架内南北对话进展顺利的影响下，区域性的南北对话也有较大进展。其中，洛美协定（Lome Convention）以及后来的科托努协定（Cotonou Partnership Agreement, CPA）是一个值得评价的南北对话成果。

洛美协定是西欧国家同与其关系比较密切的非洲、加勒比、太平洋国家集团之间签订的贸易和援助一揽子协定。非洲、加勒比和太平洋国家集团原为 46 国，后扩大到 63 国，这些国家大都是西欧国家的原殖民地或半殖民地。1975 年

2月，在法国的带动下，西欧国家以欧洲经济共同体的名义同非洲、加勒比、太平洋国家集团在多哥首都洛美签订经济贸易合作协定。该协定规定：非加太国家集团的对欧共体出口原则上免除关税和数量限制，而欧共体对其出口则不能享受同等权利；对非加太国家集团的花生、可可、棉花等12种初级产品及其相关产品的出口实施出口价格补偿制度，即如国际市场下跌，欧共体向出口国提供无息贷款，以保证出口国的贸易收入；对非加太国家集团的工业化提供财政和技术援助。该协定为期5年。欧共体在1976年4月至1981年3月之间向非加太国家集团提供了46.5亿美元的援助。[7]1978年10月、1984年和1989年，欧共体又继续和非加太国家集团签订了第二、三、四个洛美协定，在进一步改善发展中国家贸易条件的同时，逐步增加了经济、技术援助的金额。2000年6月23日欧盟国家与非加太国家集团签订了科托努协定以取代业已期满的洛美协定，科托努协定有效期为20年，每5年修订一次。根据科托努协定，欧盟国家将通过向非加太国家提供经济技术援助，以消除贫困，推动非太加国家融入世界经济，以及加强地域合作。

在南北对话有所实际进展的同时，北方国家一些有识之士也对南北关系提出了一些明智的看法。1977年底成立了以联邦德国前总理勃兰特为首的国际发展问题独立委员会，也称勃兰特委员会或南北委员会。该委员会先后发表了两份报告。第一份报告发表于1979年底，题为“北方与南方：争取生存的纲领”，第二份报告发表于1983年2月，题为“共同的危机：南北合作争取世界经济回升”。两份报告的共同基调是：在相互依存的世界上，南方国家离不开北方国家，北方国家也离不开南方国家，“我们大家坐在同一条船上”，主张南北问题的根本解决，在于推动发展中国家的经济增长，为此北方国家应该向南方国家提供资金技术。

但是，南北对话的势头并没有维持多久便受到挫折。在第一个洛美协定签订的同时，1974年10月在当时法国总统德斯坦倡议下，19个发展中国家和8个发达国家及欧共体在巴黎举行了国际经济合作会议。会议一开始便陷入了僵局。美国等发达国家坚持要优先讨论能源危机问题，发展中国家则主张应讨论建立国际经济新秩序问题。会议不欢而散。为了打破僵局，1979年12月77国集团在联大提出举行全球谈判的建议，把原料、贸易、发展、能源和货币问题联系起来讨论，并主张在全球谈判中应享有一国一票的表决权。然而，美国等发达国家则坚持按国际货币基金组织的表决方式，即按出资比例确定表决权。全球谈判因此而搁浅。其后，1981年10月在墨西哥坎昆召开了有14个南方国家和8

个北方国家参加的南北首脑会议。会议原定讨论促进发展的国际合作、世界经济的振兴，以及肯定迄今为止联合国框架内的南北对话，促成搁浅的全球谈判重开。这虽然是有史以来第一次以首脑会议形式举行的南北对话，但是由于美国为参加全球谈判设置了先决条件，坎昆会议未取得预期成果。1989 年，77 国集团通过《加拉加斯声明》，明确提出在南北关系上发展中国家要放弃同发达国家的政治对抗，采取灵活和务实的态度。77 国集团还提出分阶段推进全球谈判的设想。第一阶段讨论紧迫问题，第二阶段讨论国际经济结构问题。这些让步和主动均未得到发达国家的响应，自 20 世纪 80 年代中期起，全球范围内南北对话实际上已经停顿。

法国学者让-雅克·加巴指出，南北合作本应缩小生活水平差距，减少冲突，让所有人都能享受到饮水、教育、健康和良好的食品，尤其应当在货币与贸易领域中确立对各国一视同仁的规则，但在 21 世纪伊始南北合作已遇到不少问题。当前，"南北合作"所存在的种种弊端：援助款不到位；援助通常附加先决条件；援助方案由专家制定，缺乏受援国的参与；援助方与受援方对发展的不同理解；等等。[8]

进入 21 世纪以来，由于经济全球化的不断深入，发达国家与发展中国家政治上正由主从关系向伙伴关系过渡，经济上由不平等往来转向对等合作。因此，相互依存、相互妥协是南北双方合作的必然选择。发达国家在采取较为现实的态度，放弃僵硬、不妥协的立场；而发展中国家经过多年的实践，也认识到无论求得经济长期发展还是摆脱暂时性经济困境，在得到发达国家帮助的同时，更主要靠自己。在南北关系总的形势是趋向缓和的同时，南北双方之间控制与反控制的斗争仍然存在，但一般而言不会发展成严重的对抗。随着全球性问题日渐增多，必然要求南北双方密切配合，否则难以收到成效。[9]同时，国际区域公共产品的概念，则为实现真正的南北合作提供了一种新的思路。

3. 国际经济新秩序的主要目标与内容

发展中国家为争取建立国际经济新秩序而进行的斗争，在 20 世纪 60 年代兴起，70 年代形成高潮，80 年代受到挫折。尽管发展不是一帆风顺，但是广大发展中国家在斗争中积累了经验，明确了方向。它们所主张的国际经济新秩序日益纲领化、具体化。

对于国际经济新秩序，早在 1974 年第六届联大特别会议就明确指出："这种秩序将建立在所有国家公正、主权平等、相互依存、共同利益和合作基础上，而不论它们的经济和社会制度如何。""这种秩序将纠正不平等和现有的非正义并且使发达国家与发展中国家之间日益扩大的鸿沟有可能消除。"[10]据此，发展中国家所要建立的国际经济新秩序是以主权平等、公平互利和相互依存为主要内容的。所谓主权平等，是指各国有权对其自然资源和经济活动享有和行使永久主权，一切国家有权平等地参与解决世界经济问题的谈判和决策。公平互利是指改善贸易条件，让发展中国家商品，特别是制成品有更大机会进入发达国家市场，反对发达国家在国际贸易、国际货币和技术领域里的控制和剥削。改革国际货币基金组织和其他国际经济组织，为发展中国家发展民族经济提供稳定公正的国际环境。相互依存是指发达国家与发展中国家之间有着共同利益。发达国家的繁荣有赖于发展中国家的发展。因此，发达国家有义务向发展中国家提供资金和技术，重新安排债务偿还，以消除世界上的贫富差距，保证南北两方共同繁荣。

从上述发展中国家对国际经济新秩序内涵与外延的定义，结合发展中国家为此而展开的斗争实践，可以做出以下三点判断：

(1) 南北关系的实质是政治问题，争取国际经济新秩序的斗争是发展中国家对殖民统治及其残余的清算。由于主要发达国家集中在北半球而主要发展中国家大都在南半球这一地理特征，通常把发达国家称为北方国家，把发展中国家称为南方国家，两者之间关系称为南北关系。在这一地理概念的背后是十分严酷的政治概念。南北关系是从帝国主义同殖民地半殖民地国家之间关系演变过来的。南方国家在历史上饱受殖民统治的压迫和剥削。殖民统治的历史导致了南方国家经济落后，产业结构畸形。但是殖民统治只是南北关系的起源，而非南北关系的全部。战后以美国为首的发达国家的政治强权，主导和控制了国际经济秩序的游戏规则的制定，这也是造成发展中国家在国际经济交往中无权无势任人宰割的主要原因。正如《对南方的挑战》所指出的：南北差距的扩大，不仅归因于经济进步上的差异，而且归因于北方向世界其他部分扩大势力。现在，主要的北方国家更倾向于使用这种势力来达到自己的目的。在 20 世纪行将结束的最后几年里，19 世纪的"炮舰外交"在政治与经济上仍有其孪生兄弟。[11]简言之，殖民统治造就了南北之间的不平等，而发达国家对国际经济秩序的控制更是加剧和扩大了南北之间的不平等。这就是南北关系的政治本质。

(2) 公正、平等、合理是建立国际经济新秩序的基本原则和主要目标。国际经济秩序中的公正、平等和合理不只是一个理念，其是由主权平等、经济公正和共同发展三个具体内容组成的。所谓主权平等，有两个含义：一是各国在经济发展模式的选择上的独立自主，发展中国家有权按照自身的实际情况选择相应的发展模式和资源配置方式。发达国家不能把现代化等同于全盘西化。二是打破发达国家对国际经济制度制定和运行中的垄断与控制，让发展中国家也能平等地参与世界经济问题的决策和游戏规则的制定。经济公正是指发达国家应该充分考虑殖民统治及其造成的后果，一方面以经济技术援助形式对过去的剥削压迫作补偿，另一方面在国际经济往来中不应挟经济技术实力打着贸易自由化的旗号损害发展中国家的经济利益。发达国家应该顾及发展中国家的实际情况，真正贯彻非歧视性原则，提供应有的特惠待遇，使发展中国家真正能从国际贸易、国际投资和技术转让中得到应有的利益。共同发展是指应以处于不同发展水平的国家都能得到发展的原则去改革现有的国际经济秩序。在新的国际经济秩序中，不仅发展中国家能得到发展，而且发达国家也能得到发展。建立国际经济新秩序的根本目的是从根本上消除目前发达国家与发展中国家之间相对抗、前者剥削后者的局面，建立一个和谐的公正的国际经济体系。

(3) 改革现有的国际贸易体制和国际金融体制是争取建立国际经济新秩序的主要任务。在国际贸易中，由于世界贸易组织已经取代关贸总协定，普惠制、初级产品价格稳定等发展中国家的许多要求和愿望被不同程度地得到实现和反映。但是，从根本上来说发达国家主导国际贸易规则制定的格局并无根本改变。国际金融领域中更是如此，美元霸权是东南亚金融危机发生的根本原因之一。而国际货币基金组织在东南亚金融危机中所扮演的角色使人们更感到国际金融制度改革的必要性。如何使国际贸易和国际金融体制既能反映世界经济的现实，又能使发展中国家平等参与国际竞争，将是今后南北关系中的一个十分棘手而又不能不解决的问题。除此之外，制定和实施发展中国家所需要的援助计划，加强南南合作，也是改革现有国际经济秩序的重要内容。

进入21世纪以来，发展中国家对建立国际经济新秩序的诉求逐渐转移到争取对全球经济治理的参与之上，改革不合理的国际经济治理结构成为斗争的焦点。

第二节　全球化进程中的发展中国家

20世纪90年代的南北关系有了巨大的变化。经济全球化是一把“双刃剑”,一方面给发展中国家带来了新的机遇,另一方面又使发展中国家面临更严峻的挑战。再加上冷战的结束,使原来两极格局中隐含着的矛盾和冲突公开化、激烈化,发展中国家在国际政治经济中的空间明显缩小。个别发展中国家因此对经济全球化产生怀疑和抵制。

1. 南北差距进一步拉大

在相互依存关系不断深化的情况下,发达国家和发展中国家之间的经济关系有了新的含义。全球化是资源在全球范围内配置的最优化。生产的国际化给发展中国家带来了发达国家的资金、技术和市场。同样,发达国家的跨国公司对发展中国家的资源、劳动力和市场的依赖也更为迫切。以此为背景,20 世纪 90 年代以后发展中国家经济有明显增长。1987 年至 1996 年世界经济年平均增长率为 3.3%,发展中国家的年平均增长率达到 3.9%, 1997 年至 2006 年,发展中国家的年平均增长率更是达到 5.3%,比发达国家高出 1.4 个百分点。亚洲国家(地区),尤其是东盟各国经济发展十分骄人,1987 年至 1996 年的年平均经济增长率达 7.8%, 1997 年至 2006 年也有望达到 6.6%。长期徘徊不前的拉美各国经济也进入稳步发展阶段,近 20 年的年平均经济增长率为 2.8%。非洲国家经济也出现好转,1997 年至 2006 年的年平均经济增长率达到 4.0%,比 1987 年至 1996 年提高了 1.8 个百分点。

但是,不能不看到,与发达国家从全球化享受到的利益相比,发展中国家得到的实惠还是太少。据联合国《2005 年人类发展报告》,世界上最富有的 500 人的收入总和大于 4.16 亿最贫穷人口的收入总和;最富有的 10%的人口,其收入占全球总额的 54%;全球有 25 亿人每天靠不到 2 美元度日,他们占世界人口的 40%,但收入只占全球总额的 5%。世界最发达国家和最不发达国家的人均收入的差距已经高达 70 多倍。人口占世界总量 13.6%的非洲,其经济总量仅为世界的 1%。在世界 49 个最不发达的国家中,非洲就占到 34 个。全世界 38 个重债国家中就有 32 个是非洲国家。[12]

世界范围内的不平等加剧,这已成为当今关于全球化的中心议题。根据不同的系数或指标,对国际不平等进行分析有着不同的方式:通过可比购买力所反映的人均国内生产总值(PIB)来比较国家间的差距(严格意义上的国际不平等)。国际不平等从 19 世纪 50 年代起明显拉大,到了 20 世纪 50 年代左右相对稳定下来,尽管全球化并不与各个国家的经济发展相吻合,大多数国家的人均国内生产总值差距在20世纪60年代并不太大。随后,贫富距离开始拉开,介于中间状态的国家数目不断减少。若干发展中国家/地区——例如韩国、中国的台湾以及新加坡——追上了富裕国家,被称之为“新兴工业化国家/地区”。若干低工资但拥有技术的大国(中国、印度、俄罗斯)正在急起追赶,同时还有相当多的发展中国家沦为贫困国家。在同一阶段,富国与最贫困国家的差距越拉越大。据统计,全球40%的贫困人口,也就是25亿民众仅仅拥有5%的世界财富,而10%全球最富有的人口却拥有世界财富的54%。全球仍有一半的人口每日生活费用低于2美元(贫困线之下),至少25%的民众甚至低于1美元(绝对贫困线之下)。[13]

预计未来在全球化进程中,发展中国家面临的困难进一步增加,处境更为不平等。

首先,从国际贸易与国际投资来看,尽管发展中国家的份额在逐步增加,但发展中国家内部也产生了两极分化。以东亚新兴工业化国家为代表的发展中国家与债务严重的贫穷国家之间的差距在不断拉大。部分发展中国家在国际贸易和国际投资中地位下降,使全世界贫富差距进一步拉大。它们的人均GDF的差距从1983年的43倍扩大到目前的60多倍,富国与穷国的人均收入已相差70多倍。发展中国家之间的贫富分化加大,尤其是造成那些处于几乎被遗忘角落的发展中国家的更加贫困落后。目前,最不发达国家已扩大为48个,它们大都远离世界或所在地区的经济中心,其中多数并未感受到经济全球化的任何好处。可见,发展中国家融入世界经济的过程并非如李嘉图所说的那样是发挥各国比较优势、从而对各国都有益无害的发展过程,而是由资本主义核心国资本积累所决定的,它必然会导致一些国家和地区的系统性不发达。所以尽管理论上发展中国家应当可以拥有分享全球财富和经济增长的权利,但“事实上,现在的金融体系及其自由化仅使那些已经享有特权并且主宰世界经济的国家受益。代价却由发展中国家,特别是由它们中最穷的国家承担”。总体来说,在经济全球化进程中,一些发展中国家处于尴尬的境地:一方面,由于经济全球化是社会生产力发展的必然结果,发展中国家只有顺其潮流,积极投入其中才能谋求更大发展;而另一方面,经济全球化是由发达资本主义国家主导和推动的,是资本主义生产关系在全球范围内的扩展,它必然会最终加剧发展中国家的贫困化。[14]

其次,发展中国家债务危机更趋严重。由于国际贸易条件恶化,许多发展中国家出现严重的贸易赤字,再加上其他因素,发展中国家的债务危机进一步加剧。2002 年底,巴西外债高达 2 600 亿美元,约占国内生产总值的 30%,出口总额的 336%,仅每年还本付息就需 470 多亿美元。亚洲国家也隐藏着外债危机,不少国家的外债规模已达千亿美元以上,2001 年底,印尼背负着 1 400 多亿美元的债务,约为其年度财政预算的 4 倍多。非洲的外债也相当严重,2001 年,非洲债务总额达 3 700 亿美元,非洲每年大约用 230 亿美元还债,占其外汇总收入的 30.9%。另据统计,每一个非洲人平均欠发达国家 357 美元,坦桑尼亚政府税收的 40%都用来还债。外债尤其严重的是莫桑比克,债务和出口的比率超过 1 000%,几乎没有外债偿还能力。债务问题是非洲贫困状况恶化和经济严重滞后的主要原因,并影响非洲国家直接投资的下降,国家信誉的下降。[15]

上述对发展中国家在全球化冲击之下陷入新的不平等状态的描述只是问题的表象。国际分工中"边缘化"倾向的不断发展,才是全球化带给发展中国家新的不平等的实质。

全球化是以科技进步为先导,以产业结构大调整和国际分工体制为主要形式在全世界范围内展开的。无论发达国家还是发展中国家都无法置身事外。然而,由于历史和现实种种因素的制约,全球化中最活跃的因素,即科学技术和创新能力却基本上与发展中国家无缘。资料表明,在科研硬件设施方面,发达国家凭借其经济实力,建立和拥有了全世界 90%以上的高科技设施,而发展中国家拥有的却不到 10%。从软件,即智力结构来看,发展中国家受经济社会发展水平的制约,基础教育和高等教育不完备,国民文化素质低,科技人才十分缺乏。发达国家中每 100 万人口中拥有 3 800 名科学技术人员,而发展中国家的这一比例是每 100 万人中只有不到 200 人。[16] 以发展中国家面临的"信息贫困"和"数字鸿沟"为例,全球收入最高国家中的 20%人口拥有国际互联网用户的 93%,而全球收入最低的 20%人口所占的国际互联网用户只有 0.2%。仅芬兰一国拥有的计算机主机数量就超过了拉美和加勒比地区的总和。[17] 尤其是在非洲,2000 年 8 月,每一千名居民的国际互联网主机数为 0.31,仅为北美的 1/540。在全球信息革命和知识经济的时代,这种对信息资源和知识资源分配的严重不平衡,比国民财富和人均收入的不平衡更应该引起人们的警示。[18]

在决定未来发展的关键因素上的欠缺,决定了发展中国家再次被甩向全球化的"边缘"。事实上,技术的依赖性已经成为 20 世纪 90 年代以来国际经济中一个越来越严重的问题。通过研究开发上的依赖与被依赖关系,发达国家得以保持它们在国际政治和经济中的支配地位。虽然在产品生命周期规律的作用下，不断有生产技术和产品通过跨国公司的直接投资被转移到发展中国家。但是，这些都是中心国家中相对过时的东西，发展中国家在现行国际分工体制中所得到的只是产品循环的晚期技术，发展中国家人民所能享受到的只是简单消费。正是这种国际分工中的低等级化和技术开发中的边缘化，才使得一些发展中国家经济在全球化浪潮冲击下显得十分脆弱，缺乏活力，获益甚微。

大多数人认为全球相互依存的增强可能是一个长久的趋势，但这个问题仍然富有争议。世界终将变小，但是好是坏？人们似乎不可能达成共识，因为全球化带来了希望，也带来了问题。一方面，全球化使世界联成一体，产生出前所未有的新水准的财富。另一方面，全球化削弱了国家边界和国家政府的重要性，产生了一些赢家和许多输家，扩大了世界的不平等性。全球化正在使各国融为一体，同时又使各国相互分离；它增强了某些国家的力量，同时也侵蚀着另外许多国家的主权。几乎没有一个全球行为体知道怎样去适应全球化带来的不同结果。例如，在达沃斯世界经济论坛和巴西的阿雷格里港会议上，人们对于全球化进行了持续数日的演讲，许多人认为全球化代表了市场的胜利，他们却没有想一想，事实上每一个国家，不只是美国，都把市场看做一种工具，而非一种意识形态。在国内，市场这一工具是受制于社会决定的道德体系和收入分配体系的。[19]

全球化与反全球化相伴而生。如同全球化概念的宽泛性与模糊性一样，反全球化也是不同的人有着不同理解的概念，它可能指对全球化的否定，对全球化片面性的批评，对全球化（跨国公司、自由贸易、科技创新与国际经济体系全球扩张）的担心，对全球化代表的新阶段资本主义（即"全球资本主义"）的回击，对全球化加剧的贫富鸿沟、社会分裂、环境灾难的不满，等等，不一而足。在行动方面，"反全球化"已经成为一场"全球运动"（global movement），原因在于最近几年来，全球范围的反全球化运动不断，一些重要的全球会议已经接连不断成为示威者所称的"全球行动日"（global days of action）目标。示威者声称他们的行动是非暴力的直接抗议（non-violent direct action），但实际上往往与警察发生暴力冲突。[20]

反全球化力量对世界政治总的影响可能就在于：虽然在当今和未来可预见的时期内，全球化已经并仍将是世界经济乃至其他一些方面的主要潮流，它对全球国际体系基本性质的变迁性影响已经发生并仍将强大有力，它所代表的跨国资本和美国世界地位的优势也是如此，但是借用前不久一篇讨论"社会主义是否会卷土重来”的文章里的话说，反全球化力量的活跃表明：“为弱者和处于边缘者的利益来抵制富者权势的、平等主义的政治冲动依然有力，并且已经在卷土重来”。仅就限制和抵制全球化而言，它们同民族国家一起，促进维持国际体系基本性质的继续。然而与此同时，它们包含的很大部分价值取向和政治影响，特别是那些具有“平等主义”和世界主义色彩的，使人不无理由想象：随着漫长的岁月推移，它们可能会在一些重要的功能领域促发一种由跨国非政府组织起主要作用的跨国治理(transnational governance)，它同主权国家国内治理和国际社会国际治理并立，并且互相补充和交错。果真如此，那将是全球体系基本性质的一种巨大变化，或曰重大变更。[21]

2. 第三世界消亡论的抬头

到 20 世纪 80 年代末为止，由于不结盟运动的发展和 77 国集团的存在，尽管南北关系发展历经曲折，但是第三世界始终是国际政治经济中一支独立的力量。同时，在冷战时期，美苏出于扩张势力范围的需要，都千方百计地争取第三世界，从而使第三世界在国际政治经济中有较大的活动空间。

冷战结束后，第三世界作为国际政治中独立力量的地位受到质疑。西方国家中“第三世界消亡论”盛行一时。其理由是，从政治上看，东西方两大阵营已经不复存在，也就无“中间道路”和“政治不结盟”之说。更有些人从原苏联东欧集团的大多数国家纷纷要求加入欧盟、进入北约的现象出发，认为西方国家完全有可能依据空前强大的政治经济优势来左右发展中国家。一位德国学者公然以“第三世界覆灭”为题著书立说。他写道：“东方崩溃以来，由于我们再也没有敌手，也不必害怕敌手的竞争，所以我们就能单独决定南方必须走什么样的道路。”[22]著名的国际政治经济学者苏珊·斯特兰奇也有类似的看法，认为全球化的结果之一是第三世界的瓦解。

冷战的结束促使发展中国家内部出现两极分化。在大多数第三世界国家陷入经济停滞、债务严重、人口爆炸的重重困难之时，一部分新兴工业化国家发展较为顺利，并且在价值取向、政治经济制度、社会结构上逐渐向西方发达国家靠拢。进入 21 世纪后，发展中国家内部的分化更为显著。一方面，中国、印度、巴西等拥有庞大人口和资源、积极顺应经济全球化浪潮的发展中大国迅速崛起；另一方面，部分最不发达的中小发展中国家继续深陷贫穷、落后和动荡的泥潭。例如，整个非洲仍有两亿多人长期营养不良，文盲率高达 70%，艾滋病患者和病毒携带者近 2 500 万，难民近 330 万。尽管部分发展中大国仍面临诸多问题，如经济发展对外部世界依赖较大、二元结构仍很突出、地区发展尚不平衡等，但这些大国的崛起不但为其他发展中国家的前进提供了某种借鉴和启示，也给国际政治经济格局、国际制度和规范带来了深刻的变革性影响。

同时，原来被美苏政治军事抵抗所掩盖的民族、种族和宗教等矛盾公开化、表面化，许多第三世界国家引发了政治社会动荡乃至军事冲突，甚至出现了类似索马里、布隆迪、卢旺达等国大屠杀的惨剧。在冷战时期，美苏都大量插手和利用殖民统治遗留下的领土边界纠纷，制造矛盾和冲突。但是，美苏又都把冲突控制在一定限度之内，防止引起连锁反应，影响自己堡垒内部的稳定。冷战的结束使这些纠纷失控，相当多的第三世界国家之间不惜兵戎相见。这也客观上加剧了第三世界的分裂。

全球性问题日益与发展中国家相联。发展中国家的贫穷滋生和助长了这些全球性问题。人口爆炸、环境污染、毒品走私、非法移民、跨国犯罪、自然灾害、严重传染性疾病传播等诸多非传统安全因素与传统安全威胁因素混杂在一起，使得发展中国家的和平和发展更难有可靠的保障。

以环境问题为例，发展中国家为了摆脱贫穷、饥饿和债务负担，或者过度开发利用本国资源，或者廉价出售本来就有限的森林和矿产。近几年来东南亚、中南美洲和非洲的森林面积大约以每年 2 000 万公顷的速度递减。其中，亚洲每年减少 470 万公顷，砍伐与造林的比率为 5∶1；非洲每年减少 370 万公顷，砍伐与造林的比率为 29∶1。同时，发展中国家耕地的沙漠化速度惊人。1992 年 3 月，联合国环境规划署资助完成了一项全球土壤评估。结果发现，全世界已有 890 万公顷土地严重沙漠化。被毁土地的 2/3 集中在亚洲和非洲。[23]目前全世界毒品交易额每年约为 5 000 亿美元，是仅次于军火的大宗贸易。毒品消费市场主要在美欧发达国家，可是毒品生产则主要集中在东南亚的"金三角"、西亚的"金新月"和南美洲的安第斯山区，仅哥伦比亚一国的可卡因产量就占全世界的 75%。[24]核材料、核技术和大规模杀伤性武器扩散等问题是冷战结束后一个新出现的全球性问题，在第三世界国家更为突出。尽管经济贫弱，但出于种种原因，许多第三世界国家都竞相开发核武器、化学武器。据估计，现在有 40 个第三世界"核门槛"国家已经拥有了核武器的制造能力。上述令人担忧的问题，在一些人别有用心地渲染夸大之下，使第三世界国家在舆论和道义上处境非常不利。

3. 发达国家的"人权""民主"牌

1948 年发表的《世界人权宣言》和 1976 年生效的《经济、社会、文化权利国际公约》及《公民权利和政治权利国际公约》共同构成了"国际人权宪章"。所谓人权，是指在一定的社会历史条件下每个人按其本质和尊严享有或应该享有的基本权利，即人人基于生存和发展所必需的自由、平等权利。上述两个公约更多地强调公民权利与政治权利以及有关经济、社会和文化方面的权利，这两方面的权利也被视为第一代和第二代人权。而所谓的"第三代人权"，则更多地指向民族自决权、生存权和发展权等权利。自从阿尔及利亚正义与和平委员会于 1969 年在《不发达国家的发展权利》报告中提出发展权这一概念以来，将发展权作为一项基本人权的理念越来越为世界各国普遍接受。1986 年第 41 届联大通过了《发展权利宣言》。

全球化的深入使世界发展的不平衡现象日益突出。因此，对于广大发展中国家来说，无论是维护国家等层面的集体人权，还是保护个体层面的个人人权，首要的问题都是在实现自由、平等的条件下消除贫困、促进发展。

然而，部分西方国家借此机会，高举"人权高于主权"的旗帜对许多发展中国家大肆进行所谓的"人道主义干涉"。冷战结束后，经济民主论在发达国家空前泛滥，成为发达国家向发展中国家施加压力的新招。发达国家一再强调，经济发展必须与保障人权、民主化相结合。它们声称：

(1) 人权和民主是人类社会的共同目标。认为在国际关系中人权和民主主义是超越东西关系和南北关系的共同理念。在确定市场经济的过程中也必须充分保障人权，推行政治民主化。

(2) 民主是安全保障的基础之一。从康德的"民主和平论"出发，西方发达国家对包括原苏联东欧集团在内的广义上的发展中国家提供经济技术援助时，常常关注这些国家的政治民主化进程。

(3) 参与型经济发展。认为一国发展模式的选择和经济战略的制定不应是自上而下的，而应该是自下而上的，应该在村落和社区范围内建立能让自耕农和妇女都能充分发表意见的社会机制，以影响整个国家的发展前途。

这些言论在表面上冠冕堂皇，但其真实意图是对大多数发展中国家的政治制度的否定。在冷战时期，出于同苏联集团争夺势力范围的需要，西方发达国家不仅对发展中国家的这些问题视而不见，而且有意支持一些强权政治。冷战结束后，西方发达国家却一下子成了“反独裁、反强权”的先锋。不可否认由于种种原因，许多发展中国家虽然在独立后实行了形式上的西方议会民主制度，但军人执政和强人政府比比皆是。这确实是发展中国家需要解决的重大问题。但这种问题的解决，只能靠各国人民自己动手解决。正如诺瓦蒂斯可持续发展委员会主席莱辛格所说：“穷国实现人的发展几乎多半取决于穷国自己，外来帮助可以缓解贫困的状况，甚至对消除贫困的过程起到加速推进作用，但它不能从根本上改变穷国的面貌。”[25]更进一步说，各国应该在《联合国宪章》的宗旨和原则指导下，尊重其他国家主权和平等原则，承认并尊重世界的多样性和各国的具体国情，尊重各国自主选择社会制度和发展道路的权利，相信各国人民自行解决本国问题的能力。各国应当推进国际关系民主化，建立公平公正的国际政治经济新秩序，保证广大发展中国家平等参与全球经济事务决策的权利。

某些发达国家在过去拥护独裁，在现今“尊重民主”，其目的只有一个，即为一己私利服务。过去支持军人政府和独裁统治是要把这些国家从苏联的势力范围中拉出来。今天唱民主高调则是为了按自己的模式来改造第三世界，最终把第三世界纳入自己的政治经济轨道。冷战结束后，发达国家的民主攻势往往通过直接和间接两种途径双管齐下。

直接的途径便是以美国为首的部分西方国家直接出马，或发动“颜色革命”，或采取军事打击，强行自己的价值观。于是，改造中东成为美国“一代人的使命”，推翻萨达姆政权、重建伊拉克成为美国在中东地区的“民主试验”。然而，根据伊拉克研究和战略中心的一项民意调查，大多数伊拉克人认为，美英联军并未能给他们带来安全感，也没有恢复伊拉克的安全和秩序。频繁的爆炸事件、混乱的治安情况、经常的扰民搜查、阿布格莱布监狱虐囚丑闻等都使伊拉克人对美国人强行的民主和人权植入充满了怀疑、失望乃至敌视。在东欧、中亚等一些国家，美国等西方国家、掀起了一场场的“颜色革命”，如格鲁吉亚的“玫瑰革命”、乌克兰的“橙色革命”、吉尔吉斯斯坦的“黄色革命”、中东地区的“茉莉花革命”等。在这些国家国内政治经济矛盾激化、社会局势动荡、利益集团冲突加剧的情况下，西方的“民主力量”利用甚至制造某些突发事件，建立亲美政权，大肆推行“美式民主化”改革。

长期以来，美国对伊斯兰文化的蔑视和排斥在一定程度上促成了伊斯兰极端主义思潮的产生与兴起，他们把捍卫伊斯兰文化、打击西方文明视为己任。在这个意义上，正是美国自己制造了与伊斯兰世界的“文明冲突”及攻击它的敌人。[26]

首先，美国奉行的单边主义政策，在推翻伊拉克和利比亚极权政权的同时，打开了潘多拉盒子，为恐怖主义势力的发展提供了土壤和环境；其次，在叙利亚问题上，美国不加区别地利用一切反阿萨德力量，直接促成了“伊斯兰国”(IS)的兴起。在IS做大后，美国又希望利用IS对抗伊朗-伊拉克什叶派政府-叙利亚阿萨德政权-黎巴嫩真主党构成的什叶派轴心，反恐政策让位于美国在中东的“均势”政策。所以，美国一直没有认真地把IS作为恐怖势力加以打击，美国的空中打击更多是做给国际社会看，因此不可能会有多大的实际效果。[27]

间接途径是通过国际发展援助，推行西方价值观。20世纪90年代初，各主要发达国家先后在提供官方发展援助时推出两项政策：第一是把改善人权状况和推进民主化进程作为经济援助的目的；第二是把人权状况和民主化进程作为提供经济技术援助的基准。为了绕过章程上有关对借款国的国内政治不得加以干涉的规定，世界银行提出：“虽然经济发展与民主政治之间的相互关系不甚明了，但是经济发展与治理之间有着明确的相互关联。”因此，世界银行“作为为发展中国家经济发展提供援助的机构，有必要为改善有关国家的治理而做出努力”。[28]这样，在华丽的辞藻之下，巧妙地把经济发展与民主化联系了起来，为其指责和干涉发展中国家内部事务提供了新的依据。2005年6月，西方七国财长会议就免除最贫穷国家所欠债务达成一项协议。根据这项协议，全部减除绝大多数在非洲的38个重债穷国的550亿美元的多边债务，但同时七国集团又祭出“民主”和“人权”的大旗，要求获得减免资格的非洲国家政府必须达到“治国有方”和严惩腐败两大目标，这也为西方国家干涉非洲国家的内政再次埋下了伏笔。[29]

促进受援国的民主化是20世纪60年代以来美国对外经济援助的重要目标，也常常是美国进行经济援助的明确附加条件。美国国务院与美国国际开发署于2003年发布的《安全、民主、繁荣——战略计划》就提出以促进和深化受援国的民主作为美国对外援助的首要目标，即促进民主和善治，包括“公民社会”、法律法规、尊重人权和宗教自由。美国国际开发署的资料显示，经济支持基金主要用于七个方面：(1)加强私营部门在经济中的作用，减少政府对市场的控制，增加就业机会和促进经济增长；(2)援助法律框架下有效的、可行的和独立的司法体制发展，增强法院在处理侵犯人权和政府滥用权力方面的效力；(3)通过支持公共机构的转型，发展和加强可持续民主所必要的机制建设；(4)帮助政府治理向透明化、责任化转型，加强公民权利，确保公民对政治和经济生活的广泛参与以及对人权和基本自由的尊重；(5)增强民主、市场经济转型的管理能力，帮助维持转型期最贫附人口的生活水平；(6)支付平衡援助；(7)预算支持。[30]

美国还表示，将根据发展中国家的需要提供"领导力培训竞赛"、"赴美留学"、"促进区域内学术交流"、"探索解决地区问题的方案"、"劳动技术和英语培训"及"培训青年志愿者"等方面的援助和支持，借此促进美国加强与东盟的联系。[31]

4. 联合国千年目标

2000 年 9 月，联合国千年首脑会议庄严通过《千年宣言》，确立了千年发展目标。千年发展目标包括 8 项基本目标、18 项具体目标(见表 10-1)和 48 项子指标。发达国家和发展中国家的领导人都承诺到 2015 年实现这些相互紧密相关的目标。千年发展目标是国际社会为缩小南北差距、促进共同发展而确立的共识和任务，承载着人类几千年来战胜饥饿、疾病和贫困的良好愿望。今天，千年发展目标已成为推动国际发展合作的纲领和衡量国际发展合作的重要标尺。2012 年 7 月，联合国发布了《2012 年千年发展目标报告》。该报告称，2010 年，全球极度贫困的人口和缺乏安全饮用水的人口比例都比 1990 年降低了一半以上，超过 2 亿名贫民窟居民的生活明显改善，初等教育中女童和男童的入学率已经基本相同。这意味着联合国千年发展目标中第一项、第三项和第七项的部分具体目标已经提前三年实现。但与此同时，新出现的问题和面临的挑战仍然十分严峻。[32]

根据联合国的一项调查，在过去的 20 年中，全世界有 50 多个国家变得更加贫困；由于艾滋病的传播，许多国家的人均生命周期正在垂直下降；由于地区冲突，许多国家的入学率和公共健康水平也大幅下降；环境也正在逐渐恶化。目前全球关注贫困人口问题更多的是贫困人口的收入水平状况，关心他们的孩子是否能上学以及他们的女儿在入学时是否会受到歧视等。除此之外，一些传染病和传播性疾病也严重威胁着贫困人口的健康，这种情况在非洲尤为严重。贫困问题已经成为威胁、阻碍人类社会和全球发展的主要问题，解决和消除贫困是国际社会所面临的共同问题。[33]

表 10-1　联合国千年发展目标

八项目标	18 项具体目标
一 消灭极端贫穷和饥饿	1. 1990 年至 2015 年间，将每日收入低于 1 美元的人口比例减半。 2. 1990 年至 2015 年间，将挨饿的人口比例减半。
二 普及小学教育	3. 到 2015 年，确保所有的男童和女童都能完成全部小学教育课程。
三 促进两性平等并赋予妇女权力	4. 最好到 2005 年在小学教育和中学教育中消除两性差距，不迟于 2015 年在各级教育中消除此种差距。
四 降低儿童死亡率	5. 1990 年至 2015 年间，将 5 岁以下儿童的死亡率降低 2/3。
五 改善产妇保健	6. 1990 年至 2015 年间，将产妇死亡率降低 3/4。
六 与艾滋病病毒/艾滋病、疟疾和其他疾病作斗争	7. 到 2015 年遏制并开始扭转艾滋病病毒/艾滋病的蔓延。 8. 到 2015 年遏制并开始扭转疟疾和其他主要疾病的发病率增长。
七 确保环境的可持续能力	9. 将可持续发展原则纳入国家政策和方案，扭转环境资源的流失。 10. 到 2015 年，将无法持续获得安全饮用水的人口比例减半。 11. 到 2020 年，显著改善至少 1 亿贫民窟居民的生活。
八 全球合作促进发展	12. 进一步发展开放的、有章可循的、可预测的、非歧视性的贸易和金融体制。包括在国家和国际两级致力于善政、发展和减轻贫穷。 13. 满足最不发达国家的特殊需要，包括：对其出口品免征关税、不实行配额；加强重债穷国的减债方案，注销官方双边债务；向致力于减贫的国家提供更为慷慨的官方发展援助。 14. 满足内陆国和小岛屿发展中国家的特殊需要。 15. 通过国家和国际措施全面处理发展中国家的债务问题，以便能长期持续承受债务。 16. 与发展中国家合作，为青年创造体面的生产性就业机会。 17. 与制药公司合作，在发展中国家提供负担得起的基本药物。 18. 与私营部门合作，提供新技术，特别是信息和通信技术的好处。

（资料来源：United Nations, Road Map towards the Implementation of the United Nations Millennium Declaration, Report of the Secretary-General, 6 September, 2001, A/56/150, pp.56—58.），转引自祁怀高：《联合国千年发展目标与中国发展理念的互动》，《国际关系学院学报》2012 年第 6 期。

全球金融危机、气候变化的消极影响、动荡的局势和频发的武装冲突、发展不均衡等对千年发展目标的实现形成了严峻挑战，这些挑战是单个国家无法应对和解决的。千年发展目标面临的这些挑战和问题只有通过全球治理才能解决。全球金融危机、气候变化、发展失衡、局势动荡和武装冲突所形成的问题，是主权国家无法单独应对的。这些问题需要国际社会共同参与、共同应对。[34]

毋庸置疑，国际社会对千年发展目标的积极评价是十分明显的。首先，十余年来发展中国家在实现千年发展目标方面的成就证明，千年发展目标所确立的以减贫为中心的新的发展共识比“华盛顿共识”的发展模式更有效，因为与华盛顿共识单纯注重减贫的经济维度，以及认为经济增长会自然导致贫困的减少的观点不同，千年宣言和千年发展目标致力于在各个维度进行减贫，并且取得了明显的成效。其次，千年发展目标之所以能使得发展中国家与发达国家乃至全世界都予以明确的支持，是因为其目标明晰、易于理解，并且得到了全球公众比较普遍的赞同。再次，千年发展目标体系体现出发展观的进步，千年发展目标的具体内容明显地体现出发展不只是经济增长，其核心应该是人的发展，而且是人的全面和可持续发展。与之相关联的是千年发展目标体系加深了贫困概念的内涵，使之包含贫困人口人力资本的缺乏（教育、健康），政治权利的缺乏（参与、公民权利、行政和司法系统的透明度等等），以及社会保障的缺乏等。最后，千年发展目标的结果导向与统一的参照系为全球的整体性发展创造了有利的条件。与千年发展目标形成之前国际发展合作体系仅注重援助国向发展中国家提供援助不同，千年发展目标关注的重点不再是个别行为体的输入行为，而是所有这些输入行为加在一起所产生的影响。千年发展目标为衡量这些影响提供了指标。千年发展目标为所有行为体提供了一个共同的目标体系，这一目标体系已获得发展中国家、援助国和国际组织的一致好评，因此非常适于作为全球发展伙伴关系的基础。现在，所有相关行为体都能够努力为这一目标体系做贡献，并通过这种方式增强它们之间的协调。[35]

可持续发展议程将取代千年目标。上述千年发展目标的截止期限是 2015 年年底。早在 2010 年前后，国际社会就开始密集地总结千年发展目标的实施经验和教训，并以此为基础制定 2015 年后全球发展目标。2015 年 9 月，联合国可持续发展峰会正式通过了由 193 个会员国共同达成的《2030 年可持续发展议程》，从而表明新的可持续发展目标取代了千年发展目标。为了在全球范围内“消除极端贫困”、“战胜不平等和不公正”及“遏制气候变暖”，《2030 年可持续发展议程》拟定了 17 项可持续发展目标和 169 项具体目标，并期许将推动世界各国在今后 15 年内实现这三个史无前例的目标。时任联合国秘书长的潘基文在峰会开幕式上指出，2030 年可持续发展议程对未来所提供的承诺和机会为世界各国人民点亮了一盏明灯。他说："《2030 年可持续发展议程》促使我们必须以超越国界和短期利益的眼光，为长远大计采取团结一致的行动。联合国将坚定的为成员国在这一宏大和崭新的领域提供支持。"

与千年发展目标重点关注发展中国家不同，2030 年议程不再局限于发展中国家，而是适用于世界各国，提出了世界各国共同努力建设"全球发展伙伴关系"的设想。为此，在总结千年发展目标教训的基础上，新的可持续发展议程十分强调在经济、社会与环境三个维度上保持平衡。这一新的发展框架的确立，特别是对全球发展伙伴关系的倡导，为全球的南北合作带来了机遇。[36]

第三节　新兴经济体崛起与"金砖国家"

1. 新兴经济体的崛起

2001 年 11 月，美国高盛证券首席经济学家吉姆 · 奥尼尔(Jim O'Neill)在该机构发表的编号为第 66 期的全球经济报告《全球需要更好的经济之砖》(The World Needs Better Economic BRICs)中，首次用"BRICs"这个词圈定出世界最具潜力的四个发展中大国，即巴西、俄罗斯、印度和中国，"金砖四国"概念应运而生。随后，高盛证券于 2005 年 11 月推出年度报告——《下一个 11 国》(*N-11, the Next Eleven*，又称"钻石十一国")点出了 11 个极具发展潜力、人口优势明显的新兴国家，包括孟加拉国、埃及、印度尼西亚、伊朗、韩国、墨西哥、尼日利亚、巴基斯坦、菲律宾、土耳其与越南。2007 年，日本学者门仓贵史在日本《经济学人》周刊撰文指出，"展望五国"(VISTA)越南、印度尼西亚、南非、土耳其和阿根廷，将成为继"金砖四国"后发展潜力最大的新兴国家。至此，这个以金砖国家为主的新兴经济体开始为国际社会所关注和了解。在经济上，它们与发达国家的差距逐步缩小；在政治上，它们在全球议题中的话语权不断扩大，作为世界政治中一股清新和强大的力量，新兴经济体正推动国际关系发生着极为广泛和深刻的变化。新兴经济体的崛起在经济层面体现得最为明显，这些国家的经济近年来都保持了高速和稳定的发展。从全球视角来看，这种全面和持续的增长又在相当程度上提升了它们在世界经济版图中的地位。就经济总量而言，经过十多年的快速发展，新兴经济体目前在全球 GDP 中的比重已达 50.2%(购买力平价计算)。[37]

新兴经济体崛起的突出特征就是这些国家经济快速增长，导致新兴经济体所创造的GDP占全球GDP的比重不断提高。来自各方面的数据证实，目前全球经济增长在相当程度上是依靠新兴市场拉动的。新兴市场国家GDP占全球GDP的比重，已经从1990年的39.7%跃升至2013年的50.2%。从过去5年的经济数据中可以看出，新兴经济体GDP年均增长率近7%，远远超过发达经济体大约2%—3%的年平均增长率。而按购买力平价(PPP)衡量，至2005年，新兴经济体的产出份额已占到全球产出总额的50%左右。其中，2010年金砖国家在世界经济总量(GDP)中的贡献率总计占到18%左右。新兴经济体在世界出口总额中所占的比重已经由1970年的20%跃升至2009年的43%，其能源消耗量已经超过全球总量的一半，其石油消耗量占到2006—2009年间全球新增石油需求的80%，并持有世界外汇储备的70%。以美元资产数额计，新兴经济体货币当局所掌握的资金近5万亿美元，其储蓄率在33.5%，而发达国家只有不到20%。基于新兴经济体近年来的出色表现，它被看作"世界经济稳定的来源"(见表10-2)。[38]

表10-2　21世纪以来世界主要经济体的增长情况

单位：%

年份	中国	印度	巴西	俄罗斯	美国	日本	英国	德国	法国	意大利	加拿大
2000	8.40	3.98	4.31	10.00	4.17	2.26	4.46	3.06	3.68	3.65	5.23
2001	8.30	4.94	1.31	5.09	1.09	0.36	3.15	1.51	1.84	1.86	1.78
2002	9.10	3.91	2.66	4.74	1.83	0.29	2.66	0.01	0.93	0.45	2.92
2003	10.00	7.94	1.15	7.30	2.55	1.69	3.52	−0.38	0.90	−0.05	1.88
2004	10.10	7.85	5.71	7.18	3.48	2.36	2.96	1.16	2.54	1.73	3.12
2005	11.30	9.28	3.16	6.38	3.08	1.30	2.09	0.68	1.83	0.93	3.02
2006	12.70	9.26	3.96	8.15	2.66	1.69	2.61	3.70	2.47	2.20	2.82
2007	14.20	9.80	6.09	8.54	1.91	2.19	3.47	3.27	2.29	1.68	2.20
2008	9.60	3.89	5.17	5.25	−0.36	−1.04	−1.10	1.08	−0.08	−1.16	0.69
2009	9.20	8.24	−0.33	−7.83	−3.53	−5.53	−4.37	−5.13	−3.15	−5.49	−2.77
2010	10.40	9.55	7.53	4.30	3.02	4.44	2.09	3.69	1.66	1.80	3.21
2011	9.30	6.86	2.73	4.30	1.70	−0.70	0.65	3.00	1.70	0.43	2.46

资料来源：郭朝先、刘芳：《新兴经济体的崛起与全球经济发展方式转型》，《中国市场》2013年第31期。

与此同时，新兴经济体的快速发展与其迅速嵌入全球产品价值链、广泛参与国际分工是分不开的。从全球价值链分工参与指数角度看，1995—2008 年，除南非以外，金砖国家和“E-11”各国该指数都呈上升趋势。金砖国家和“E-11”中，全球价值链参与程度最高的是韩国，2008 年达到最高值 68.4%，其次是俄罗斯，为 58.4%，沙特是 51.2%。受 2008 年国际金融危机影响，世界外包和加工贸易明显下滑，新兴经济体的全球价值链分工参与指数都有所下降。中国的全球价值链参与指数从 1995 年的 25.7%上升到 2000 年的 32.8%，2005 年达到 48.6%的最高值，2008 年和 2009 年该指数下降了 2 个百分点。产品价值链又可以分为前向价值链和后向价值链。前向价值链包括能源、矿产资料等初级产品的开采、加工制造和产品的技术开发、研制及零部件的制造等环节；后向价值链包括零部件和中间产品的加工组装、最终产品的制造及销售、售后服务、品牌管理环节。在金砖国家和“E-11”中，各国参与全球价值链的模式有所不同。韩国、中国、土耳其、墨西哥的后向价值链指数在全球价值链指数中比重偏大，说明这些国家以嵌入产品后向价值链分工为主，主要从事零部件和中间产品的加工组装、最终产品的加工制造，有部分领先企业也加入了自我品牌销售及运营等价值链环节。这些国家的主要贸易结构特征为进口零部件、中间产品，经过加工组装后出口中间产品或最终产品。而巴西、俄罗斯、印尼、阿根廷、沙特是资源大国，这几个国家除沙特、俄罗斯外也都是农业大国，在原材料、能源、农业方面占有优势，其后向价值链指数在全球价值链指数中比重偏小，主要以国内能源资源的开采、农产品及其加工出口为特征，以参与产品前向价值链分工为主。[39]

伴随新兴经济体的崛起和世界经济格局的不断转变，原有的全球治理结构已经难以适应新的形势。新的国际协调与管理机制如何体现各国之间经济实力的不断变化，是发达经济体和新兴经济体进行博弈的关键。在过去的一个世纪里，美国和欧洲在制定全球经济治理机制的过程中发挥了主导作用，从建立布雷顿森林体系、制定贸易自由化协议再到建立应对经济、金融危机的合作准则等，某些行为规范(以国际规则为基础的决策程序、非歧视原则、多边主义和透明运作)成为各国的共识。世界货币基金组织、世界银行和世界贸易组织等国际组织虽然经过多次的改革，但仍然是美国在二战之后树立领导地位的产物，如今新兴经济体需要进入全球治理体系并发挥它们应有的作用。[40]

20 世纪 90 年代以来，尤其是 2008 年国际金融危机爆发以来，新兴经济体更加积极地参与到全球治理、气候变化以及应对经济危机等一系列重要的国际协调进程之中，推动了全球经济治理机制朝着有利于新兴经济体的方向发展，新兴经济体在全球经济治理结构中的地位得到显著提升，并与发达经济体一起共同推进新的国际经济秩序的建立。全球经济治理结构转型是新兴经济体崛起后的必然要求。并且，在后危机时代，新的全球经济治理结构的出现对于维持应对危机和促进可持续复苏所必需的国际合作至关重要，也符合世界各国的利益。但是，在这一过程中，新兴经济体与发达经济体的地位正在悄悄发生微妙的变化，其中最突出的表现是新兴经济体在全球经济治理机制中话语权持续提升。例如，在国际货币基金组织治理结构的改革中，新兴经济体成为最大的受益群体。在份额与投票权改革方面，将向有活力的新兴市场和发展中国家转移大于6%的份额，整体投票权比重转移达到5.3%。中国将成为第三大份额拥有国，同时沙特阿拉伯、巴西、印度和俄罗斯也将居于国际货币基金组织份额的前十位。[41]

即新兴经济体虽然在实体经济上开始占优势，但是受制于现存的国际政治体系和国际经济体系，它们的利益并没有得到保障。现有国际体系的代表性、有效性受到以金砖国家为代表的新兴经济体的严重质疑。要求国际体系的改革成了金砖国家和广大新兴经济体必然的政治诉求。[42]

2. "金砖国家"合作机制

2009 年，金砖国家首脑举行了第一次峰会，以后依例每年举行。十多年间，金砖国家已从投资概念衍生出机制安排。

吉姆·奥尼尔提出 BRICS 这个创意时，仅仅是个投资概念，他虽然大胆预言了这些国家将在 50 年后会跻身于全球六大经济体系，但恐怕未曾预料到，在短短的十多年间内，BRICS 这个概念已经从投资概念中脱颖而出，演变成为当前国际关系中一支众人瞩目的战略力量。在金砖国家中，俄罗斯和中国均为联合国安理会的常任理事国，巴西、印度、南非目前都是非常任理事国。

按照国际货币基金组织的数据，截至 2015 年金砖国家占有世界一半以上的人口、资金和技术，超过 60%的全球经济增长，[43]GDP 和贸易额分别占世界的21%和 15%。金砖国家不只是潜在的市场，而已成规模巨大、持续增长的现实市场。[44]虽然受国际金融危机影响，2009 年金砖国家 GDP 增长率大幅下降，但2010 年即快速反弹。其中，巴西当年 GDP 增长 7.5%，中国和印度 GDP 增幅高达 10%以上，成为引领全球经济复苏的主导力量，在世界经济中的地位已是举足轻重。[45]

金砖国家间经贸关系也呈现出良好发展势头。2001 年至 2010 年，金砖国家间贸易年均增长率为 28%，10 年间增长了 15 倍，2010 年贸易额约为 2 300 亿美元。其中，中国同俄罗斯、印度、巴西、南非的双边贸易增长迅速，2010 年增速分别达到 43.1%、42.4%、47.5%和 59.5%，均高于同期中国对外贸易总体增速 34.7%的水平。2011 年，金砖国家之间的贸易继续增长，总额已经超过了 3 200 亿美元。近几年来，金砖国家相互贸易经历了快速发展。除 2009 年受国际金融危机影响外，2002 年以来金砖国家进出口贸易总额的年均增长速度较世界贸易增长速度高出了近 10 个百分点。2011 年，金砖国家进出口贸易总额达到了 5.75 万亿美元，是 2000 年的 5.74 倍，金砖国家内部贸易总额甚至达到了 2000 年的 15.86 倍，而同期的世界贸易额则仅为 2000 年的 2.87 倍。国家间的贸易规模和贸易互补程度决定了其共同利益的大小，从而直接影响到相互间在国际社会中的合作与协调。[46]

高盛、摩根大通等国际投行根据金砖国家的发展状况出具了大量权威的机构报告，对过往金砖国家经济的高速增长对世界经济的拉动予以了充分的肯定，并强调金砖国家在日后的发展过程中也拥有巨大的潜力。即便面对 2008 年美国次贷危机引起的国际金融危机、世界各国对货币量化宽松政策的影响，金砖国家的经济增长速度仍然较高，在稳定全球金融秩序、加快世界经济复苏的过程中发挥了至关重要的作用。例如中国作为“金砖五国”中发展速度最快、经济体量最大、成绩最耀眼的一个国家，自改革开放以来，逐步发展成为“世界工厂”，中国的综合优势是其他国家无法比拟的。如果，中国“世界工厂”的作用丧失，全球 80%的加工行业、60%的运输行业都会陷入混乱。所以，世界经济失去了“金砖五国”的“血管”作用，甚至可能会导致全球经济的崩溃。[47]

金砖国家之所以成为一个国际性的合作与协调力量，不仅是因为它们有着许多共同的特征，更是因为它们还有着共同的利益诉求，并且采取了共同的行动。在经济全球化大潮的冲击下，没有一个金砖国家不把谋求更大的发展作为第一要务，把自立于世界民族之林作为外交政策的首要目标。据俄罗斯消息电视台 2013 年 3 月 27 日报道，在德班峰会前夕，普京总统在一次谈话中将“金砖五国”比喻成非洲动物中的“五大巨兽”——大象、犀牛、水牛、狮子和豹子。对普京这个比喻的解读，不在于哪个国家像哪个动物，而是生动形象地表达了俄罗斯对自身，以及对其他金砖国家能够在经济上迅速强大的渴望。普京是希望五个金砖国家能够像非洲五大动物一样，能够强有力地增强自身的经济实力，从而能够平等地参与世界经济角逐，而不希望金砖国家像羔羊一样，在不合理的国际经济秩序中任人宰割。

争取建立合理的国际经济秩序是金砖国家的共同利益诉求。无论是社会的转型，还是经济的发展，无不需要良好的国际环境。冷战结束以后，在全球化浪潮的推动下，金砖国家的社会转型和经济发展都取得了迅速的发展，金砖国家的经济增长率一直高于全球平均水平。但是，以 2008 年国际金融危机爆发为分水岭，金砖国家的外部环境发生了巨大的变化。世界经济的萧条使得金砖国家的对外贸易萎缩，经济增长速度放慢。国际货币体系的不稳定使得金砖国家深切地感到了发达国家转嫁危机的后果。多哈谈判的停滞使得金砖国家承受到巨大的贸易保护主义的压力。全球性金融危机再次表明，国际政治的结构框架决定着国家间经济利益的分配。在严峻的事实面前，金砖国家不得不发出共同的声音，采取共同行动，争取建立合理的国际经济秩序，为自身的转型和发展提供一个良好的外部环境和国际空间。于是，就有了金砖国家对全球治理的积极参与。[48]

面临新兴经济体的群体性崛起，发达国家也曾表现出让渡部分国际权力的积极姿态，但当最危险时刻过去以后，欧美国家对改革国际治理体系的意愿大大下降。在此情况下，国际体系内的守成力量和新兴力量必然地出现某种程度的竞争。虽然，新兴经济体还处于弱势，还远远没有大到取代守成力量的地步，守成力量也远没有衰落到愿意更多接纳新兴力量的地步，但是，金融危机引发的两种力量的竞争已经表面化。全球治理开始明显出现两个中心：一个是美国为首的西方七国集团；另一个则是以金砖国家为代表的新兴经济体和广大发展中国家。[49]

2008 年美国次贷危机爆发以后，其所采取的几轮“量化宽松”货币政策，严重损害了新兴经济体的利益。因此，现行国际货币体系亟待调整，以满足时代发展的需要，“金砖五国”应通过金融合作，提升自身的话语权，在时机成熟时，通过谈判实现对有失公允的国际货币体系实施相应调整。[50]

毫不讳言，金砖机制的发展面临很多新机遇，但也确实面临不少挑战，尤其是一些成员国对下一轮的金砖国家合作应该如何开展持有不同的看法，如俄罗斯强调金砖应聚焦政治安全领域的合作，而中、印、巴、南强调经济领域合作同样重要，既包括五国在全球经济治理中的合作，也包括五国之间开展的务实经济合作。经过艰苦的谈判,五国在德班峰会最终达成了共识:“我们致力于逐步将金砖国家发展成为就全球经济和政治领域的诸多重大问题进行日常和长期协调的全方位机制。”这是对金砖机制一个新的定位,标志着金砖国家正在由一个“务虚型”的“对话论坛”向“务实行动型”的“全方位协调机制”转型,换言之,金砖合作正沿着机制化方向前进。

为此,金砖国家在2013年德班峰会上决定建立金砖国家开发银行,并于2014年达成协议。根据协议,金砖银行的总部位于中国上海,核定资本为1 000亿美元,初始认缴资本为500亿美元,由初始成员“金砖五国”平均出资,各国享有平等的投票权。五个成员国都将派出自己的财政部长或央行行长,担任银行的董事代表,负责制定银行具体操作规程。金砖银行行长采取轮值制度,每五年为一个任期,首任行长来自印度,巴西、俄罗斯将分别提名银行董事长和银行理事长,在南非的约翰内斯堡将建立金砖银行非洲地区中心。金砖银行允许其他发展中国家加入,但规定初始的金砖五国资本份额不能低于55%。基础设施被设定为金砖银行的主营项目,目的是弥补国际货币基金组织和世界银行能力的不足,为广大新兴经济体的经济发展提供新的保障,创造一个更加多元化的世界。[51]

按照预定时间表,金砖银行已于2015年5月27日在上海正式开业。金砖银行有以下四个特点:

第一,金砖银行反映了新兴经济体参与全球金融治理的决心和智慧。鉴于金砖五国地理位置相距遥远、政治体制相异等原因,金砖国家成立之时曾遭到不少人的质疑和唱衰。然而,事实胜于雄辩。金砖银行的建立展示出了金砖国家内部高度的求同存异意愿和巨大的协调妥协能力,充分表明金砖国家有底气、有能力在国际舞台上用“一个声音说话”,有能力采取共同行动,推动国际秩序变革,成为国际关系中活跃的正能量。金砖银行的诞生,从另一个侧面反映了金砖国家在国际金融领域中的地位由被动消极到主动积极的变化。[52]

第二,金砖银行与IMF、世界银行等现有多边国际金融机构是既合作又竞争的关系。现有的国际多边金融组织主要是从发展援助的角度,注重向发展中国家输血,并附带繁琐的申请程序和条件要求。世界银行的贷款主要用于帮助发展中国家减贫,但贷款的申请周期、手续和其他门槛很高,并且附带受援国实行“民主自由制度”等条件。即便如此,世界银行的援助仍杯水车薪。据估计,包括世界银行在内的国际多边开发银行只满足了全球2%—3%的基础设施投资需求,发展中国家每年的基础设施资金缺口超过1万亿美元。更为雪上加霜的是，2008 年全球金融危机爆发后，无论是来自公共部门还是来自私人部门的资金都出现明显下降。成立金砖银行的目的之一就是为发展中国家提供更加便利和充足的基础设施投资，填补现有多边金融机构留下的巨大缺口。[53]

第三，金砖银行有助于新兴经济体在全球治理中谋求更大的话语权。如前所述，在布雷顿森林体系中，各国根据出资额的多少来决定话语权的大小，出资多的大国的话语权大于出资少的大国，充当贷款国的大国与充当借款国的小国之间不平等就更为显著。金砖国家明确反对这种形式，在《福塔莱萨宣言》中强调，虽然各国能力和发展水平不同，但在全球经济、金融和贸易事务中应当权利平等、机会平等和参与平等。在世界银行和国际货币基金组织等国际金融机构中，处于决策地位的是发达国家。世界银行长期被诟病的一点就是只从发达国家的利益需求和发展经验出发，片面教条地推行"华盛顿共识"，忽视了发展中国家自身的发展条件和需求。金砖银行的主要管理人员和职员将来自"金砖五国"和其他发展中国家。人力资源结构的变化，将为更好了解发展中国家的实际，通过优化机制设计使得金砖银行所提供的服务更"察实情"、"接地气"提供保证。[54]

第四，也是最重要的一点，那就是金砖银行的筹建和运行将会极大地促进国际金融体系改革的实质性进展。各方已经对国际货币基金组织（IMF）改革方案无法落实表示失望和严重关切。这将对 IMF 合法性、可信度和有效性带来负面影响。IMF 改革系各国高层承诺，只能向前，不能后退。金砖国家领导人一再呼吁，必须使 IMF 治理结构现代化，以更好地反映新兴市场和发展中国家在世界经济中不断增加的权重，确保提高新兴市场和发展中国家的话语权和代表性。金砖银行的筹建和运行，将对 IMF 等多边国际金融机构在改革上的敷衍推诿形成倒逼机制。[55]

为保障本国金融稳定，转向新兴市场内部寻求金融合作以实现"去美元化"是当务之急。近几年来，新兴经济体积极参与双边货币互换，并开始构建以多边货币互换为基础的跨区域货币合作框架。2013 年 3 月，"金砖五国"在第五届金砖国家峰会上决定，创建一个 1 000 亿美元的应急基金；2014 年 7 月，五国正式签署《关于建立金砖国家应急储备安排的条约》，以外汇储备建立货币储备池。其中，流动性工具针对短期国际收支压力提供支持；预防性工具针对潜在的短期国际收支压力，通过互换承诺稳定市场预期。这"是新兴市场经济体为应对共同的全球挑战，突破地域限制创建集体金融安全网的重大尝试，为金砖国家建设性参与全球经济治理提供了合作平台，提高了金砖国家在国际经济事务中的影响力和话语权，推动了全球经济治理体系朝着公正合理的方向发展”。[56] 2015 年 7 月 9 日，金砖国家领导人第七次会晤在俄罗斯乌法举行。会议发表了《金砖国家领导人第七次会晤乌法宣言》。《宣言》指出，自 2014 年 7 月 15 日金砖国家领导人福塔莱萨会晤以来，在巴西担任主席国任内，金砖国家合作取得实质性进展，特别是建立了金砖国家金融机构，即新开发银行和应急储备安排，我们对此表示欢迎。乌法会晤标志着上述机构生效。[57]

需要重视的是，当主要发达经济国家逐步走出金融危机的阴影、经济开始复苏时，金砖国家的经济发展增速却变得缓慢甚至下行。于是，国际社会由原来一片看好声变成了“唱衰”，这给金砖国家内部和外部造成了一定困惑（见表 10-3、表 10-4、表 10-5）。

表 10-3 “金砖国家”国内生产总值增长率

年 份	2008	2009	2010	2011	2012
中 国	9.6%	9.2%	10.4%	9.3%	7.7%
印 度	3.9%	8.5%	10.5%	6.3%	3.2%
俄罗斯	5.2%	−7.8%	4.5%	4.3%	3.4%
巴 西	5.2%	−0.3%	7.5%	2.7%	0.9%
南 非	3.6%	−1.5%	3.1%	3.5%	2.5%

资料来源：IMF, World Bank Economic Outlook, October, 2013 http://www.imf.org, 转引自李翀：《“金砖国家”还是真金吗？——“金砖国家”经济增长动力的比较与分析》，《学海》2014 年第 3 期。

表 10-4 “金砖国家”消费者价格上涨率

年 份	2008	2009	2010	2011	2012
中 国	5.9%	−0.7%	3.3%	5.4%	2.6%
印 度	9.1%	12.4%	10.4%	8.4%	10.4%
俄罗斯	14.1%	11.7%	6.9%	8.4%	5.1%
巴 西	5.7%	4.9%	5.0%	6.6%	5.4%
南 非	11.5%	7.1%	4.3%	5.0%	5.7%

资料来源：IMF, World Bank Economic Outlook, October, 2013 http://www.imf.org, 转引自李翀：《“金砖国家”还是真金吗？——“金砖国家”经济增长动力的比较与分析》，《学海》2014 年第 3 期。

表 10-5 "金砖国家"对外贸易差额

单位:亿美元

年 份	2008	2009	2010	2011	2012
中 国	4 205.69	2 432.57	2 378.10	1 360.97	2 311.00
印 度	−1 184.01	−1 096.22	−1 186.32	−1 833.55	−1 909.16
俄罗斯	1 776.00	1 133.00	1 470.00	1 968.00	1 930.00
巴 西	249.58	252.72	201.47	297.93	−0.93
南 非	−174.09	−131.91	−112.44	−122.35	−232.90

注:南非的数据是经常项目差额,根据年末兰特兑换美元的率折算。

资料来源:中华人民共和国国家统计局,转引自李翀:《"金砖国家"还是真金吗?——"金砖国家"经济增长动力的比较与分析》,《学海》2014 年第 3 期。

表 10-3 表明,中国的国内生产总值保持着比较高和比较稳定的增长率,最高增长率和最低增长率只相差 2.7 个百分点。印度的国内生产总值 2009—2011 年表现较好,但 2008 年和 2012 年增长率不到 4%。俄罗斯、巴西和南非的国内生产总值变化的幅度比较大,但俄罗斯国内生产总值增长率在 2010 年以后表现稳定。表 10-4 表明,金砖国家都发生了不同程度的通货膨胀。中国的通货膨胀率较低,巴西的通货膨胀率其次,南非的通货膨胀率再次,俄罗斯和印度的通货膨胀情况十分严重。特别是印度,通货膨胀率居高不下,一直徘徊在 10%左右的水平上。表 10-5 表明,中国、俄罗斯和巴西的对外贸易情况良好,中国的贸易顺差最大,俄罗斯的贸易顺差其次,巴西的贸易顺差最小。印度和南非则一直存在贸易逆差,其中印度存在着较高的贸易逆差。[58]

近两年制约金砖国家对外贸易投资和经济增长的因素包括下面三个方面:首先,整体外部经济环境的恶化带来金砖国家外贸发展的结构性障碍,2013 年巴西经常性账户的盈余急剧下降,由 2012 年的 194 亿美元下降到 26 亿美元;其次,欧美等国采取的一些新政策无疑也冲击了金砖国家的发展,如美联储 2014 年 1 月开始缩减量化宽松规模,直到 10 月末彻底结束量化宽松政策,金砖国家金融稳定受到一定影响,除中国之外的金砖国家遭遇资金外逃、货币贬值、通胀加深、经济减速等不利影响;第三,金砖国家自身在发展过程中遭遇到增长模式的瓶颈,金砖国家综合制造成本不断上涨,国内人口红利逐步减少,劳动密集型产业进一步转移,使得金砖的制造优势空间缩小。金砖国家人口占世界总人口的43%,经济总量占全球的21%,过去10年对全球经济增长的贡献率超过50%,是国际经济体系中的重要力量。尽管出现了暂时的困难,但是金砖国家并没有失去信心。

从经济增长的潜力来看,金砖国家中的中国和印度无疑是最具有经济增长潜力的国家。中国和印度是第一和第二人口大国,而且已经实现了经济起飞。即使这两个国家的经济正在进行一定程度的调整,但经济规模继续扩大是明显的趋势。如果以各个国家2000—2012年共12年年平均产值增长率为基础,考虑到中国、美国、日本、德国、法国、英国、巴西、意大利、印度、俄罗斯等国经济调整情况,将同时假定不利于金砖国家的货币汇率不变,那么在20年后的2032年中国的国民总收入将超越美国而成为世界上第一大经济体。这就是说,以汇率方法估算,到2032年,世界上最大的10个经济体依次是中国、美国、日本、印度、德国、巴西、俄罗斯、法国、英国、意大利。最初的"金砖四国"分别居第一、第四、第六和第七位。一般来说,经济发展水平提高相对较快的国家货币汇率将相对趋向于升值,这意味着经济格局发生重大变化的时间很有可能会提前到来。[59]

金砖国家是具有巨大发展潜力的国家,它们未来在世界经济和国际政治中将会发挥着越来越重要的作用。

注　释

[1] Robert O. Keohane, International Institutions: Two Approaches, *International Studies Quarterly*, Vol.32,(1988), pp.379—396.

[2] 南方委员会的报告:《对南方的挑战》,张小安等译,钟述孔校,北京:中国对外翻译出版公司1991年版,第185—187页。

[3] 巫宁耕:《战后发展中国家经济(概论)》,北京大学出版社1986年版,第296页。

[4] Sean Burges, Developing from the South: South-South Cooperation in the Global Development Game, *Austral Brazilian Journal of Strategy & International Relations*, Vol.1, No.2, 2012, p.225.

[5] Tatjana Chahoud, South-South Cooperation: Opportunities and Changes for International Cooperation, *German Development Institute*, Briefing Paper, No.9, 2007, pp.1—5.转引自张贵洪、邱昌情:《"一带一路"建设与南南合作创新》,《复旦国际关系评论》2015年第16辑。

[6] 李铁城:《联合国五十年》,北京:中国书籍出版社1996年版,第261—263页。

[7] [日]《现代用语的基础知识》,自由国民社 1983 年版,第 468 页。

[8] 让-雅克·加巴著:《南北合作困局》,李洪峰译,《江苏警官学院学报》2010 年第 3 期,第 149 页。

[9] 张永安:《国际经济合作的基础——南北合作》,《华东理工大学学报》2005 年第 2 期。

[10] [美]迈克尔·P.托达罗:《经济发展与第三世界》,印金强、赵荣美译,北京:中国经济出版社 1992 年版,第 542 页。

[11] 南方委员会的报告:《对南方的挑战》,第 2 页。

[12] 刘华秋:《维护和平促进发展任重道远》,《解放日报》2005 年 12 月 31 日。

[13] [法]玛丽-佛朗索瓦·杜兰等著:《全球化地图》,许铁兵译,北京:社会科学文献出版社,第 32—33 页。

[14] 胡俊芳:《经济全球化与发展中国家的贫困化》,《亚太经济》2004 年第 1 期。

[15] 于贵明:《全球化背景下南北差距与发展中国家的历史命运》,《前沿》2006 年第 12 期。

[16] Arnaud de Borchgrave, Globalization—The Bigger Picture, *The Washington Quarterly*, Summer 1996.

[17] 丁宝忠:《信息技术分布全球两极分化》,《解放日报》2000 年 7 月 11 日。

[18] 胡鞍钢、周绍杰:《新的全球贫富差距:日益扩大的"数字鸿沟"》,《中国社会科学》2002 年第 3 期。

[19] 查尔斯·W.凯格利著:《世界政治:走向新秩序》,夏维勇、阮淑俊译,北京:世界图书出版公司 2010 年版,第 200 页。

[20] 庞中英:《另一种全球化》,《世界经济与政治》2001 年第 2 期。

[21] 时殷弘:《当今世界的反全球化力量》,《太平洋学报》2001 年第 3 期。

[22] 转引自颜声毅主编:《当代国际关系》,上海:复旦大学出版社 1996 年版,第 81 页。

[23] 南方委员会的报告:《对南方的挑战》,第 89—91 页。

[24] 卢韦、燕慎、杨光、王晓燕:《走向 21 世纪发展中国家经济》,北京:世界知识出版社 1995 年版,第 217—218 页。

[25] [瑞士]克劳斯·M.莱辛格:《关于消除贫困与尊重人权的十点思考》,张大川译,《国际社会科学杂志》2005 年第 2 期。

[26] 杨尚武:《中东恐怖主义产生的原因》,《阿拉伯世界》2003 年第 4 期。

[27] 刘国柱:《美国中东政策的国家利益视角》,《当代世界》2016 年第 2 期。

[28] [日]野村健、大荒亮、纳家政嗣、长尾梧:《国际政治经济学入门》,有斐阁 1997 年版,第 173 页。

[29] 郭林:《西方取消穷国巨额债务设限多多》,《光明日报》2005 年 6 月 17 日。

[30] 王箫轲:《美国对外经济援助研究》,北京:社会科学文献出版社 2015 年版,第 95—

96 页。

[31] 李峥:《“温柔”的背后——警惕美国新一轮民主输出》,《世界知识》2014 年第 3 期。

[32] 祁怀高:《联合国千年发展目标与中国发展理念的互动》,《国际关系学院学报》2012 年第 6 期。

[33] 周长城、郭娜:《全球背景下的消除贫困》,《江海学刊》2005 年第 2 期。

[34] 金彪:《联合国千年发展目标与全球治理》,《学理论》2012 年第 18 期。

[35] 叶江、崔文星:《联合国千年发展目标实绩评析》,《上海行政学院学报》2014 年第 2 期。

[36] 崔文星:《2030 年可持续发展议程与中国的南南合作》,《国际展望》2016 年第 1 期。

[37] 高祖贵、魏宗雷、刘钰:《新兴经济体的崛起及其影响》,《国际资料信息》2009 年第 8 期。

[38] 田春生、郝宇彪:《新兴经济体的崛起及其差异比较与评述》,《经济社会体制比较》2011 年第 5 期。

[39] 张桂梅、赵忠秀:《新兴经济体在全球价值链中的特征及启示》,《经济纵横》2015 年第 1 期。

[40] 刘洪钟、杨攻研:《新兴经济体的崛起与世界经济格局的变革》,《经济学家》2012 年第 1 期。

[41] 徐秀军:《新兴经济体与全球经济治理结构转型》,《世界经济与政治》2012 年第 10 期。

[42] 樊勇明、沈陈:《改变全球格局的战略力量》,《人民论坛・学术前沿》2014 年第 18 期。

[43] 刘彤:《浅析“金砖五国”在全球治理中的作用和问题》,《中国外资》2012 年第 14 期。

[44] 樊勇明、贺平:《“包容性竞争”理合与全砖银行》,《国际观察》2015 年第 2 期。

[45] 姚淑梅、姚静如:《金砖国家的崛起及其发展前景》,《宏观经济管理》2012 年第 8 期。

[46] 樊勇明:《贸易便利化:金砖合作的共识》,《国际市场》2014 年第 6 期。

[47] 周洋:《世界经济中金砖国家的地位及作用分析》,《现代营销》2015 年第 10 期。

[48] 樊勇明:《金砖国家合作与亚洲多元发展》,《复旦大学学报》2013 年第 6 期。

[49] 樊勇明、贺平:《“包容性竞争”理念与全砖银行》,《国际观察》2015 年第 2 期。

[50] 李永刚:《“全砖五国”金融合作的现实分析及策略选择》,《郑州大学学报》2014 年第 5 期。

[51] 樊勇明、贺平:《“包容性竞争”理念与全砖银行》,《国际观察》2015 年第 2 期。

[52] 樊勇明、贺平:《“包容性竞争”理合与全砖银行》,《国际观察》2015 年第 2 期。

[53] 樊勇明、贺平:《“包容性竞争”理合与全砖银行》,《国际观察》2015 年第 2 期。

[54] 樊勇明、贺平:《“包容性竞争”理合与全砖银行》,《国际观察》2015 年第 2 期。

[55] 樊勇明、贺平:《金砖国家合作与亚洲多元发展》,《国际观察》2015 年第 2 期。

[56] 孙丹:《"去美元化"与多边货币互换》,《国际金融》2014 年第 9 期。

[57] 凤凰资讯:《金砖国家领导人第七次会晤乌法宣言》,http://news.ifeng.com/a/20150711/44147004_0.shtml,上网时间:2016 年 3 月 17 日。

[58] 李翀:《"金砖国家"还是真金吗?——"金砖国家"经济增长动力的比较与分析》,《学海》2014 年第 3 期。

[59] 李翀:《"金砖国家"还是真金吗?——"金砖国家"经济增长动力的比较与分析》,《学海》2014 年第 3 期。

后　　记

在看完和改完最后一页稿子后，深深地松了一口气。虽然还有许多不尽人意之处，但是不能再拖下去了。一是世事如棋局时时新，说不定隔天又会发生什么惊天大事，使得稿子一改再改；二是能力、水平就是如此，再改无益，不如留给后起之秀以更大的空间，让他们去施展拳脚，期望他们对国际政治经济学的发展做出更大更好的贡献。

自从 1998 年 6 月回到母校复旦大学的国际政治系（旋即改称复旦大学国际关系与公共事务学院）任教以来，一直在国际政治经济学这块一亩三分地里劳作直至退休。令人欣慰的是，这门学科从星星之火，逐步燎原，几乎成为一门显学。特别是中国人民大学陈岳教授和宋新宁教授、北京大学的王正毅教授、中国社科院世界经济与政治研究所的张宇燕所长，以及南京大学的李滨教授等从各个方面丰富发展了这门学科，有力地推动了这门学科在中国的发展。参加本书第三版修改的张建新教授、黄河教授以及贺平副教授也在各自领域中作出了许多贡献。目前，投身这门学科的人越来越多，青年学者的前途不可估量。在他们的努力下，国际政治经济学必将会有更大发展。

樊勇明

2017 年 6 月于上海寓所

图书在版编目(CIP)数据

西方国际政治经济学/樊勇明等著.—3版.—上海:上海人民出版社,2017
ISBN 978-7-208-14558-0

Ⅰ.①西… Ⅱ.①樊… Ⅲ.①世界经济政治学-研究
Ⅳ.①F11-0

中国版本图书馆CIP数据核字(2017)第145739号

责任编辑 王 吟
封面装帧 陈 楠

西方国际政治经济学

樊勇明等 著

出　　版 上海人民出版社
(200001 上海福建中路193号)
发　　行 上海人民出版社发行中心
印　　刷 常熟市新骅印刷有限公司
开　　本 720×1000 1/16
印　　张 24.75
插　　页 2
字　　数 404,000
版　　次 2017年7月第3版
印　　次 2019年3月第2次印刷
ISBN 978-7-208-14558-0/F·2455
定　　价 68.00元